2014年度教育部人文社會科學研究青年基金資助項目“漢魏晉南北朝石刻文獻語素研究”(基金編號:14YJC740057)

漢魏晋南北朝石刻文獻語素研究

劉秀梅 著

中国社会科学出版社

圖書在版編目(CIP)數據

漢魏晉南北朝石刻文獻語素研究／劉秀梅著．—北京：中國社會科學出版社，2020.3

ISBN 978-7-5203-5243-7

Ⅰ.①漢… Ⅱ.①劉… Ⅲ.①古漢語—語素—研究—中國—漢代—魏晉南北朝時代 Ⅳ.①H141

中國版本圖書館 CIP 數據核字(2019)第 216337 號

出 版 人　趙劍英
責任編輯　宮京蕾
特約編輯　李曉麗
責任校對　楊　林
責任印製　郝美娜

出　　版　中國社會科學出版社
社　　址　北京鼓樓西大街甲 158 號
郵　　編　100720
網　　址　http://www.csspw.cn
發 行 部　010-84083685
門 市 部　010-84029450
經　　銷　新華書店及其他書店

印刷裝訂　北京君昇印刷有限公司
版　　次　2020 年 3 月第 1 版
印　　次　2020 年 3 月第 1 次印刷

開　　本　710×1000　1/16
印　　張　18.5
插　　頁　2
字　　數　318 千字
定　　價　108.00 圓

目　录

緒論 …………………………………………………………………… (1)

一　選題緣由 ……………………………………………………………… (1)

二　研究目的、方法和步驟 ……………………………………………… (2)

第一章　漢魏晉南北朝石刻語素的研究價值 ………………………… (8)

第一節　漢魏晉南北朝石刻特點及研究現狀 …………………………… (8)

一　石刻語料特點 ………………………………………………………… (8)

二　研究現狀 ……………………………………………………………… (10)

第二節　漢魏晉南北朝石刻語素的研究價值 …………………………… (11)

第二章　漢魏晉南北朝石刻語素的構成及語素頻區的劃分 ………… (15)

第一節　漢魏晉南北朝石刻語素的確定標準和原則 …………………… (15)

一　漢魏晉南北朝石刻語素的確定 ……………………………………… (15)

二　漢魏晉南北朝石刻語素的辨別 ……………………………………… (17)

第二節　漢魏晉南北朝石刻語素的分佈情況及數量特徵 ……………… (18)

一　漢魏晉南北朝石刻語素的音節分類和分佈 ………………………… (19)

二　漢魏晉南北朝石刻單音節語素的內容分佈 ………………………… (23)

三　漢魏晉南北朝石刻單音節語素的性類分佈 ………………………… (28)

四　漢魏晉南北朝石刻單音節語素的構詞能力分佈 …………………… (31)

第三節　漢魏晉南北朝石刻語素頻區的劃分 …………………………… (35)

一　漢魏晉南北朝石刻語素使用的概況 ………………………………… (35)

二　漢魏晉南北朝石刻語素頻區的劃分 ………………………………… (37)

三　漢魏晉南北朝石刻語素頻區的類型 ………………………………… (38)

第三章　漢魏晉南北朝石刻語素組合的語法關係分析 ……………… (40)

第一節　漢魏晉南北朝石刻聯合式語素組合 …………………………… (45)

一 漢魏晉南北朝石刻聯合式語素組合的形態結構 …………… (46)
二 漢魏晉南北朝石刻聯合式語素組合的特點 ………………… (82)
第二節 漢魏晉南北朝石刻偏正式語素組合 ………………… (91)
一 語義構成 ……………………………………………………… (91)
二 從詞性看內部性類的構成 ………………………………… (115)
三 偏正式語素組合的表現特點 ……………………………… (133)
第三節 漢魏晉南北朝石刻支配式語素組合 ………………… (137)
一 詞性分佈情況 ……………………………………………… (137)
二 支配式語素組合的特點 …………………………………… (144)
第四節 漢魏晉南北朝石刻表述式語素組合 ………………… (146)
一 詞性分佈情況 ……………………………………………… (146)
二 表述式語素組合的表現特點 ……………………………… (149)
第五節 漢魏晉南北朝石刻補充式語素組合 ………………… (150)
一 語義構成情況 ……………………………………………… (150)
二 詞性構成情況 ……………………………………………… (155)
第六節 附加式語素組合 ……………………………………… (157)
一 附加前綴 …………………………………………………… (157)
二 附加後綴 …………………………………………………… (160)
第七節 重疊式語素組合 ……………………………………… (164)
一 AA 式 ……………………………………………………… (165)
二 ABB 式 …………………………………………………… (166)
三 AABB 式 …………………………………………………… (166)
四 ABAB 式 …………………………………………………… (167)
第八節 連動式語素組合 ……………………………………… (168)
第四章 漢魏晉南北朝石刻語素的語義研究 ……………… (174)
第一節 漢魏晉南北朝石刻語素的單義和多義 ……………… (175)
一 漢魏晉南北朝石刻的單義語素和多義語素 ……………… (175)
二 漢魏晉南北朝石刻語素語義特點 ………………………… (177)
三 漢魏晉南北朝石刻語素義的特點與詞彙雙音化
傾向的關係 ……………………………………………… (192)
第二節 漢魏晉南北朝石刻語素義與詞義關係的分析 ……… (197)
一 語義相重（A+B=A 或 B） ……………………………… (198)

二　語義相加（A+B=AB）…………………………（202）
三　語義相融（A+B < AB）…………………………（210）
四　語義偏義（A+B=A 或 A+B=B）…………………………（215）
五　語義脫離（A+B=C）…………………………（216）
第五章　漢魏晉南北朝石刻二種特殊的語素組合 …………………………（227）
第一節　漢魏晉南北朝石刻的典故詞 …………………………（227）
一　文獻來源 …………………………（228）
二　生成方式 …………………………（237）
三　典故詞的語法結構關係 …………………………（246）
四　增補《漢語大詞典》未收典故詞目 …………………………（255）
第二節　漢魏晉南北朝石刻中的縮略詞 …………………………（260）
一　數字縮略 …………………………（261）
二　專名縮略詞及其內部結構 …………………………（270）
結語 …………………………（283）
参考文獻 …………………………（285）
後記 …………………………（291）

緒　論

一　選題緣由

從系統論的角度看，從最小的結構單位入手，研究其性質、特點、功能以及對整個系統的影響，有助於我們更深刻地瞭解這個系統的基礎，看清系統的微觀面貌。語素是一種語言中語音和語義結合的最小單位，因此，語素是較能全面反映一種語言特點的基本單元；從語言發展的角度看，隨着漢語的發展，中古漢語大量複音詞產生，很多單音節詞逐漸語素化，變成不能獨立運用的語素（半自由語素和不自由語素），在形式、數量、功能和意義方面不同程度地發生了改變。因此，本書擬從語素入手，來觀察探討它在石刻語料中的存在狀態和對詞彙研究的作用。

漢魏晉南北朝雙音詞迅速發展的原因是漢語單音節詞逐漸語素化，而漢魏晉南北朝石刻存在大量的單音節構詞語素。因此我們將分析統計共時材料中記錄和保存的來自不同歷史層面的語素的類型、功能、構詞情況及頻率和頻區的劃分等。

語素是“研究語法的鑰匙”①，語素義的相同、相似、相反、相對、相屬等語義聚合關係則為漢語複合詞提供了豐富多樣的構詞可能性，尤其是這一時期出現的大量同素詞，揭示了漢語詞彙發展演變的規律。

語素的組合特徵為語素構詞能力和複合成新詞新義的研究提供了基礎。我們將結合共時中出現的語素不同義項來全面分析語素間的語義關係和語法組合關係，為漢語詞彙複音化的快速發展提供一個斷代縮影，從而明晰漢語詞彙的發展輪廓。

古代單音節詞的一個重要特點是多義性，有多義性往往就有多功能

① 方光燾：《方光燾語言學論文集》，商務印書館 1997 年版，第 241 頁。

性。漢魏晉南北朝石刻中的多義語素的數量已經超過了單義語素，這勢必形成語素義與詞義之間的相重、相加、相融、偏指、轉移等多重關係，這些關係的建立也從某種意義上導致了複合詞大量的生成，從而也加速了複音化的進程。

漢魏晉南北朝石刻語料中還有一個值得注意的語言現象，那就是深受先秦、漢代及同時期典籍的影響而出現的大量特殊組合群體——典故詞，這些典故詞無論從詞義還是其語法結構形式都有別於一般的詞。縮略語的頻繁使用成為在漢魏晉南北朝石刻中一種不容忽視的特殊語言現象，它作為一種造詞方法，也在漢語複音化的進程中起了不可忽視的作用。

從以上的論述可知，本書利用這些數量不菲、種類多樣、內容豐富的漢魏晉南北朝石刻材料，目的在於揭示出漢魏晉南北朝石刻語料語素的面貌、特徵、發展演變的情況和內部規律，藉以考察漢魏晉南北朝时期新詞新義的使用情況，從而為我們整體上把握處於漢語史重要階段的漢魏晉南北朝段的單音詞語素化的過程機制和語素特點、分佈、構詞情況及語素語義和語法關係，為漢語詞彙史的研究提供資料和參考；同時，為辭書編撰在詞的立目、詞義的解釋乃至書證方面提供可貴的材料，也可為各方面閱讀、研究漢魏晉南北朝石刻材料提供幫助。

二　研究目的、方法和步驟

（一）研究目的

本書以毛遠明先生的石刻輯錄著作《漢魏六朝碑刻校注》所記錄的語素作為主要研究對象，并參照其他石刻輯錄作品，共選用漢魏晉南北朝石刻 1407 塊，80 餘萬字。其中西漢 13 塊；東漢 183 塊；三國魏 15 塊，三國蜀 1 塊，三國吳 7 塊；西晉 32 塊；東晉 32 塊；南朝宋 8 塊，南朝齊 7 塊，南朝梁 21 塊，南朝陳 2 塊；十六國中，前燕 1 塊，前秦 4 塊，後秦 2 塊，後趙 2 塊，北涼 1 塊；北魏 556 塊，東魏 150 塊，西魏 28 塊，北齊 265 塊，北周 77 塊。通過對特定時代特定內容文獻中具有典型意義的詞彙考察，描寫在儒佛道文化的影響下，具有不同類別的石刻文獻的用語中，漢語語素的使用情況。漢魏晉南北朝時期，民族大融合，思想文化多元發展，由此形成各個不同階層社團用語的獨特風格和面貌。本項研究可以為瞭解當時各個社團用語中語素的運用情況提供確切的資料。石刻中各個階層社團的用語對漢語的發展產生了巨大的影響，成為漢語發展史上不容忽視的一個方面。因此，本項研究也將為漢語詞彙發展史的研究提供一個斷代描寫的樣本。

（二）研究方法

本書總的研究方法是建立在數據庫統計的基礎上的，把選定的漢魏晉南北朝石刻 1407 塊，近 80 萬字的語言材料當作一個全封閉性的系統，製作成 Excell 語素和複音詞數據庫，其中收錄了語素 4110 個（包括單音節、雙音節和多音節），複音詞近 23328 個。然後對這個封閉性的語言材料的語素採取通常所使用的專書研究的方法進行了深入細緻的研究。

1. 漢魏晉南北朝石刻語料數據庫的建立

（1）漢魏晉南北朝石刻語料數據庫的屬性信息

i. 複音詞：漢語中的詞的構成一般分為單音節詞、多音節的單純詞和合成詞三大類。單音節詞和多音節的單純詞只含有一個語素。本書主要研究由多個（主要是兩個）語素構成的複音詞，有複合式、附加式和重疊式三種。另外，單字頭有同形而分條的。形同而音義不同的，分立條目，如“蘭艾$_1$（ài，植物名）、艾$_2$（yì，安息，安寧）康”；形音相同而在意義上需要分別處理的，也分立條目，如“吏卒$_1$（zú，步兵）、徂卒$_2$（zú，死亡）”。

ii. 語素：它是語言中最小的音義結合體，是能夠區別意義的最小的語言單位。從詞彙學角度，按音節多少一般分為單音節語素和多音節語素；按意項多少分為單義語素和多義語素。本書研究的語素主要是單音節多義語素。包括單音多義語素和多音多義語素。

iii. 語素義：語素分為成詞語素和不成詞語素，兩類語素的意義是不相同的。不成詞語素義指只存在於構成的複合詞或固定結構中的意義；成詞語素義指它的某個意義即是詞義又是語素義。本書的語素義是指廣義上的語素義，即成詞語素義和不成詞語素義。由於單音節的多義語素義相當於詞典中字頭義，故本書分析語素義時主要參照《漢語大詞典》（以下簡稱《大詞典》）中的詞頭義對墓誌中的語素做出準確的判斷。如果有些語素在《大詞典》中沒有相對應的義項，則以《漢語大字典》（以下簡稱《大字典》）作輔助來作進一步的補充標注。如“叅$_1$”作“齊，等同”義時，《大詞典》中沒有收該義項，而《大字典》中有，就以《大字典》為準。如“參$_1$光”，猶齊光，同光。如北魏《元悅墓誌》：“連晷星門，緣光月戶。”

iv. 語素項：多義語素項按其意義的源流關係及使用情况可分為本義語素項和引申義語素項。爲了行文方便，我們採用苑春法、黃呂寧在《基於語素數據庫的漢語語素與構詞研究》[①] 中提出的術語，把一個語素的一個義項叫作語素項，一個語素下有幾個義項就有幾個語素項。比如“賁”在《漢語大詞典》中有三個義項，我們就說該語素有三個語素項。

本義是漢字造字時字形表示的詞義，對本義義項的確定主要依照《說文解字》，如“自”，《說文》：“自，鼻也。象鼻形。”又如“德”，《說文》：“德，升也。從彳，悳聲。”有些語素在《說文》中沒有說明本義的，即參照其他字書所標明的本義為準。根據意義是成系統的理論，在多義語素的各個義項中，本義義項只有一個，其他意義則通過引申、假借而轉化到了另外一個語意體系中。如“億”，本義為安寧。後“億”字假借用作數目的名稱。

（2）數據庫采用符號標記集

i. 语素性类及词性：名詞性語素及名词 n，動詞性語素及动词 v，形容詞性語素及形容词 a，副詞性語素及副詞 adv，代詞性語素及代詞 pron，數詞性語素及數詞 num，量詞性語素及量词 m，助詞性語素及助詞→q。

ii. 複合詞構詞方式：聯合式 a（同義並列 a1、反義並列 a2、類義並列 a3），偏正式 b（定中 b1、狀中 b2），主謂 c，支配 d、補充 f（動補 f1、形補 f2），連動 e，附加 g，重疊 h，縮略 i。

iii. 語素義與詞義的關係：相重 x1，相加 x2，融合 x3，偏義 x4，脱離 x5。

（3）以“慠”字為字頭的例表展示：

<table>
<tr><th rowspan="2">合成詞</th><th rowspan="2">語素</th><th rowspan="2">語素義</th><th colspan="2">語素義項</th><th rowspan="2">假借字</th><th rowspan="2">語素性類</th><th rowspan="2">詞類</th><th rowspan="2">結構類型</th><th rowspan="2">語素義與詞義關係</th><th rowspan="2">編號</th><th rowspan="2">例句</th></tr>
<tr><th>本義</th><th>引申義</th></tr>
<tr><td rowspan="2">慠$_2$僧$_2$</td><td>慠</td><td>叫呼聲</td><td></td><td></td><td>通“嗷”</td><td>v</td><td rowspan="2">v</td><td rowspan="2">a1</td><td rowspan="2">x1</td><td rowspan="2">0426</td><td rowspan="2">故慠僧者奇其器，慕茵者飲其風</td></tr>
<tr><td>僧</td><td>喧鬧，嘈雜</td><td></td><td></td><td>通“嘈”</td><td>v</td></tr>
</table>

① 苑春法、黃呂寧：《基於語素數據庫的漢語語素與構詞研究》，《語言文字研究》1998 年第 3 期。

续表

合成詞	語素	語素義	語素義項		假借字	語素性類	詞類	結構類型	語素義與詞義關係	編號	例句
			本義	引申義							
傲$_{1}$世	傲	輕慢，輕視	1			v	v	d	x2	0398	祖樹，傲世靜棲，□□四公
	世	天下，世間		8		a					
傲$_{1}$慢	傲	驕傲	1			a	a	a1	x1	0533	覩其容則失傲慢之志
	慢	驕傲，怠慢	2	8		a					
倨傲$_{1}$	倨	傲慢不遜	1			a	a	a1	x1	1267	略孫楚之倨傲，踵魏舒之堂堂
	傲	輕慢，輕視	1			a					
驕傲$_{1}$	驕	驕傲，驕縱		4		a	a	a1	x1	0754	華萼相資，驕傲難理
	傲	驕傲	1			a					
洿傲$_{1}$	洿	玷污，侮辱		7		v	v	a3	x2	0141	（下闕）就洿傲□□恭穢□遺
	傲	輕慢，輕視	1			v					

2. 漢魏晉南北朝石刻語料數據庫的分析

（1）靜態描寫。我們在充分佔有材料的基礎上，力求對漢魏晉南北朝石刻語素的特點進行詳細的分析和描述。宏觀與微觀相結合，既對漢魏晉南北朝石刻語素面貌作整體的描繪，又注意發掘出其個性的特點；定量和定性相結合，郭錫良在《漢語語法研究芻議》中指出："每部書的各種語法成分和各種句式都應力求作窮盡的描寫，既作出定性分析，又作出定量分析。"① 根據研究的實際需要，利用數據庫對每一個語素和其構成的複合詞的需求進行準確、窮盡性的統計分析，在事實材料的基礎上得出結論，事實羅列和理論概括兼顧。

（2）貫穿以計量統計法。利用數據庫對材料進行數據分析，統計出使用頻率、比例，使描寫和分析建立在比較準確的數據統計的基礎上，以保證結論的可靠性。此外，在研究過程中，繼承傳統語言學注重材料分析和考據的基本方法的同時，注意吸收并運用現代語義學、結構理論、範疇理論及認知語言學理論的相關成果。

（3）適當地進行縱橫比較。蔣禮鴻認為，研究古代語言，應該從縱橫兩方面進行比較，"所謂橫的方面是研究一代的語言……所謂縱的方

① 郭錫良：《漢語語法研究芻議》，《語文導報》1985年第9期。

面，就是聯繫起各個時代的語言來看它們的繼承、發展和異同"[①]。因此，我們注重對漢魏晉南北朝石刻語素本身進行橫向研究的同時，也注意和同時代相關文獻進行縱向比較。呂叔湘認為："要明白一種語文的文法，只有應用比較的文法。"[②] 同樣，進行斷代語料語素的定量研究也離不開比較的方法。只有比較了，我們才能瞭解語素在共時材料中的特徵和發展痕跡。

（三）研究步驟

1. 主要以《漢魏六朝石刻校注》為底本，并參照其他石刻輯錄作品，確定出本論文所依據的漢魏晉南北朝石刻語料範圍。東漢碑增選自《隸釋》和《隸續》的共有 26 塊。如：

出自《隸釋》：《漢成陽令唐扶頌》（光和六年二月十五日）、《殽阬君神祠碑》（光和四年六月辛未）、《槀長蔡湛頌》、《孔廟置百石卒史孔龢碑》（永興元年）、《童子逢盛碑》（光和四年四月五日）、《樊毅復華下民租田口算碑》、《青衣尉趙孟麟羊竇道碑》、《濟陰太守孟郁脩堯廟碑》（永康元年）、《山陽太守祝睦碑》（隸釋）、《山陽太守祝睦後碑》（隸釋）、《冀州從事張表碑》（建寧元年十一月）、《費鳳別碑》、《司隸從事郭究碑》、《浚儀令衡立碑》、《蜀郡屬國辛通達李仲曾造橋碑》、《相府小吏夏堪碑》、《桂陽太守周憬功勳銘》（熹平三年十一月）、《梁相孔耽神祠碑》（光和五年）、《冀州刺史王純碑》（延熹五年）。

出自《隸續》：《司徒掾梁休碑》、《丹陽太守郭旻碑》（延熹元年十一月）、《都鄉孝子嚴舉碑》（延熹七年五月）、《張休崖涘銘》（延熹三年三月）、《南安長王君子鄉道碑》（永元八年四月十日）、《封丘令王元賓碑》、《嚴訢碑》（和平元年）。

根據《漢魏南北朝墓誌彙編》和《六朝墓誌檢要》，剔除的偽刻有：

三國魏《陳蘊山墓誌》（《彙編》《檢要》題作"陳璟墓誌"）、梁《楊公則墓誌》、東魏《李祈年墓誌》（《彙編》以爲僞刻）、北周《王通墓誌》（《檢要》以爲僞刻）。

2. 正確釋讀語料，掃除文字障礙。石刻語料一部分有"釋文"，但有

① 蔣禮鴻：《敦煌變文字義通釋・序目》（第四次增訂本），上海古籍出版社 1988 年版，第 1—2 頁。

② 呂叔湘：《中國文法要略・例言》（上卷），《呂叔湘全集》，遼寧教育出版社 2002 年版，第 6 頁。

的釋文不盡妥當，有的存在爭議，必須反復斟酌，準確釋讀。還有一部分語料沒有“釋文”，必須首先作好釋文，然後才可能在釋讀文本的基礎上展開研究。

3. 甄別并切分出選定的漢魏晉南北朝石刻語料所包含的全部語素和複音詞，分字頭逐條輸入計算機，建立起 Excel 語詞數據庫。

4. 統計漢魏晉南北朝石刻語料中語素的數量，并列出相應的意義（義位），也逐條輸入數據庫中。

5. 對漢魏晉南北朝石刻語料語素的數量、分佈意義、組合關係、聚合關係及所表現的構詞特點和規律進行分析研究，歸納出其固有規律并成文。

第一章

漢魏晉南北朝石刻語素的研究價值

第一節　漢魏晉南北朝石刻特點及研究現狀

一　石刻語料特點

1. 語料的豐富性

漢魏晉南北朝石刻是石刻勃興，發展的重要時期。現存經專家鑒定確認的、毛遠明先生考察并整理的漢魏晉南北朝石刻有一千四百多通碑，我們把這些剔除了石經和殘碑，比較完整的漢魏晉南北朝石刻文獻作為研究對象，字數近 80 萬字。尤其很多材料是其他文獻沒有記載的，如幽埋塚墓碑刻、造像題記、刻經記、題名碑等，就更加珍貴。內容的豐富、廣泛，便爲利用石刻從事語言科學研究提供了十分廣闊的空間。研究者可以根據需要，從不同的角度切入，進行斷代、分域、分項、分專題研究，也可以進行語言的綜合研究，前景十分廣闊。

2. 語料的真實可靠性

石刻屬地下出土材料，未經人為篡改，材料可靠，具體年代、地點大多明確且貫穿整個漢魏晉南北朝時期。按一般文學史的演進，如屬西漢前期（漢高祖元年至漢景帝後元三年，即公元前 206—前 141 年）的《羣臣上醻刻石》（後元六年八月二十四日，即公元前 158 年），屬西漢中期（漢武帝建元元年至漢宣帝黃龍元年，即公元前 140—前 49 年）的《楊量買山刻石》（地節二年正月，即公元前 68 年）、《魯孝王刻石》（五鳳二年六月四日，即公元前 56 年）、治河刻石（甘露五年二月十六日，即公元前 49 年），屬西漢晚期（漢元帝初元元年至孺子嬰初始元年，即公元前 48—前 8 年）的《麃孝禹刻石》（河平三年八月一日，即公元前 26 年）、上谷府卿墳壇（居攝二年二月，即公元7年）等，以後依此類推。正因為這些石刻材料年代可考，又刻寫在石碑上，不能輕易改動，從而保存了研究的可信度。

雖然少數石刻自身沒有明確的鐫刻時間，但是可以通過與之同時出土的相關材料、鐫刻工藝、書法風格、文字書體、用詞特征、攷察石刻出土的環境等，作出比較準確的判斷。如西漢《徐州龜山楚王墓塞石刻銘》，石刻沒有注明具體年月，據毛遠明在《漢魏六朝石刻校注》考證，“楚王”即為“西漢時楚國第六代諸侯王劉注”①。據《漢書·楚元王劉交傳》（卷三十六）載：“漢已平吳楚，景帝乃立宗正平陸侯禮為楚王，奉元王後，是為文王。四年薨，子安王道嗣。二十二年薨，子襄王注嗣。十四年薨，子節王純嗣。”由此可知，此墓碑應在西漢中期公元116年後所刻。

雖然也有翻刻和僞刻，但是就文獻而不是從文物的角度說，好的翻刻一般不怎麼失真，尤其是內容一般不會有大的變動。至於僞刻，大都能夠識別出來，前人在這方面曾經做過很多工作，有不少成果可供我們利用。比較有代表性的著作，如趙超《中國古代石刻概論》（1997）、黃永年《碑刻學》（1999）、毛遠明《碑刻文獻通論》（2007）、王壯弘《碑帖鑒別常識》（2008）等，都對石刻及拓片的辨僞與鑒定作了專門性的論述；單篇論文，如魯才全《北魏〈元伯陽墓誌〉辨僞》（1997）、王家葵《漢肥致碑考疑》（2001）、冀英俊《〈張飛立馬銘〉乃僞刻之作》（2006）、宮萬琳《對幾件北朝造像碑的考疑》（2006）、程章燦《讀〈張遷碑〉志疑》及《讀〈張遷碑〉再志疑》（2008、2009）等。

3. 石刻种类多样，内容所涉社会生活面广

漢代多以墓碑、功德碑、紀事碑為主，還有神道碑、碣、表、頌、摩崖、畫像題刻、題字、題名等許多品種；功能涉及如敘事、述亡、紀功、頌德等；內容上涉及政治、經濟、軍事、宗教、建築、神仙鬼怪、災禍祥瑞等方面；石刻所載人物，上至王侯將相、好漢豪傑，下至寒士布衣、平民百姓等諸階層。六朝時修陵墓之風日盛和佛教的傳入，因而，墓誌和造像石、造像題記成為主要石刻文字資料的載體，大量的造像記記載了佛教的各個方面，如造像記上的人名，“僧尼”即冠以比丘、比丘尼、沙門、

① 毛遠明：《漢魏六朝石刻校注》（第一冊），綫裝書局2008年版，第49頁。

沙門統、沙彌、邑師、門師等稱；若屬邑義成員，即加冠“邑主”“邑子”“邑老”等銜。透過這些人名，一則可看看當時、當地慣常取用之人名姓氏，二則姓名上的頭銜、造像記所載之事蹟，亦可彌補一般傳世文獻的不足。

4. 通俗和典雅的語言風格並存

漢代墓碑一般行文簡練，語言風格肅穆典雅；六朝碑刻碑銘在文體上，一般是其前有較長的散文作序，後有簡短的銘辭，可謂行文工整，駢散並行；但因立碑撰文的目的是彰功表績，昭示後人，因此撰碑者行文雅俗並存，往往又“散”多於“駢”，還增加了不少的口語成分。如氣力（東漢《武梁祠堂畫像題字》）、功夫$_1$（東漢《□臨爲父通作封記》）、長$_1$夜（東漢《□臨爲父通作封記》）、出門（北魏《元襲墓誌》）、創$_1$楚（東漢《西狹頌》）、終久（西魏《韋隆夫人梁氏墓誌》）、久後（北魏《張神洛買田券》）等等。

在北朝造像記中也有相當一部分世俗詞語，特別是下層民衆造像所題的那部分，與一般傳世文獻比，口語化程度較高。表宗教的，如天堂（北魏《翟蠻造像記》）、天上《清信女高思雍造像記》）、火爐（北魏《嵩陽寺碑》）、漏土（北魏《柴季蘭等四十餘人造四面像記》）等；表親屬的，如祖公（北魏《朱舍捨宅造寺記》）（指祖父）、祖親（北魏《元爕造像記》）（指祖母）、郎君（北魏《李文遷等造像記》）（指兒子）、女郎（北魏《李文遷等造像記》）（指女兒）等；表死亡的，如歸去（北魏《南宗和尚塔銘》）、舍逝（北魏《杜文雍等十四人造像記》）、亡過（北魏《杜文慶等二十人造像記》）、過去（北魏《張元造像記》）、邁終（北魏《冗從仆射造像記》）、潛魂（北魏《朱永隆等七十人造像銘》）等。語料的特殊性決定了漢魏晉南北朝碑刻語料成為這時期詞彙研究不可多得的寶貴材料。

二　研究現狀

對漢魏晉南北朝石刻的研究，國外大都重視收藏、收錄、介紹或碑刻與歷史文化考察。如日本學者伊藤敏雄《魏晉南北朝墓誌人名地名索引》。國內，自宋以來，我國很多學者從不同方面、在不同程度上進行過研究，有代表性的，如宋人歐陽修的《集古錄》、趙明誠的《金石錄》、洪适的《隸釋》和《隸續》，明人趙均《金石林時地考》，清人顧炎武《金石文字記》、錢泳的《漢碑大觀》、王昶的《金石萃編》、王念孫《漢隸拾遺》、錢大昕的《潛研堂金石文跋尾續》、俞樾的《漢碑四十一條》等；今人如高文《漢碑集釋》（2003）、羅維明《中古墓誌詞語研究》（2003）、叶煒《新出土魏晉南北朝墓誌疏證》（2005）、劉志生《東漢碑刻複音詞研究》（2007）、趙超《漢魏南北朝墓誌彙編》（2008）、趙萬里《漢魏南北朝墓誌集釋》（2008）、王壯弘《碑帖鑒別常識》（2008）、毛遠明《漢魏六朝石刻校注》（2008）、《漢魏六朝石刻詞彙研究》，張娅麗《魏晉石刻文獻複音詞通釋》（2008）、陸明君《魏晉南北朝碑別字研究》（2009）等。總的說來，以上研究所涉範圍大多重在存目、錄文、鑒碑及史實、文化、考古、詞彙、文字的考訂或個別詞語的考釋。近幾年也有些單篇論文，如《漢碑中有關農民起義的一些材料》（《文物》1960 年第 8 期）、《東漢肥致碑與方士的騙术》（《中國典籍與文化》1999 年第 1 期）、黃蓓《魏晉南北朝墓誌銘流變及文體特徵研究》（2009），但這些論文也主要集中在歷史、考古、文體等方面的研究。

對於石刻語素的專門研究，只有劉燕在《魏晉南北朝高頻構詞語素研究》（碩士論學位文，2009）中選取了 30 個高頻語素的構詞能力、語素義及分佈等来研究，這對於近 80 万字的石刻語料来說顯然並不能概括相對完整的結論和規律；對石刻語素作局部性的探討的，如王盛婷等《試論漢魏六朝碑文中的同素異序詞》（《樂山師院學報》2003 年第 3 期）。

第二節　漢魏晉南北朝石刻語素的研究價值

漢語幾千年的歷史，其間文獻浩博，個人的力量不可能對其整個語素系統進行描述。在此，我們從局部做起，以漢魏晉南北朝石刻為語料進行語素研究，是因為它在同時期材料中具有典型意義。

1. 漢魏晉南北朝石刻語料語素組合的詞義中富有一大批漢魏晉南北朝時期產生的新詞新義，抉發出來有益於漢語詞彙史研究和大型工具書的編纂。這裏我們僅以《漢語大詞典》為參照標準來考察一二。

（1）漢魏晉南北朝石刻的複合詞語素義反映了當時漢語語素義的新發展。而且與這一時期有關的語素義，也可以據漢魏晉南北朝石刻得到合理解釋。如北魏《馮迎男墓誌》：“春秋五六，寝疾不喻。昊天不弔，奄辭明世。”“明世”這裏當指陽世、人間之義。是說父母離開人世，不再回來了，這是一種委婉的說法。此義在佛教用語中常出現，故《漢語大詞典》并未有此一項，只有在石刻語料中才能找到依據。

（2）漢魏晉南北朝石刻不僅記錄了一些語素組合出現的較早年代，還記錄了複合詞語素組合出現的一些新義，這對於揭示語源及辭書編纂不無裨益。如“貞猷”，有“忠誠端方持守正道”義，《漢語大詞典》引（明）王祎《務光先生張君誄詞》：“学苑扬翘，儒林振韡；卓操世模，贞猷俗轨。”其實北齊墓誌已見此義用例，北齊《封子繪墓誌》：“所恨少長懸隔，聚散閒之，素業貞猷，百不舉一。”

（3）漢魏晉南北朝石刻還記錄了不見於辭書的語素義項及語素組合。未列入的語素義項，如“作好$_1$”，指結為夫婦。北齊《盧修娥墓誌》：“崔公北州鼎族，羽儀多士，委禽成礼，同車作好。”《漢語大詞典》未列該義項。又如“往人”，死去的人。北齊《義慈惠石柱頌》：“嗟同葬之因緣，念往人之業報，遂興誓願，賙給萬有。”《漢語大詞典》未列該義項。

未列的語素組合，如“法容”指宗教畫像，雕像，塑像，又作“法像”。北魏《元詳造像記》：“至廿二年九月三日法容克就，曰即造齋，鐫石表心，奉申前志。”此詞《漢語大詞典》不載，傳世文獻尚未見用例。又如“崇姻”，“崇”由高義引申出隆重義，“崇姻”指隆重地辦理婚事。《樂府詩集》卷十二：“塗山懿戚，嬀汭崇姻，祠筵肇啓，祭典方申，禮以備物，樂以感神。”《漢語大詞典》未收“崇姻”。

（4）漢魏晉南北朝石刻的一些詞條在《漢語大詞典》中沒有書證，共有26個。現在漢魏晉南北朝石刻的一些例句可以為其補充書證。如：佹辭（東漢《鄭固墓碑》）、鱗波（北齊《臨淮王像碑》）、點黛（北魏《元維墓誌》）、廉均（北魏《元寶月墓誌》）、斂衿（北魏《元順墓誌》）、靈亮（東漢《封龍山頌》）、觸忌（西漢《三老諱字忌日記》）、芥子$_1$（北魏《法生造像記》）、終久（西魏《韋隆夫人梁氏墓誌》）、隟駒（北齊《報德像碑》）、姪男（東魏《南宗和尚塔銘》）、區宙（北魏《元思墓誌》）、寫注（北魏《賈瑾墓誌》）、銘注（北齊《義慈惠石柱頌》）、遐葉（東魏《凝禪寺三級浮圖碑》）、印泥（北齊《高叡修定國寺塔銘碑》）、高雲（北魏《諮議參軍元弼墓誌》）、礿祠（東漢《□臨爲父通作封記》）、慟懷（北魏《元廞墓誌》）、昏星（北魏《元演墓誌》）、台$_2$門（北魏《元壽安墓誌》）、棠棠（北魏《元壽安墓誌》）、率同（北齊《宋始興一百人等造像記》)、青屋（北齊《高肅碑》)、羣務（北齊《裴子誕墓誌銘》)、盛$_1$器（西漢《徐州龜山楚王墓塞石刻銘》)、疏昵（北魏《辛祥墓誌》)、奔$_2$哀（東漢《景君碑》)。

2. 研究漢魏晉南北朝石刻的語素組合，有助於我們瞭解漢魏晉南北朝段漢語語素複合化的面貌和程度，為漢語詞彙語素構詞規律及語義變化規律的探索提供一些資料。

（1）出現了一大批構詞能力極強的語素。在漢魏晉南北朝石刻中，湧現了相當多的異常活躍的構詞語素，它們和其他語素組合而產生出數量驚人的雙音複合詞。如“玄$_1$”，形容詞性語素，可表示的意義有“赤黑色”“天”“深”“神妙”“遠、幽遠”“寂靜”“大$_1$”等，石刻中以它為修飾語素而構成的雙音詞就有：玄$_1$碑（南朝宋《爨龍顏碑》)、玄$_1$瑶（北魏《元楨墓誌》)、玄$_1$瑜（北魏《元弘嬪成氏墓誌》)、玄$_1$穹（東晉《爨寶子碑》)、玄$_1$明（北魏《孫標墓誌》)、玄$_1$雲（東漢《唐公房碑》)、玄$_1$宫（東漢《孔羨碑》)、玄$_1$甲（東漢《燕然山銘》)、玄$_1$哀（北齊《是連公妻邢阿光墓誌》)、玄$_1$堂（西晉《張朗墓誌》)、玄$_1$汙（東漢《韓敕造孔廟禮器碑》)、玄$_1$猿（東漢《許卒史安國祠堂碑》)、玄$_1$室（東漢《柳敏墓碑》)、玄$_1$石（東漢《楊震墓碑》)、玄$_1$闕（北齊《司馬遵業墓誌》)、玄$_1$通（東漢《武斑碑》)、玄$_1$澤（南朝宋《爨龍顏碑》)、玄$_1$範（北魏《錡雙胡造像記》)、玄$_1$德（東漢《史晨前碑》)、玄$_1$論（東漢《博陵太守孔彪碑》)、玄$_1$妙（東漢《肥致墓碑》)、玄$_1$圖（東漢《白石神君碑》)、玄$_1$談（北魏《元顯儁墓誌》)、玄$_1$象（北周《張子開造像記》)、玄$_1$靈（東漢《燕然山銘》)、玄$_1$旨（北魏《楊無醜墓誌》)、玄$_1$亮（東漢《范式碑》)、玄$_1$嘿（三國吳《禪國山碑》)、玄$_1$乾$_1$（東漢《楊著墓碑》)、玄$_1$孫（東漢《尹宙墓碑》)、玄$_1$胄（南朝宋《爨龍顏碑》)、玄$_1$源（北魏《穆亮妻尉氏墓誌》)、玄$_1$覽（西晉《臨辟雍碑》)、玄$_1$達（西晉《趙氾墓表》)、玄$_1$聖（東漢《孔羨碑》)、談玄$_1$（東魏《蕭正表墓銘》)、參$_3$玄$_1$（北魏《元彝墓誌》)、入$_1$玄$_1$（北魏《元彧墓誌》)、真玄$_1$（北齊《法懃禪師塔銘》)、沖$_3$玄$_1$（北齊《郭顯邕造經記》)、深玄$_1$（北魏《皇甫驎墓誌》)、幽玄$_1$（北魏《元懷墓誌》)、淵玄$_1$（北魏《張猛龍碑》)、太玄$_1$（北齊《高叡修定國寺塔銘碑》）等139個。

（2）數量可觀的同素異序詞。在漢魏晉南北朝石刻中的聯合式雙音詞中，出現了數量衆多的同素異序詞，共計1362個。其中雙向型“AB—

BA”式，共計612對，如：恭恪（東漢《中常侍樊安碑》）、恪恭（東漢《吉成侯州輔碑》），煥炳（東漢《史晨前碑》）、煥炳（三國魏《范式碑》）、祈請（東漢《白石神君碑》）、請祈（東漢《無極山碑》），純懿（南朝宋《爨龍顏碑》）、懿純（東漢《張壽殘碑》），清高（北魏《張猛龍碑》）、高清（北齊《劉忻墓誌》）等。和現代漢語相比，單向型“BA”式中，共計138個，如：力財（東漢《秦君墓刻辭》）、魂零（東漢《石門闕銘》）、塗路（東漢《石門頌》）、幗巾（北魏《吳子璨夫人秦氏墓誌》）、本根（東漢《曹全碑》）、寶財（東漢《楚相孫叔敖碑》）；範防（東漢《開母廟石闕銘》）、耘耕（北齊《狄湛墓誌》）、攻圍（北魏《詮墓誌》）、住居（北魏《馮神育造像碑》）、動移（北魏《嚴震墓誌》）、漏泄（北魏《青州刺史元湛墓誌》）、賣買（北魏《元略墓誌》）；華繁（西晉（《張朗墓誌》）、靜貞（東漢《成都永壽元年畫像石闕銘》）、廉清（北魏《元乂墓誌》）、懃辛（東魏《杜文雍等十四人造像記》）、微細（北齊《義慈惠石柱頌》）、酸辛（北周《韋彪墓誌》）、痛傷（東漢《武氏石闕銘》）等。這一構詞現象一方面反映了單音詞向複音詞過渡過程中語素化的痕跡，另一方面也可顯示出漢魏晉南北朝詞彙複音化的程度。

（3）漢魏晉南北朝石刻中多義語素已經占到半數以上，這種語素的多義性進而引發語義的模糊性，需要通過語素與語素的組合來確定其組合中的特定意義，而雙音節化則恰恰有利於表意的精確化。

我們在統計的漢魏晉南北朝石刻3529個單音節語素（包括名素、動素和形素）中，單義語素共計1737個，占單音節語素的47.7%；多義語素共計1792個，占單音節語素的49.3%。這個比例說明漢魏晉南北朝石刻中的多義語素發展成了主要的形式。這些統計數據，反映出漢語語素的特點在漢魏晉南北朝時期已經基本具備。張雙棣認為：“複音詞是爲了克服單音詞多義性而產生的。單音詞的意義過多，有時會妨礙思想的交流，為了使語言表達得精確，複音詞就應運而生了。”① 因此，如果說中古時期是漢語複音化加速發展的時期，那麼漢魏晉南北朝時期的石刻文獻便是這一發展的典型縮影。

---

① 張雙棣：《呂氏春秋詞彙研究》，商務印書館2008年版，第304頁。

第二章

漢魏晉南北朝石刻語素的構成及語素頻區的劃分

語言的基本單元是語素，語素是語言中語音和語義相結合的一種最小單位。從詞彙學角度，語素可以按音節的多少分為單音節語素、雙音節語素和多音節語素；語義又包括了詞彙意義和語法意義。因此語素較能全面反映一種語言特點的基本單元。在這一章里，我們將以漢魏晉南北朝石刻中出現的除人名、地名、國名、朝代名、職官名、星宿名、年號、廟號等專有名稱之外的語素作為描寫對象，分類考察它們在漢語歷時中的顯現和分佈情況，從而觀察漢魏晉南北朝石刻的整個語素面貌。

第一節　漢魏晉南北朝石刻語素的確定標準和原則

一　漢魏晉南北朝石刻語素的確定

本章主要是對漢魏晉南北朝石刻語素作一個初步的定量研究。具體說，就是提供有關石刻語素的數據，并根據這些數據作一些粗略的分析。

確定以漢魏晉南北朝石刻使用的語素為基礎來進行統計分析，這裏以4110個語素為依據進行分析。在統計語素的取捨時遵循了以下幾條原則：

1. 人名、地名、國名、朝代名、職官名、星宿名、年號、廟號等作為專有名稱的語素，因對於研究語言本體價值不大，不取。值得一提的是，其中有些人名、地名、物名等，由於歷史故事的流傳，不再僅是指稱人和事物的符號，業已變成了雙音節的單純詞。人名，如皋魚、臺駘、恭（共）姜、趙孤、宋朝、豹産、諸賁等；地名，如垂棘、雷門、蒿里、柏梁、綠林等；動物名，如尺蠖、鶺鴒、鳲鳩；植物名，如蒲柳、棠棣、高掌等。這種由特殊語素構成的專有名詞，後面章節將談到。

2. 選取了能夠參加自由構詞的漢語單音節實語素和一定量的虛語素，還有連綿詞、疊音單純詞和音譯詞。實語素 3554 個，虛語素 72 個，連綿詞 259 個，疊音單純詞 51 個，音譯外來詞 174 個（包括佛教譯詞、三韓譯詞和西域譯詞），共計 4110 個。雖然虛語素屬於不自由的黏着性語素，但也參加了構詞，本書選取了一定量的虛語素，如助語素，構成前綴的，如“阿$_2$”“薄$_4$”“第$_2$”“有$_2$”，作為後綴的，如“而$_2$”“爾$_2$”“然$_2$”“如”“若”“子$_2$”等；有些副語素和代語素，在碑刻中就是以虛語素性質出現的，如副語素“不”“必”“互”等，其中“不”的構詞頻率為 128 次，出現率極高。“必”和“互”也參與了構詞；代語素，如“彼”“此”“他”“我”“自$_1$”，其中“自$_1$”的構詞頻率為 74 次；而有些我們在選取的時候，本身並不是虛語素，是由字的假借而得來，如副語素“當$_3$”“莫$_3$”“否$_1$”等，代語素“夫$_3$”“莫$_2$”“斯$_2$”等，都屬于這種情況。

連綿詞、疊音單純詞和音譯詞在漢魏晉南北朝石刻文獻中的作用是不可替代的，對於它們之間關係的具體研究和論述上章已經談到，後面將不作重點闡述。

3. 單音節實語素作為主要研究對象。漢語單音節實語素有很頑強的生命力，在漢語詞彙的發展中起着構詞的決定性作用。

石刻中大多數實語素幾乎都有不同程度的獨立性，且處於一種遊離或半遊離的狀態，因此，語素間的結合顯得十分自由，構詞能力很強。以語素“風$_1$”來說，不但有風$_1$雨、風$_1$煙、風$_1$火、風$_1$霜$_1$、風$_1$塵、風$_1$光、風$_1$山、風$_1$水、風$_1$月、風$_1$木、風$_1$雲、風$_1$旱、風$_1$燭、風$_1$枝、風$_1$樹、風$_1$波、風$_1$液、風$_1$岫；風$_1$情、風$_1$神、風$_1$桀、風$_1$靡、風$_1$略、風$_1$貌、風$_1$謨、風$_1$範、風$_1$宇、風$_1$體、風$_1$機、風$_1$骨、風$_1$教、風$_1$化、風$_1$流、風$_1$量、風$_1$猷、風$_1$尚、風$_1$韻、風$_1$穎、風$_1$芳、風$_1$華、風$_1$莭、風$_1$概、風$_1$儀、風$_1$采、風$_1$表、風$_1$識、風$_1$德、風$_1$標、風$_1$飆、風$_1$則、風$_1$人、風$_1$雅、風$_1$格、風$_1$俗、風$_1$道、風$_1$政、風$_3$規、風$_1$聲、風$_1$憲；風$_1$舒、風$_1$咽、風$_1$旋、風$_1$馳、風$_1$翔、風$_1$高、風$_1$清、風$_1$烈、風$_1$耀、風$_1$輝、風$_1$誕、風$_1$輪、風$_1$移、風$_1$焱、風$_1$行、風$_1$驅等，而且還有元風$_1$、仁風$_1$、土風$_1$、修風$_1$、馨風$_1$、溫風$_1$、惠風$_1$、恩風$_1$、慈風$_1$、貞風$_1$、春風$_1$、柔風$_1$、飄風$_1$；悲風$_1$、枉風$_1$、頹風$_1$、殃風$_1$、猜風$_1$、灾風$_1$、淩風$_1$、寒風$_1$、淒風$_1$、狂風$_1$、陰風$_1$、耶風$_1$、疾風$_1$、迅風$_1$、暴風$_1$；夏風$_1$、朔風$_1$、燭風$_1$、嵐風$_1$、松風$_1$、門風$_1$、微風$_1$、長風$_1$、光風$_1$、還風$_1$、希風$_1$、巡風$_1$、櫛風$_1$；聞風$_1$、追風$_1$、從風$_1$、垂風$_1$、樹風$_1$、揚風$_1$、觀風$_1$、成風$_1$、生風$_1$、隨風$_1$、避風$_1$、陵風$_1$、乘風$_1$、歸風$_1$、摶風$_1$等，組成的雙音詞共計356個。又如以语素"人"来说，不但有通人、玉人、英人、偉人、淑人、慧人、異人、佳人、美人、伶人、夫人、婦人、女人、故人、能人、常人、渾人、市人、商人、工人、邑人、居人、旁人、宗人、遊人、道人、友人、敌人、小人、大人、後人、先人等，而且还有人民、人物、人主、人道、人事、人間、人綱、人倫、人英、人軌、人表、人天、人生、人情、人理、人意、人群、人臣、人傑、人人等，組成的雙音詞共計164個。

從以上分析我們可以得知，漢語語素的數量是有限的，可是組成的詞確實是可以無限擴展。這些舊語素的重新組合，產生出了一批有內在聯繫的複合詞，同時又賦予了它新的內容和意義。據我們初步統計，漢魏晉南北朝石刻參與構詞的漢語單音節語素組成的複音詞達到了23328個（不包括專有名詞）。此外有兩個單音節音譯詞"曇"和"鳩"不算在內。"曇"是梵語dharma的譯音，是"達摩""達磨""曇無"的省稱，它在漢魏晉南北朝石刻中一般用作人名，故不取；"鳩"作為音譯詞，是梵語"鳩摩羅多"的省稱，也不取。如北魏《馬鳴寺根法師碑》："雖鳩公之在灞西，未淂方其輻湊；朗上之在汶北，曷以加其歸市。"其中，"鳩公"，即鳩摩羅多，在漢魏晉南北朝石刻中只出現一次。

二　漢魏晉南北朝石刻語素的辨別

漢魏晉南北朝石刻語素的辨別主要根據漢語語素的定義。凡是讀音和意義兩者完全相同的，原則上作為一個語素；讀音和意義兩者有一個不同的，原則上作為兩個語素。讀音相同指聲、韻、調三者完全相同。意義相同包括一切派生意義在內，只要意義上有派生關係，仍算作意義相同。只有那種沒有派生關係或者至少現在已經看不出它有什麼意義上的聯繫，才算作意義的不同，劃歸不同的語素處理。如沖$_1$：快速向上或向前直闖。（沖天、沖冠、沖飈、沖霄、沖氣）；沖$_2$：通"童"，幼小（沖人、沖年、沖齡、沖藐、幼沖）；沖$_3$：謙和，淡泊（沖素、沖讓、沖清、沖謙、沖粹、沖逵、沖明）；沖$_4$：深遠義（沖邃、沖旨、沖秘、沖廓、沖源、沖志）；沖$_5$：通"盅"，空虛義（沖虛/虛沖、沖室、沖微、沖宗、沖高、沖妙)，算作五個不同的語素。

原則雖然確定了，但在具體操作時還有如下幾種情況，需要仔細考慮：

1. 同音同義，形體不同。如“奸”與“姧”、“跡”與“迹”、“墅”与“野”、“遯”與“遁”、“託”與“托”等。這個主要表現于碑刻中的異體字，算作同一個語素。除了異體字，還有一些語素的使用場合有所不同，如“一”與“壹”、“二”與“貳”、“三”與“叁”、“四”與“亖”等，作為一個語素來處理。

2. 音義不同，形體相同。如蘭艾$_1$（ài，植物名）、艾$_2$（yì，安息，安寧）康，賁$_1$（bì，華美光彩貌）帛、賁$_2$（fén，典籍，簡冊）軌、雷賁$_3$（bēn，奔走），分別算作兩個語素和三個語素。另外注意的是，“長 cháng$_1$”與“長 zhǎng$_2$”，屬於兩個語素，樂（yuè）$_1$、樂（lè）$_2$和樂（yào）$_3$屬於三個語素，它們的意義實際上有明顯的派生關係，但由於詞性不同，詞義引申後讀音又不同，有了區別性的特徵，一般認為是意義不同了，則分屬不同的語素。

3. 同形同音，意義不同。如吏卒$_1$（zú，步兵）、徂卒$_2$（zú，死亡），究竟$_1$（jìng，窮究）、竟$_2$宇（竟 jìng，邊境，疆界），林薄$_1$（bó，草木叢生處）、帷薄$_2$（bó，簾子）、文薄$_3$（bó，記錄審問材料或罪人供詞的文狀），前兩組分別屬於兩個語素，後一組屬於三個語素。

以上對於區分不同語素的三種情況，實際也包含了通過同音假借而形成的不同語素。如“薄$_1$”，《說文》：“薄，林薄也。”段玉裁注：“林薄也。不入之叢也。”郭璞《楚辭註》：“林草不交錯曰薄。”後通“箔”為“薄$_2$”，義指竹簾子；又通“簿”為“薄$_3$”，義指策籍，記載用的本子。故因同音假借，語素“薄”分化為了三個不同的語素“薄$_1$”“薄$_2$”“薄$_3$”。

第二節　漢魏晉南北朝石刻語素的分佈情況及數量特徵

對於專書語素的研究，首先要求從不同的角度對語素的各種類別作窮盡性的統計，而不能滿足于舉例性質。只有在準確統計的基礎上進行分析研究，結論才可靠。郭錫良在《1985 年的古漢語研究》中指出：“如果不作定量分析，就很難把握住漢語諸要素在各歷史時期的性質及數量界限。我們的斷代描寫和歷時研究也必然要陷在朦朧模糊的印象之中。從隨意引證到定量分析，是古漢語研究為走向科學化而邁出的重要一步。”① 唐鈺明也認為：“定量方法對研究共時的語言現象意義重大，對研究歷時的語言現象也同樣重要。我們若能在頻率、頻度的基礎上進一步展現某種歷時現象的頻度鏈，那麼對揭示這種現象發生、發展和消亡的歷史層次就有重大意義。”②

要統計漢魏晉南北朝石刻語素的使用情況，首先要對語素在漢魏晉南北朝石刻語料中的分類和分佈有個大概的瞭解。

一　漢魏晉南北朝石刻語素的音節分類和分佈

石刻語素按音節的多少，可分為單音語素、雙音語素和多音節語素。

（一）單音節語素

單音節語素是由一個音節表示的語素。包括實語素和虛語素。張志公從意義的角度把語素分為名素、動素、形素、半虛素、虛素，“和虛素、半虛素對着講，名素、動素、形素可以合稱為實素”。③ 在虛素和半虛素中，包括“我、你、這、那、第、者、員、而、很、越、就”等。雖然其中的副語素和代語素的詞彙意義也比較明顯，本應該是實語素，但我們根據傳統語言學觀點，把副語素和代語素歸為虛語素④。

1. 漢語單音節語素

根據漢魏晉南北朝石刻中語素的使用情況，單音節語素共有 3640 個，包括實語素、虛語素和音譯詞。其中漢語實語素 3554 個，虛語素 72 個，外來單音語素 14 個。漢語的語素基本上是單音節的，據有人統計，單音節語素占漢語語素總數的 97%左右⑤，而漢魏晉南北朝石刻單音節語素占整個語素總數的 88.6%多，漢語單音節實語素占整個語素總數的 86.5%（數據統計保留在小數點後兩位或三位，後面同），單音節實語素是我們後面章節研究的重點。

語素意義比較實在的語素稱為實語素，包括名語素、動語素、形語

---

① 郭錫良：《1985 年的古漢語研究》，《中國語文天地》1986 年第 3 期。

② 唐鈺明：《定量分析方法與古文字資料的詞彙語法研究》，《海南師範學院學報》1991 年第 4 期。

③ 張志公：《談漢語的語素》，《語言教學與研究》1981 年第 4 期。

④ 韓崢嶸：《古漢語虛詞手冊・凡例》，吉林人民出版社 1894 年版，第 3 頁。

⑤ 尹斌庸：《漢語語素的定量研究》，《中國語文》1984 年第 5 期。

素、量語素、數語素等。如：

名語素：埃、岸、柏、斑$_1$、鼻、草、天、地、人、土、山、石、海、風等。

動語素：礙、愛、按、遨、跋、奔、閉、屏$_2$、操、察、盜、登、征等。

形語素：高、哀、安、白、帛$_2$、大、小、厚、好、壞、清、濁、深、皎等。

量語素：擔$_2$、頓$_6$、膚$_2$、扶$_2$、㲉、兩$_1$、咫、銖、畝、丈、寸、仞等。

數語素：一/壹、二/貳、三/參$_3$/叁、四/亖、五、六、七、八、九、十、什、百、千、兩$_1$、幾$_2$、億$_2$等。

語素意義比較虛的語素稱為虛語素，它只表示某種語法意義，包括副詞性語素、助詞性語素、詞綴語素、介詞性語素、連詞性語素、嘆詞性語素等。其中，介詞性語素、連詞性語素、嘆詞性語素在本書未涉及。如：

助詞性語素：（赫）斯$_2$、誕$_3$（膺）、云（亡）、見$_3$（重）、居$_3$（諸）、聿（修）、可（謂）等。

前綴語素：第$_2$（十）、阿$_2$（小）、有$_2$（方$_1$）、允$_2$（集）等。

後綴語素：（安）然$_2$、（紛）若、（婉）而$_2$、（恭）如、（兒）子$_2$等。

副詞性語素和代詞性語素可以獨立成詞充當句法成分，本身是獨立的詞，又可以同別的語素構成新詞，但詞彙意義比較抽象、虛化。如：

副語素：必、不、互、唯、未$_2$、則$_2$等。

代語素：彼、此、各、斯$_1$、我、伊、予、自等。

漢魏晉南北朝石刻單音節語素大都是從上古漢語逐步發展而來的，基本上都是本民族的語言成分。

2. 外來單音節語素

由於六朝石刻中擁有大量的造像記和佛經摩崖，故個別單音節語素是受外來語素的影響而產生的，一般是佛教音譯詞，經過音節縮略而成，有13個。還有一個西域譯詞“笳”，共計14個。如：

剎（laksata）4、禪（hdyāna）$_2$ 14、佛（buddha）28、劫（kalpa）12、魔（māra）5、尼（Bhidsunt）$_1$ 1、僧（sangha）10、釋（sakya）$_2$ 1、塔（stūpa）6、梵（brahma，brāhma）14、曇（dharma）、鳩（kumārala）

1、貝（pattra）$_2$1、笳 9。這些佛經譯詞在東漢譯經里已經出現，今略舉數例。

【刹】梵語 laksata 的音譯省稱。本指佛塔頂部的相輪，後引申指佛塔、佛寺。

東魏《南宗和尚塔銘》："籥宮久遠為僧首，梵刹時常作棟梁。"

北魏《孫遼浮圖銘記》："二儀無像，四天傳則，靈刹開神，梵堂啓或。"

【佛】梵語 buddha 的音譯省稱。本義爲"覺"，佛教徒用爲對其創始人釋迦牟尼的尊稱。六朝時，多以之命名。人名帶"佛"字如：

公孫佛仁："母潦東公孫氏，字佛仁，父楚祕書，著作郎。"（北魏《李璧墓誌》）

魯佛度："息魯佛度，息魯思明，息羅田縣令魯思貴，東西二寺都福主魯文字，寺主魯□舉，八關齊主王敬宗，都維那呂黑太，大息呂終洛。"（北齊《魯思明等造像記》）

張侍佛："比丘惠詅，故人龐道景，妻張侍佛，比丘僧□□□□。"（東魏《惠詅等造像記》）。

【魔】梵語 mara 的音譯省稱，又作"磨"。佛教把一切擾亂身心、破壞行善者以及一切妨礙修行的心理活動均稱作"魔"。以之命名，有取名以壓不祥的意圖。以"魔"組成的人名有：

封魔奴："君諱魔奴，勃海脩人也。其先粵自潁陽，是遷河朔。"（《北魏封魔奴墓誌》）

源磨耶："大魏武定八年，歲次庚午，三月庚戌朔，六日乙卯，司州魏郡灄漳縣魏故源氏之曾孫磨耶，年六歲，卒於北豫州"（東魏《源磨耶壙記》）

以"魔"組成的複合詞有：

魔道："魔道歸降，亡魂喪精。"（東魏《李顯族造像碑》）

魔王$_1$："魔王奉獻，尼乾歸依。"（北齊《郭顯邕造經記》）

【曇】梵語 dharma 的音譯省稱，也譯作"達摩""達磨""曇無"等。義指法、佛法。截取其中一個"曇"字，構成人名，包含了對佛教教義的理解。如：

明曇憘："君諱曇憘，字永源，平原鬲人也。"（宋《明曇憘墓誌》）

劉曇曇："唯那吳靈□、劉曇樂、夏侯三郎、王樂祖、劉仲起、高叔

齊、寇祖□、輩山國、趙道榮。”（北魏《孫秋生等造像記》）

（二）雙音節單語素

漢魏晉南北朝石刻的雙音節單語素主要包括連綿詞、疊音單純詞和音譯詞，總計429個，占整個石刻語素的10%左右。

連綿詞，如倜儻、宛轉、葳蕤、頡頏，有些是同義異形，如低迴又作低徊，嗚呼又作嗚乎、烏呼，留連又作留漣、留聯、流連、流漣，它們是一個詞的不同書寫形式，算作一個語素。雙音節連綿詞共259個，占整個石刻語素數的6%。

疊音單純詞，形素，如班班、耳耳、桓桓、碌碌、珞珞等；擬聲詞，如咄咄、閞閞/關關、唧唧等；動素，如漪漪；副語素，如往往。共計47個，占整個石刻語素數的1%。

音譯詞，主要是佛經音譯詞、三韓音譯詞和西域借詞。佛經音譯詞，如佛圖（浮圖）、彌勒、彌陁、釋迦、菩薩、菩提、須陀、閻浮等，同義異形算作一個語素，共61個；三韓音譯詞，如鄒牟（人名）、奄利（水名）、新羅（國名）、閣弥（城名）等共41個。胡名，如賀蘭（匈奴姓氏）、如羅（鮮卑姓氏）、可敦（皇后）、單于（稱號）、薩保（回紇官名）、箜篌（物名）等，共21個。漢語的詞有雙音節化的發展趨勢，古代音譯外來詞絕大多數是雙音節的，共計123個，占整個石刻語素數的3%。

（三）多音節單語素

在漢魏晉南北朝石刻語料中，多音節單語素包括三音節單語素和四音節單語素，共計43個，只占整個語素總數的1%。

1. 三音節語素包括疊音單純詞和音譯詞，共計38個。

疊音單純詞在石刻中，只有形容詞：栖栖焉，共1個；音譯詞包括佛經音譯詞、三韓譯詞和西域借詞，共36個。其中，佛經音譯詞14個，如源磨耶（人名）、比丘尼（術語）、婆伽婆（術語）、都維那/都唯那（術語）、舍利弗（人名）、摩訶薩（人名）、耆闍崛（山）、娑羅（樹）、菴羅（果）等；三韓音譯詞11個，如臽模盧（城名）、各模盧（城名）、干氐利（城名）等；西域借詞11個，如獨孤渾（三字姓）、庫多汗（人名）、吐谷渾（鮮卑姓）、步六孤（三字姓）、大利稽（匈奴姓）等。

2. 四音節單語素包括佛經譯詞和三韓譯詞，共5個。其中，佛經音譯詞2個，如釋加牟尼（人名）、文殊師利（人名）；三韓音譯詞3個，如古模耶羅（城市名）、加太羅谷（城市名）、任那加羅（城市名）。

由於漢魏晉南北朝石刻的雙音節語素和多音節語素數量極少，總共才472個，只占整個語素的11.5%，而且多是多音節單語素，構詞能力非常弱弱。這證明了漢魏晉南北朝石刻中單字語素占絕大多數的結論，与現代漢語既有的結論相同。這部分語素是漢語構詞中的活躍因素，二字及二字以上的語素一般很少再組成新詞。其中雙音節語素構詞力較強的要算“菩薩”，如大菩薩、菩薩主、十住菩薩、觀世音菩薩、文殊菩薩、迦葉菩薩等，還不超過7個，其餘的如“檀越”，有大檀越、摩訶檀越、檀越主等，“維摩”，有維摩主、維摩詰經等，構詞數也不超過5個。

二　漢魏晉南北朝石刻單音節語素的內容分佈

漢魏晉南北朝石刻作為出土文獻，其使用的單音節語素有3640個，包括名詞性語素1635個，動詞性語素1340個，形容詞性語素553個，其他素類共112個。這些統計的數據，廣泛地反映了一定歷史階段的社會風貌，同時也從一個側面記錄了語言的實際運用。

漢魏晉南北朝石刻以墓碑、讚頌碑、紀功碑、祠廟碑、墓誌銘、造像記爲主，內容涉及社會生活的各個方面，包括了政治、經濟、軍事、歷代職官、古代地理、民族融合、姓氏名號、世系譜諜、典章制度、風俗習慣、思想意識、道德觀念、天文曆法等廣泛的領域。尤其是很多材料是其他文獻沒有記載的，如幽埋塚墓碑刻、造像題記、刻經記、題名碑等，就更加珍貴。其詞彙內容及其豐富，列表說明，基本分佈如下。

（一）名詞性語素的內容分佈

類 別	數量	例詞
表動、植物	104	獸類：干$_{3}$、狗、豹、虎、狡、駒、狼、螭、鳳、蛟；水族類：鼃、黿、貝$_{1}$、魴；鳥類：翟、鷩、翠、梟、雇等；蟲類：蟬、蟾、蟲、蛾、蜂
	105	樹木：樹$_{1}$、林、森、木、柏、楚；草卉：草、苗、竺、莪、紛、芸、藻、艾$_{1}$、蔓、芒$_{1}$、莽、茅；雜草和惡草：介$_{4}$、芥、稂、莠、蕕
表人、神怪	134	對人的稱呼：人、伴、侶、倫、儷、輩、儕；親屬稱謂：父$_{1}$、孫、妣、伯$_{1}$、娣、姊、兒$_{1}$、妃、姑$_{1}$；人體部位：頭、髮、膚$_{1}$、額、鬢、眉、眼、目、眸、鼻、口、牙、頸、唇；肢體：軀、腰、足、止；內臟：膽、腑、胃、臆、膺；神怪：鬼、祇、仙、妖、真
有關生産	114	農業：稼、秉$_{1}$、菜、瓜、瓞、稻、穀；農田：田、壤、種$_{2}$、疇$_{1}$；農具：鈇（農具）、樵、耒；漁獵：畢、綱、罕、穽、坑、羅$_{1}$；畜牧養殖：畜、禽$_{1}$、蠶、繭、雛、羝、犢；商業：賈$_{2}$、價、市；金玉財貨：寶、碧、璧、財、琛、璁、瑲、革$_{1}$、貫$_{1}$

续表

類 別	數量	例詞
表宫室建築	102	人的宫室：宣、廈、宫、殿、泮；動物的居室：巢、桀、埢、欄、牢；建築物的構件：基、梁$_1$、楹、楣、甍；材料：材、丁$_1$；礫城堡名：城、墉、牆
表器具	123	飲食：器、鼎、鬴、鬲、盬、鑊、杯；照明：燈、燭、釭、炬；模型類：凡、範、工、規、矩、巨$_1$；度量類：程、籌、度$_1$、概；坐臥類：榻、枕、薦$_1$、席；繩子類：紼$_1$、緄、徽、緌；磨石：礎、厝、磴、砥、碣
表政治	115	政治術語：采$_3$、朝$_2$、廷、庭$_2$、符、笏；國家民族：夏、邦、國、邑；社會等級：君、帝、后、皇$_1$、王$_1$、胥$_2$、臣、民、儒、士、徭、婢、隸、奴、閹、倡；區域劃分：區、都$_1$、京、鄙、邊、部、境、聚、郡
表飲食	38	食物製品：膳、食、羹；糧食類：糧、粹、粉；肉類：脯、昔、脩；酒類：酤、醳、醑、漿；調味品：酢$_2$、酸、鹽；柴火：樵；水井名：井。
表布帛	31	絲織物：帛$_1$、布、絲、素、綵；絲織物的材料：紝、紀$_1$、線、緒
表衣服	25	衣服類：衣$_1$、表$_1$、裏、裝、常；衣服的部分：袖、襜、裾、衽$_1$、衿 帽子：冒、弁、免、冕、冠$_1$；鞋子類：屣
表用品飾物	44	飾物類：帶、紳、組、囊、纓；遮蓋物：衾、褓、裯 顏料類：黛、丹；鏡子：監、鏡
表道路交通	50	道路：衢、道$_1$、街、逕、徑$_1$、康$_2$、逵、壼 交通工具：馬、駔、驂、騑、車、船、航、輬
表醫藥疾病	18	醫藥：藥、醫；疾病：瘢、病、創$_1$、瘡、疵、癲、痾、傷、痏、瘻
表軍事	58	軍事術語：檄、池、刁、爟$_2$（烽火）、廣$_2$（兵車）；軍隊類：兵、卒$_1$、俘、仇$_2$、將$_1$；武器類：鍔、鋒、烽、戎、干$_1$、矦；旗幟類：麾、旌、旒、旄、弧；軍樂：凱$_1$、鐃
表法律	8	法、辟$_1$、曹、辭$_1$、校$_1$、縲、累$_1$、律、械、刑$_1$、獄
表文化教育	30	文化：譜、薄$_3$、簿、彩、詞、詩、騷$_2$、史、札、紙、帙；教育者：母$_2$、姆；學校：庠、校$_2$；書籍：書、册、策$_3$、等、典、篇
表音樂舞蹈	28	音樂：吹$_2$（管樂之聲）、調$_2$、曲$_2$、商$_2$、角$_2$、羽 樂器類：篪、鐸、桴$_2$、鼓、管；舞蹈：纛、無、舞
表祭祀迷信	38	祭祀：祝、神、祠、祧；祭祀用品：幣、鬯、爵$_1$、牲、脤、胙、犧；主持祭祀：尸$_1$；祭祀地方：場$_1$、壇；迷信：讖、氛、祲、籙、緑$_2$
表婚喪	28	婚姻：婚、媒、姻 喪葬：櫬、棺、柩、輴、絰、紼$_2$、綍、墳、墓
表禮俗	17	主、賓、客、禮、幢、饋、契
表宗法制度	10	嫡、適$_3$、姬、禰、孽、氏、姓、裔、宗、祖
表方位時令	50	方位：奥$_1$、側、頂、端$_2$、極、東、南、西、間$_2$ 時令：辰$_2$、晨、暮、莫$_1$、疇$_4$、春、冬、秋、旻
表天文曆法	47	天象：風$_1$、埃、塵、藹$_2$、雰、飆$_1$、冰、參$_1$、光、電 曆法：霸、晦、坤、離$_3$、朔、曆$_1$、寅$_1$、旬、正$_2$

续表

類 別	數量	例詞
表河流山川	94	河流：泌、濱、波、潮、沈、川、瀆、汾 山地：山、岸、隘$_1$、阪、岱、堤、地、巔$_1$、峰
表佛教內容	11	刹、禪$_2$、佛、劫、魔、尼$_1$、僧、釋$_2$、塔、貝$_2$
抽象概念	121	恩、義$_1$、意、志、欲、衷、誼、德
次序類別		弟$_1$、第$_1$、級、科、類、序$_2$
不好的事物		點、毒、垢、恙、罹、央$_2$、殃、災

注：與植物有關的名語素，如本、末、根、杪、標、芳、芬等，共19個；與動物有關的名語素，如毫、胡、喙、翅、翼、尾、卵、皮等，共22個；與交通工具相關的，如鞍、羈、勒、靬、銜、鞅、榜、軫等，共39個；與飲食有關的，如臭（氣味）、糟（酒渣）、粕（酒渣）、湯$_1$（熱水）、未（味）、配（酒色）、瞖$_2$（汁液）、穰$_1$（瓜果的肉）、瀾（淘米水）等，共9個；與布帛相關的，如統（絲頭）、文（花紋）、幅（布帛的寬度）、裂（布帛的剩餘），共4個。

（二）動詞性語素的內容分佈

類別		數量	例詞
一般	表生死	25	生命：字、孕、生、誕$_2$、育；死亡：殂、薨、斃、歾、死、萎
	日常生活	57	起居動作：安、住、舍$_2$、居$_1$、起、息、憩、寢、坐；表洗漱：灑、刷、洗、澡、渥；衣飾動作：穿、袒、衣$_2$；飲食動作：炙、孰、熟、飯、亨$_1$、享$_2$、宴
	生產勞動	71	農桑勞動：農、勞$_1$、舂、藝、種$_1$、耕；修築工事：決、浚$_1$、治；縫紉紡織：紡、縫、紉、綴；手工勞動：新、磋、研$_1$、磨、刊、刻、築；畜牧田獵：逐、狩、獲、獵$_1$；商業：賈$_1$、買、賣、貿
	婚喪禮俗	45	嫁娶：歸、嬪、娉$_1$；喪葬：悼、弔、臨$_2$、奠、殯 禮俗人倫：冠$_2$、綰、縢、約、供$_1$、供$_2$
	政治外交	56	政治術語：篡、左、佐、右、贊；任職：司、仕；施政：誥、號$_1$、赦；獎賞：寵、獎、賜；懲罰：罰、髡、罷；外交：造$_1$、訪、貢
	軍事	33	侵、犯、征、戰、伐、王$_2$、軍、劉、斬
	宗教祭祀	19	齋、祀、烝、禋、礿、祐
	教育	17	導、道$_2$、迪、順$_2$、訓、誡、勵
表使令、存在、關係、變化		53	使令：告、令$_1$、召、使；存在：存、處$_1$、有$_1$、作；關係：慭、與$_1$、交、共$_1$；變化：堆、加、增、益、湮、滅、泯
人體	身體	12	伸、依、倚、府$_2$、俯、俛、仰、伏$_1$、就、傾、屈$_2$、僻
	手動	139	按、拔$_1$、抱、采$_1$、播、撥、操、插、擿、持、搃、攢、抽
	腳動	72	跋、奔$_1$、躃、蹈、履、躪、邁、遍、遺$_1$、迎、逆、逢、遇
	頭動	4	啓$_2$、稽$_2$、頻、顧

续表

類別		數量	例詞
官能	耳動	3	聽、聞$_1$、職
	眼動	31	瞋、覲、睇、睹、督、觀$_1$、睽、看
	口動	33	唱、歌、吟、喘、呼$_1$、呼$_2$、號$_2$、喑、含
心理認知	語言	15	貶義：諂、讒、詐、訾、詖、誘、譖、諛
		7	褒義：謳、誦、詠、謠、謇、矢$_2$（誓）、謣
		44	中性：詁、記、訟、讀、對、訣、言、語、談
	感知	13	慈、愛、慰、笑、歡、忿、憝、惱、怒$_1$、嫌
	意願	59	想、願、感、知$_1$、念、冀$_2$、幾$_4$（冀）
	思維記憶	9	度$_2$、忖、慮、思、惟$_1$、維$_2$、忘$_1$、猜、疑

還有其他的行為性的動語素，如叫、吠、鳴、駭、驚$_1$、竄、飛、奮、翥；乘$_1$、騎、馳、騁、騖、彎、張、弛；盜、賊、害、廢、殖、崩、圮；分$_1$、削、割、刺、别、剽、怙、毀、乖、北、違、韋、午、擇$_2$（殬）；浮、負、隕$_1$、殞$_2$、微、鎮、縱$_1$、恣、從$_2$；懷、將$_2$、運；雨$_2$、振$_2$、樛、觸、稽$_1$、礙、纏、闇$_2$等，這類語素數量多，種類繁雜，概括力強，不少語素生命力強，既可作為構詞語素組合成詞，也作為詞單獨使用。

（三）形容詞性語素的內容分佈

類別	數量	例詞
表事物性質、狀態	112	性質：凶、佳、嘉、公、私、剛、堅、曲$_1$、直、冷、涼、暑
		狀態：備、蔽$_2$、便、博、曾$_2$、暢、重$_2$、淳$_2$、瘁、殆$_1$
表空間、時間和速度的概念	48	空間：崇、低、俄$_2$、峨、高、岌、迴、闐
		時間：曩、遂$_2$、見$_2$、敻、晏$_2$、翌、永
		速度：遄、戚$_2$、遲 4、篤、緩、齊$_4$
含數量、範圍和程度的概念	64	數量：半、稠、多、寡、小、大$_2$、少$_1$、庶
		範圍：褒、長$_1$、綽、大$_1$、碩、單$_1$、短、宏、恢
		程度：淺、深、肥、瘦、厚、細、纖、緻、周
表人體形貌、情態、感知等	107	形貌：瘠、健、端$_1$、俄$_1$、頃$_1$、羸、壯、盲、瞀
		語言：誕$_1$、謐、默$_1$、訥
		情態：敖$_2$、傲$_1$、昌$_2$、狷、悵、怠、劬、憍、嬌、矯$_4$、悍、煢
		感知：飽、餓、饑、饉、餒、饒、渴、樂$_2$、哀、悲、慘$_1$
		性格：淳$_1$、沖$_3$、惇、頓$_7$、敢、果$_2$、毅、勇

续表

類別	數量	例詞
倫理觀念	72	褒：彬、誠、恭、躬$_3$、和$_1$、惠、儉、蹇$_2$、簡$_2$、睦、穆$_1$、穆$_2$ 貶：滑、横$_2$、猾、姦、惏、虐、懦、狓
含尊卑和年壽的概念	17	尊卑貴賤：卑、富、貴、賤、窘、貧、實、賢、裕、賑 年壽：沖$_2$、苟$_4$、耇、考$_1$、老、藐、耆$_1$、少$_2$、幼、長$_2$
顏色、花紋	25	顏色：白、帛$_2$、斑$_1$、班$_3$、駁、倉$_2$ 花紋：絢、彰
表天文地理	108	氣候：暖、暗、黯、晻、杳$_1$、曀、炳、慘$_2$、昌$_1$、寒、旱 草木：茂、萋、茀、藹$_1$、才、萃、蕃$_1$、槁、荒$_1$ 山川：掘$_2$、崛、屈$_3$、峻、峭、嶔；霏、沸、徹$_2$、澈、澄、濁、漼 火：烔、爛、烈、熒、煜

（四）其他語素類

石刻中的數語素有實數，如一、二、三、四、五、六、七、八、九、十；也有虛數，極言其多，如百、千、萬、億$_2$、還有各類的量語素和虛語素，我們在文後附有語素表，這裏就從略了。

以上對漢魏晉南北朝石刻語素的分佈情況作了基本統計。根據其分佈情況，有以下幾點思考：

1. 石刻文獻的語言複雜、豐富、類型全面，但各類語素的數量分佈有明顯差别。表天文地理、動植物、生產勞動、宫室建築、器物服飾的語素的比例在石刻中佔有優勢。一部分名語素、動語素、形語素是作為基本詞彙，對上古詞彙的繼承和延續；另一部分名語素則以引申、比喻的修辭方式構成新義，來進行對人物的描述與品評。這一點突出地表現在自然界的景物上，如用“蘭、椒、蘿、蓀、芸、薰、芝、芷、菁、莪、菊、英、蓼$_1$、蒙、苓”等香草比喻品格高尚的君子，用雜草和惡草，如“介$_4$、芥、稂、莠、蕕”等比喻人品低下的壞人。石刻文獻的主體是墓碑、墓誌，其内容多為褒美贊頌，所謂“標序盛德，必見清風之華；昭紀鴻懿，必見峻偉之烈：此碑之制也”。①

2. 時代特徵明顯。有關政治、戰爭、祭祀、禮俗、宫室建築的語素在石刻中增加了一大批，這與時代影響和石刻文體風格有關；抽象名詞、動詞和形容詞也有較大數量的增加。尤其是表示心理認知和行為性動詞，

① 刘勰：《文心雕龙·诔碑》，浙江古籍出版社2001年版，第61頁。

表示人品態度和倫理道德的形容詞大增。如僅僅表示與“手”有關的動作的語素就有139個，占到整個動語素數量的10.4%；表示人品態度和倫理觀念的語素共180個，占整個形語素的32.5%。一方面，碑誌主要表現爲對亡故親友的悲痛、惋惜，對其心理的描寫自然會成爲主體；另一方面，顯示了人類認識的深化、思維的豐富；再一方面，動詞、形容詞的大發展，則標誌着漢語書面語逐步走向成熟。

3. 喪葬語、委婉諱飾語在碑刻中表現突出。有關喪葬的詞語，如以“墳、墓、悼、弔、臨$_2$”等為構詞語素構成的雙音詞在石刻中出現的頻率很高。另外，最明顯的是關於“死亡”的種種委婉說法，稱“背、乖、崩、薨、殞$_1$、墜、歸、徂、逝、傾、亡、泯、殘、毀、湮、沒”等，名目繁多，手法新穎。“死”是人最忌諱的事，而墓碑、墓誌又回避不了這個問題，於是只好求助於委婉諱飾的婉曲手法。

三　漢魏晉南北朝石刻單音節語素的性類分佈

根據以上所確定的漢魏晉南北朝石刻語素範圍和辨別的一些原則，本小節對漢魏晉南北朝石刻使用的3280個漢字逐個分析，最後得出共有單音節語素3640個。

我們從3638個（曇和鳩除外）語素出發，進行性類的統計和分佈。按照語素在漢魏晉南北朝石刻中意義的虛實，我們把這部分單音節語素分為實語素：名素、動素、形素、數素、量素五類，及虛語素：副語素、代語素、助詞性語素和詞綴語素①四類（這裏的虛語素，依照傳統取其廣義）。

需要指出的是，字的本義和詞的本義是有區別的，即所謂名素、動素、形素等只是根據語素本身所表示的意義而對語素所作的分類。如果這個語素能單獨成詞，那麼它作為詞的詞性和它語素類型相一致；但當它和別的語素組合成詞時，它的語素性类往往與那個合成詞的詞性并不一致。“雲”為名素，但合成“雲興”卻為動詞，如西魏《鄧子詢墓誌》：“剖思雲興，篆章霞布。”“瞬”“息”是兩個動素，但它們構成的複合詞

① 尹斌庸、苑春法和黃昌寧也都是這樣分類的。參見尹斌庸《漢語語素的定量研究》，《中國語文》1984年第5期；苑春法、黃昌寧：《基於語素數據庫的漢語語素及構詞研究》，《世界漢語教學》1998年第2期。

“瞬息”卻為名詞，如北齊《報德像碑》：“體瞬息之不留，識泡炎之必盡。”“高”是個形素，但它既可以是形容詞“貞高”“清高”的構成成分，如北魏《馮邕之妻元氏墓誌》：“秉四德以基厥身，執貞高而為行本。”北魏《元倪墓誌》：“皇室千里，清高出俗。”又可以是名詞“高祖”“高山”等的構成成分，如北魏《元引墓誌》：“高祖遷京，轉直後，俄遷直閤將軍、龍驤將軍。”北齊《賀拔昌墓誌》：“高山仰止，道邁丘園。”還可以是動詞“推高”“行高”的構成成分，如北齊《和紹隆墓誌》：“同列推高，連官挹敬。”

當二者在實際運用中不能對等時，我們統計語素的詞性遵循了以下幾條：

1. 爲了避免糾結，只按照語素的本義來確定詞性，而不按照它的派生意義來確定。本義的確定，主要依據《說文解字》及其他古籍文獻。例如雲（名・動）定為名詞性語素，匡（名・動）定為名詞性語素，瞬（動・名）定為動詞性語素，高（形・名・動）定為形容性語素，匹（量・動・名）定為量詞性語素。

2. 還有極少數語素，其一：對它的本義，後代有很大的爭議或本義不明，這種情況則根據它後起的基本義來確定詞性。如方位詞“東”“南”“西”“北”，目前學界有兩種典型的說法：一種是贊成許慎《說文解字》的觀點，一種是支持王力《漢語史稿》中的觀點。我們認為，在沒有確定其本義之時，暫定為表方位的名詞性語素。此類語素共選出 31 個。如下：

東、西、南、北、五、六、七、八、九、丁、番、可、溘、孔、朋、乞、氣、前、午、邪、耶、巳、因、寅、雍、由、猷/猶、貫、韞、曾、朱

其二：它的本義現在已經不用或少用，而更常用它的轉化意義，則根據它的轉化意義來確定詞性。如“灌”，本義是古水名，統計時不作名詞性語素，而分別作灌$_1$（動素，灌溉）和灌$_2$（名素，灌木）。類似的還有“濟”“深”“濁”“治”“泡”“沫”等，許慎在《說文解字》中把此類詞都釋為古水名，而在今天，都不作水名用。此類語素共選出 52 個。如下：

古水名：蕩、灌、濟、深、濁、治、泡、沫、漸、浸、浄、沮、泠、淩、溺、沛、漆、濡、深、潭、温、泄、洵、淹、漾、沂、油、沾、治、濁

其他：淳、龕、康、況、昆、來、離、默、穆、難、毗、衰、私、瑣、夐、胥、驗、易、嬴、虞、豫、願

3. 還有一部分語素，由成詞語素演變成了不成詞語素，並且脫離了其固有的意義體系，通過引申、假借而轉化到了另外一個語意體系中，轉化後的語素性類的判定則主要根據它在組合中所對應的義項來定性，能分則分。如“億”分化成二個語素：億$_1$（形素）、億$_2$（數素），“單”分化成三個語素：單$_1$（名素）、單$_2$（動素）（通“殫”）、單$_3$（名素）（通“簞”）。

4. 一些實詞語素由於意義的虛化而獨立成為虛詞語素，那麼這部分語素的性類將按照其意義虛化后的情況來標注。如“當$_1$”，由本義為“比較兩部分田的面積”的實詞“當$_1$”，由於意義引申直至虛化，在石刻中成了表示“將，將要”義的虛詞“當$_3$”，自然，虛語素“當$_3$”的詞性將認定為是副詞性的。這類語素屬於位置固定的黏着語素，數量很少。分別爲：副詞性語素 23 個，代詞性語素 15 個、助語素 19 個，詞綴 15 個，共計 72 個。

至於實語素如何虛化，楊錫彭在《漢語語素論》[①] 中運用了語素的“分化與歸併”理論來談及此，我們不專門作虛詞研究，故不深入探討。對漢魏晉南北朝石刻的全部單音節語素進行逐個詞性分析後，得出如下的語素詞性分配表：

表 2-1　漢魏晉南北朝石刻語素詞性分配表

<table>
<tr><th colspan="2"></th><th>語素數</th><th colspan="2">所占百分比</th><th>舉例</th></tr>
<tr><td colspan="2">名詞性</td><td>1635</td><td colspan="2">45</td><td>埃 藹$_2$艾$_1$鞍 案$_1$材 財 采$_2$甸 電 殿</td></tr>
<tr><td colspan="2">動詞性</td><td>1340</td><td colspan="2">37</td><td>愛 闇$_1$闇$_2$1 按 案$_2$得 德 登 迪 滌 覿</td></tr>
<tr><td colspan="2">形容詞性</td><td>553</td><td colspan="2">15</td><td>哀 藹$_1$隘$_1$曖 安 暗 黯 敖$_2$傲$_1$隩$_2$白</td></tr>
<tr><td colspan="2">數詞性</td><td>16</td><td>0.4</td><td rowspan="7">2.9</td><td>八百 二/貳 幾$_2$九 六 七 千 三$_1$/參$_3$/叁</td></tr>
<tr><td colspan="2">量詞性</td><td>22</td><td>0.6</td><td>尺寸 擔$_2$頓$_6$膚$_2$扶$_2$鈞$_1$釐 兩$_2$ 畝</td></tr>
<tr><td colspan="2">副詞性</td><td>23</td><td>0.6</td><td>必 不 當$_3$否$_1$方$_3$匪$_2$更$_2$苟$_3$將$_3$詎</td></tr>
<tr><td colspan="2">代詞性</td><td>15</td><td>0.4</td><td>彼此 疇$_2$爾$_1$/尒 夫$_3$各 己 莫$_2$他 我</td></tr>
<tr><td rowspan="3">助詞性</td><td>助動語素</td><td>1</td><td rowspan="3">0.9</td><td>可</td></tr>
<tr><td>助語素</td><td>18</td><td>誕$_3$而$_1$見$_3$居$_3$豈 斯$_2$所 惟$_2$維$_3$</td></tr>
<tr><td>詞綴</td><td>15</td><td>阿$_2$薄$_4$第$_2$有$_2$兒$_2$而$_1$爾$_2$ 乎 然$_2$</td></tr>
</table>

① 楊錫彭：《漢語語素論》，南京大學出版社 2003 年版，第 106 頁。

续表

	語素數	所占百分比	舉例
合　計	3638	100	注：戶（名・量）、里（名・量）、雙（名・量・動）歸入名語素；束（動・量）、分（動・量）歸入動語素

從表 2-1 可以看出，名、動兩類語素在漢魏晉南北朝石刻中並駕齊驅，并佔據着驚人的數量，而名語素要略多於動語素。名、動、形三類語素合占總數的 97%，是語素的主體部分。九類語素按所占比重大小依次排列是：名、動、形、助、副、量、數、代和詞綴。我們把漢魏晉南北朝石刻語素性類的分佈同尹斌庸對漢語語素性類的分析①相比較，發現所統計的名、動、形語素分佈比例大體類似。

另外，由於介語素所構成的雙音詞，是通過句法結構的詞彙化來完成的，構詞方式很特別，而且這類語素數量在石刻中極少，故沒有選取。如介語素"于"，只構成"友于"雙音詞 1 個，該詞在石刻中共出現 10 次。《尚書・君陳》："惟孝友于兄弟"，意思是：只有孝順父母的人，才能對兄弟友愛。後來截取"友于"來表示兄弟友愛之義。這是一種割裂造詞，就是截取一句話的一部分來表示另一部分的意思。此類特殊的語素構詞方式將在後面一章專門提到，這裏不再詳述。

四　漢魏晉南北朝石刻單音節語素的構詞能力分佈

語素和語素，既可以按照固定的語法模式結合成詞（合成詞），也可以用割裂、典故、借代、比喻等特殊的構詞方式結合成"准詞"，也可以結合成固定詞組（三音節或四音節）。語素的構詞能力是語素結合能力的主要標誌。

所謂構詞力，是指一個語素能夠組成多少個合成詞的個數②。我們統計詞目時：（1）參照《漢語大詞典》的詞目，并結合石刻文獻語言使用的時代性和特殊性；（2）主要以雙音節合成詞為限，三音節和四音節的固定詞組因數量極少，情況複雜，未予計算。遇到一個漢字表示幾個不同語素的情況，就必須按語素把有關構成的詞分開。如"風$_1$"（風雨$_1$、風

① 尹斌庸：《漢語語素的定量研究》，《中國語文》1984 年第 5 期。

② 同上。

煙、風火、風霜$_1$……共 231 個），“風$_2$”（厲$_3$風，共 1 個），“風$_3$”（傳風、風規，共 2 個）；“簡$_1$”（簡書、簡繩、簡牒、金簡……共 10 個），“簡$_2$”（簡亮、簡靜、簡曠……共 28 個），“簡$_3$”（簡退，共 1 個），“簡$_4$”（簡貴、簡言，共 2 個），“簡$_5$”（簡在，共 1 個），“簡$_6$3”（簡簡、簡惠、簡仁，共 3 個），“簡$_7$”（簡選、簡拔、澄簡、妙簡，共 4 個）；（3）統計語素構詞力時，同素異序詞，算作一個。如“恭敬”和“敬恭”、“波濤”和“濤波”、“逝川”和“川逝”、“盈虛”和“虛盈”等。

在表 2-2 中我們主要統計了名、動、形、數、量、虛六類語素的構詞力，其中數素、量素和虛素的數量雖很少，也作了統計。表中的語素數，指具有相同構詞力的語素的個數。比如動詞性語素一欄的“340”，表示全部動詞性語素中有“340”個語素的構詞力為“1”個（構成“1”個合成詞），其餘依照類推。為了更全面、清晰地看出名、動、形、數、量、虛六類語素構詞力分佈的規律，窮盡性地列出了構詞力在 200 個以上的語素數。

表 2-2　　名、動、形、數、量、虛六類語素構詞力統計

構詞力 / 語素數	1	2	3	4	5	6	7	8	9	10	11	12	13
名素	352	203	127	105	77	61	54	49	36	45	27	25	25
動素	288	152	114	78	77	53	53	35	35	29	27	31	27
形素	133	76	47	27	24	21	22	15	19	16	11	4	4
數素	0	1	1	0	0	0	0	0	1	0	0	0	0
量素	6	3	2	3	0	0	1	0	2	0	1	0	0
虛素	23	10	12	8	2	0	4	1	0	1	0	2	0
合計	802	445	303	221	180	135	134	100	93	91	66	62	56

14	15	16	17	18	19	20	21	22	23	24	25	26	27	28	29	30	31	32
25	29	17	18	18	19	18	17	7	11	11	9	7	15	12	13	9	7	10
17	23	16	16	15	14	10	14	13	11	13	13	5	10	5	8	10	2	9
10	9	4	13	4	5	3	2	4	3	3	1	4	1	4	4	6	4	5
0	0	0	0	0	1	1	0	0	0	0	0	0	0	0	0	0	1	1
1	0	0	0	1	0	0	1	0	0	0	0	0	0	0	0	0	0	0
1	0	1	0	1	1	0	1	0	0	0	0	0	1	0	0	0	0	0
54	61	38	47	39	40	32	35	23	27	26	23	16	26	22	24	25	15	25

33	34	35	36	37	38	39	40	41	42	43	44	45	46	47	48	49	50	51
6	4	6	6	9	8	3	4	4	4	5	3	2	8	3	6	4	2	1
3	7	5	4	3	6	6	4	5	3	2	7	1	3	4	0	2	1	4
3	2	2	1	3	0	1	1	3	0	3	0	1	2	3	1	1	2	0
1	0	0	0	0	0	0	0	0	0	0	0	0	0	0	1	0	0	0
0	0	0	0	0	0	0	0	1	0	0	0	0	0	0	0	0	0	0
0	0	0	0	0	0	0	0	0	0	0	0	0	0	0	0	0	0	0
13	13	13	11	15	14	10	9	13	7	10	10	4	13	10	8	7	4	6

52	53	54	55	56	57	58	59	60	61	62	63	64	65	66	67	68	69	70
4	3	0	1	4	3	0	0	4	3	4	2	1	2	0	1	0	1	2
0	0	2	1	2	1	0	1	0	2	1	3	1	1	2	1	1	2	1
0	1	0	4	2	0	1	2	0	1	1	0	2	1	0	0	0	1	0
0	0	0	0	0	0	0	0	0	0	0	0	1	0	0	0	0	0	0
0	0	0	0	0	0	0	0	0	0	0	0	0	0	0	0	0	0	0
0	0	0	0	0	0	0	0	0	0	0	0	0	0	0	0	0	0	0
4	4	2	6	8	4	1	3	4	5	7	5	5	4	2	2	1	4	3

71	72	73	74	75	76	78	79	80	81	82	84	85	86	87	89	90	91	92
4	0	1	1	0	3	1	2	2	1	0	1	1	0	1	2	0	1	0
0	0	0	1	1	3	0	0	0	2	1	0	0	1	0	0	1	1	2
0	1	1	0	1	0	0	0	0	1	0	0	0	0	1	0	0	0	0
0	0	0	0	0	1	0	1	1	0	1	0	0	0	0	0	0	0	0
0	0	0	0	0	0	0	0	0	0	0	0	0	0	0	0	0	0	0
0	0	0	1	0	0	1	0	0	0	0	0	0	0	0	0	0	0	0
4	1	2	3	2	7	2	3	3	4	2	1	1	1	2	2	1	2	2

93	94	95	96	97	100	101	102	104	105	107	109	110	112	113	114	115
1	1	1	1	0	1	1	1	1	1	1	2	1	0	1	1	0
1	0	0	0	0	1	0	0	0	0	0	0	0	0	0	0	1
0	0	0	0	1	0	0	0	0	0	0	0	0	0	1	0	0
1	0	0	0	0	0	0	0	1	0	0	0	0	0	0	0	0
0	0	0	0	0	0	0	0	0	0	0	0	0	0	0	0	0
0	0	0	0	0	0	0	0	0	0	0	0	0	1	0	0	0
3	1	1	1	1	2	1	1	2	1	1	2	1	1	2	1	1

116	117	126	128	130	133	134	139	143	145	147	149	157	162	163	165
1	1	1	0	0	1	0	0	1	1	1	1	0	1	1	1
1	0	0	0	1	0	1	0	0	0	0	0	0	0	0	0
0	0	0	0	0	0	0	1	0	0	0	0	1	0	0	1
0	0	0	0	0	0	0	0	0	0	0	0	0	0	0	0
0	0	0	0	0	0	0	0	0	0	0	0	0	0	0	0
0	0	0	1	0	0	0	0	0	0	0	0	0	0	0	0
2	1	1	1	1	1	1	1	1	1	1	1	1	1	1	2

168	172	183	184	192	215	231	平均構詞力
1	0	1	1	0	1	1	13.5
0	0	0	0	0	0	0	11.1
0	1	0	0	1	0	0	12.8
0	0	0	0	0	0	0	48.4
0	0	0	0	0	0	0	7.3
0	0	0	0	0	0	0	9.7
1	1	1	1	1	1	1	12.6

* 平均構詞力就是用語素所構成的詞的總數除以全部語素數所得的商。

以上列表統計的是不包括語音構詞，總構詞數 22844 個，名、動、形、數、量、虛素六類語素平均構詞力可以很清晰地統計出來。從表 2-2 可以看出：(1) 名、動、形、量、虛素五類語素都以構詞力為“1”的最多，構詞力“1”以後，語素數量逐漸減少，隨後趨於平穩，最後在語素數“0”與“1”之間擺動。(2) 名、動、形、數、量、虛素六類語素的平均構詞力按大小順序排列，依次是：數 48.4，名 13.5，形 12.8，動 11.1，虛素 9.7，量 7.3。如果把構詞力作為語素結合性的主要標誌，那麼，這五類語素的獨立性與其結合性成相反的關係。也就是說，語素的獨立性越強，語素的構詞能力就越弱。如在名、動、形三類語素中，動語素在漢魏晉南北朝石刻語料中的結合能力最弱，其獨立性卻是最強的。這與現代漢語已經是相一致的了①。其他各類語素中，量語素的獨立性最強。劉世儒認為，在魏晉南北朝時代，在某些情況下，量詞的獨立性還要高過

① 尹斌庸：《漢語語素的定量研究》，《中國語文》1984 年第 5 期。

名詞[①]。(3) 由於語素和詞再數量上存在着一定的相關關係，各類語素所構成的雙音複合詞的比重大小順序與漢魏晉南北朝石刻語素詞性分配表（表一）所排列的語素大小的順序相同。

另外，通過對漢魏晉南北朝石刻語素的統計分析，我們可以初步得到這樣的結論：漢魏晉南北朝石刻語素性類的分佈和漢魏晉南北朝石刻語的雙音複合詞詞類的分佈基本相似，即名詞性語素、動詞性語素、形容詞性語素占絕大多數。

第三節　漢魏晉南北朝石刻語素頻區的劃分

要了解語素在漢魏晉南北朝石刻詞彙中的地位，只作語素的使用頻度的統計顯然是不夠的，還需要有一個科學的高頻語素和低頻語素的使用頻度。本節主要對漢魏晉南北朝石刻語素使用的概況做一個簡單的描述，即從文獻整體出發，對語素的使用情況作頻區的劃分，以便能直觀地瞭解石刻語素的分佈規律和不同價值取向。

這節所討論的語素主要是 3638 個單音節構詞語素，不包括連綿詞、疊音詞和一部分音譯詞。但另一部分單音節音譯詞在漢語的發展過程中已經具備了語素的功能，可以自由構詞，如“刹、禪$_2$、佛、劫、魔、尼$_1$、僧、釋$_2$、塔、梵、貝$_2$、笳”等，共 12 個，亦屬於統計的範圍。

一　漢魏晉南北朝石刻語素使用的概況

根據漢魏晉南北朝石刻語料庫中可以供獲取的一些數據，我們將提取語素使用的重要數據。

1. 在漢魏晉南北朝石刻語素中，構詞（這裏以雙音詞為限）力最強的是“風$_1$”，共構詞 231 個，占總構詞量[②]的 0. 99%（231/22844）。

2. 構詞力為“1”的語素共有 802 個，構詞數 918 個，占總構詞量的 4%（918/22844）。

3. 構詞力在 100 個以上的語素共有 41 個，這 41 個語素一共構詞 5100 個，占總構詞量的 22. 3%（5100/22844）。這 41 個語素，是構詞頻

① 劉世儒：《魏晉南北朝量詞研究》，中華書局 1965 年版，第 9 頁。

② 這裏的構詞總量僅指語法構詞的總數，不包括語音構詞和縮略法造詞。下同。

率最高的一羣，依構詞能力自低向高依次排出，這 41 個語素是：

聲 100、生 100、中$_1$101、華$_2$102、素 104、九 104、日 105、門 107、民 109、氣 109、然$_2$109、命 110、文 113、遠$_1$113、龍 114、言$_1$115、名 116、石 116、國 117、玉 126、不 128、德 130、無 133、流 134、玄$_1$138、光 143、金 145、行$_1$147、雲 149、大$_1$157、世 162、道$_1$163、人 164、高 165、靈 168、明 172、神 183、心 184、清 192、天 215、風$_1$231

上面這 41 個語素在今天看來都不生疏，都是些基本詞彙。從範圍上看，有名詞性、動詞性、形容詞性、副詞性和數詞性語素；從語義上看，它們指稱了具體事物的概念，包括人、物、自然、社會、風俗、數字等方面；從結合能力上看，大都是自由語素，既可以長期獨立使用，也可以作為構詞語素參與構詞。有的則在一定的語境中既獨立使用，也可參與構詞。這些構詞頻率高、意義特殊的語素，對於我們從縱的角度全面、深入地認識漢魏晉南北朝石刻語料，具有重要的意義。

這 41 個語素中，用作虛詞性的語素有 3 個，“然$_2$”和“不”“無”，雖然數量少，但構詞能力強，已超過 100 個以上。

4. 構詞力在 99—50 之間的語素共有 136 個，一共構詞 5105 個，占構詞量的 22. 3%（5105/22844）。

5. 構詞力在 49—10 之間的語素共有 1049 個，一共構詞 9847 個，占構詞量的 43. 1%（9847/22844）。

6. 餘下的 2412 個語素，構詞力在 9—1 之間。其中構詞力為 9 的語素 93 個；構詞力為 8 的語素 99 個；構詞力為 7 的語素 134 個；構詞力為 6 的語素 135 個；構詞力為 5 的語素 180 個；構詞力為 4 的語素 221 個；構詞力為 3 的語素 303 個；構詞力為 2 的語素 445 個；其餘的 802 個是構詞力為 1 的語素。這 2412 語素總共構詞 2790 個，占總構詞量的 12. 2%（2790/22844）。

由於目的和着眼點的不同，我們主要分析研究語素使用的頻次。從共時的角度看，我們就會關心這 41 個語素，因為它同語義場的其他語素相比，使用頻率更高，能產性高，組合能力強；從歷時的角度看，這 41 個語素的詞彙意義、語法意義更穩定，組合能力就更穩定，可存在時間更長。不容忽視的是，構詞力為“1”的 802 個語素，佔據了總語素數的 22%。雖然構詞量只占總構詞量的 4%，但在石刻文獻中有一定的特殊性，它與高頻語素呈現一種完全相對的態勢。

二　漢魏晉南北朝石刻語素頻區的劃分

漢魏晉南北朝石刻語素的使用顯示出重要的數據事實，即隨着語素構詞力的降低，語素個數遞增而累積覆蓋面積遞減。例如，構詞力在 200 個以上的只有 2 個語素“天”和“風$_1$”，構詞力在 100—199 的有 39 個語素，構詞力在 50—99 的有 136 語素，構詞力在 10—49 的有 1049 個語素，構詞力在 6—9 的有 461 個語素，構詞力在 5 以下的有 1951 個語素等。這種分佈是不均等的，而不均等性又呈現有一定規律的走勢。根據這種規律，我們把石刻語素進行排列、歸類、分組，以便供後面分析用。

通過排列、歸類、分組，就是把漢魏晉南北朝石刻的 3638 個語素（單音節），依據語素的數據信息劃成若干個區。語素劃分區的總的原則是，劃分出的語素區必須合乎語素在漢魏晉南北朝石刻文獻中表現出的邏輯關係。因此，漢魏晉南北朝石刻所使用的語素的構詞力是一個非常重要的基礎數據，也是石刻所用語素的重要性質之一。按語素構詞力的高低將石刻所使用的語素劃分為高頻語素、中頻語素、低頻語素等，是順理成章的。對於漢魏晉南北朝石刻語料而言，可以分別選定頻次為 100：10：1 作為切分點，將石刻語素所使用的 3638 個單音節語素分為高頻語素區、中頻語素區、低頻語素區等。

表 2-3　　語素頻區統計

分區	高頻語素區	中頻語素區	低頻語素區
頻次範圍	≥100	99—10	9—1
語素數	41	1185	2412
語素百分比	1. 1%	32. 6%	66. 3%
構詞率	22. 3%	65. 5%	12. 2%

注：（1）語素百分比是頻區語素數除以語素總數所得的比例。

（2）構詞率是用語素頻區的構詞量除以構詞總數所得的比例。

這種劃分所得的結果基本合理。高頻語素只占總語素數的 1. 1%，它的構詞力卻覆蓋了總構詞量的 22. 3%；中頻語素占總語素數的 32. 6%，其構詞力占總構詞量的 65. 5%；低頻語素占到了總語素數的 66. 3%，其構詞力只僅僅占總構詞量的 12. 2%。高頻語素區語數數量少，構詞能力強，而低頻語素區語素數多，構詞能力極弱。這些數據表明，我們所收取的石刻語料的語素數和構詞力是兩個較好反映石刻語料語素使用情況的數據，從而在此基礎上統計出的語素百分比和構詞率則正好印證了我們的分區的合理性。

但是，需要說明的是，語素的構詞力與所選用的文獻語料庫的規模有關。在不同規模的文獻語料庫中，語素數和構詞力是不確定的，所以我們這個語素區的劃分適合相差不大的文獻，不作為劃分語素區的統一標準。

三　漢魏晉南北朝石刻語素頻區的類型

在漢魏晉南北朝石刻文獻中，數量極少的 41 個語素，以其極強的組合能力構成了高頻語素區；語素數分別為 1185 個和 2412 個，則構成了中頻語素區和低頻語素區。低頻語素區含有數量龐大的構詞力為“1”的語素群，共有 802 個。這些語素以其構詞力的劃一和數量的龐大顯現其特徵，因此有必要把這些語素作為一個獨立的語素區劃分出來，這樣劃分出的語素區稱為高頻語素區、中頻語素區、低頻語素區和罕用語素區①。

1. 高頻語素區

高頻語素區的 41 個語素，構成了 5100 個雙音詞，所用的單個語素的百分比為 41/3638 = 1.1%，構詞率為 5100/22844 = 22.3%，平均構詞率是 5100/41 = 124.4。從這些數據看，高頻語素區語素數量很少，使用頻次極高，說明這些高頻語素語義發展變化非常迅速，它同化、包容、吸收處於弱勢地位的語素，集中體現了漢語基本詞彙的特徵和優勢。

2. 中頻語素區

中頻語素區的 1185 個語素，構成了 14952 個雙音詞，所用的單個語素的百分比為 1185/3638 = 32.6%，構詞率為 14952/22844 = 65.5%，平均構詞率是 14952/1185 = 12.6。中頻語素區的語素數量激增，構詞率相應增加而平均構詞率卻在銳減。處於中頻語素區的這些語素不僅存在于漢魏晉南北朝石刻文獻中，其本身也是我們漢語交際中的常用詞，只是它構詞能力相對較弱，其自由性要受到一定程度的限制。

3. 低頻語素區和罕用語素區

低頻語素區的 2412 個語素，構成了 2790 個雙音詞，所用的單個語素

① 李波在《〈史記〉字頻研究》中曾用“罕用字區”的概念，本章的頻區劃分，也是受此啓發。見李波《〈史記〉字頻研究》，商務印書館 2006 年版，第 49 頁。

的百分比為 2412/3638 = 66. 3%，構詞率為 2790/22844 = 12. 2%，平均構詞率是 2790/2412 = 1. 16。這已經與高頻語素區和中頻語素區的構詞能力相差懸殊了，命名為“低”頻實屬恰當。

在這個字區中，構詞力只有“1”的語素有 802 個，數量較為龐大，更有其特殊性。它的一系列數據與高頻語素區呈完全相對的態勢。從語素數量上看，其與高頻語素的比是 41 : 802，約 1 : 20；從平均構詞力上看，高頻語素的平均構詞率為 124. 4，而構詞為“1”的 802 個語素的平均構詞率只有 1。通過這些反差明顯的數據，我們應該把這些語素從低頻語素區分離出來，另立一個語素區，它對研究漢魏晉南北朝石刻也有重要的意義。

這 802 個語素從低頻語素區分離出來後，低頻語素區就剩 2412−802 = 1610 個語素了。

綜上所述，對漢魏晉南北朝石刻語素性類和構詞力的整體情況所作分類和數據的統計、分析，能夠使漢魏晉南北朝石刻的語言研究從抽樣調查跨入窮盡性的分佈分析和定量研究。從性類上看，漢魏晉南北朝石刻三大類語素數量多、分佈廣，其中以名語素的數量最多，其次是動語素、形語素；從結合能力上看，構詞能力越強，語素數目銳減。構詞力在 9 以下的石刻語素有 2412 個，而構詞力在 100 以上的語素則僅為 41 個，其中，在占語素數主導地位的名素、動素和形素中，動語素構詞能力最強，形語素構詞能力最弱，名語素處於中間狀態。但對同一類中的每個語素，對語素的每一個義項是否適用，有待于我們後面作進一步的考察。

基本語素的素類分佈是否同複合雙音詞的分佈一致？留待下文來解釋。

第三章

漢魏晉南北朝石刻語素組合的語法關係分析

從東漢開始，漢語詞彙雙音化已經成為一種發展趨勢，各種構詞法生成的雙音詞大量出現。我們根據漢魏晉南北朝石刻語素之間的不同組合方式，可將語素組合分為聯合式、偏正式、支配式、表述式、補充式、附加式、重疊式和連動式八大類。

我們在確定漢魏晉南北朝石刻雙音複合詞時，注意了以下幾個變詞標準。

1. 語義變化的標準

張雙棣認為："確定先秦複音詞，意義標準是至關重要的，是決定性的。即使判斷結構上結合得緊密不緊密，也要靠意義。"

（1）意義的凝固化和抽象化。即一個雙音的語素組合如果不是其構成成分義的簡單相加，而是經過綜合後凝固成一個新的意義，那麼這個組合是詞。如"玉帛"，本來分指玉和帛，組合後泛指一切禮品或祭品。"干$_1$戈"，分指盾牌和戈矛，組合後泛指武器。而"遨遊""傲$_1$慢""驕傲$_1$""淵奧$_1$""幽奧$_1$"等在意義上同義連用。"國家""死生"等表現出來一個語素表示該詞的意義，另一個語素只作為陪襯，并不表示任何意義。還有一些語素組合，一部分修飾、限制另一部分後，共生出一個新的意義，如"泉堂""泉室""泉宇""泉扃""泉扉""泉門""泉戶""泉壤""泉路""泉鄉"等，都指墳墓。

（2）意義的修辭性。指某一個語素的組合運用修辭的手段產生某種聯想，從而形成新的概念，表達新的意義。如"泉石"，本來分別指泉水和石頭，組合後，則以部分代指山水。"股肱"，股是大腿，肱是胳膊，通過比喻整合成為君主的得力大臣。"左右"，本為方位名詞左邊和右邊，組合成詞後比喻君主的親近之臣。類似的還有，“爪牙”“耳目”“腹心”等。

（3）意義的委婉性。指某個語素組合通過引申抽象後，融合成新的意義，其組合意義並非字面意義。注意，這裏說的語素義的委婉性與修辭格中的委婉性不完全相同，它更是一種語義手段，是人們用來表達思想的方式。表敬稱，如“伏惟”“伏願”“伏奏”“伏讀”，指古時臣對君奏言時的敬稱；“玉幹”用以敬稱對方的身體。表謙稱，如“愚誠”，表自稱己之謙辭；“鄙意”，用以謙稱自己的意見。表鄙稱，如“醜豎”，指對人的鄙稱；“傖楚”，晉南北朝時，指南人對北人的蔑稱。

特別在有關墓誌的喪葬義詞語上，構成了大量相應的委婉語。“松墳”，即墳墓。北魏《封昕墓誌》：“愍其仁德，銘石松墳。”由於墓誌銘特定的文體，要求語詞委婉、文雅，故以“松墳”一詞指稱墳墓，該詞委婉意味較濃。《大詞典》漏收該詞。又如“金墳”，猶墳墓。《元融墓誌》：“魂歸帝壟，身窆金墳。”傳世文獻有“金隧”一詞，指黃泉、墓穴。前蜀貫休《聞赤松舒道士下世》：“蛻殼埋金隧，飛精駕錦鸞。”故“金墳”也指墳墓。《大詞典》漏收該詞。

（4）意義的歷史典源性。指語素組合的雙音詞意義濃縮了某一歷史典故的寓意，其組合後的意義與其構成部分的字面意義無關，這樣的組合是詞。碑刻語言文獻具有較強的文學色彩，典故詞在碑刻中表現十分突出。如：

故知挹河所以稱醉，挾纊非謂同袍。（東魏《李挺墓誌》）

“挾纊”，出自《左傳·宣公十二年》：“王巡三軍，拊而勉之，三軍之士皆如挾纊。”杜預注：“纊，綿也。言說以忘寒。”其語素組合比喻受人撫慰而感到溫暖。

譬諸蘭蕙，自有芳菲；白馬日駕，黃鳥載飛。（東魏《元子邃妻李艷華墓誌》）

“黃鳥”，來自《詩經·葛覃》：“黃鳥于飛，集於灌木，其鳴喈喈。”後世指女子有德行或女子出嫁。

2. 語素組合變化標準

（1）語素替換，結構類同。指某一個語素組合中，一個語素保持不變的情況下，用意義上存在或親或疏關係的語素替換另外一個語素，被替換的語素具有相同的位置，那麼這個語素組合是詞。在類推心理的作用下，其他相似的組合也可以為詞。石刻文獻中，特別是墓碑、墓誌，主要內容是記述碑志主生平，贊頌其功德，用語多程式化，這類結構相同的語素組合特別豐富。如：

風猷峻遠，器量清高。（東魏《元湛墓誌》）

器韻淹通，風神峻遠。（東魏《侯海墓誌》）

體局沉凝，風度閒遠。（東魏《元悰墓誌》）

風情峻邁，姿制閒遠。（北魏《元暐墓誌》）

摛文爽麗，風調閒遠。（北魏《元寶月墓誌》）

志度英奇，風貌閒遠。（北魏《于景墓誌》）

器宇恬憺，風猷閒遠。（北魏《乞伏寶墓誌》）

理識明悟，風格峻遠。（北齊《竇泰墓誌》）

噐識閒雅，風韻高奇。（北周《鄭術墓誌》）

噐識詳遠，風度閒綽。（北周《尉遲運墓誌》）

以上句子中有：風$_1$猷、風$_1$神、風$_1$格、風$_1$情、風$_1$調$_2$、風$_1$貌、風$_1$度、風$_1$韻；噐識、器量、器韻、器宇；峻遠、閒$_4$遠、詳遠。總共15個語素的雙音組合。這些組合形式有共同的特點，前加共有成分“風、遠、器”三個語素，後加名詞、形容詞成分，構成［風$_1$·名詞性成分］［器·名詞性成分］［容性成分·遠］的組合模式。處於這幾個模式中的“風$_1$猷”“風$_1$神”“風$_1$格”“風$_1$情”“器量”“閒$_4$遠”“峻邁”等是詞，其餘的組合就可以因模式的類同而為詞了。

諸如此類的例子在墓碑、墓誌中比比皆是。由於結構基本相同，往往只是對雙音詞的構成語素稍作改變，例如替換其中的某個語素，或者改編語素組合方式，便造出一群意義相同、相近的雙音詞，反映出漢語單音語素具有很強的構詞能力，能生成大量的雙音詞。

（2）語素換位，結構不完全相同。指某些雙音組合的兩個語素相同而順序不同。分為兩種情況。

其一，並列式雙音語素組合。這類組合，語素序不同，構成的雙音詞意義往往完全相同，屬同素異序，這樣的組合是詞。如“蘭桂”與“桂蘭”、“閨閭”與“閭閨”、“賞鑒”與“鑒賞”、“淵塞”與“塞淵”、“和$_1$平”與“平和$_1$”等。這種語素換位後意義完全相同的詞，主要是同義並列的雙音組合。

其二，非並列式的雙音語素組合。這類組合，存在多義性，換位後的語素組合往往與原組合意義並不相同。趙元任指出："兩個單音詞傾向於造成一個複合詞，而複合詞內的次序一般是不能變的。"① 之所以"次序一般是不能變的"，是因為語素序是重要的造詞手段，語素序的改變會造成不同的詞。如"天人"與"人天"。

天人　南北錫珪，美河山之固，東西紆組，富天人之爵。（北齊《趙征興墓誌》）

人天　托育寶花，永辭穢質，證□光生，位超群首，若生人天。（北魏《邑義信士女等五十四人造像記》）

"天人"和"人天"雖然在形式上是相同語素的換位，但它們是多義詞。況且，"天"和"人"并不同義，不存在同素關係，"天人"，石刻中指神人和仙人；"人天"，佛教語，指人道和天道，泛指諸世間、衆生。類似的還有"部下"與"下部"、"筆下"與"下筆"、"上席"與"席上"等，這類語素組合，我們認為它是詞。但由於語法結構的不同，意義上是並不完全相同的。

3. 詞性變化標準

指在一個雙音的語素組合中，其構成成分性類與這個雙音組合的性類存在一致或不一致的情況，那麼這個組合認定是詞。

一致性的，如：

【名素·名素】→名詞

賦稅　歲為豊穰，賦稅不煩。（東漢《劉熊碑》）

災害　明神弗歆，災害以生。（東魏《桐柏淮源廟碑》）

倫理　明識清遠，有倫理刑斷。（西晉《石尠墓誌》）

【動素·動素】→動詞

比$_2$倫　平叔食餅，未足比倫。（北周《獨孤藏墓誌》）

勸率　復能勸率迷俗，以示未悟。（北齊《郭顯邕造經記》）

【形素·形素】→形容詞

弱劣　當以弱劣，歸於邦族。（東漢《祀三公山碑》）

靜安　其時宇宙清夷，靜安皇祚。（東魏《李顯族造像碑》）

不一致性的，如：

① 趙元任：《漢語口語語法》，商務印書館 1979 年版，第 139 頁。

【名素・名素】→動詞

書劍　妙茲書劍，窮此琢磨。（東魏《崔景播墓誌銘》）

“書劍”即學書學劍。泛指學文學武。

【動素・動素】→形容詞

摧$_{1}$剝　既隕慈恕，續嗣不茂，哀心摧剝。（東漢《富春丞張君碑》）

“摧$_{1}$剝”，形容內心非常悲痛。

【形素・形素】→動詞

高大$_{1}$　高大殿宇，闕齊傳館。（東漢《桐柏淮源廟碑》）

“高大$_{1}$”，使高大；使增高加大。

4. 出現頻率標準

指一個雙音的語素組合在石刻中出現的次數。出現次數多，則出現率高；反之則低。詞的頻率一般要高于短語。趙元任先生指出，也許見次率是考慮的因素之一①。

統計表明，一些在石刻中出現率很高的雙音組合大致可確定為雙音詞。以高頻語素“軍”“將$_{2}$”“夫$_{1}$”“人”“國”“君”“大$_{1}$”等組合成的雙音節語素。如“軍事”出現538次，“夫$_{1}$人”出現483次，“君子$_{1}$”出現91次，“府君”出現71次，“哲人”出現67次，“良人”出現36次，“邦國”出現34次，“大$_{1}$將$_{2}$”出現30次，“降靈”出現23次，“將$_{1}$帥”“大$_{1}$聖”“大$_{1}$道”出現22次，“大夜”出現21次，“伊人”“家國”“遠$_{1}$大$_{1}$”出現20次，“大將$_{1}$”“大$_{1}$千”“人物”出現15次，“人民”出現12次，“婦人”“大$_{1}$人”“大$_{1}$漸$_{1}$”出現12次，“大1覺”“小大$_{1}$”出現11次。

出現率在三次以上的，一般也不難判定為雙音詞。如出現10次的“行$_{1}$人”“過人”“大$_{1}$使”“大$_{1}$功”“大$_{1}$女”；出現9次的“上將$_{1}$”；出現8次的“君臣”“古人”“聖人”“先人”“後人”“斯人”“大$_{1}$乘$_{1}$”“大$_{1}$命”“大$_{1}$義$_{1}$”；出現7次的“時人”“大$_{1}$國”“大$_{1}$樹”“大$_{1}$軍”；出現6次的“大$_{1}$夏”“大$_{1}$邦”；出現5次的“成人”“官人”“大$_{1}$駕”“廣大$_{1}$”“大$_{2}$子”；出現4次的“善人”“仁人”“大$_{1}$家”“大$_{1}$法”；出現3次的“路人”“邦人”“大$_{1}$衆”“大$_{1}$地”“大$_{1}$名”“大$_{1}$盜”“大$_{1}$明”“大$_{2}$倉”等。

---

① 趙元任：《漢語口語語法》，商務印書館1979年版，第139頁。

但有更多的雙音節語素組合，按照前三條標準應為雙音詞，但出現次數只有一兩次。這一方面同被統計文獻的文體、內容有關，另一方面也同這類雙音語素組合產生的形式有關。如端$_1$恭、端$_1$卓、端$_1$庠、端$_1$湛$_1$、端$_1$貞；懿烈、懋烈、庸烈、秀烈、聖烈；儁明、儁達；浚$_1$遠、清浚$_1$、廣浚$_1$；峻構、峻傑（桀）、峻獨、峻聳、英峻、淹$_1$峻、雅峻、韶峻、弘峻；淵詳、淵廓、淵實、淵綿、淵邁、淵情、淵贍$_2$、淵謐、淵懋、淵清/清淵、淵猷$_2$、淵柔、淵賾、淵嶷、淵邕等，這類語素組合正在經歷一個凝固的詞組階段，儘管它們只出現一兩次，根據碑刻文獻特定的文體模式和內容，卻已取得雙音詞的資格。

漢魏晉南北朝是短語向複合詞過渡的重要階段，詞與詞組的兩可狀態還沒有定型。朱慶之認為："從漢語本身發展的內在規律看，漢語詞彙終將實現雙音化，但是這個進程在魏晉以前是极其緩慢的，而進入中古以後，雙音化的步伐突然加快，在短短二三百年中漢語詞彙系統（主要指文獻語言的詞彙系統）以單音詞為主的面貌得到根本的改觀。"① 對於這類組合，我們採取從寬的態度，這樣更有利於構詞語素的歷時和共時研究。

根據上述四個標準和原則，我們從漢魏晉南北朝石刻語料中切分出單音節語素構成的複音詞共計 23328 個。此類詞不包括人名、姓氏、地名、職官名、方國名、部族名、星宿名、年號、干支、書篇名等專有名詞。

第一節　漢魏晉南北朝石刻聯合式語素組合

這裏我們僅討論單音節語素構成的雙音節合成詞。漢魏晉南北朝石刻（以下簡稱"石刻"）語素組合成的聯合式複音詞 6507 個，約占全書複音詞總數的 27.9%，約占語法造詞總數的 29.9%，是最重要的語素組合方式之一。其中，名詞 2450 個，動詞 1967 個，形容詞 2054 個，其他如數詞、副詞等較少。

① 朱慶之：《試論佛典翻譯對中古漢語詞彙發展的若干影響》，《中國語文》1992 年第 4 期。

一 漢魏晉南北朝石刻聯合式語素組合的形態結構

在漢語詞彙複音化的構詞法中，以兩個單音語素作為語素組合構成聯合雙音詞是漢語詞彙複音化的一條重要途徑。以下我們從語義構成模式、性類構成模式和同素異序三個方面對其形體結構特點加以描寫和分析。

（一）語義構成模式

根據構成聯合式雙音詞兩個語素間的語義關係，可將其分為同義（近義）、類義和反義三種。

1. 同義語素聯合

指構成複合詞的兩個語素意義是相同或相近的，即兩個語素的某個義項相同或相近。張博先生①統計在先秦時期，同義聯合占聯合總詞數的53.71%，類義聯合占37.05%，反義聯合占9.24%。同義聯合在數量上具有明顯的優勢。漢魏晉南北朝石刻中共有同義聯合2363個，數量不及類義聯合（3875個），情況有所變化，但也是主要的語義構詞方式之一。包括名詞、動詞和形容詞，還有少數副詞。其中名詞646個，形容詞586個，動詞1121個。

（1）名詞類

情願 俄遷為主文中散殿中郎中，非其情願，聊從容自得。（北魏《元昭墓誌》）

功烈 刊石啚輝，以標功烈。（北魏《元暐墓誌》）

埃塵 □簪依佛，出離埃塵。（北齊《王氏道俗百人等造像碑》）

錢財 上有虎龍銜利来，百鳥共侍至錢財。（東漢《山東蒼山元嘉畫象石墓題記》）

兵戎 時惟草昧，契闊兵戎。（北魏《元乂墓誌》）

功效 策勳有典，式酬功效。（東魏《敬顯儁碑》）

苗胤 太妃姓馮，名會，長樂信都人，有周之苗胤。（北魏《元謐妃馮會墓誌》）

山阜 蕭森松栢，逶迤山阜。（北魏《楊侃墓誌》）

麻枲 親事荇蘩，躬察麻枲。（北魏《長樂長公主元瑛墓誌》）

奴婢 榮見此苦，即發洪願，死者生天，生者飽滿，奴婢者解脫，後

① 張博：《組合同化：詞義衍生的一種途徑》，《中國語文》1999年第2期。

願龍王歡欣，雨澤以時，五穀豊熟。（東魏《程榮造像記》）

賦稅　歲爲豊穰，賦稅不煩。（東漢《劉熊碑》）

其他還有，如福祚（東漢《嚴訢碑》）、珍瑋（東漢《郎中鄭固碑》）、法度（東魏《元湛妃王令媛墓誌》）、功業（北齊《報德像碑》）、雲藹$_2$（北魏《元譚墓誌》）、苗裔（東漢《鮮于璜墓碑》）、畿宇（東漢《張遷碑》）、宮宇（東晉《爨寶子碑》）、土地（東漢《老子銘》）、滋味（東漢《許卒史安國祠堂碑》）、寃恥（北魏《王紹墓誌》）、元始（東魏《司馬興龍墓誌銘》）、黎元（東漢《楊統碑》）、牆垣（東漢《營陵置社碑》）、園苑（北魏《元舉墓誌》）、本源（北齊《趙征興墓誌》）、庭堂（西晉《徐義墓誌》）、閨閣（西晉《徐義墓誌》）、昆嗣（北齊《徐之才墓誌》）、魂靈（東漢《景君碑》）、聲譽（北周《拓跋虎妻尉遲將男墓誌》）、音聲（北魏《大般若涅槃經偈》）、疾病（東漢《楊著墓碑》）等等。

"雲藹$_2$"，指雲氣。"藹$_2$"，通"靄"，雲氣。

（2）動詞類

割削　遂相率化，割削名珍，敬造石像一區，崇功已就。（北周《王迎男造像記》）

孕育　斯乃驂馭百王，孕育三古，懸諸日月，不俟昌言。（北齊《高百年墓誌》）

遷運　遷運庸蜀，流薄南人。（南朝宋《爨龍顔碑》）

進納　甘珍滋味兼設，隨時進納，省定若生時。（東漢《許卒史安國祠堂碑》）

鞭撻　太祖獻武皇帝虎據一匡，龍騰九域，握鈐秉鉞，鞭撻區夏。（北齊《司馬遵業墓誌》）

旌表　旌表金石，令問不忘。（東漢《武斑碑》）

其他還有，如扶助（東漢《武斑碑》）、去離（東漢《許阿瞿墓記》）、還返（東漢《堂邑令費鳳碑》）、埋掩（東漢《楚相孫叔敖碑》）、葬埋（南朝宋《廣東始興南朝宋買地券》）、開拓（東漢《白石神君碑》）、徂逝（東漢《敦煌長史武斑碑》）、建設（三國吳《禪國山碑》）、刻削（北齊《姜纂造像記》）、攀援（東漢《張壽殘碑》）、推尚（東魏《崔鴻妻張玉憐墓誌》）、詔告（北魏《韋彧墓誌》）、拜謁（東漢《史晨後碑》）、告愬（東漢《桐柏淮源廟碑》）、糾紛（北魏《邸元明碑》）、談論（北魏《楊熙僊墓誌》）、征討（東漢《曹全碑》）、超騰（北齊《張海翼墓誌》）、奔$_1$逃（北周《若干雲墓誌》）、疏$_1$散$_1$（北齊《臨淮王像碑》）、施張（東漢《許卒史安國祠堂碑》）、施行$_1$（東漢《張景碑》）、施捨（北魏《王蕃墓誌》）、施恤（北魏《李遵墓誌》）、拾掇（北齊《義慈惠石柱頌》）、約束（東漢《漢侍廷里父老僤買田約束石券》）、逾越（北周《尉遲運墓誌》）、隕$_1$墜（東漢《成都永壽元年畫像石闕銘》）、移運（北魏《元欽墓誌》）等等。

（3）形容詞類

淵沈　高祖孟君，宋車騎將軍、江州刺史，風識淵沈，少為文靖。（北魏《孟元華墓誌》）

淼淓　自翼周命氏，佐漢分珪，根萼扶踈，源流淼淓，彰于史策，可得稱焉。（北齊《裴子誕墓誌銘》）

微妙　以為靈光之殿，遠謝微妙之台。（北齊《高叡修定國寺塔銘碑》）

敏惠　君幼而敏惠，徽音昭朗，智越成人，鄉遂欽尚。（北周《寇胤哲墓誌》）

浩淼　長源浩淼，聯光天首。（北魏《元煥墓誌》）

憒惋　四方憒惋，所在兵興。（北魏《元懌墓誌》）

其他還有，如強大（東漢《太尉陳球碑》）、危險（東漢《孔褒墓碑》）、憤恨（北魏《于景墓誌》）、痛憤（北魏《吳光墓誌》）、忿怒（東漢《孟琁殘碑》）、悲傷（北魏《李頤墓誌》）、煩蕪（東魏《楊機墓誌》）、淵博（北魏《孟元華墓誌》）、悠遠（北齊《高叡修定國寺塔銘碑》）、隆高（北齊《狄湛墓誌》）、崇竦（北齊《和紹隆墓誌》）、吉利（東漢《秙蟬縣平山神祠碑》、吉祥（東漢《華山廟碑》）、嵬岌（北魏《韋隆夫人梁氏墓誌》）、仁恕（北魏《皇甫驎墓誌》）、慈恕（東魏《宗欣墓誌》）、悽愴（東漢《武斑碑》）、惻愴（北魏《徐淵墓誌》）、聰明（北魏《李暉儀墓誌》）等等。

"超遠"，指遙遠。"超"，《方言》第七："超，遠也……東齊曰超。"

（4）副詞類

方$_3$當$_3$　方當比德偕老，執敬中饋。（北魏《元謐妃馮會墓誌》）

方$_3$將$_4$　方將龍旗四牡，膺高門之福。（東魏《李玄墓誌銘》）

幾$_1$將$_4$　以母憂去職，哀脊過礼，幾將毀滅。（北魏《王溫墓誌》）

奄$_1$忽$_2$ 春秋六十有七，永康元年三月丙戌，顧念未遂，奄忽徂卒。（西晉《張朗墓誌》）

闇$_3$忽$_2$ 闇忽離世，下歸黃涼。（東漢《許卒史安國祠堂碑》）

互相$_2$ 時玁狁侵逼義陽，四山互相影響。（梁《蕭敷墓誌》）

咸共$_1$ 鴻漸衡門，羣英雲集。咸共飲酌其流者，有踰三千。（東漢《楊震墓碑》）

交互 唯見生滅，交互相黐。（北齊《僧靜明等修塔造像碑》）

皆并 亐時，四子孟長、仲寶、叔寶皆并覆没，唯寬存焉。（東漢《趙寬墓碑》）

時常 簫宮久遠為僧首，梵刹時常作棟梁。（東魏《南宗和尚塔銘》）

"闇$_3$忽$_2$"，指忽然，突然。"闇$_3$"，通"奄$_1$"，指忽然。

需要說明的是，石刻中真正意義完全相同的語素是非常少的，所謂"同義語素"實際上大都是語義相近，即構成義位的基本意義相同。這些同義語素構成的複音詞，單表特指時，它們意義有所差別，如適用對象、輕重程度、感情色彩等；渾言則差別不明顯。

2. 類義語素聯合

指構成複音詞的兩個語素意義相關、詞性相同。碑刻中共有 3875 個。從詞性上看，主要有名詞、動詞和形容詞，還有少數幾個數詞、量詞、代詞和副詞。其中名詞 1745 個，形容詞 1363 個，動詞 735 個。

（1）意義抽象、單一

几筵 君時在疚，守侍几筵。（東魏《崔混墓誌》）

鄉縣 鄉縣之樂設，百拜之儀陳。（西晉《臨辟雍碑》）

邦畿 壯而才德播美於邦畿，孝友照朗于鄉遂。（北魏《元理墓誌》）

財力 樂捨財力，弗辤貧苦。（北齊《義慈惠石柱頌》）

鹽酢 升堂弗睹，鹽酢絕口，雞骨支床。（北齊《徐徹墓誌》）

吉昌 有能修奉者，世貴吉昌。（北魏《太基山銘告》）

憤惻 宜乎三事，金鉉利貞。而絜《白駒》，俾世憤惻。（東漢《孔彪墓碑》）

七八 療瘡腫風入垂死方，血出不止者，搗生蔥白，入口更嚼，封上。初痛，後癢，癢定，更封，不過七八，差。（北齊《都邑師道興造像記並治疾方》）

百千 百千妙香，一時流布；百千妙音，一時發□。（北周《菵香樹

佛經摩崖》）

其他還有，如忠良（東漢《孔彪墓碑》）、銀艾（東魏《李希宗墓誌銘》）、章句（東漢《□臨爲父通作封記》）、旬月（東漢《泰山都尉孔廟碑》）、朝$_2$市（北魏《鄭羲下碑》）、斧鉞（東漢《白石神君碑》）、功德（北魏《錡雙胡造像記》）、削黜（北魏《元融墓誌》）、雲水（北魏《穆纂墓誌》）、廣運（北魏《楊播墓誌》）、和仁（北齊《義慈惠石柱頌》）、談笑（北魏《封魔奴墓誌》）、笙簫（北齊《劉悅墓誌》）、鞭戮（北魏《鄭羲下碑》）、文雅（北齊《高潤墓誌銘》）、屋宅（東魏《唐公房碑》）、煩冤（北魏《韋彧墓誌》）等等。

“銀艾”，指銀印和綠綬，泛指高官。“旬月”，本分指旬和月，合成後指較短的時日。“斧鉞”，原為兩種具體的兵器，合成後統指刑具。“廣運”，猶廣遠，《書・大禹謨》：“帝德廣運，乃聖乃神，乃武乃文。”孔傳：“廣謂所覆者大，運謂所及者遠。”“煩冤”，指煩躁憤懣之情。

（2）意義偏指

指具有類義關係的兩個語素組成複音詞後，其中一個語素的意義就是詞義，另一個語素不表義，只起陪襯音節的作用。這類語素組合在石刻中共有 15 個。如：

教學　宿不命闇，教學吏士。（東漢《繁陽令楊君碑》）

氏姓　惟帝堯母，襲者慶都，兆舍穹精，氏姓曰伊。（東漢《成陽靈臺碑》）

鄉邦　弱齡庠序，幼立寬仁之美；長處鄉邦，每著恂恂之掾。（北魏《陸紹墓誌》）

安擾　將何以安擾邦國，揔持綱紀。（北魏《元子正墓誌》）

鎮撫　公弼諧□□，鎮撫關河。（南朝梁《蕭憺碑》）

家邦　率由弗違，以御於家邦，終始以孝聞。（西晉《孫氏碑》）

來今　乃刊碑勒銘，昭示來今。（東漢《趙寬墓碑》）

西東　門回南北，日轉西東，遑遑馳驟，抵速人中。（北齊《高叡修定國寺塔銘碑》）

宇宙　若夫奄宇宙而爲家，分河山以建國。（北魏《元顥墓誌》）

哀榮　故得戰勝攻取，筭無遺策。有始有終，哀榮可稱。（北周《田弘墓誌》）

上述例中，“教學”，偏指“教”，“學”無義；“氏姓”，偏指“姓”，

“氏”無義；“鄉邦”只表示“基層行政單位的鄉”，而不表“邦國”，“國”字無義；“安擾”，偏指“安”，“擾”字無義；“鎮撫”，偏指安撫，“鎮”無義。“家邦”，偏指“家”，“邦”無義；“來$_1$今”，偏指“來$_1$”，“今”無義。“西東”，偏指“西”，“東”無義；“宇宙”，上下四方為宇，古往今來為宙，這裏偏指“宇”，“宙”無義；“哀榮”，偏指“榮”，指死後的榮耀，“哀”無義。

（3）修辭性

松柏　負土成墓，列種松柏。（東漢《薌他君祠堂畫像題記》）

瓜瓞　綿綿瓜瓞，弈弈華宗，祚命惟德，車服以庸。（北魏《嘎仙洞祝文》）

塵根　初墳日竦，塵根歲茂。（北魏《元悅妃馮季華墓誌》）

吐握　貴而思降，夙夜匪懈，吐握無怠。（梁《蕭憺碑》）

冰雪　鑒同水鏡，清如冰雪。（北魏《王誦墓誌》）

松蘭　松蘭湮殞，追痛以申抱。（北魏《丘哲墓誌》）

蘭蕕　蘭蕕共摧，玉石同粉。（北魏《元馗墓誌》）

耳目　王廣設耳目，備加參伍。（東魏《元鷙墓誌》）

縗絰　吏民哀慟，縗絰成林。（梁《蕭憺碑》）

鞭板　聲華鞭板，績茂戈殳。（北魏《笱景墓誌》）

上述例子中，“松柏”，用松樹和柏樹的長青不凋，象徵堅貞的志操。“瓜瓞”，用瓜和瓞的蔓延不絕，比喻子孫繁衍，相繼不絕。“塵根”，佛教指六塵和六根，比喻世俗的種種煩惱。“吐握”，用周公吐哺握髮的典故，比喻禮賢下士，求才心切。“冰雪”，比喻心地純潔潔白或操守清正貞潔。“松蘭”，二者都是堅貞美好之物，比喻品德高尚的人。“蘭蕕”，用香草和惡草，比喻君子和小人。“耳目”，比喻輔佐或親信之人；“縗絰”，指喪服用的麻袋，代指喪服。“鞭板”，指馬鞭和手板，代指武將和文官。

3. 反義語素聯合

指在同一個聯合式的語素組合中，兩個語素的意義相反或相對。這種語素組合，王力先生稱之為“對立語”。“對立語本來是意義相反的兩個詞；後來人們利用它們來表示一個單獨的意義，就等於把兩個詞合成一個詞看待了。”① 石刻中這類語素組合共計 269 個。其中名詞 53 個，形容詞 104 個，動詞 112 個。

（1）名詞類

朝莫$_1$　徐養淩柏，朝莫祭祠。（東漢《許卒史安國祠堂碑》）

朝夕　冕紳莘莘，朝夕講習，樂以忘憂。（東漢《婁壽墓碑》）

原嶽　葳蕤文物，簫條原嶽。（東魏《高雅墓誌》）

天地　演《易・繫辭》，經緯天地，幽讚神朙，故特立廟。（東漢《乙瑛碑》）

乾$_1$坤　臣愚以爲如瑛言，孔子大聖，則象乾坤。（東漢《乙瑛碑》）

其他還有，如朝$_2$野（東魏《張滿墓誌》）、表裏（北齊《趙奉伯妻傅華墓誌》）、朝$_1$昏（北魏《元彧墓誌》）、晨夜（北齊《義慈惠石柱頌》）、晨宵（北齊《梁子彥墓誌》）、寵辱（南朝梁《蕭敷墓誌》）、芳臭（北齊《庫狄迴洛妻斛律氏墓誌銘》）、福舛（北魏《元緦墓誌》）、旦夕（北魏《元顯魏墓誌》）、旦夜（北魏《慈慶墓誌》）、旦暮（北魏《元湛墓誌》）、是非（南朝梁《羅浮山銘》）、禍福（南朝梁《蕭憺碑》）、罪福（北涼《沮渠安周造像記》）、今古（北魏《元始和墓誌》）、今故（北齊《邢多五十人等造像記》）、緣果（北魏《嵩顯寺碑》）、利害（北魏《元襲墓誌》）、華$_2$裔（三國魏《上尊號碑》）、晦朔（北魏《邵真墓誌》）等。

“緣果”，指因緣結果。“華$_2$裔”，指中原和邊遠地區。

（2）動詞類

低昂　轜柳委遲，旌旆低昂。（北魏《楊濟墓誌》）

吐納　吐納清虛，優遊正道。（北齊《義慈惠石柱頌》）

吐茹　不以吐茹移心，不以晦明易誌。（北魏《元徽墓誌》）

敷$_1$納　疇咨軌憲，敷納話言。（東漢《臨辟雍碑》）

酬酢　會《鹿鳴》于樂崩，復長幼於酬酢。（東漢《孔宙墓碑》）

舒卷　莫測語默，孰見舒卷。（北魏《元順墓誌》）

愛憎　枳荷冰火之間，悲樂愛憎之里。（北魏《薛鳳規造像碑》）

出入　旻天不吊，奪我考妣，出入屏榮，靡怙靡恃。（西晉《張朗墓

① 王力：《漢語語法史綱要》，載《王力文集》卷三，山東教育出版社 1989 年版，第 174 頁。

誌》)

動靜　動靜靡靡，威儀偉偉。(北魏《丘哲妻鮮于仲兒墓誌》)

其他還有，如盈虛（北魏《元文墓誌》)、向背（北周《拓跋虎墓誌》)、開閉（北周《拓跋虎墓誌》)、啓閉（北周《李綸墓誌》)、裁縫（北魏《馮邕之妻元氏墓誌》)、裁綴（北齊《崔昂墓誌》)、行$_1$藏$_1$（北魏《刁遵墓誌》)、沈浮（東魏《嵩陽寺碑》)、昇沈（東魏《法懃禪師塔銘》)、澄撓（北魏《王紹墓誌》)、出處$_2$（西晉《魏雛柩銘記》)、出還（西晉《徐義墓誌》)、出內$_2$（南朝梁《蕭憺碑》)、出納（北魏《笱景墓誌》)、出沒（东魏《李洪演造像記》)、升黜（北魏《于纂墓誌》)、黜陟（北魏《李遵墓誌》)、納娉（北齊《薛懷儁妻皇甫豔墓誌》）等。

“納娉”，指娶嫁。

(3) 形容詞類

方員$_2$　君器總方員，藝兼文武。(北齊《乞伏保達墓誌》)

明闇$_1$　含剛柔於金木兮，資明闇於南北。(北魏《吊比干文》)

安危　原度天道，安危所歸。(東漢《石門頌》)

恬危　恬危於□□之□，安嶮於□輪之軼。(北魏《邸元明碑》)

尊卑　奉饋供濟，尊卑誠孝之厚，齊代以為美談。(北魏《崔猷墓誌銘》)

老弱　老弱相携，攀援持車，千人以上。(東漢《張壽殘碑》)

悲欣　況四生踳駁，同悲欣之境；十因還匝，勁風電之力。(東魏《義橋石像碑》)

其他還有，如長$_2$幼（東漢《孔宙墓碑》)、長$_1$短（北魏《法生造像記》)、澄渾$_1$（北魏《元弼墓誌》)、盛$_2$衰$_1$（北魏《元子永墓誌》)、輕重$_1$（北齊《竇泰妻婁黑女墓誌》)、慈嚴（北齊《崔昂夫人盧脩娥墓誌》)、榮悴（北魏《賈思伯碑》)、衰$_1$榮（東魏《凝禪寺三級浮圖碑》)、窮達（北魏《元颺墓誌》)、小大$_1$（北魏《元新成妃李氏墓誌》)、修短（北魏《司馬悅墓誌》)、善惡$_1$（北魏《元祐造像記》)、美惡$_1$（北魏《法生造像記》)、樂$_2$煩（北魏《元瞻墓誌》)、真非（北齊《魏懿墓誌》)、貧富（東漢《成陽靈臺碑》)、甘苦（北魏《龍泉古井銘》)、剛柔（北魏《吊比干文》)、先後（北魏《元乂墓誌》)、前後（東魏《嵩陽寺碑》)、遠邇（北魏《侯掌墓誌》)、寬猛（東漢《衡方墓碑》）等等。

（二）內部性類構成模式

石刻中的聯合式語素組合，從構詞語素的性類①與詞的詞性之間的關係來看，表現出相同和相異兩種情況。相同是指兩個構詞語素的性類和構成後的雙音詞的性類屬於同一個詞類，這種情況佔多數；相異是指兩個構詞語素的性類和構成後的雙音詞所屬詞類不同，這種情況佔少數。

語素性類與構成詞類相同，有 6 種。

其中數量最多的是［名素·名素］組合構成名詞（2329 個），其次是［形素·形素］組合構成形容詞（2028 個），再次是［動素·動素］組合構成動詞（1935 個）。這三類組合方式在性類結構模式中處於強勢地位。

1.【名素·名素】→名詞

旌弓　旌弓禮招，復為從事。（東漢《張壽殘碑》）

功業　營資糧于曠路，樹功業于福田。（北齊《報德像碑》）

松柏　青青松柏，將徑幾春。（北齊《崔昂夫人盧脩娥墓誌》）

瘢疵　既而萋斐內構，瘢疵外成。（東魏《李憲墓誌》）

鞭板　聲華鞭板，績茂戈殳。（北魏《笱景墓誌》）

戈殳　聲華鞭板，績茂戈殳。（北魏《笱景墓誌》）

夜昏　悲風曉勁，寒雲夜昏。（北齊《高建墓誌銘》）

邦邑　蟬連邦邑，家慶繁衍。（北齊《□子輝墓誌》）

其他還有，如文略（北魏《張宜墓誌》）、緇褓（東漢《受禪表》）、豹虎（北齊《婁叡墓誌銘》）、禍福（南朝梁《蕭憺碑》）、禍釁（北周《寇熾墓誌》）、凶禍（北魏《元祐妃常季繁墓誌》）、黨輩（北魏《丘哲妻鮮于仲兒墓誌》）、元本（三國魏《王基斷碑》）、根本（東魏《元悰墓誌》）、考妣（北齊《賈蘭業兄弟造像記》）、邊鄙（東魏《李挺墓誌》）、輦陛（北魏《元彝墓誌》）、奴婢（東魏《程榮造像記》）、珪璧（北齊《李希宗妻崔氏墓誌》）、鷩冕（東魏《李憲墓誌》）、鞭扑（北魏《元繼墓誌》）、邊服$_1$（北魏《元彧墓誌》）、緣邊（北魏《元顥墓誌》）、籩豆（東漢《潘乾墓碑》）、巾弁（北魏《于纂墓誌》）、塗炭（北齊《韓裔墓誌》）等。

---

① 程湘青、祖生利稱之為“詞性”分析，我們以此為參考。見程湘青《語史專書複音詞研究》，商務印書館 2003 年版；祖生利《〈景德傳燈錄〉中的聯合式複音詞》，《古漢語研究》2002 年第 3 期。

“凶禍”指災荒和禍害；“邊服$_1$”指邊地和要服，泛指離開王畿極遠的地方；“緣邊”指衣服之邊和山崖的邊，泛指邊境地區；“塗炭”，比喻極困苦的境遇。

2.【動素・動素】→動詞

更$_1$遷　恐岸谷更遷，勒玄石以傳之。（北魏《元景略妻蘭將墓誌》）

愛好$_2$　愛好閒靜，雅善談諷。（南朝梁《蕭敷墓誌》）

陟降$_1$　陟降山谷，經營拔涉，草止露宿。（東漢《耿勳碑》）

哀憐　非關驛庭之哭，共發哀憐之念。（北齊《義慈惠石柱頌》）

愛惜　秉枲自護，愛惜浮囊。（北齊《郭顯邕造經記》）

滯礙　空輿輕騎，滯礙弗前。（東漢《石門頌》）

其他還有，如停罷（北魏《元廞墓誌》）、成敗（東魏《張滿墓誌》）、腐敗（北齊《高叡修定國寺塔銘碑》）、敗壞（東漢《張文思爲父造石闕題記》）、徵拜（東漢《袁安墓碑》）、拜謁（東漢《史晨後碑》）、瞻拜（北魏《元謐墓誌》）、鞭戮（北魏《鄭羲下碑》）、備辦（南朝梁《蕭融太妃王慕韶墓誌》）、侮謗（北魏《楊播墓誌》）、毀謗（北魏《敬羽、高衡造像記》）、包羅（北魏《姚伯多兄弟造像碑》）、苞含（梁《蕭憺碑》）、苞合（北魏《師緣生造像記》）、褒賞（北魏《元讞墓誌》）、褒歎（北齊《裴良墓誌》）、褒貶（西晉《賈充妻郭槐柩記》）、鄙薄$_1$（北齊《天柱山銘》）、保弼（北周《李賢墓誌》）、保障（東漢《張君殘碑》）、抱持（東漢《薌他君祠堂畫像題記》）、抱懷（西晉《徐義墓誌》）、報施（南朝梁《蕭融墓誌》）、報應$_2$（東魏《邑主造石像碑》）、報復（北周《賀蘭祥墓誌》）等。

3.【形素・形素】→形詞

淵奥$_1$　智思天然，莫測淵奥。（北周《韋彪墓誌》）

恭和$_1$　諸姑尚其恭和，伯姊服其孝敬。（北魏《鄧羨妻李樂蘭墓誌》）

恭讓　恭讓謹厲，有孚物聽。（北魏《楊濟墓誌》）

安危　天下安危，一言決定。（北魏《陶浚墓誌》）

靜安　其時宇宙清夷，靜安皇祚。（東魏《李顯族造像碑》）

還有，如平康（東漢《鮮于璜墓碑》）、繁茂（西晉《王浚妻華芳墓誌》）、艾$_2$安（東漢《裴岑紀功碑》）、簡易（東漢《受禪表》）、晏安（東魏《李顯族造像碑》）、安樂$_2$（東漢《石門頌》）、安吉（北魏《孫寶憘造像記》）、黯黑（北魏《元融墓誌》）、悲哀（東漢《許卒史安國祠堂碑》）、傷哀（北魏《元融墓誌》）、惠愛（北魏《封君妻長孫氏墓誌》）、仁愛（北魏《元子正墓誌》）、懿乂（北齊《張潔墓誌》）、清白（北魏《李璧墓誌》）、儉薄$_1$（北齊《趙奉伯妻傅華墓誌》）、溫飽（北魏《南石窟寺之碑》）、暴$_1$虐（東漢《武氏石室祥瑞圖題字》）等。

4.【數素・數素】→數詞

一二　不意一二年間，便致殂殞。（北齊《房周陁墓誌》）

二三　苦行二三，銘記定光。（東魏《道□碑記》）

九十　亦既有行，作合君子，百兩斯訝，九十其儀。（北魏《盧令媛墓誌》）

八九　春秋方對，四大辭軀，八九未充，一朝往矣，而子天長。（東魏《廉富等造義井頌》）

千百　巴州民楊量買山，直錢千百。（西漢《楊量買山刻石》）

5.【副素・副素】→副詞

奄$_1$忽$_2$　顧念未遂，奄忽徂卒。（西晉《張朗墓誌》）

方$_4$當$_3$　方當坐槐論政，調梅和鼎。（北周《尉遲運墓誌》）

咸共$_1$　咸共飲酌其流者，有踰三千。（東漢《楊震墓碑》）

皆并　亐時，四子孟長、仲寶、叔寶皆并覆没，唯寬存焉。（東漢《趙寬墓碑》）

時常　簫宮久遠為僧首，梵刹時常作棟梁。（東魏《南宗和尚塔銘》）

交互　唯見生滅，交互相黐。（北齊《僧靜明等修塔造像碑》）

6.【代素・代素】→代詞

自$_1$己　加以謙恭自己，進退可觀，藹藹芳猷，迢迢峻範，固以獨表一世，秀出當時。（北魏《楊遁墓誌》）

彼此　三星照耀，琴瑟調各，彼此唱和之情，於今安在哉！（北魏《冠軍將軍夫人劉氏墓誌》）

彼我　蕭然自得，忘情彼我。（東魏《元顯墓誌》）

語素性類與構成詞類不相同，有 22 種。如：

名詞類：

7.【形素・形素】→名詞

暴$_1$酷　乃欲賞罰賢諛，用允群望，而和光未分，暴酷麾下，皓月沉明，垂棘喪寶。（北魏《元略墓誌》）（指暴虐殘酷的人）

寒暑　嗟乎！居諸互始，屢移岸谷，寒暑交謝，每易榮枯。（北齊

《高肱墓誌》）（指冬季和夏季）

儁乂　廣延宗英，搜揚儁乂。（北魏《元彝墓誌》）

殘僞　殘僞易心，輕黠踰競。（東漢《景君碑》）

幽逸　及其典牧，必招振賢才，抽拔幽逸，選召所任，極當世之秀士。（東漢《荊州刺史度尚碑》）

癃盲　存慰高年，撫育鰥寡，以家錢糴米粟賜癃盲。（東漢《曹全碑》）

8.【動素・動素】→名詞

起居$_{1}$　又朝廷以聲實求人，命君修理起居。（北魏《楊熙僊墓誌》）

亡過　見在父母、亡過、七世、目前、子孫，並及一切，等斯並福。（北齊《歐伯羅夫妻造像記》）

翔走　翔走聽而悲鳴，卉木感而變色。（北周《封孝琰墓誌》）

稼穡　迄用康年，稼穡茂盛。（西晉《呂望表》）

約束　即僤中皆訾下不中父老，季、巨等共假賃田，它如約束。（東漢《漢侍廷里父老僤買田約束石券》）

瞬息　體瞬息之不留，識泡炎之必盡。（北齊《報德像碑》）

9.【數素・數素】→名詞

參$_{3}$伍　王廣設耳目，備加參伍，故能政懷內外，綏和遠近，惠可依也，德可懷也。（東魏《元鷙墓誌》）

九六　數鍾九六，國步未康，北狄孔熾，西戎方強。（北魏《元天穆墓誌》）

九五　德昭在三，道光九五。（北魏《元嵩墓誌》）

三五　自三五迭興，其奉山川，或在天子，或在諸侯。（東漢《華山廟碑》）

二八　德流二八，惠澹五子。（北魏《元纂墓誌》）

四八　圖丈六于鷲嶽，寫四八于鹿菀。（東魏《張敬造像記》）

億$_{2}$兆　俾我億兆，飜飛寸蔭。（北涼《沮渠安周造像記》）

七八　初痛，後癢，癢定，更封，不過七八，差。（北齊《都邑師道興造像記並治疾方》）

"參$_{3}$伍"，參$_{3}$，三；伍，五。指三才五倫。《淮南子・泰族訓》："昔者五帝三王之蒞政施教，必用參五。何謂參五？仰取像於天，俯取度於地，中取法於人……此之謂三。制君臣之義，父子之親，夫婦之辨，長幼之序，朋友之際，此之謂五。”

“九六”，“陽九百六”之略語。古代道家稱天厄為“陽九”，地厄為“百六”。因以“九六”指災難或厄運。

“九五”，語出《易·乾》：“九五，飛龍在天，利見大人。”後因以“九五”指帝位。

“三五”指三十年和五百年。古謂天運三十年一小變，五百年一大變。《史記·天官書論》：“為國者必貴三五。”司馬貞索隱：“三五，謂三十歲一小變，五百歲一大變。”

“二八”，指八元八凱；“四八”，指四時八節；“億兆”指庶民百姓。猶言衆庶萬民。“七八”，指七八成，表示將近達到某種極限。

10.【量素·量素】→名詞

擔$_2$石　嘗無擔石之儲，唯有書數千卷。(北魏《元順墓誌》)

鈞$_1$石　南皮霜淨之英，既鈞石扵應劉；兔園冰華之畯，亦今古扵鄒枚。(北魏《楊熙僊墓誌》)

膚$_2$寸　吏民禱祀，興雲膚寸。(東漢《祀三公山碑》)

“擔石”指很少的糧食。“鈞$_1$石”，指鈞和石，古代重量單位。這裏指很優厚的禮遇。“膚$_2$寸”，本為古代長度單位，一指寬為寸，四指寬為膚。

11.【副素·副素】→名詞

庶幾$_1$　故顏氏庶幾，著易於易辭；起予者商，紛綸於文誥。(東魏《李仲琁修孔廟碑》)

庶幾$_1$　冀保遐延，庶幾多福。(北齊《王憐妻趙氏墓誌》)

“庶幾$_1$”，語出《易·繫辭下》：“顏氏之子，其殆庶幾乎。”顏氏之子，指顏回。後因以“庶幾$_1$”借指賢才。

12.【名素·形素】→名詞

耆幼　合邑慶賴，耆幼休昌。(東魏《李顯族造像碑》)

蝗旱　蝗旱鬲并，民流道荒。(東漢《祀三公山碑》)

聲明　朝廷以聲明爲天下最，頻降優旨。(北魏《韋彧墓誌》)

布素　布素之懷必盡，風流之貌悠然。(北魏《元邵墓誌》)

“布素”指布衣素服。布指質地，素指顏色，形容衣着簡樸。

13.【名素·動素】→名詞

規訓　雖復生自膏腴，故亦宿閑規訓。(北魏《穆彥妻元洛神墓誌》)

童齔　君童齔好學，好學毖緯，無文不綜。(東漢《曹全碑》)

容止　容止此而可觀，清風玆焉已穆。(北魏《高貞碑》)

惠化　出撫兩邦，惠化流詠。(北魏《司馬悅墓誌》)

仁愛　仁愛下下，民附親兮。(東漢《三公山碑》)

14.【動素·名素】→名詞

飲食$_1$　其當飲食，就大倉，飲江海。(東漢《山東蒼山元嘉畫像石墓題記》)

牧伯$_1$　佐翼牧伯，諸夏肅震。(東漢《尹宙墓碑》)

眷渥　往荷眷渥，玆負隆恩。(北魏《慈慶墓誌》)

15.【形素·動素】→名詞

老成　堂有老成，階無飾履。(東魏《賈思伯夫人劉氏墓誌銘》)

“老成”，指年高有德之人。

動詞類：

16.【動素·形素】→動詞

語默$_1$　莫測語默，孰見舒卷。(北魏《元順墓誌》)（借指顯隱）

願樂$_2$　因彼左右，咸所願樂。(東漢《史晨後碑》)

患苦　重勞人功，吏正患苦。(東漢《張景碑》)

廢荒　四祀烝嘗，不廢荒兮。(東漢《柳敏墓碑》)

定隆　居在恒代，定隆洪業。(北魏《寧懋墓誌》)

“語默$_1$”，指說話或沉默；“願樂$_2$”，指羨慕快樂。

17.【形素·動素】→動詞

哀慕　里人哀慕，遐方傷痛。(北魏《李頤墓誌》)

弱喪$_2$　覺滯寢於昏夢，拯弱喪於炎墟。(北涼《沮渠安周造像記》)

“弱喪$_2$”，謂少而失去故居。

18.【名素·名素】→動詞

從$_2$橫$_1$　猛略從橫，英圖四奮。(北齊《竇泰墓誌》)

範防　昔者共工，範防百川。(東漢《開母廟石闕銘》)

弋羅　馳騁九丘，弋羅百氏。(北魏《楊仲宣墓誌》)

羽翼　方欲羽翼天朝，爪牙帝室。(北魏《張玄墓誌》)

庖廚　擇肉四履，庖廚百姓。(東魏《封延之墓誌》)

19.【形素·形素】→動詞

高大$_1$　高大殿宇，闞齊傳館。(東漢《桐柏淮源廟碑》)

恪勤　恭奉祭祀，恪勤針鏤。（北齊《是連公妻邢阿光墓誌》）

20.【動素·名素】→動詞

敬禮　旁有真人，左右莫察，而君獨進美瓜，又從而敬禮之。（東漢《唐公房碑》）

消澤　雪末消澤，時日清和，神歡民喜。（東漢《樊毅復華下民租田口算碑》）

形容詞類：

21.【名素·名素】→形容詞

松竹　秉節松竹，遭冰愈鮮。（北魏《邸元明碑》）

松蘭　逍遙法苑，矯志松蘭。（東魏《朱永隆等七十人造像銘》）

縱$_1$橫$_1$　思憤縱橫，辭厲霜雪。（北周《封孝琰墓誌》）

“松竹”喻節操堅貞；“松蘭”喻堅貞美好；“縱$_1$橫$_1$”，肆意奔放，無所顧忌。

22.【動素·動素】→形容詞

摧剝　既隕慈恕，續嗣不茂，哀心摧剝。（東漢《富春丞張君碑》）

雕$_1$飾　疾雕飾，尚樸素，輕榮利，重謙讓。（東漢《太尉劉寬碑》）

“摧剝”，形容內心非常悲痛；“雕$_1$飾”，指虛偽，做作。

23.【動素·形素】→形容詞

開朗　父洛州，弘毅開朗，早標素論。（北魏《楊暐墓誌》）

開明　睹之者淨信開明，虔禮者三鄣殄息。（北齊《韓永義造像記》）

開敏　識用開敏，氣幹英發。（東魏《高湛墓誌》）

24.【形素·動素】→形容詞

老成　固自幼如老成，形於岐嶷矣。（北魏《穆纂墓誌》）

誠孝　奉饋供濟，尊卑誠孝之厚，齊代以為美談。（北魏《崔猷墓誌銘》）

“老成”，指穩重，持重；“誠孝”，指忠孝。

25.【量素·量素】→形容詞

分$_1$銖　專國權寵，而不榮華，一旦可得百金，至於歿齒而無分銖之蓄。（東漢《無極山碑》）

方$_1$丈　垂簾百袠，方丈千經。（北魏《元毓墓誌》）

豪氂$_2$　遍覽三墳，備詳五典，剖析豪氂，精辯幽賾。（北魏《染華墓誌》）

咫尺　俯臨汾射，咫尺荊梁。（北周《華嶽廟碑》）

“分$_1$銖”，形容極少；“方$_1$丈”，形容極多；“豪釐$_2$”，形容數量極少；“咫尺”，形容距離近。

代詞類：

26.【名素・代素】→代詞

躬自$_1$　崇尚儉節，躬自菲薄。（東漢《張壽殘碑》）

27.【形素・代素】→代詞

獨自$_1$　［嗜］以［吾］封非□淹兄弟不得獨自跨雖□。（北魏《南石窟寺之碑》）

親自$_1$　故帝舜受堯歷數，親自巡省，設五鼎之奠。

對於以上語素組合內部性類構成的分類，我們作以下分析說明。

第一，構詞語素的性類同該複合詞詞性相一致仍然佔據着主導地位。其中，名素和名素聯合構成名詞、動素和動素聯合構成動詞、形素和形素聯合構成形容詞仍主強勢地位。此外，較前代還增加了數數聯合構成數詞12個，副副聯合構成副詞14個，代代聯合構成代詞3個。

第二，構詞語素的性類同該複合詞詞性不相一致的結構方式也比前代有顯著的增加，達20種之多。就是同時期的《世說新語》，其不相一致的構詞方式也僅有12種①。這說明漢魏晉南北朝石刻聯合式語素構詞方式更加靈活和多樣。

（三）同素異序模式

同素異序是指漢語詞彙發展過程中複合詞的兩個語素按不同的順序組成，即“AB”式和“BA”式。上古文獻典籍中就已出現同素異序詞。漢以後隨着漢語詞彙複音化進程加快，這類詞漸趨發展。由於這些詞的構詞語素順序尚不穩定，它們並未真正固定下來，成爲書面語中的詞，使我們能夠更清楚地觀察到詞語在臨界點的組合方式，從而加深對漢語詞彙複音化的認識。漢魏晉南北朝石刻語料中出現了相當數量的同素異序詞，有兩種情況：一種是雙向型，即在石刻中同時存在“AB”式和“BA”式兩種；二是單向型。即石刻只相對存在“BA”式。我們分述如下。

① 程湘青：《魏晉南北朝漢語研究》，山東教育出版社1988年版，第11頁。

1. 雙向型：AB—BA

這種類型按照語素組合的語法結構、意義和性類的相同與否，又可分四種情況。下面分別加以分析和解釋。

（1）結構、意義和性類都沒有發生變化

A. 聯合式。這一類同素異序詞在漢魏晉南北朝石刻語料中數量最大，最常見。語素序位變化後，結構、意義及性類基本不變。根據組合的性類，可分為名詞、動詞、形容詞和數詞，分別為 151 對，302 個；99 對，198 個；125 對，250 個和 2 對，4 個。其中，名詞最多，其次是形容詞、動詞和數詞。

名詞類：

【水火—火水】

○水火亟交，年歲攸積。（東魏《敬顯儁碑》）

○韋絃迭舉，火水相仍。（北齊《薛廣墓誌》）

【姿容—容姿】

○姿容婉淑，衆醜怨其媚；婦禮弗虧，羣女妬其貞。（北魏《馮迎男墓誌》）

○器度弘深，容姿都雅。（北齊《元洪敬墓誌》）

【親朋—朋親】

○親朋悼心，知故隕泗。（北魏《侯掌墓誌》）

○悲纏朝野，痛結朋親。（北魏《李遵墓誌》）

【指掌—掌指】

○閑庭廣坐，運清言於廗上；烽警塵起，畫戰陣於指掌。（東魏《叔孫固墓誌》）

○而盤掌指，熾焱而［殤］。（東魏《道□碑記》）

其他還有，如昊蒼（東漢《譙敏碑》）/蒼昊（北魏《元壽安墓誌》）、韋弦（東魏《李憲墓誌》）/弦韋（東魏《元悰墓誌》）、蘩蘋（北齊《元華墓誌》）/蘋蘩（東魏《祖子碩妻元阿耶墓誌》）、姿神（北魏《元馗墓誌》）/神姿（北魏《邵真墓誌》）、家邦（東魏《司馬昇墓誌》）/邦家（東漢《孔羨碑》）、秩禮（東漢《楊統碑》）/禮秩（東漢《白石神君碑》）、績勳（東漢《巴郡朐忍令景雲碑》）/勳績（東漢《鮮于璜墓碑》）、廟祠（東漢《桐柏淮源廟碑》/祠廟（東漢《秦君墓刻辭》）、松蘭（北魏《丘哲墓誌》）/蘭松（北魏《叔孫協墓誌》）、岱嵩

(北魏《元遙墓誌》) /嵩岱 (北魏《王誦墓誌》)、豹虎 (北齊《婁叡墓誌銘》) /虎豹 (東魏《封延之墓誌》)、兆宅 (北魏《司馬悅墓誌》) /宅兆 (北魏《王誦妻元貴妃墓誌》)、華戎 (北齊《裴良墓誌》) /戎華 (東魏《蕭正表墓銘》)、邦鄉 (西魏《李賢妻吳輝墓誌》) /鄉邦 (北魏《尹祥墓誌》)、家鄉 (北魏《李盛墓銘記》) /鄉家 (北魏《崔猷墓誌銘》)、州府 (北魏《尹祥墓誌》) /府州 (北齊《元始宗墓誌銘》) 等等。

動詞類:

【損挹—挹損】

○謙恭以接下，損挹以推賢。(北魏《元寶月墓誌》)

○君既職奉嚴凝，位隣日月，雖寵望稍崇，而志弥挹損。(北魏《元宥墓誌》)

【謁請—請謁】

○以寬宿德，謁請端首，優號三老，師而不臣。(東漢《趙寬墓碑》)

○請謁不行，奸軌革心。(北魏《于纂墓誌》)

【謙撝—撝謙】

○王固遵後外，深秉謙撝，敷衽陳誠，久而獲許。(北魏《元暐墓誌》)

○公既誕載，實隆家國，撝謙不伐，懷明如默。(北魏《侯剛墓誌》)

其他還有，如握吐 (北齊《高潤墓誌銘》) /吐握 (南朝梁《蕭憺碑》)、敬仰 (北魏《韓賄妻高氏墓誌銘》) /仰敬 (東魏《聶顯標六十餘人造四面像記》)、瞻仰 (東漢《郛休碑》) /仰瞻 (東魏《元湛墓誌》)、慕仰 (東漢《肥致墓碑》) /仰慕 (北魏《曹天度造像記》)、見聞 (東魏《李顯族造像碑》) /聞見 (北魏《馮邕之妻元氏墓誌》)、遁隱 (東魏《關勝碑》) /隱遁 (東漢《三公山碑》)、宣述 (北魏《馮邕之妻元氏墓誌》) /述宣 (北魏《元過仁墓誌》)、談對 (北魏《論經書詩》) /對談 (西魏《天柱山銘》)、望想 (北魏《元萇溫泉頌》) /想望 (北魏《姚伯多兄弟造像碑》)、亂逆 (北魏《嵩高靈廟碑》) /逆亂 (東漢《曹全碑》)、供設 (北齊《高叡修定國寺塔銘碑》) /設供 (北齊《義慈惠石柱頌》)、遷貿 (北齊《趙征興墓誌》) /貿遷 (北魏《元子直墓誌》) 等等。

形容詞類:

【清虛—虛清】

○清虛曰道，正直爲神。(東魏《義橋石像碑》)

○皎皎沖覺，寂寂虛清。（東魏《凝禪寺三級浮圖碑》）

【清高—高清】

○奕葉清高，煥乎篇牘矣。（北魏《張猛龍碑》）

○父愷，建安太守，志尚高清，羽儀當吉。（北齊《劉忻墓誌》）

【明通—通明】

○君齠年岐嶷，弱歲明通。（南朝齊《劉岱墓誌》）

○王雅亮通明，器識韶潤。（南朝梁《蕭融墓誌》）

其他還有，如清廉（東漢《武氏石室祥瑞圖題字》）/廉清（北魏《元靈曜墓誌》）、虛空（北魏《師緣生造像記》）/空虛（東魏《元鑽遠墓誌》）、明懿（北魏《崔猷墓誌銘》）/懿明（北魏《侯君妻張列華墓誌》）、淑懿（東魏《李挺妻元季聰墓誌》）/懿淑（北魏《封□妻長孫氏墓誌》）、聖明（北魏《元天穆墓誌》）/明聖（北魏《張猛龍碑》）、賢俊（北魏《席盛墓誌》）/俊賢（東漢《袁博殘碑》）、靜妙（北齊《惠藏靜光造像記》）/妙靜（北齊《劉碑造像銘》）、雅淑（北齊《府月璣袁氏墓誌》）/淑雅（東漢《公乘田魴畫像石墓題記》）、清英（北魏《秦洪墓誌》）/英清（北魏《元弘嬪成氏墓誌》）、荒遐（東漢《孔羨碑》）/遐荒（西晉《郛休碑》）、淵廣（北魏《師緣生造像記》）/廣淵（東漢《請雨銘》）等等。

另外，“和$_1$平—平和$_1$”兩詞在“溫和、平靜”“政局安定，沒有戰亂”兩個意義上都是通用的，在漢魏晉南北朝石刻中都有用例。如：

表“溫和、平靜”義：

○和平之性，情無矜假。（西晉《王浚妻華芳墓誌》）

○體韻平和，風恣秀逸（北齊《劉雙仁墓誌》）、

表“政局安定，沒有戰亂”義：

○降其多福，國家和平。（東漢《營陵置社碑》）

○水土之務，平和寔難；規贊均明，無思不治。（北魏《李遵墓誌》）

數詞類：

【千百—百千】

○巴州民楊量買山，直錢千百。（西漢《楊量買山刻石》）

○無生無伏，無增無減，凡百千焉容斂。（北魏《凝光寺彌勒頌碑》）

【億萬—萬億】

○于胥樂兮，傳于萬億。（東漢《桐柏淮源廟碑》）

○億萬斯年，永作人表（北魏《康健墓誌》）

B. 偏正式。這一類同素異序詞在漢魏晉南北朝石刻語料中共有 59 對，118 個。根據組合的性類，可分為名詞、動詞、形容詞三類，分別為 54 對，108 個；4 對，8 個和 1 對 2 個。

名詞類：

【天性—性天】“性天”，猶天性。謂人得之於自然的本性。

○乾光潛晦，任還天性。（北魏《元濬嬪耿氏墓誌》）

○心地明明渾似鏡，性天凜凜恰如霜。（東魏《南宗和尚塔銘》）

【桂月—月桂】二者都指月亮。

○桂月流睍，璧水效精，亦猶昭出班門，琰生蔡室。（北齊《崔昂夫人盧脩娥墓誌》）

○今歲在赤奮，時惟青秖，陽殖官杏，日望月桂。（北齊《高叡修定國寺塔銘碑》）

【官人—人官】二者都指官吏。

○於是翼亮台鉉，毗道鼎司，剋昭文薄之能，實允官人之職。（北魏《楊舒墓誌銘》）

○人官奚寶，天爵斯貴。（北魏《元乂墓誌》）

其他還有，如月正（指正月）（東漢《禪國山碑》）/正月（東漢《郛休碑》）、子$_1$胤（東魏《程哲碑》）/胤子$_1$（前秦《張産碑》）（二者都指子嗣）、外境（北魏《楊泰墓誌》）/境外（東魏《李憲墓誌》）（二者都指國境以外的地區）、帷房（北齊《竇泰妻婁黑女墓誌》）/房帷（北齊《府月璣袁氏墓誌》）（二者都指內室，閨房）、客奴（東晉《高勾麗好太王碑》）/奴客（東晉《高勾麗好太王碑》）（二者都指家奴）、良人（北魏《元濬嬪耿氏墓誌》）/人良（北魏《楊阿難墓誌》）（二者都指賢者，善良的人）、先祖（即祖先）（北魏《高珪墓誌》）/祖先（東漢《賈武仲妻馬姜墓記》）、下泉（北魏《元璨墓誌》）/泉下（北魏《封□妻長孫氏墓誌》）（二者都指陰間）等等。

動詞類：

【朝$_2$會—會朝$_2$】指諸侯、臣屬及外國使臣朝見天子。

○年十三，爲高祖所器，特被優引，朝會令與諸王同。（北魏《元遙墓誌》）

○□□□而慕化，咸來王而會朝。（東漢《開母廟石闕銘》）

【合祔—祔合】謂合葬。

〇周宣政二年，歲次己亥，正月四日，夫人神柩歸于洛陽，合祔於邵州使君之塋。（北周《寇嶠妻薛氏墓誌》）

〇祔合有典，徙窆嚴阿。（東魏《李挺妻劉幼妃墓誌》）

其他還有，如震威（東漢《郛休碑》）/威震（東魏《李挺墓誌》）、振威（東漢《臨辟雍碑》）/威振（北魏《司馬悅墓誌》）。

形容詞類：

【備體—體備】二者都指齊備，完整。

〇惟公八能備體，六行在躬。（北齊《徐徹墓誌》）

〇王稟連漢遠祥，極天正氣，體備通理，神炳異眸。（北魏《元邵墓誌》）

（2）語法結構相同，意義不同

偏正—偏正式。這樣的前後兩個組合都是名詞，共計 31 對，62 個。只有 2 對性類前後不一致。

性類一致：

【天上—上天】前者指天空中；後者猶上帝。

〇願亡父上生天上，彌勒長唱。（北魏《楊小妃造像記》）

〇上天不吊，妖沴侵和。（北魏《長孫瑱墓誌》）

【工女—女工】前者指從事紡織、刺繡、縫紉等工作的婦女；後者指女子所作紡織、刺繡、縫紉等事。

〇工女停機，商人罷市。東魏《元悰墓誌》）

〇兼志在女工，躬存儉約，溫良慈惠，慎而寡言。（北魏《于祚妻和醜仁墓誌》）

【星華$_2$—華$_2$星】前者指星光；後者指明星。

〇惟王體暉霄極，列耀星華，茂德基於紫墀，凝潻形扵於天戚。（北魏《元楨墓誌》）

〇如彼華星，臨四遊而无等；似此明珠，湛九淵其誰匹。（東魏《封延之墓誌》）

其他還有，如源泉（指有源之水）（北周《封孝琰墓誌》）/泉源（指水的源頭）（北齊《吳洛族造像記》）、親家（泛稱親戚之家）（北魏《丘哲妻鮮于仲兒墓誌》）/家親（指家族中的長輩）（東漢《山東蒼山元嘉畫象石墓題記》）、世上（指人世間）（北齊《赫連子悅墓誌》）/上世

（指先代，前輩）（北魏《楊阿難墓誌》）、人世（指人間）（東漢《王子移葬誌》）/世人（指世間的人）（北齊《隴東王感孝頌》）、外事（指朝廷政事）（北魏《寇慰墓誌》）/事外（指塵世之外）（北魏《元勰墓誌》）等等。

性類不一致：

【流行$_1$（動）—行$_1$流（名）】前者後者指過往行人。

〇遭直荒亂，以德綏撫，政化流行。（東漢《馮緄碑》）

〇滑茲行流，故于路傍造石井一口，種樹兩千根，以息渴乏。（東魏《李顯族造像碑》）

【雲浮（動）—浮雲（名）】前者比喻盛多；後者指飄動的雲。

〇器宇淹凝，風韻閑遠，麗藻雲浮，高談響應。（北魏《元悌墓誌》）

〇方當籋浮雲而上馳，雜涷雨以高邁，而歷陽之水遽流，至止之火奄及。（北魏《元維墓誌》）

（3）語法結構不同，意義相同

A. 偏正—主謂式。在這兩類組合中，性類一致的共有 11 對 22 個，其中名詞 10 對 20 個，動詞 1 對 2 個；性類不一致的共有 21 對 42 個。

性類一致：

名詞類：

【酷禍—禍酷】"酷禍"猶指重大的禍害，與"禍酷"同。

〇誰謂酷禍，儵忽遽臻。（北齊《袁月璣墓誌》）

〇建義元年，主上聖德應符，中興啓運，奉迎河陰，遇此亂兵，枉離禍酷。（北魏《元周安墓誌》）

【危機—機危】"機危"用同"危機"，指潛伏的禍害或危險。

〇正諫不從，危機將發。（東魏《高盛墓碑》）

〇公預睹機危，亟陳成敗，深謀讜議，備在物談。（北魏《司州牧元誕墓誌》）

其他還有，如淵量（北魏《元秀墓誌》）/量淵（北魏《奚真墓誌》）（均指寬宏的度量）、素體（北魏《元鑒妃吐谷渾氏墓誌》）/體素（北魏《鄯乾墓誌》）（均指玉體）；徽聲（南朝梁《蕭敷墓誌》）/聲徽（北魏《封魔奴墓誌》）（均指美好的聲譽）；厚祿（北周《張僧妙法師碑》）/祿厚（北魏《元萇溫泉頌》）（均指優厚的俸祿）、茂年（北魏《元思墓誌》）/年茂（北魏《元誘墓誌》）（均指壯年）、萬鍾（西魏《趙超宗妻王氏墓誌》）／鍾萬（北魏《元斌墓誌》）（指優厚的俸祿）、否$_2$運（北魏《元熙墓誌》）／運否$_2$（南朝宋《爨龍顏碑》）（均指厄運）等。

動詞類：

【深憂—憂深】

○深憂罔極，遠日在期。（北魏《楊暐墓誌》）

○朝廷以釁發皇畿，憂深旰食。（北魏《元襲墓誌》）

性類不一致：

這兩類組合都是前者為名詞，後者為形容詞。

【暮年—年暮】前者指晚年、老年，後者指年老。

○初以暮年多病，頻上表，求解侍中、中尉。（北魏《侯剛墓誌》）

○雖劬勞密勿，未嘗懈其心；力衰年暮，莫敢辭其事。（北魏《慈慶墓誌》）

【高年—年高】前者指老年人，後者指年老。

○隨就虛落，存恤高年。（東漢《張遷碑》）

○年高事重，志義方隆。（南朝梁《永陽王敬太妃王氏墓誌銘》）

其他還有，如豊年（東漢《營陵置社碑》）／年豐（北魏《塔基石函銘刻》）、幼年（北魏《長孫季及夫人慕容氏墓誌》）／年幼（東魏《宗欣墓誌》）、雄才（北魏《郭顯墓誌》）／才雄（北魏《秦洪墓誌》）、賢才（北魏《崔宣默墓誌》）／才賢（北魏《石門銘》）、休聲（東漢《趙寬墓碑》）／聲休（北魏《寇治墓誌》）、美聲（北魏《侯君妻張列華墓誌》）／聲美（北魏《宋虎墓誌》）、芳聲（北魏《封昕墓誌》）／聲芳（北魏《賈瑾墓誌》）、貞心（北魏《高慶碑》）／心貞（東魏《崔混墓誌》）、温冬（北齊《逢哲墓誌》）／冬温（北齊《劉雙仁墓誌》）、短世（北魏《元緦墓誌》）／世短（北魏《元過仁墓誌》）、曠野（東魏《義橋石像碑》）／野曠（北齊《高叡修定國寺塔銘碑》）、浮華$_2$（北魏《元祐妃常季繁墓誌》）／華$_2$浮（北齊《堯峻妻吐谷渾靜媚墓誌》）、高風$_1$（南朝梁《蕭融太妃王慕韶墓誌》）／風$_1$高（北魏《寇憑墓誌》）等。

B. 主謂—偏正式。共有 1 對 2 個。

【識遠（形）—遠識（名）】前者指見識遠大，後者指遠大的見識。

○不持識遠驚近，未以神高忤俗。（東魏《高雅墓誌》）

○遠識淵渟，沖襟岳峻。（北魏《元徽墓誌》）

C. 支配—主謂式。這兩類組合都是動詞的，共計 8 對 16 個。

【流化—化流】前者指流佈教化，後者指德化傳佈。

○昔文王流化，未之殊也。今古雖邈，論道若近。(北魏《元彥墓誌》)

○分竹二邦，化流民詠。(北魏《司馬悅墓誌》)

【得意—意得】二者指稱心如意。

○江湖相望，得意忘言。(北齊《房周陁墓誌》)

○意得魚水，上下和密。(北齊《李琮墓誌》)

【化俗—俗化】二者指風俗發生改變。

○殖以廉察治民，公以清和化俗，故号剌史曰聖，司馬曰賢。(北魏《王溫墓誌》)

○曾未朞年，風移俗化。(北魏《元暐墓誌》)

【流詠—詠流】二者均指流傳美好的聲譽。

○然金玉摧感，增慕而流詠；松蘭湮殤，追痛以申抱。(北魏《丘哲墓誌》)

○盡亮采之能，窮燮諧之美，詠流金石，功布鼎鍾。(北魏《元暉墓誌》)

其他還有，如移風$_1$（北涼《沮渠安周造像記》）/風$_1$移（東漢《谷朗墓碑》）、流芳（東晉《爨寶子碑》）/芳流（北魏《賈思伯碑》）、遷神（東晉《王建之墓誌》）/神遷（西晉《張朗墓誌》）、流聲（北魏《元演墓誌》）/聲流（北魏《元悅墓誌》）等。

D. 主謂—支配式。

【龍潛—潛龍】二者均指陽氣潛藏；比喻帝王未即位或隱士未曾出仕。

○龍潛代邸，鳳隱歷山。(東魏《公孫略墓誌》)

○祖魏雍州剌史、杜縣簡侯，諱尚，追體潛龍，利見大人。(北魏《韋彧墓誌》)

E. 偏正—補充式。這兩類組合都是動詞，共計 6 對 12 個。

【明鑒—鑒明】猶明察。

○威總猛功，明鑒道藝。(北魏《元演墓誌》)

○休父以鑒明洞悟，乃光隆於周室。(東魏《程哲碑》)

【軫悼—悼軫】指痛切哀悼。

○二宮軫悼於上，百辟奔走於下。(北魏《元壽安墓誌》)

○悼軫皇闈，慕切儲禁。(北魏《文昭皇后高照容墓誌》)

【濫流—流濫】指四處流布。

○何其灾禍濫流，奄此良人，朕甚悼之。(北魏《楊乾墓誌》)

○君夙誕龍萌，方宰台司，殃風流濫，不甄有德。(北齊《賀拔昌墓誌》)

其他還有，如特挺（北魏《元順墓誌》）/挺特（北齊《法洪銘贊》)、沸騰（北魏《侯剛墓誌》）/騰沸（北齊《皇甫琳墓誌》)、洞識（北魏《元願平妻王氏墓誌》）/識洞（北魏《吳光墓誌》）等。

F. 補充—偏正式。這兩類組合都是動詞。共計 2 對 4 個。

【緝寧—寧緝】指安和。

○虔恭粢盛，緝寧邦家。(西晉《賈充妻郭槐柩記》)

○以寧緝之功，封罼平縣開國伯，食邑七百户。(北魏《赫連悅墓誌》)

【延長$_1$—長$_1$延】指綿延久長。

○仰賴三寶永隆，國祚延長，五穀豐登，人民樂業。(北魏《萬福榮造像記》)

○帝祚長延，法界蒙澤。(北齊《宋敬業等造塔頌》)

G. 支配—偏正式。共計 12 對 24 個。其中動詞 11 對 22 個，形容詞 1 對 2 個。

動詞類：

【會文—文會】指文人相聚。

○紛綸琴書，會文當世。(東魏《元玕墓誌》)

○故太常袁翻，文貞侯之友也，俱以高才懋德，文會相知。(東魏《崔混墓誌》)

【吐辭—辭吐】猶談吐。

○淑善天然，吐辭斯芳。(北魏《元謐妃馮會墓誌》)

○公風儀翔峙，辭吐清潤，文圖篆麗，學成斧藻。(北魏《楊暐墓誌》)

【雕龍—龍雕】猶指雕鏤龍紋，比喻善於修飾文辭或者刻意雕琢文句。

○加以思極来往，學貫隠深，奇文異制，雕龍未爽，樞機蹔吐，詎越談天。(北魏《元乂墓誌》)

○文類龍雕，武同麟振。（北齊《薛懷儁墓誌》）

其他還有，如感夢（東魏《李憲墓誌》）/夢感（東魏《道□碑記》）、受封（東漢《馮緄碑》）/封受（北齊《婁叡墓誌銘》）、合契（西晉《王浚妻華芳墓誌》）/契合（東魏《元鷙妃公孫甑生墓誌》）、通幽（北魏《元引墓誌》）/幽通（北魏《元思墓誌》）、延康（北魏《介休男邢安周造像記》）/康延（東魏《楊顯叔造像記》）、馳譽（北魏《元子正墓誌》）/譽馳（北魏《元子正墓誌》）、植根（北魏《元願平妻王氏墓誌》）/根植（北魏《興平皇興五年造像記》）、蒙塵（北魏《元恭墓誌》）/塵蒙（北魏《暉福寺碑》）等。

形容詞類：

【備禮—禮備】均指禮儀周備。

○於是國君備禮招請，濯冕題剛。（東漢《樊敏碑》）

○守衛墳園，仁綱禮備。（東漢《景君碑》）

H. 偏正—支配式。共計 8 對 16 個。

兩組性類一致，均為動詞。

【固執—執固】均指堅持。

○勞而不伐，有實若虛，固執《謙》《需》，以病辭官。（東漢《孔彪墓碑》）

○祖欣，執固栰檀，待漣猗如舒錦。（北齊《張起墓誌》）

【景$_{2}$附—附景$_{2}$】如影附身。比喻依附緊密。

○於是遠人聆聲景附，樂受一廛。（東漢《潘乾墓碑》）

○其毓神啓聖之緒，連霄附景之華，固以圖彼丹青，被茲鍾萬者矣。（北魏《元斌墓誌》）

【慶膺—膺慶】均指承受福澤。

○軒轅恢基，壽丘祏绪，積德往昆，慶膺茲裔。（北魏《侯掌墓誌》）

○鴻烈載融，本枝膺慶。（北魏《元誨墓誌》）

其他還有，如管窺（北齊《報德像碑》）/窺管（北魏《元端墓誌》）、草偃（北魏《元邵墓誌》）/偃草（北齊《法懃禪師塔銘》）、精通（東漢《華山廟碑》）/通精（東魏《公孫略墓誌》）、玄$_{1}$通（東漢《呂望表》）/通玄$_{1}$（北齊《韓山剛造碑像記》）等。

性類不一致的有：

【世範（名）—範世（動）】前者指世人的典範，後者指給世人作模範。

○言為世範，行則時放。(北魏《封□妻長孫氏墓誌》)

○規素德，足以勵俗懷來；言行威風，足以陶時範世。(東魏《蕭正表墓銘》)

(4) 語法結構不同，意義也不同

性類一致的：共計31對，62個。

名詞類：共計8對，16個。

A. 偏正—偏正式

【夜昏—昏夜】前者指天剛黑的時候，後者指黑夜。

○悲風曉勁，寒雲夜昏。(北齊《高建墓誌銘》)

○使昏夜永幽，為屯雲而翳影；伏寶盈家，為无明以（下闕）能人。(北齊《魯思明等造像記》)

【天人—人天】前者指仙人，後者指天上。

○天人覩斯狀而雲集，耶徒觀衆心而慕化。(北魏《薛鳳規造像碑》)

○居士之讟，上昇人天，下離鬼壞。(東魏《凝禪寺三級浮圖碑》)

○欲令人天同歸，耶徒祇肅。(北魏《薛鳳規造像碑》)

【女子$_1$—子$_1$女】前者泛指女性，後者指年輕女子或兒女。

○女子有行，遠其兄弟。(北魏《元融妃穆氏墓誌》)

○有子女口韶，字韶英，適潁川棗臺產。(西晉《王浚妻華芳墓誌》)

○孝昌中，文侯薨殂。子女煢稚。(東魏《崔鴻妻張玉憐墓誌》)

其他還有，如風$_1$光（指風及草木上反射出的日光）（北魏《元誘妻薛伯徽墓誌》）/光風$_1$（指和風）（北魏《青州刺史元湛墓誌》）、石泉（指山石中的泉流）（北周《封孝琰墓誌》）/泉石（指山水）（北魏《嚴震墓誌》）等。

B. 偏正—主謂式

【平生—生平】前者指平素，往常；後者指一生，此生。平，指經常的，普通的。

○公平生好善，獨憎耶暴，及繩蔄所施，事多貴戚。(北魏《侯剛墓誌》)

○百齡曾幾，遽此長冥，生平一罷，金石徒聲。(北魏《王誦妻元貴妃墓誌》)

C. 偏正—並列式

【故典—典故】前者指舊的規章制度；後者指典制和成例。“故”，指故事，成例。

○於是朝廷爰案故典，加以二等之禮，贈使持節、安北將軍、并州刺史，禮也。(北魏《元朗墓誌》)

○氏族之興，詳於典故；奕世載德，不殞舊風。(東魏《元融妃盧貴蘭墓誌》)

【分$_1$器—器分$_2$】前者指古代把宗廟所藏的寶器分與諸侯和宗室為世守之物，亦指分得的寶器；後者指才能，才具。

○受茲分器，錫之圡宇，在漢猶倉，居周爲魯。(北齊《高潤墓誌銘》)

○器分中和，儀量閑整。(北齊《高建妻王氏墓誌》)

動詞類：共計 24 對，48 個。

A. 主謂—支配式（支配—主謂式）(兩類結構不同類，以下同)

【響振$_2$—振$_2$響】前者指響聲震動，後者指發出聲音。

○由是響振雒中，聲高許下。(北魏《張滿墓誌》)

○如彼隨侯，聲價遠聞；如彼鳴鶴，振響騰雲。(東魏《王偃墓誌》)

支配—主謂式的有：結怨（指結下怨仇）(北魏《長孫士亮妻宋靈妃墓誌》) ∕怨結（指怨氣郁結）(北魏《元廞墓誌》)、故世（指去世）(東漢《孫熹墓畫像石題記》) ∕世故（指世事變亂）(北魏《慈慶墓誌》)。

B. 支配—並列式（並列—支配式）

【執操—操執】前者指堅守節操，後者猶任事。

○昂昂儁秀，烈烈奇英，抗言異所，執操不傾。(北魏《尔朱襲墓誌》)

○以君皇胄懿重，操執端謹，六事淵塞，三正明爽，必能代厥神工，爲民良主。(北魏《元廞墓誌》)

【勒銘—銘勒】前者指鐫刻銘文，後者指鐫刻。

○於是故吏門人，乃共陟名山，采嘉石，勒銘示後，俾有彝式。(東漢《孔宙墓碑》)

○乃案經傳所載，原本所由，銘勒斯石，垂之於後。(東漢《華山廟碑》)

其他還有，如刊銘（東漢《范式碑》) ∕銘刊（北魏《元濬妻于仙姬墓誌》)、導流（指疏導河流）（東魏《邑主造石像碑》）/流導（指流傳，傳達）（東魏《朱永隆等七十人造像銘》）。

並列—支配式的有：爵命（指封爵受職）（北魏《王真保墓誌》）/命爵（指賜給爵位）（北齊《庫狄廻洛妾尉氏墓誌銘》）、懷抱（謂心中）（南朝梁（《蕭敷墓誌》）/抱懷（指存於心中）（西晉《徐義墓誌》）、指畫（謂指點，規劃）（東魏《劉懿墓誌》）/畫指（指在公文、契約上簽名或做記號）（北魏《張神洛買田券》）、詩賦（指詩和賦）（南朝梁《蕭憺碑》）/賦詩（吟詩，寫詩）（東漢《孔彪墓碑》）等。

C. 支配—偏正式（偏正—支配式）

【流光—光流】前者指閃爍光彩，後者指福澤流傳後世。

○星婺流光，月華昭燭。（北魏《元顥妃李元姜墓誌》）

○昭哉孝嗣，光流萬國。（東漢《鮮于璜墓碑》）

【騰龍—龍騰】前者指駕龍，乘龍；後者指龍飛騰，喻帝王的興起。

○騰龍藹星水，翻鳳暎煙家。（北魏《鄭道昭觀海童詩刻石》）

○太祖獻武皇帝㞗據一匡，龍騰九域，握鈐秉鉞，鞭撻區夏。（北齊《司馬遵業墓誌》）

其他還有，如飛霜$_1$（指降霜）（北魏《元顯魏墓誌》）/霜$_1$飛（像白霜一樣飛舞）（北魏《元愨墓誌》）、宣風$_1$（宣揚風德教化）（東魏《元鷙墓誌》）/風$_1$宣（廣泛傳播）（北魏《元延明墓誌》）、騰雲（指駕雲）（東魏《王偃墓誌》）/雲騰（如雲騰湧）（三國吳《谷朗墓碑》）、分$_1$枝（一莖生數枝）（南朝梁《蕭敷墓誌》）/枝分$_1$（像樹枝一樣分岔）（北周《獨孤藏墓誌》）。

偏正—支配式的有：齒讓（以年歲大小相讓）（西晉《臨辟雍碑》）/讓齒（對長者謙讓）（北齊《竇泰妻婁黑女墓誌》）、哀感（悲哀的感情）（南朝宋《爨龍顔碑》）/感哀（感到悲哀）（北魏《諮議參軍元弼墓誌》）、雨$_1$散（如雨布散。衆多貌）（北魏《元融墓誌》）/散雨$_1$（降雨）（北齊《叱列延慶妻尒朱元靜墓誌》）、世濟（世代繼承）（東漢《冀州從事馮君碑》）/濟世（救世，救助世人）（三國魏《王基斷碑》）等。

D. 偏正—並列式：

【震肅—肅震】前者指因懾於威猛之政而風氣肅然，後者指恭敬畏慎。

〇明目搴帷，百城震肅。（北魏《元暉墓誌》）

〇恪居直轡，肅震都輦，多歷歲序，雅有聲迹。（北齊《崔昂墓誌》）

E. 補充—偏正式

【掃清—清掃】前者指平定廓清；後者指清楚，掃淨。

〇鎮東李公出軍□北，都督六州，掃清叛命。（北魏《李璧墓誌》）

〇大祖清掃鬩輔，以俟鑾蹕。（北周《李賢墓誌》）

F. 並列—主謂式

【立行$_1$—行$_1$立】前者指行為舉動，後者指德行樹立。

〇處穆女容，出昭婦德，立行柔敏，秉心淵塞。（東魏《元鷙妃公孫甑生墓誌》）

〇生榮行立，沒貴名揚。（東魏《崔混墓誌》）

性類不一致的：共計 41 對，82 個。

【轉$_1$蓬（名）—蓬轉$_1$（動）】前者指隨風飄轉的蓬草；後者指蓬草隨風飛轉，比喻流離失所、四處漂流。

〇是以迷途失馭（下闕）切心若轉蓬，逐秋風而飄質。（北齊《宋顯伯等造像龕記并陰側》）

〇茫茫苦海，攸攸三界，蓬轉輪迴，生滅其中。（北齊《畢文造像記》）

【聽朝$_2$（動）—朝$_2$聽（名）】前者指臨朝聽政，後者指朝廷或帝王的聽聞。

〇既而沸騰在辰，炎燎不息。乃眷西顧，聽朝不怡。（北魏《元誨墓誌》）

〇如遺德彰於朝聽，鴻烈聲於物口。（北魏《穆循墓誌》）

【佩組（動）—組佩（名）】前者指佩戴絲帶，喻登上官位；後者指組帶及玉佩，古代官員的習用服飾。

〇方當羽翼太階，升降幃扆，懷金佩組，光國榮家。（北魏《辛祥墓誌》）

〇於昭中饋，宅後光先，陸離組佩，照耀簪鈿。（北魏《元勰妃李媛華墓誌》）

【天極（名）—極天（動）】前者指星名，天極星，即北極星；後者指至天，達於天。

〇二后褘褕，亞瓚天極。（北魏《韓賄妻高氏墓誌銘》）

○極天作構，帶地爲源，載毗載輔，或屏或蕃。（北魏《元暐墓誌》）

【雪白（形）—白雪（名）】前者指像雪一樣潔白，後者指潔白的雪。

○雪白之性，孝友之仁。（東漢《張遷碑》）

○潔行與白雪爭光，溫穆與鮮雲競潤。（北魏《馬鳴寺根法師碑》）

【人事（名）—事人（動）】前者指人力所能及的事，後者謂充任下屬。

○斯蓋有道存焉，固非人事之所覿。（北魏《元萇溫泉頌》）

○宏論窮理，直道事人。（東漢《孔彪墓碑》）

【流名（動）—名流（名）】前者指流傳名聲，後者指知名人士。

○方孚洪烈，范古流名。（北魏《司馬景和妻孟敬訓墓誌銘》）

○惠殘富春，名流慟惜。（北魏《李伯欽墓誌》）

【神機（名）—機神（形）】前者指神奇的稟賦；後者指機靈、敏捷。

○神機徙御，授後遺之寄，風教舊鄉，振光雲代。（北魏《元思墓誌》）

○機神聡鑒，聞於遠近；接恤施惠，稱於四鄰。（西晉《徐義墓誌》）

【表海（動）—海表（名）】前者指臨海，濱海；後者猶海外。古代指中國四境以外偏遠之地。

○天齊形勝，表海控河。（東魏《元悰墓誌》）

○峙黃巾之勢，縱擴海表，陸梁幽冀，震感皇□，命公是討。（東魏《敬顯儁碑》）

其他還有，如筆下（北魏《元欽墓誌》）/下筆（北魏《元懌墓誌》）、流風$_1$（東漢《臨辟雍碑》）/風$_1$流（東漢《臨辟雍碑》）、遇時（北魏《元液墓誌》）/時遇（北齊《徐顯秀墓誌》）、順時（東漢《三公山碑》）/時順（北魏《邢巒妻元純陁墓誌》）、吉卜（北魏《張正子為亡父母合葬立鎮墓石》）/卜吉（西晉《徐文□墓誌》）、功用（北魏《元廞墓誌》）/用功（東漢《何君治道造閣碑》）、桃夭（北魏《司馬景和妻孟敬訓墓誌銘》）/夭桃（西魏《楊泰妻元氏墓誌》）、服$_1$衰（北齊《臨淮王像碑》）/衰服$_1$（北魏《李暉儀墓誌》）、制服$_1$（東魏《元悰墓誌》）/服$_1$制（南朝梁《蕭憺碑》）、風$_1$調$_2$（北魏《元寶月墓誌》）/調$_1$風$_1$（北魏《山徽墓誌》）、淫禍（指大禍）（北魏《尔朱襲墓誌》）/禍淫（指淫逸過度，天降以禍）（北魏《元誨墓誌》）、世經（北魏《元昭墓誌》）/

經世（北魏《元昭墓誌》）、世訓（北魏《穆彥墓誌》）／訓世（東魏《道俗九十人等造像碑》）、訓詁（北魏《王僧男墓誌》）／詁訓（北魏《楊熙僊墓誌》）、鏘金（指撞擊金屬而發聲）（東魏《侯海墓誌》）／金鏘（金屬的聲音）（北魏《元詮墓誌》）、器重$_1$（北魏《笱景墓誌》）／重$_1$器（北魏《元繼墓誌》）、和$_1$氣（東漢《祀三公山碑》）／氣和$_1$（北齊《韓山剛造碑像記》）、長$_1$流（東魏《道□碑記》）／流長$_1$（北齊《赫連子悅妻閭炫墓誌》）、龍飛（東漢《臨辟雍碑》）／飛龍（北魏《尔朱紹墓誌》）、朗月（東魏《鄧恭伯妻崔令姿墓誌銘》）／月朗（北魏《元熙墓誌》）、論世（北齊《元子邃墓誌》）／世論（東魏《元顯墓誌》）、美譽（北魏《高猛墓誌》）／譽美（北齊《裴良墓誌》）、妙簡（南朝梁《蕭敷墓誌》）／簡妙（北魏《元新成妃李氏墓誌》）、丹書（東漢《受禪表》）／書丹（北齊《司馬遵業墓誌》）、應$_2$響（東魏《凝禪寺三級浮圖碑》）／響應$_2$（東漢《史晨前碑》）、歡心（東漢《耿勳碑》）／心歡（東漢《潘乾墓碑》）、雲蒸（北魏《元秀墓誌》）／蒸雲（北魏《元延明墓誌》）、雲行$_1$（東漢《孔彪墓碑》）／行$_1$雲（北魏《馮邕之妻元氏墓誌》）、涌泉（東漢《曹全碑》）／泉涌（北魏《李璧墓誌》）、茂才（東漢《楊統碑》）／才茂（東魏《高雅墓誌》）、身文（本謂人身的文飾，借指人際交往中的禮儀和言語休養）（北周《豆盧恩墓碑》）／文身（猶修身）（東魏《蕭正表墓銘》）等。

2. 單向型：BA 式。

與現代漢語比較而言，漢魏晉南北朝石刻中同素異序詞的語素只存在 BA 式單向組合形式的。如：

（1）聯合式。共計 105 個，其中名詞 26 個，動詞 52 個，形容詞 27 個。

名詞類：

【力財】

○嗚呼，匪愛力財，迫于制度。（東漢《秦君墓刻辭》）

【魂零$_2$】

○造墓定基，魂零不寧，於斯革之。（東漢《石門闕銘》）

【塗$_2$路】

○後以子午，塗路歭難。（東漢《石門頌》）

【幗巾】

○唯兹夫人，作范幗巾。（北魏《吳子璨夫人秦氏墓誌》）

【患禍】

○如何不弔，廫兹患禍。（北魏《奚真墓誌》）

【童孩】

○先生童孩多奇，岐嶷有志，捥發傳業，好學不厭。（東漢《婁壽墓碑》）

其他還有，如流河（東漢《孟琁殘碑》）、威恩（東漢《西狹頌》）、德美（北齊《高顯國妃敬氏墓誌》）、威權（東漢《鮮于璜墓碑》）、行$_1$操（東漢《鮮于璜墓碑》）、宇堂（東漢《華山廟碑》）、本根（東漢《曹全碑》）、寶財（東漢《楚相孫叔敖碑》）、圃園（東漢《李翊夫人碑》、統系（東漢《武都太守耿勳碑》）、園陵（東漢《濟陰太守孟郁脩堯廟碑》）、園庭（東漢《成陽令唐扶頌》）、塗$_2$陸（東漢《貴陽太守周憬功勳碑》）、食糧（東漢《魯相韓勑造孔廟禮器碑》）、員$_1$冗（東漢《史晨饗孔廟後碑》）、園田（東漢《張公神碑》）、途路（東漢《司隸校尉楊孟文石門頌》）、土疆（東漢《安平相孫根碑》）、梓桑（東漢《郎中馬江碑》）等。

動詞類：

【範防】

○昔者共工，範防百川。（東漢《開母廟石闕銘》）

【漏泄】

○雖為王人，公事未曾漏泄，時人号曰魏之安世。（北魏《青州刺史元湛墓誌》）

【攻圍】

○正始之中，南寇侵境，詔王使持節、都督南討諸軍事、平南將軍，攻圍鍾離。（北魏《詮墓誌》）

【住居】

○尊師崇業，諸邑七世以來，生緣眷屬，住居常樂。（北魏《馮神育造像碑》）

【動移】

○嶺南無少動移，公有力焉。（北魏《嚴震墓誌》）

【散離】

○良騎不遂，變延京師，六軍散離，虎旅解紐。（北魏《嚴震墓誌》）

其他還有，如離隔（北魏《元熙墓誌》）、賣買（北魏《元略墓誌》)、酬應$_2$（北魏《元襲墓誌》)、去來（東魏《元玕墓誌》)、遷變（東魏《慧光墓誌》)、說辯$_1$（北齊《法懃禪師塔銘》)、導引（北齊《僧哲等四十人造像記》)、持操（北周《叱羅協墓誌》)、頋瞻（北齊《竇泰墓誌》)、耘耕（北齊《狄湛墓誌》)、刻摹（北齊《朱曇思等一百人造塔記》)、慰撫（北齊《堯峻墓誌》)、賞讃（北齊《元洪敬墓誌》)、陪奉（北周《匹婁歡墓誌》)、承繼（北周《韋彪墓誌》)、理治（東魏《崔鴻妻張玉憐墓誌》)、交結（北齊《薛懷儁墓誌》)、付囑（東魏《南宗和尚塔銘》)、存封（北齊《梁伽耶墓誌》)、執爭（東漢《石門頌》)、合符（東漢《蒼頡廟碑》)、葬埋（南朝宋《廣東始興南朝宋買地券》)、逆畔（東漢《中常侍樊安碑》)、析離（東漢《梁相孔耽神祠碑》)、衍蔓（東漢《濟陰太守孟郁脩堯廟碑》)、育生（東漢《趙寬墓碑》)、濟康（東漢《衡方墓碑》)、蓄積（東漢《梁相孔耽神祠碑》)、並兼（東漢《蒼頡廟碑》)、還歸（東漢《青衣尉趙孟麟羊竇道碑》)、埋掩（東漢《楚相孫叔敖碑》)、畏敬（東漢《張公神碑》)、怨讟（東漢《三公山碑》)、附親（東漢《三公山碑》)、傳$_1$宣（東漢《鄭固墓碑》)、呼招（東漢《故民吳仲山碑》)、空虧（東漢《故民吳仲山碑》)、還返（東漢《堂邑令費鳳碑》)、叫號（東漢《司隸從事郭究碑》)、吟呻（東漢《平輿令薛君碑》)、布宣（東漢《李翊夫人碑》)、歎傷（東漢《外黃令高彪碑》)、敘紀（東漢《巴郡太守張納碑》)、括統（東漢《吉成侯州輔碑》）等。

形容詞類：

【痛傷】

○嗚呼哀哉，士女痛傷。(東漢《武氏石闕銘》)

【鋭精】

○蜂迮騷擾，河曲郡□，（上闕）武人鋭精，弭跡疆外。(北魏《山暉墓誌》)

【羊吉】“羊”通“祥”，吉祥。

○羊吉萬歲，子孫自貴。(東漢《王孝淵墓銘》)

【華繁】

○甘於退處，榮不己慕，居盈弗溢，華繁是去。(西晉（《張朗墓誌》)

【靜貞】

○惟幹動運，坤道靜貞。(東漢《成都永壽元年畫像石闕銘》)

【廉清】

○非唯獲賞紟乘，見知廉清而已。（北魏《元乂墓誌》）

【悽悲】

○羽挽悽悲，龍軒不息。（北魏《楊仲宣墓誌》）

【懃辛】

○懃辛建立，懰躍難任。（東魏《杜文雍等十四人造像記》）

其他還有，如亂靡（北齊《竇泰墓誌》）、微細（北齊《義慈惠石柱頌》）、累勞（北周《叱羅協墓誌》）、殊特（東漢《鄭固墓碑》）、望顯（北齊《和紹隆墓誌》）、酸辛（北周《韋彪墓誌》）、素樸（西晉《郛休碑》）、困貧（東漢《郙閣頌》）、近遠（東漢《廣漢屬國侯李翊碑》）、駭驚（東漢《張公神碑》）、嚴莊（東漢《司隸從事郭究碑》）、樸純（東漢《梁相孔耽神祠碑》）、舊故（東漢《青衣尉趙孟麟羊竇道碑》）、困貧（東漢《北海相景君碑》）、愴悲（東漢《樊陽令楊君碑》）、傷愴（東漢《執金吾丞武榮碑》）、窄狹（東漢《樊毅脩華嶽碑》）、儉清（東漢《巴郡太守樊敏》）、約清（東漢《孝廉柳敏碑》）、純清（東漢《平都侯相蔣君碑》）等。

（2）非聯合式：共計 33 個，其中名詞 14 個，動詞 17 個，形容詞 2 個。

名詞類：

【穹倉】指蒼天。“倉”，通“蒼”。

○于何穹倉，布命授期。（東漢《景君碑》）

【城都】指國都。

○遠其城都，皓變素起。（北魏《姚伯多兄弟造像碑》）

【權強】猶指強大的權勢。

○皇輿南反，誅賞方行，政出權強，深猜俊桀。（北魏《元延明墓誌》）

【僚舊】猶舊僚。

○凡我僚舊，爰及羓人，咸以君生而玉質，至美也。（北魏《高貞碑》）

【人行$_1$】猶行人。

○曉夜未央，路断人行。（東魏《王僧墓誌銘》）

【僚端】舊稱幕僚之居首位者。

○僚端所寄，才望是資。（北周《宇文瓘墓誌》）

其他還有，如莊田（北齊《義慈惠石柱頌》）、壤陰（北魏《高道悦墓誌》）、影幻（北齊《柴季蘭等四十餘人造四面像記》）、壘壁（北齊《梁子彥墓誌》）、珠珍（北齊《是連公妻邢阿光墓誌》）、珠麗（北魏《暉福寺碑》）、祖曾$_1$（北魏《長孫瑱墓誌》）、豬母$_1$（北齊《都邑師道興造像記並治疾方》）。

動詞類：

【腸摧$_1$】

○親賓痛楚以腸摧，僚友泫欷而慕德。（北魏《邵真墓誌》）

【兵興】

○四方憒惋，所在兵興。（北魏《元懌墓誌》）

【服$_1$誠】

○運籌幃幄，皇心憘悅；發恵黎儀，遠民服誠。（北魏《李頤墓誌》）

【離長$_1$】

○悲哉永慕，痛矣離長。（東魏《高湛墓誌》）

【施博】

○禄厚施博，爵高忘下，門枉縫掖之賓，座滿通家之少。（東魏《公孫略墓誌》）

【泣悲】

○泣悲救世，寂去千靈。（北齊《柴季蘭等四十餘人造四面像記》）

其他還有，如令申（北齊《石信墓誌》）、淨洗（北齊《都邑師道興造像記並治疾方》）、航揚（北齊《張忻墓誌》）、仰瞻（東漢《史晨前碑》）、附親（東漢《三公山碑》）、矢發（北齊《梁子彥墓誌》）、葬送（南朝齊《劉顗買地券》）、奉貢（東漢《耿勳碑》）、日映（北齊《元賢墓誌》）、祔合（東魏《李挺妻劉幼妃墓誌》）、衡均（北魏《元緒墓誌》）等。

形容類：

【正真】確實，名副其實。

○伊我君公，秉心渕默；深覩正真，妙達通塞。（北魏《孫遼浮圖銘記》）

【愛友】謂兄弟友愛，这里泛指友愛。

○夫人篤於同氣，孔懷特甚，惟弟及妹，傾心愛友。（東魏《祖子碩妻元阿耶墓誌》）

從以上的統計資料來看，漢魏晉南北朝石刻中的同素異序結構組合有如下幾點總結：

一是石刻中共有同素異序組合（包括雙向型和單向型）1362 個，其中雙向型 612 對 1224 個，占 90%；單向型 138 個，占 10%。雙向型占絕大多數。這說明語素在其組合之初是不穩定的，組合還比較自由鬆散，還處在凝固選擇的過渡階段，表現出漢語詞彙向複音化過渡的痕跡。

二是在雙向型"AB—BA"式中，共計 612 對，1224 個。從結構類型看，聯合式 375 對，750 個，占了 61%；其他結構 237 對，474 個，占了 39%。從組合的詞性上看，名詞 575 個，動詞 362 個，形容詞 284 個，數詞 4 個。以名詞為主，動詞次之，再次是形容詞，最後是數詞。

在單向型"BA"式中，共計 138 個。從結構類型看分為聯合式和非聯合式。其中，聯合式共計 105 個，非聯合式共計 33 個。從組合的詞性上看，名詞 40 個，動詞 69 個，形容詞 29 個。以動詞為主，名詞次之，形容詞再次之。

三是從雙向型同素異序結構看異序後語法結構、詞義和詞性是否發生變化來看，絕大多數兩個組合的語法結構、詞性和詞義都沒有發生改變，說明它們都是同一個詞。其中，語法結構發生改變的有 125 對，詞義發生改變的有 87 對，詞性發生改變的有 65 對。

四是從同素異序結構在現代漢語中的流傳情況看，在雙向型語素異序結構中，逆序結構基本上都消失了，在語言的交際中，只保留了一個為社會群體所接受的正序結構，如［水火—火水］［虎豹—豹虎］［戶牖—牖戶］［文質—質文］［羽毛—毛羽］等，作為逆序的後者已基本消失；單向型的語素組合（主要是逆序 BA 式），在現代漢語中已大都消失，名詞，如力財、幗巾、患禍、童孩、流河、園田、途路、土疆等；動詞，如膓摧$_1$、範防、痛傷、攻圍、動移、散離、漏泄、賣買等；形容詞，如銳精、羊吉、華繁、廉清、亂靡、懃辛、殊特、素樸、駭驚、樸純等。無論是雙向型還是單向型結構，最後保留下來的基本上是正序結構（AB 式）。

二　漢魏晉南北朝石刻聯合式語素組合的特點

（一）形態結構的多樣化

漢魏晉南北朝石刻中聯合式的語素組合數量多，其結構類型也呈現多樣性的特點，主要表現在以下幾個方面：從詞性的數量分佈看，名詞最多，動詞次之，形容詞又次之，其他詞類則數量較少；從詞義構成來看，有同義語素聯合、類義語素聯合和反義語素聯合，其中類義聯合最多3875個，同義聯合次之2363個，反義聯合最少269個；從性類構成來看，語素組合的性類與其構成的語素的性類相一致的占絕大多數，同時也有不一致的情況，且形式比先秦語料中的更加多樣化，多達27種。從語素組合的順序上看，存在着1362個同素異序結構組合，其中，包括雙向型和單向型，而且雙向型占據了半數以上。這從一個側面反映了聯合式語素組合在漢魏晉南北朝時期發展到了一個新的階段，同時，漢魏晉南北朝石刻的語料特點也為聯合式語素組合提供了一個滋長的空間。

（二）大量活躍構詞語素的出現

漢魏晉南北朝石刻中產生了大量的單音節活躍構詞語素。其中有些語素具有較強的構詞能力，位置可前可後，或者既有前置的，也有後置的，帶有自由或半自由語素的性質。

位置可前可後的語素，如："高、和$_1$、明、苦、素、徽、賢、美、門、天、感、悲、奇、氣、器"等，具體如下。

（1）【高・×】→高嚚、高名、高才、高風$_1$、高範、高致、高情、高德、高節、高譽、高跡、高義$_1$、高識$_1$、高調$_2$、高問、高志、高行$_1$、高韻、高簡、高潔、高邈、高深、高順、高素、高卑、高尚、高爽、高美、高暢、高明、高偉、高清、高賢、高絕、高邁、高榮、高朗、高遠、高奇、高厚、高悟、高抗、高勝、高蹤、高讓、高視、高瞻、高步、高蹈。

【×・高】→崇高、仰高、殊高、峻高、自高、名高、推高、沖$_5$高、貞高、清高、隆高、素高、行$_1$高、風$_1$高。

（2）【和$_1$・×】→和$_1$穆、和$_1$令、和$_1$順、和$_1$雅、和$_1$平、和$_1$氣、和$_1$顏、和$_1$睦、和$_1$密、和$_1$樂$_2$、和$_1$舒、和$_1$讓、和$_1$謹、和$_1$仁。

【×・和$_1$】→柔和$_1$、寬和$_1$、惇和$_1$、沖$_3$和$_1$、恭和$_1$、燮和$_1$、仁和$_1$、平和$_1$、中$_1$和$_1$、欣和$_1$、清和$_1$、温和$_1$、和$_1$合$_1$、純和$_1$、惠和$_1$、慈和$_1$、怡和$_1$、閒$_4$和$_1$、委和$_1$、恬和$_1$、好$_1$和$_1$、淹$_1$和$_1$、貞和$_1$、弘和$_1$。

（3）【明・×】→明睿、明暢、明賢、明桀、明爽、明遠、明惠、明悟、明慜、明儁、明穎、明斷、明肅、明懿、明茂、明通、明識、明允、明哲、明知$_2$、明聖。

【×・明】→懃明、閒$_4$明、廉明、清明、柔明、端明、凝明、儁明、雄明、仁明、慈明、溫明、淵明、沖明、睿明、寬明、肅明、懿明、貞明、英明、通明、修明、欽明、高明、賢明、聰明、聖明。

(4)【苦·×】→苦厄、苦空、苦累$_2$、苦難$_2$、苦毒、苦境、苦行$_1$、苦辛。

【×·苦】→勞苦、愁苦、哀苦、荼苦、孤苦、貧苦、辛苦、艱苦、清苦、嚴$_1$苦、危苦。

(5)【素·×】→素體、素質、素精、素品、素志、素心、素情、素論、素德、素範、素儉、素樸。

【×·素】→沖$_3$素、恬素、真素、靜素、閒$_4$素、雅素、醇素、貞素、清素、敦素、婉素、約素、淳素、簡素、絜素。

(6)【徽·×】→徽音、徽聲、徽名、徽譽、徽德、徽蹤、徽庸、徽業、徽塵、徽績、徽烈、徽柔、徽赫。

【×·徽】→聲徽、音徽、芳徽、餘徽、令徽、清徽、英徽、貞徽、修徽。

(7)【賢·×】→賢明、賢聖、賢哲、賢淑、賢俊、賢英、賢桀、賢勝、賢達、賢良。

【×·賢】→英賢、高賢、仁賢、貞賢、大$_1$賢、名賢、良賢、忠賢、高賢、明賢、能賢。

(8)【美·×】→美名、美志、美音、美迹、美譽、美績、美業。

【×·美】→盛$_2$美、幽美、高美、華$_2$美、弘美、清美、閒$_4$美、富美、淑美、芳美、休美。

(9)【門·×】→門人、門生、門徒、門從$_1$。

【×·門】→墓門、泉門、松門、埏門、神門、山門。

(10)【天·×】→天生、天成、天然、天發、天真、天表、天心、天情、天性、天姿、天機、天秀、天聰、天誠、天穎、天挺、天哲。

【×·天】→旻天、昊天、蒼天、穹天、青天、帝天、皇$_1$天、黃天、上天。

(11)【感·×】→感惻、感哀、感哽、感結、感傷、感歎、感切$_2$、感慟。

【×·感】→哀感、痛感、傷感、化感、淒感、酸感、怛感、悲感、懷感。

(12)【悲·×】→悲哀、悲痛、悲楚、悲傷、悲慟、悲懷、悲歎、悲怛、悲惋、悲酸、悲哭、悲泫、悲結、悲咽、悲戀、悲啼、悲號$_2$、悲切$_2$、悲惻、悲憐、悲悼、悲滑、悲愁、悲惜、悲涼。

【×·悲】→楚悲、銜悲、含悲、軫悲、酸悲、悼悲、傷悲、悽悲、大$_1$悲、憂悲。

(13)【奇·×】→奇偉、奇武、奇異、奇妙、竒特、奇殊、奇希、奇挺、奇拔$_1$。

【×·奇】→殊奇、希奇、珍竒、英奇、高奇、超奇、清奇、瓌奇、精奇、神奇。

(14)【氣·×】→氣調$_2$、氣岸、氣幹、氣品、氣略、氣韻、氣俠。

【×·氣】→銳氣、異氣、勇氣、膽氣、豹氣、俠氣、梗氣、雄氣、壯氣、儁氣、劍氣、傑氣、烈氣、叡氣、骨氣、猛氣。

(15)【器·×】→器度、器宇、器量$_1$、器局、器懷、器識$_1$、器分$_2$、器業、器望。

【×·器】→偉器、竒器、雅器、大$_1$器、巨器、良器、名器、國器。

前置活躍語素，如："超、忠、令$_2$、懷、博、聰、恬、宣、清、幽、肅、恭、廉、悅、禮"等，具體如下。

(1)【超·×】→超昇、超攄、超出、超生、超邁、超逸、超蹤、超偉、超奇、超越、超遙、超世、超悟、超羣、超倫、超暢、超異、超卓、超絕、超度、超遠、超塵、超步、超穎。

(2)【忠·×】→忠孝、忠貞、忠誠、忠信、忠亮、忠烈、忠正、忠義、忠清、忠直、忠清、忠諒、忠款、忠敬、忠毅、忠實、忠果、忠謇、忠篤、忠武、忠惠、忠賢、忠允、忠善、忠勤、忠純、忠肅、忠淳、忠慤、忠愛、忠勇、忠壯、忠臣、忠讜、忠良、忠節。

(3)【令$_2$·×】→令$_2$問、令$_2$名、令$_2$稱$_1$、令$_2$徽、令$_2$聞$_2$、令$_2$譽、令$_2$望、令$_2$音、令$_2$績、令$_2$響、令$_2$行$_1$、令$_2$範。

(4)【懷·×】→懷寶、懷德、懷道、懷珠、懷瑜、懷瑾、懷誠、懷仁、懷貞。

(5)【博·×】→博覽、博涉、博觀$_1$、博聞$_1$、博求、博學、博通、博貫、博達、博見$_1$、博綜、博極、博物、博古、博識$_1$、博敏、博暢。

(6)【聰·×】→聰叡、聰達、聰朗、聰識$_2$、聰鑒、聰敏、聰哲、聰令、聰秀、聰悟、聰警、聰明、聰惠、聰穎、聰慧、聰峻。

(7)【恬·×】→恬素、恬和$_1$、恬暢、恬雅、恬邃、恬曠、恬靜。

(8)【宣·×】→宣述、宣布、宣暢、宣朗、宣抒、宣揚、宣流、宣化、宣諭、宣導。

(9)【清·×】→清妙、清修、清茂、清越、清明、清直、清邈、清惠、清英、清亮、清潔、清慎、清約、清婉、清韶、清遠、清恪、清徽、清節、清雅、清高、清篤、清貞、清簡、清儁、清淳、清粹、清華$_2$、清穆、清白、清儉、清奇、清美、清敏、清恭、清懋、清曠、清秀、清剛、清逸、清休、清惠。

(10)【幽·×】→幽微、幽賾、幽玄$_1$、幽奧$_1$、幽隱、幽冥、幽昏、幽密、幽荒、幽深、幽遐、幽寂、幽凝。

(11)【肅·×】→肅敬、肅靜、肅恭、肅雍、肅邕、肅明、肅穆、肅邁、肅厲、肅翼、肅警、肅震。

(12)【恭·×】→恭肅、恭敬、恭謹、恭慎、恭遜、恭懿、恭怡、恭和$_1$、恭敏、恭允、恭讓、恭慈、恭良、恭寬、恭誠、恭謙、恭虔、恭順、恭儉、恭翼、恭惟。

(13)【廉·×】→廉節、廉公、廉均、廉信、廉貞、廉潔、廉素、廉隅、廉清、廉讓、廉平、廉約、廉恕、廉正、廉明、廉恥、廉直。

(14)【悅·×】→悅雍、悅樂$_2$、悅穆、悅睦、悅懌、悅化、悅服$_1$。

(15)【禮·×】→禮範、禮則、禮憲、禮節、禮訓、禮教、禮度、禮數、禮制、禮拜、禮儀、禮樂、禮經、禮信、禮讓、禮敬。

後置活躍語素，如："暢、遠、靈、傑、潔、節、惠、慧、魂、厚、華$_2$、哲、民、老、育"等，具體如下。

(1)【×·暢】→感暢、幽暢、超暢、雅暢、閑暢、博暢、宣暢、放暢、調暢、恬暢、協暢、明暢、高暢、遠暢、簡暢、清暢、演暢、迥暢、淹暢。

(2)【×·遠】→淵遠$_1$、曠遠$_1$、遼遠$_1$、荒$_1$遠$_1$、高遠$_1$、峻遠、暢遠$_1$、峻遠$_1$、長$_1$遠$_1$、永遠$_1$、茂遠$_1$、玄$_1$遠$_1$、超遠$_1$、遐遠$_1$、淹$_1$遠$_1$、廣$_1$遠$_1$、沖$_3$遠$_1$、詳遠$_1$、久遠$_1$、弘遠$_1$、綿遠$_1$、崇遠$_1$、邃遠$_1$、虛遠$_1$、寬遠$_1$、奧$_1$遠$_1$、恢遠$_1$、通遠$_1$。

(3)【×·靈】→精靈、魂靈、神靈、英靈、亡靈、先靈、泉靈、尸$_1$靈、幽靈、祇靈。

(4)【×·傑】→英傑、髦傑、峻傑、人傑、時傑、魁傑、豪傑、名傑、雄傑。

(5)【×·潔】→清潔、冰潔、玉潔、皎潔、朗潔、高潔、明潔、廉潔、貞潔、淵潔、忠潔、光潔。

(6)【×・節】→風$_1$節、義$_2$節、大$_1$節、峻節、忠節、高節、名節、廉節、貞節、清節、亢$_2$節、挺節。

(7)【×・惠】→溫惠、慈惠、知$_2$惠、忠惠、仁惠、柔惠、清惠、機惠、聰惠、明惠、簡惠、敏惠、閒$_4$惠。

(8)【×・慧】→秀慧、慈慧、端慧、警慧、聰慧、明慧、敏慧、智慧。

(9)【×・魂】→遊魂、浮魂、靈魂、幽魂、沈魂、遺$_1$魂、孤魂、亡魂、精魂。

(10)【×・厚】→敦厚、惇厚、柔厚、純厚、仁厚、堅厚、信厚、大$_1$厚。

(11)【×・華$_2$】→英華$_2$、光華$_2$、沈華$_2$、深華$_2$、淵華$_2$、妍華$_2$、凝華$_2$、清華$_2$、貞華$_2$、端華$_2$、溫華$_2$、閒$_4$華$_2$、高華$_2$。

(12)【×・哲】→明哲、英哲、聖哲、睿哲、休哲、玄$_1$哲、懿哲、聰哲、秀哲、令哲、俊哲、儁哲、良哲、賢哲、名哲、上哲。

(13)【×・民】→畜民、山民、流民、細民、天民、野民、下民、烝民、人民、生民、萬民、兆民、黎民、庶民、小民、國民、子$_1$民、平民、居$_1$民。

(14)【×・老】→國老、元老、故老、耆$_1$老、遺$_1$老、舊老。

(15)【×・育】→長$_2$育、撫育、覆育、鞠$_1$育、慈育、訓育、敷$_1$育、煦育、孕育、養育、託育。

(三) 聯合式語素組合在現代漢語中的變化

同現代漢語相比較，漢魏晉南北朝石刻中聯合式語素組合在基本意義、詞性、詞形等方面同現代漢語已經有了差異，具體表現如下。

1. 古今基本義和詞性方面的差異。如：

【左右】現代主要指左和右兩個方面或附近、兩旁，通常用作名詞。石刻中除了有與現代漢語相同的意義外，還指身邊跟隨或伺候的人和輔佐、幫助之義，用作名詞和動詞。如：東漢《唐公房碑》："旁有真人，左右莫察，而君獨進美瓜，又從而敬禮之。"北魏《王真保墓誌》："歷代名位，左右賢王。"

【東西】現代主要泛指各種具體或抽象的事物或特指人或動物（含愛、憎感情）。通常用作名詞。石刻中也用作名詞，指方位名。東方與西方，東邊與西邊。如：南朝宋《爨龍顔碑》："歲在壬申，百六遘亹州土，擾亂東西二境，凶豎狠暴，緬成寇場。"

【消息】現代漢語主要指音信、信息，通常用作名詞。石刻中則用作動詞，指消長、增減；盛衰。如：北魏《元文墓誌》："天道消息，神理盈虛，苗而不秀，信有矣夫。"

【味道】現代漢語主要指滋味或情味、意味，通常用作名詞。石刻中則用作動詞，指體味道的哲理，體察道理之義。如：北魏《嚴震墓誌》："入則味道，出則照德。"北魏《元曄墓誌》："亹亹令問，味道儒宗。"

【文物】現代漢語只要指歷代相傳的文獻古物。石刻中則指禮樂制度之義。古今詞性未變，都是名詞。古代用文物明貴賤、製等級，故云。如：東魏《封延之墓誌》："文物威蕤，笳管蕭瑟。"東魏《元澄妃馮令華墓誌》："文物聲明，此焉獨盛。"

【經營】現代漢語主要指對工商企業等的經辦管理。石刻中則指周旋、往來之義。古今詞性未變，都用作動詞。如：東漢《耿勳碑》："陟降山谷，經營跋涉，草止露宿，捄活食餐千有餘人。"

【設備】[①] 現代漢語主要指進行某項工作或滿足某種需要的成套的建築、器物等，通常用作名詞。石刻中則用作動詞，設防。如：東漢《西狹頌》："困其事則爲設備，今不圖之，爲患無已。"

【動物】現代漢語主要指自然界中生物的一大類，與植物相對，通常用作名詞。石刻中則用作動詞，指感動或感化萬物。如：夫人早年喪父，至慕過禮，毀幾滅性，哀實動物。

【犧牲】現代漢語主要指為正義事業而捨弃生命，通常用作動詞。石刻中則用作名詞，指供祭祀用的純色全體牲畜。如：東漢《封龍山頌》："黍稷既馨，犧牲博碩。"東漢《白石神君碑》："縣出經用，備其犧牲；奉其珪璧，絜其粢盛。"

【和$_1$平】現代漢語主要指政局安定，沒有戰亂。石刻中則除了有政局安定之義外，還指溫和、和順之義。都是形容詞，古今詞性沒有變化。如：東漢《營陵置社碑》："降其多福，國家和平。"西晉《王浚妻華芳墓誌》："和平之性，情無矜假。"

---

① 劉志堅解釋"設備"一詞為"設置準備"之義。見《東漢〈碑刻〉複音詞研究》，巴蜀書社2007年版，第81頁。

【世故】現代漢語多指處事圓通而富有經驗。通常用作形容詞。石刻中則用作名詞，指世事的變故。如：北魏《慈慶墓誌》："契闊家艱，屯亶世故。"

【制服$_1$】現代漢語多指軍人、幹部、學生等穿着的有規定式樣的服裝，通常用作名詞。石刻中則用作動詞或名詞，指依社會地位的高低剪裁衣服或特指喪服。如：北魏《張孃墓誌》："至扵裁冠制服，號為國巧。"東魏《元悰墓誌》："設祭滿道，制服成羣。"

【鼓舞】現代漢語指激發，激勵。石刻中則指擊鼓跳舞。古今均為動詞。如：北齊《司馬遵業墓誌》："負青天而鼓舞，陵赤霄以騫翥。"北齊《西門豹祠堂碑》："忻殫鼓舞，□盡牢牲。"

【憲章】現代漢語指具有憲法作用的文件。通常用作名詞。石刻中則用作動詞，做法、遵從之義。如：北魏《元乂墓誌》："公斟酌三代，憲章漢晉，獨見卓然，經始用立。"北魏《嵩高靈廟碑》："俾憲章古典，詭復嶽祠，可以暉讚功美。"石刻中也有用作名詞，指典章制度。如：北魏《元遙墓誌》："憲章初革，出身爲下大夫。"

【高尚】現代漢語指崇高，與"卑鄙"相對而言。通常用作形容詞。石刻中則用作動詞，指使保持高潔之義。如：東漢《婁壽墓碑》："是以守道識真之士，高尚其事。"石刻中也有用作名詞的，指高潔的節操。如：東魏《張瓘墓誌》："性符高尚，輕蟬冕而非貴；探頤幽隱，以道義而爲尊。"

【顧問】現代漢語指有某方面專門知識，供個人、機關或團體諮詢的人。石刻中也作名詞，指供帝王諮詢的侍從之臣。如：北齊《高肅碑》："落甚不明，雖容顧問。"也有用作動詞的，指諮詢、詢問。如：北齊《李希宗妻崔氏墓誌》："披尋典記，顧問圖史，初有尚書之号，卒得博士之名。"

其他還有，如："便宜"（名詞，指有利國家、合乎時宜之事。）（東漢《國三老袁良碑》）、"感想"（動詞，指思念、想念。）（東漢《楚相孫叔敖碑》）、"歌謠"（動詞，謂歌頌。）（東魏《楊機墓誌》）、"會計"（動詞，指合計、統計。）（北周《李綸墓誌》）、"標記"（動詞，指標明。）（東漢《楚相孫叔敖碑》）、"教授"（動詞，指把知識技能傳授給學生。）（北魏《高珪墓誌》）、成就（動詞，指完成、成功。）（北魏《錡雙胡造像記》）、"圖畫"（動詞，指繪畫。）（西晉《王浚妻華芳墓誌》）、

“經緯”（動詞，指規劃治理））（東漢《乙瑛碑》）、“高大$_1$”（動詞，指使高大，增高加大。）（東漢《桐柏淮源廟碑》）、“約束”（名詞，指規章，法令）（東漢《漢侍廷里父老僤買田約束石券》）、“時節”（動詞，指合時而有節律。）（東漢《三公山碑》）、“紀傳$_1$”（動詞，指記述，傳播）（東漢《韓勑造孔廟禮器碑》）等等。

2. 語素組合的形式及形式數量的變化。

與現代漢語相比，漢魏晉南北朝石刻語素組合形式的變化主要表現於同素異序結構的不同上，有的組合，形式不同，意義也發生了相應的變化。這點我們在上面進行了詳細的論述，這裏就不再贅述。語素組合形式數量的變化主要體現在漢魏晉南北朝石刻大量的同義類聚體中。如：表“悲傷”義的同義類聚體，石刻中有“悲傷/傷悲、楚悲、悲忉、悲悼、悲惻、悲感、悲惜、悲怛、悲酸/酸悲、悲慟、悲慕、悲叫、悲嗟、悲恨、悲痛、哀摧$_1$、哀感、哀戚、哀悼、哀惻、哀閔、哀慟/慟哀、哀思、哀傷、哀忉、哀怛、酸哀、悲痛、感痛、慘痛、切痛、痛惜、痛悼、痛惻、傷痛、痛酸/酸痛、感慟、感傷/傷感、感惻、悽感、傷悼/悼傷、傷惻、傷惜、傷慟、傷愴、酸傷、瘁傷/傷瘁、追傷、切傷、慘怛、惻怛、惻愴、悼惜、慟惜、悛悼、悼楚、悼慟、悼惻、創楚、酸楚、酸慟、酸辛、號慕”等70個，沒有被《漢語大詞典》收錄的有“楚悲、悲忉、悲叫、哀忉、瘁傷/傷瘁、切傷、慟惜、悛悼、悼慟、悼惻、酸慟、慟哀”等13個。

又如：表示“遙遠（空間）”“長遠（時間）”義的同義類聚體，石刻中有：“攸$_2$遠、通遠、久遠、永遠、長$_1$遠、遐遠、荒遠、淹$_1$遠、邃遠、遼遠、曠遠、廣遠、綿遠、玄$_1$遠、恢遠、空遠、奧$_1$遠、積遠、寬遠、虛遠、邃遠、崇遠、弘遠、孤遠、獨遠、彌遠、延遠、峻遠、高遠、淵遠、光遠、遠大$_1$、淵長$_1$、淹$_1$長$_1$、久長$_1$/長$_1$久、攸長$_1$、遐長$_1$、綿長$_1$、悠長$_1$、延長$_1$、淵遐、幽遐、遐延、遐長$_1$、遐緬、遐綿、遐邈、綿邈、高邈、崇邈、悠$_4$邈、緬邈、纏邈、濬邈、沖$_4$邈、眇$_2$邈、攸$_2$邈、淵邈、久曠、永久、終久、彌久”63個。其中10個詞被《漢語大詞典》淘汰，即“寬遠、崇遠、獨遠、峻遠、淹$_1$長$_1$、淵遐、遐綿、纏邈、濬邈、攸邈”。

總的來看，與現代漢語相比較，漢魏晉南北朝石刻的語素組合表現出了承繼性和變化性。其承繼性方面體現在現代漢語聯合式語素組合的結構類型在石刻中已經基本形成，且各個結構類型的數量分佈比例也與現代漢語相差無幾，大部分組合無論在性類、意義和形式上基本與現代漢語相同，被現代漢語繼承下來而成為其詞彙的一部分。其變化性方面如出現了數量衆多的同素異序結構，一部分組合在意義、性類、形式等諸方面表現出與現代漢語不同的特徵，由於這部分組合形式是書寫者有目的地仿照現有的詞來選擇語素重組，這些重組的詞一般局限於石刻語料中，且不見於傳世文獻，所以穩定性和規範性要弱一些，生命力很小。這正從一個側面反映出漢魏晉南北朝時期確實是漢語詞彙進行定位與變革的重要時期。

第二節　漢魏晉南北朝石刻偏正式語素組合

漢魏晉南北朝石刻中的單音節語素所構成的偏正式複音詞共 11065 個，占全部複音詞總數的 47.4%，占語法造詞總數的 50.6%，下面我們從語義和內部形態結構兩方面討論這類語素組合的構成特點。

一　語義構成

我們把偏正式語素組合的中心語素叫正語素，在前面起修飾、限制作用的語素叫偏語素。從語義看，這類語素組合是由前一個語素（偏語素）的意義，制約後一個語素（正語素）的意義，從而產生一個新的概念所構成的。從兩個語素的順序看，絕大多數是正語素在後而偏語素在前，偏語素在後而正語素在前的占少數。這類語素組合的正語素，一是涉及人或物方面的意義，二是涉及動作、行為方面的意義，三是涉及性質、狀態方面的意義，四是涉及數量方面的意義。

（一）正語素的意義是有關人或事物的

從偏語素的意義修飾限制正語素意義的不同情況看，可以分為以下九種：

1. 偏語素表身份、職業或地位

充當正語素的是帶有大類名性質的，在漢魏晉南北朝石刻的偏正式語素組合中，這類正語素共計有 90 個，但主要的有“人、子$_1$、士、臣、主、王、民、師、哲、母$_1$、官、公、夫$_1$、軍、兵、君、弟$_1$、女、祖、孫、神、父$_1$、吏、婦、裔、長$_2$、英、后、將$_1$、帝、兄、兒$_1$”等 31 個。修飾語素的意義則比較寬泛，可以從身份、職業、年齡、性格、品質、性別、行爲、方位等多方面對正語素加以修飾、限制。

【×·人】“人”是其中構詞能力最强的正語素，在石刻中共構成98個表示某類人的偏正式複合詞。如：

婦人　女質□婦人，性粋貞固。(北魏《王遺女墓誌》)

宮人　賜祕噐、衣服，使宮人女監宋端臨親終殯。(西晉《徐義墓誌》)

工人　即命工人，重爲鐫誌更揔七名長懸同。(北齊《夫子廟碑》)

家人　五訓俱備，禮染家人。(北魏《元壽妃麴氏墓誌》)

商人　工女停機，商人罷市。(東魏《元悰墓誌》)

美人　美人設作虛辭，皇后得棄離。(西晉《徐義墓誌》)

伶人　每挹伶人之漿，时停酒母之騎。(北周《華嶽廟碑》)

邑人　邑人誠感，誰不詠讚。(北齊《吳洛族造像記》)

貞人　前漢逸士，河內貞人。(北齊《隴東王感孝頌》)

真人　玄哉大業，遯矣真人。(北齊《義慈惠石柱頌》)

西人　遏矣西人，憑險迎命。(東漢《張遷碑》)(指春秋時指周都鎬京人)

丈人　顯晦唯丈人之迹，語嘿蓋君子之道。(北齊《報德像碑》)

故人　春陵故人，相知唯厚。(北周《豆盧恩墓碑》)

舟人　車乘斯菜，舟人載竚。(東魏《李希宗墓誌銘》)

詩人　三臣逝矣，詩人咸哀。(北魏《青州刺史元湛墓誌》)

【×·子$_1$】“子$_1$”有68個。如：

男子$_1$　九江男子浩宗以□□，客死豫章。(三國吳《浩宗買地券》)

遊子$_1$　使遊子歸衢，輕車迅駕，炎宅止熿。(東魏《朱永隆等七十人造像銘》)

幼子$_1$　幼子□□，覆育之恩靡托。(東魏《邑主造石像碑》)

元子$_1$　衛大将軍、蔄王梁之元子。(北魏《元緒墓誌》)(指天子和諸侯的嫡長子)

宗子$_1$　而宗子離心，金龜兆亹，國動漁陽之騎，府出渡遼之師。(北齊《劉悅墓誌》)

天子$_1$　天子悲深操玉，平民戀甚捐珠。(北齊《司馬遵業墓誌》)

其他還有，如季子$_1$(東漢《劉熊碑》)、世子$_1$(西晉《王浚妻華芳墓誌》)、小子$_1$(北魏《孫遼浮圖銘記》)、皇子$_1$(北魏《邑義信士女等五十四人造像記》)、胤子$_1$（前秦《張産碑》)、孤子$_1$（東漢《薌他君祠堂畫像題記》)、大$_2$子$_1$（東漢《薌他君祠堂畫像題記》)、君子$_1$（東漢《石門頌》)、長$_2$子$_1$（西漢《群臣上醻刻石》)、孝子$_1$（東漢《張文思爲父造石闕題記》)、嗣子$_1$（西晉《孫氏碑》)、公子$_1$（東漢《武氏左石室畫像題字》)、才子$_1$（南朝宋《爨龍顏碑》)、王子$_1$（北魏《元誘墓誌》)、赤子$_1$（東漢《耿勳碑》)、棄子$_1$（東魏《公孫略墓誌》）等。

【×·士】“士”共54個。如：

介士　備車徒、介士，隨命秩所應具三府之儀。(西晉《王浚妻華芳墓誌》)（指武士）

雅士　雍容雅士，若孤鵠沖天，綺結□紅，似羣龍集主者。(北齊《潘景暉等造像記》)

彥士　福善徒唱，殲此彥士。(北魏《王绍墓誌》)（指贤人，才士。)

逸士　前漢逸士，河內貞人。(北齊《隴東王感孝頌》)（节行高逸之士）

勇士　勇士失□戟之氣，猛徒喪排鋒之幹。(北魏《尹祥墓誌》)

軍士　今邊儲載衍，軍士充仍者，君有力焉。(北魏《楊舒墓誌銘》)

力士　金剛力士，在戶之傍。(北齊《阿鹿交村七十人造像記》)

國士　雅素清逸，率有國士之風，器度閑閏，義當吐納之遠。北齊《義慈惠石柱頌》)

其他還有，如佳士（北齊《逢哲墓誌》)、術士（東漢《子游殘碑》)、庶士（北魏《王翊墓誌》)、卿士（東漢《史晨前碑》)、隱士（東漢《三公山碑》)、凡士（三國魏《上尊號碑》)、義$_1$士（東漢《魯峻墓碑》、處士（東漢《婁壽墓碑》)、髦士（東漢《白石神君碑》)、大$_1$士（北涼《沮渠安周造像記》)、素士（北魏《張正子為亡父母合葬立鎮墓石》)、達士（北魏《侯太妃自造像記》)、道士（北魏《嵩高靈廟碑》)、哲士（北魏《胡顯明墓誌》)、居$_1$士（東魏《凝禪寺三級浮圖碑》)、俊士（北魏《席盛墓誌》）等。

【×·臣】“臣”有37個。如：

家臣　家臣外□，自非吉凶弔慶，動迳歲序，莫覿其面。(北魏《侯剛墓誌》)

名臣　嗟乎此地，蘊我名臣。(北魏《元子正墓誌》)

謀臣　以茲淑美，方作謀臣。（北齊《李君穎墓誌》）

虎臣　虎臣一闞，伏屍百萬。（北齊《□道明墓誌》）

具臣　是稱良佐，斯謂具臣。（北魏《穆紹墓誌》）（指備位充數之臣）

貴臣　外家貴臣，舊難為治。（東魏《李憲墓誌》）

其他還有，如宗臣（北魏《元繼墓誌》）、人臣（北魏《元肅墓誌》）、賢臣（北周《拓跋虎墓誌》）、近臣（北周《鄭術墓誌》）、史臣（北魏《任城王妃李氏墓誌》）、奸臣（北魏《元熙墓誌》）、名臣（東漢《楊淮表紀》）、家臣（東漢《何饋畫像石題字》）等。

【×·主】"主"有36個。如：

公主　夫人元氏，東陽公主，汝陰王女。（北魏《于景墓誌》）

塔主　施像石塔主傅洪達，像屋主叔仁。（北周《僧淵造像記》）

戍主　夫驥，琅耶戍主。（北魏《崔猷墓誌銘》）

明主　父芳，太常、文貞公，碩學博通，受遇明主。（東魏《李挺妻劉幼妃墓誌》）

人主　千秋陳父子之道，人主革心；延年議社稷之計，忠臣定策。（北周《田弘墓誌》）

還有其他，如聖主（東漢《三公山碑》）、夫$_1$主（西晉《徐君妻管洛墓碑》）、王主（東漢《王子移葬誌》）、帝主（南朝齊《釋玄嵩造像記》）、像主（北魏《孫寶憘造像記》）、邑主（北魏《光州靈山寺塔下銘》）、國主（北魏《吐谷渾璣墓誌》）等。

"戍主"，古代駐守一地的長官；"夫$_1$主"，指女子的配偶；"邑主"指縣邑的長官。

【×·王】"王"有32個。如：

先王　自上祖先王以来，墓上不安石碑，到使守墓人烟戶差錯。（東晉《高句麗好太王碑》）

賢王　必復其始，復挺賢王。（東魏《元暐墓誌》）

宗王　合巹宗王，同心異體。（北魏《元融妃穆氏墓誌》）

帝王　帝王有終，不可追還。（東漢《薌他君祠堂畫像題記》）

其他還有，如國王（東漢《曹全碑》）、君王（東漢《徐州從事墓誌》）、令王（東漢《鮮于璜墓碑》）、哲王（東漢《白石神君碑》）、素王（東漢《孔羨碑》）、水王（北齊《赫連子悅墓誌》）、醫王（北齊《臨淮王像碑》)、鬼王（東魏《道寶碑記》)、玄$_1$王（東魏《李仲琁修孔廟碑》）等。

“令王”，賢明的君子；“玄$_1$王”，指商代的始祖契；“素王”，指上古帝王或具有帝位之德而未居帝王之位者。

【×·民】“民”有32個。如

野民　山夫狼戾，野民掘強。（北周《獨孤藏墓誌》）（掘，通“倔”）

居$_1$民　襄城則不傷噍類，高壁則不動居民。（北周《田弘墓誌》）

天民　人倫師表，必實周行；天民無告，用縻好爵。（北齊《徐之才墓誌》）

山民　淵客投干，山民佇貺。（北魏《元英墓誌》）

庶民　庶民子来，縶維同嚮。（東晉《爨寶子碑》）

夷民　延興中，泾圡夷民一万餘家，詣京申訴，請君爲統酋。（北魏《皇甫驎墓誌》）

平民　天子悲深操玉，平民戀甚捐珠。（北齊《司馬遵業墓誌》）

其他還有，如僞民（東魏《楊機墓誌》)、細民（北魏《元顥墓誌》)、流民（北魏《邸元明碑》)、小民（北魏《元英墓誌》)、子$_1$民（北魏《高珪墓誌》)、遠民（北魏《李頤墓誌》)、國民（北魏《辛祥墓誌》)、部民（北魏《奚真墓誌》)、道民（南朝宋《歐陽景熙買地券》)、舊民（東晉《高勾麗好太王碑》)、逸民（東漢《衡方墓碑》)、邊民（東漢《衡方墓碑》)、嗇民（東漢《鮮于璜墓碑》）（嗇，通“穡”）等。

【×·師】“師”有26個。如：

禪師　定州定國寺禪師僧□，身重□珠，心倫堅石。（北齊《高叡修定國寺塔銘碑》）

大$_2$師　當時三公，終莫能用，乃退考五代之禮，脩素王之事，因魯史而制《春秋》，就大師而正《雅》《頌》。（東漢《孔羨碑》）

王師　諸夏震盪，王師雲集。（三國魏《王基斷碑》）

仙師　上為皇帝陛下，下為七世父母，所生父母，曆劫仙師，因緣眷屬，龍華三會，願在初首，所願如是。（北魏《師緣生造像記》）

其他還有，如先師（東漢《史晨前碑》)、法師（北涼《沮渠安周造像記》)、天師（北魏《嵩高靈廟碑》)、太師（北魏《元誘妻馮氏墓誌》)、國師（東漢《譙敏碑》)、本師（東晉《筆陣圖》)、女師（北魏

《孟元華墓誌》）、門師（北魏《馮神育造像碑》）等。

【×·哲】“哲”有24個。如：

良哲　天不報善，殲茲良哲，年六十八，終於大魏金墉宮。（北魏《王僧男墓誌》）

上哲　我馮上哲，振墜匡頹。（北魏《元延明墓誌》）

名哲　天不吊善，殲此名哲。（北魏《劉賢墓誌》）

其他還有，如賢哲（北魏《李頤墓誌》）、儁哲（北魏《楊舒墓誌銘》）、時哲（北魏《鄭羲下碑》）、往哲（北魏《石門銘》）、聖哲（北魏《嵩高靈廟碑》）、英哲（北魏《張宜墓誌》）等。

【×·母$_1$】“母$_1$”有23個。如：

繼母$_1$　遭繼母憂解任，居喪踰，蒙著里名為孝親里。（北魏《寇治墓誌》）

祖母$_1$　祖母潁川庾氏，諱女淑。（東晉《謝溫墓誌》）

叔母$_1$　縱叔母之勑士安，安義姑之念猶子，以古方今，攸有慙德。（北齊《薛懷儁妻皇甫豔墓誌地》）

從$_1$母$_1$　錫以從母之名，仍加長君之號。（北齊《竇泰妻婁黑女墓誌》）

其他還有，如君母$_1$（北魏《李暉儀墓誌》）、文母$_1$（西晉《孫氏碑》）傅$_1$母$_1$（西晉《孫氏碑》）、乳母$_1$（西晉《徐義墓誌》）、前母$_1$（東漢《武梁祠堂畫像題字》）、後母$_1$（東漢《武梁祠堂畫像題字》）、慈母$_1$（西晉《徐義墓誌》）、物母$_1$（東漢《三公山碑》）等。

上述例中，文母$_1$，指文德之母；物母$_1$，指萬物的本源。

【×·官】“官”有23個。如：

縣$_2$官　彼地帶嶮岨，山胡寇亂，前後縣官，未能遮遏。（北魏《李謀墓誌》）

重$_1$官　重官遂積，好爵方収。（北魏《元仙墓誌》）

能官　勳彰水鏡，績懋能官。（北魏《元暉墓誌》）

世官　世官命氏，備於史冊，不足詳論。（北魏《李遵墓誌》）

士官仰爲皇帝陛下、皇太后、中宫眷属、士官僚庶、法界有形，敬造三級塼佛啚一區。（北魏《劉根四十一人等造像記》）

其他還有，如尊官（東魏《蕭正表墓銘》）、庶官（北魏《元英墓誌》）、本官（北魏《元緒墓誌》）、高官（北魏《龐雙造像記》）等。

【×·夫$_1$】"夫$_1$" 有22個。如：

穡夫$_1$　故有靈臺嗇夫，魚師衛仕，驛憲蚌魚，服之延壽。（東漢《成陽靈臺碑》）

凡夫$_1$　八□成道，似同凡夫。（北齊《韓永義造像記》）

亢夫$_1$　憐惜亢夫，何晏之功。（三國魏《何晏磚誌》）

曠夫$_1$　罷戍役，焚丹書，囹圄虛靜，外無曠夫。（東漢《受禪表》）

其他還有，如丈夫$_1$（北齊《報德像碑》）、姊夫$_1$（北魏《薛鳳規造像碑》）、行$_1$夫$_1$（西晉《成晃墓碑》）、壯夫$_1$（北齊《封子繪墓誌》）、女夫$_1$（北魏《魏文朗造像碑》）、皇夫$_1$（西晉《賈充妻郭槐柩記》）、仁夫$_1$（西晉《徐義墓誌》）等。

上述例中，"亢夫$_1$"，等於說棟梁之材；"曠夫$_1$"，无妻的成年男子。"行$_1$夫$_1$" 指士兵；"女夫$_1$"，指女婿；"皇夫$_1$"，對丈夫的尊稱；"元夫$_1$"，指善士。

【×·君】"君" 有20個。如：

嗣君　嗣君明叡，見機不待，南運圖溟，東流歸海。（北齊《赫連子悅墓誌》）

府君　晉故明威將軍南鄉太守郛府君侯之碑。（西晉《郛休碑》）

少君　由是有少君退讓之風，無長　嬌奢之患。（北魏《高貞碑》）

神君　惟中嶽大室，崇高神君。（東漢《太室石闕銘》）

其他還有，如大$_1$君（東漢《孔彪墓碑》）、國君（東漢《三公山碑》）、邦君（東漢《受禪表》）、使君（東漢《譙敏碑》）、小君（西晉《王浚妻華芳墓誌》）、真君（北魏《嵩高靈廟碑》）、先君（北魏《皇甫驎墓誌》）、夫$_1$君（北魏《皮演墓誌》）、東君（北齊《報德像碑》）、人君（北齊《和紹隆墓誌》）等。

"嗣君"，指继位的国君；"少君"，周代称诸侯之妻。

【×·弟$_1$】"弟" 有20個。如：

從$_1$弟$_1$　公諱建，字與國，勃海條縣人，神武皇帝之從弟。（北齊《高建妻王氏墓誌》）

母$_1$弟$_1$　五世祖第八皇子，諱受久，獻明皇帝之母弟。（北魏《元侔墓誌》）

元弟$_1$　高祖孝文皇帝沙汰人物，銓衡四海，太尉咸陽王，天子之元弟也。（北魏《穆循墓誌》）

族弟$_1$　太宗明元皇帝玄孫之子，高祖孝文皇帝之族弟。（北魏《元恩墓誌》）

其他還有，如皇弟$_1$（北齊《高叡修定國寺塔銘碑》）、次弟$_1$（東漢《武榮墓碑》）、小弟$_1$（東漢《許卒史安國祠堂碑》）、季弟$_1$（東漢《武氏石闕銘》）、男弟$_1$（東漢《文叔陽食堂畫像石題記》）、女弟$_1$（東漢《文叔陽食堂畫像石題記》）等。

"從$_1$弟$_1$"，指堂弟；"母$_1$弟$_1$"，指同母之弟，别于庶弟；"男弟$_1$"，指弟弟；"女弟$_1$"，指妹妹。

【×·女】"女"有19個。如：

淑女　高門何有，素論攸歸，鍾美奚□，淑女嗣徽。（東魏《元子邃妻李艷華墓誌》）

元女　司空容城成侯之十一世孫，録事府君之元女。（北魏《盧令媛墓誌》）

長$_2$女　夫人叱羅氏，□曹尚書、使持節、散騎常侍、安東將軍、都督兖州諸軍事、兖州刺史，帶方靜公興之長女也。（北魏《元侔墓誌》）

節女　俱深節女之悲。（北周《步六孤須蜜多墓誌》）

孫女　夫人同郡孫荀公，後夫人高密孫女□。（南朝齊《劉岱墓誌》）

【×·祖】"祖"有18個。如：

外祖　外祖翼，車騎将军、楊州刺史。（東晉《謝球墓誌》）

遠祖　其遠祖之在幽都，常從聖朝，立功累葉。（北魏《元弘嬪侯氏墓誌》）

曾$_1$祖　曾祖爽，字子明，山陰令。（南朝齊《劉岱墓誌》）

聖祖　聖祖禮納，寓之玫字。（北魏《元濬妻于仙姬墓誌》）

其他還有，如太祖（東漢《司馬芳殘碑》）、烈祖（東漢《衡方墓碑》）、宗祖（北魏《孟元華墓誌》）、鼻祖（北魏《楊昱墓誌》）、高祖（東漢《三老諱字忌日記》）、上祖（東晉《高勾麗好太王碑》）、始祖（東晉《高勾麗好太王碑》）等。

【×·孫】"孫"有18個。如：

皇孫　言歸帝門，剋儷皇孫。（北魏《元斑妻穆玉容墓誌》）

外孫　冀齊二州刺史、燕郡康公，昌黎韓麒麟之外孫。（北魏《元願平妻王氏墓誌》）

末孫　敬曉末孫，冀副祖德焉。（東漢《三老諱字忌日記》）

順孫　孝子與順孫蘗秀，節妻共義士相望。(北齊《臨淮王像碑》)

其他還有，如嗣孫（南朝宋《爨龍顔碑》)、玄$_1$孫（南朝宋《爨龍顔碑》)、曾$_1$孫（東漢《孟琁殘碑》)、裔孫（西晉《呂望表》)、元孫（東漢《楊淮表紀》）等。

【×・神】“神”有17個。如：

門神　須達之倒假，門神而悟。(北魏《劉根四十一人等造像記》)

上神　□是上神降臨，授以九州真師。(北魏《嵩高靈廟碑》)

真神　造天宮之靜輪，俟真神之降儀。(北魏《嵩高靈廟碑》)

其他還有，如上神（北魏《嵩高靈廟碑》)、土神（南朝齊《劉顗買地券》)、民神（東漢《受禪表》)、威神（北齊《舜禪師造像記》）等。

【×・公】“公”有16個。如：

祖公　爲亡祖公、亡祖母許造塼浮啚一軀。(東魏《朱舍捨宅造寺記》)

相$_1$公　妖寇作逆，蝟聚咸陽，相公亦日親乞征討。(東魏《張滿墓誌》)

府公　尒時大軍見府公薨背，人懷異望。(北周《強獨樂造像記》)

明公　明公降靈，惟德□輔。(東漢《三公山碑》)

其他還有，如上公（東漢《受禪表》)、先公（西晉《王浚妻華芳墓誌》)、大$_2$公（西晉《呂望表》)、名公（東魏《間伯昇及妻元仲英墓誌》)、廉公（東魏《司馬興龍墓誌銘》)、王公（東魏《蕭正表墓銘》）等。

【×・父$_1$】“父$_1$”有15個。如：

慈父$_1$　于時大小撫膺，如失慈父。(北魏《元壽安墓誌》)

叔父$_1$　顯祖獻文皇帝之孫，高祖孝文皇帝之第四子，世宗宣武皇帝之母弟，皇上之叔父也。(北魏《元懷墓誌》)

嚴父$_1$　教化猛於嚴父，□覆誕於春陽。(西晉《徐義墓誌》)

其他還有，如家父$_1$（東漢《薌他君祠堂畫像題記》)、君父$_1$（北齊《元良墓誌》)、伯$_1$父$_1$（西晉《王浚妻華芳墓誌》)、人父$_1$（東漢《浚縣畫像石題記》)、季父$_1$（北魏《李蕤墓誌》)、祖父$_1$（東漢《曹全碑》）等。

【×・軍】“軍”有16個。如：

大$_1$軍　正始三年，秦泾叛逆，大軍征討。(北魏《皇甫驎墓誌》)

水軍　以六年丙申，王躬率水軍，討伐殘國。（東晉《高勾麗好太王碑》）

援軍　時援軍稽緩，士無固志。（北魏《廣平侯楊濟墓誌》）

其他還有，如左軍（北魏《長孫瑱墓誌》）、中軍（北魏《李璧墓誌》）、右軍（北魏《元龍墓誌》）、官軍（東晉《高勾麗好太王碑》）、後軍（南朝梁《蕭敷墓誌》）、將$_1$軍（東漢《賈武仲妻馬姜墓記》）、全軍（北周《田弘墓誌》）等。

【×·兵】“兵”有15個。如：

步兵　弱冠，除步兵校尉直後。《元朗墓誌》

亂兵　以武泰元年，四月十三日奉迎鑾蹕於河渚，忽逢亂兵暴起，玉石同焚，年廿三而薨逝。《元彝墓誌》

戍兵　安羅人戍兵，拔新羅城、鹽城。《高勾麗好太王碑》

其他還有，如天兵（北齊《高肅碑》）、救兵（北齊《徐顯秀墓誌》）、奇兵（北齊《韓裔墓誌》）、騎兵（北魏《山公寺碑頌》）等。

【×·吏】“吏”有13個。如：

故吏　門生故吏等恐文昭武烈，與春萼而供消。（北齊《庫狄廻洛墓誌銘》）

姦吏　問政下車，姦吏屏其跡。（東魏《蕭正表墓誌》）

汙吏　豪右舍周旋而孤逃，汙吏投印佩而獨竄。（北魏《元瞻墓誌》）

幹吏　幹吏任升，幹吏毛祀，小吏揚利，威儀王□。（東晉《爨寶子碑》）

良吏　息伯宗，本郡良吏。（南朝宋《宋乞墓誌》）

騎吏　故騎吏劇昝麟，字敬石。（東漢《景君碑》）

其他還有，如長$_2$吏（東漢《史晨前碑》）、小吏（東漢《張遷碑》）、賢吏（北齊《高淯墓誌》）、天吏（東漢《楊統碑》）、猾吏（北周《田弘墓誌》）、貪吏（東漢《耿勳碑》）、佐吏（北齊《封子繪墓誌》）等。

“幹吏”：古代指一種地位低下的官吏，亦泛指負責具體事物的或辦事老練的官吏。

【×·婦】“婦”有12個。如：

織婦　行路撫涕，織婦喑咽。（東漢《巴郡朐忍令景雲碑》）

新婦　已新婦前產二子，長名嬰齊，次名黃元，皆年二歲，不育。（西晉《孫松女墓誌》）

節婦　義夫節婦，詔令所行。（北齊《雋敬碑》）

命婦　晉前尚書郎北地傅宣故命婦，秦國士孫松，字世蘭，翊軍府君之女。（西晉《孫松女墓誌》）

其他還有，如孝婦（北周《步六孤須蜜多墓誌》）、哲婦（北魏《馮邕之妻元氏墓誌》）、義$_1$婦（東漢《武氏前石室畫像題字》）、宗婦（北魏《馮邕之妻元氏墓誌》）、姪婦（北周《李元海造像記》）等。

【×·裔】“裔”有12個。如：

遐裔　其先盖隆周之遐裔。（東魏《王偃墓誌》）

江裔　文告江裔，爲百姓請命。（東漢《臨辟雍碑》）

其他還有，如胤裔（北魏《廣平侯楊濟墓誌》）、枝裔（北魏《王悦及妻郭氏墓誌》）、江裔（東漢《臨辟雍碑》）、黄裔（東漢《受禪表》）、赤裔（東漢《成陽靈臺碑》）等。

【×·英】“英”有12個。如：

羣英　鴻漸衡門，羣英雲集。（東漢《楊震墓碑》）

時英　建武元年，□□初闢，妙選時英，除太子舍人，頃轉冠軍鎮軍車騎三府參軍，署外□。（南朝梁《蕭融墓誌》）

人英　棟梁世則，羽翼人英。（南朝梁《蕭憺碑》）

其他還有，如宗英（北魏《元緦墓誌》）、才英（北魏《高道悦墓誌》）、雄英（北魏《皮演墓誌》）、朝$_2$英（北魏《元璨墓誌》）等。

【×·長$_2$】“長$_2$”有12個。如：

令$_1$長$_2$　牧守令長，以德導民。（北魏《姚伯多兄弟造像碑》）

酋長$_2$　祖俟万斤，第一品大酋長。（北魏《元弘嬪侯氏墓誌》）

守長$_2$　青州從事，北海高密孫仲隱。故主薄、督郵、五官掾、功曹、守長，年卅。（東漢《孫仲隱墓誌》）

其他還有，如亭長$_2$（東漢《宋伯望買田記》）、縣$_2$長$_2$（東漢《太室石闕銘》）、伍長$_2$（東漢《張景碑》）、兄長$_2$（東漢《□臨爲父通作封記》）

【×·后】“后”有11個。如：

皇后　夫人馬姜，伏波將軍新息忠成侯之女，明德皇后之姊也。（東漢《賈武仲妻馬姜墓記》）

太后　願以此福，上為皇帝陛下，太皇太后、皇子，德合乹坤，威踰轉輪。（北魏《邑義信士女等五十四人造像記》）

母$_1$后　是日母后臨朝，匡弼四海。（北魏《元昭墓誌》）

其他還有，如姑$_1$后（北魏《元恪嬪李氏墓誌》）、聖后（北魏《元懌墓誌》）、叡后（北魏《元乂墓誌》）、女后（東魏《敬顯儁碑》）等。

"姑$_1$后"指皇后。

【×·將$_1$】"將$_1$"有10個。如：

戎將$_1$　詮授文品，量敘戎將，得者無言荷恩，役者亦無怨色。（北周《賀蘭祥墓誌》）

別將$_1$　又監別將田益宗軍事，破僞鈞城而還，俘虜二千，收甲萬計。（北魏《楊舒墓誌銘》）

次將$_1$　及受委天淵，推轂閫外，恒為次將，常居麾下。（北齊《薛懷儁墓誌》）

部將$_1$　凡厥部將，多離其禍。（北齊《司馬遵業墓誌》）

其他還有，如幕將$_1$（北魏《元誕業墓誌》）、上將$_1$（北周《豆盧恩墓碑》）、猛將$_1$（北魏《嚴震墓誌》）、名將$_1$（東漢《趙寬墓碑》）、虎將$_1$（東漢《景君碑》）、大$_1$將$_1$（北魏《元過仁墓誌》）。

【×·帝】"帝"有8個。如：

先帝　皇上追先帝之遺□，粵茲三龜，協從吉兆，以神龜二年祔高祖長□之右（北魏《文昭皇后高照容墓誌》）

皇帝　維黃初元年冬十月辛未，皇帝受禪于漢氏。（東漢《受禪表》）

天帝　若有爭地，當詣天；若有爭宅，當詣土伯。如天帝律令。（三國吳《陳重莫府山下買地券》）

其他還有，如聖帝（西魏《平等寺碑》）、先帝（西晉《孫氏碑》）、大$_1$帝（東漢《劉熊碑》）、上帝（東漢《武斑碑》）等。

【×·兄】"兄"有7個。如：

元兄　奉我元兄，脩孝罔極。（東漢《鄭固墓碑》）

小兄　唯老母小兄為居，家貧守約，祿養未至，敬造奉迎，旦夕歸安。（西晉《王浚妻華芳墓誌》）

長$_2$兄　長兄寧民，早卒。夫人平原劉氏，父季略，濟北太守。（南朝宋《明曇憘墓誌》）

其他還有，如次兄（南朝梁《蕭敷墓誌》）、仲兄（北齊《鄭述祖重登雲峰山記》）、母$_1$兄（北齊《堯峻墓誌》）、從$_1$兄（東漢《楊著墓碑》）等。

【×・兒$_1$】"兒$_1$" 有6個。如：

從$_1$兒$_1$　下有流水多魚者，從兒刺舟渡諸母。（東漢《山東蒼山元嘉畫象石墓題記》）

嬰兒$_1$　嬰兒之態，令親有驩。（東漢《武梁祠堂畫像題字》）

孩兒$_1$　其孝也，有口孩兒。其信也，無欺童子。（東魏《元韶及妻侯氏合葬誌》）

其他還有，如雄兒$_1$（北齊《徐徹墓誌》）、大$_1$兒$_1$（北齊《義慈惠石柱頌》）、小兒$_1$（北齊《都邑師道興造像記並治疾方》）等。

其他，黎庶（東漢《桐柏淮源廟碑》）、幼丁$_2$（北齊《薛懷儁妻皇甫豔墓誌》）、山老（北齊《徐徹墓誌》）、皇考（西晉《司馬馗妻王氏墓誌》）、考妣（東漢《鄭固墓碑》）、元舅（北魏《高猛墓誌》）、季叔（北魏《元纂墓誌》）、土伯$_1$（東漢《陳重莫府山下買地券》）、季妹（北魏《司馬景和妻孟敬訓墓誌銘》）、羣娣（北魏《元氏妻趙光墓誌》）、元姊（北魏《韓賄妻高氏墓誌銘》）王妃（北魏《任城王妃李氏墓誌》）、先姑$_1$（東魏《祖子碩妻元阿耶墓誌》）、"從$_1$姑$_2$"（北魏《元祐妃常季繁墓誌》）、傅$_1$姆（北魏《王遺女墓誌》）、寡妻（西晉《孫氏碑》）、僕妾（北魏《楊穎墓誌》）、淑媛（西晉《王浚妻華芳墓誌》）、門姪（北魏《賈思伯碑》）、外甥（趙氾墓表》）、元昆（南朝梁《蕭融墓誌》）、嬰孩（西晉《徐義墓誌》）、神僮（三國五《禪國山碑》）、童孺（北魏《崔敬邕墓誌》）、孩孤（北周《拓跋虎妻尉遲將男墓誌》）、庶男（南朝齊《劉岱墓誌》）、門友（南朝宋《爨龍顏碑》）、戍卒（北魏《元彧墓誌》）、女奴（北齊《□莫陳洞室墓碑》）、戎徒（北齊《吳遷墓誌》）、土仙（東漢《肥致墓碑》）、山妖（東魏《公孫略墓誌》）、東君（北齊《報德像碑》）、門生（北魏《楊穎墓誌》）、名家（北齊《庫狄廻洛妾尉氏墓誌銘》）、遊客（東魏《公孫略墓誌銘》）、軍副（北魏《山公寺碑頌》）、女郎（東晉《高勾麗好太王碑》）、君侯（西晉《郛休碑》）、鄉黨（東漢《景君碑》）、公使（北魏《鄭羲下碑》）、師傅$_1$（北魏《元願平妻王氏墓誌》）、師僧（北魏《王神虎造像記》）、傅$_1$姆（北魏《王遺女墓誌》）、巧匠（東魏《嵩陽寺碑》）、食工（北魏《元斑墓誌》）、人皇（北齊《高叡修定國寺塔銘碑》）、皇上（東漢《賈武仲妻馬姜墓記》）等。

上述例中，"先姑$_1$"，稱丈夫的亡母；"從$_1$姑$_2$"，指父親的叔伯姐妹；"茂親"，古時多指皇室宗親。"茂"，言其美盛。此義在石刻中共出現7次。

2. 偏語素表狀貌、質地

正語素多表示一些具體事物，偏語素則以顏色、形狀、質地、樣態等特徵對其加以修飾和限定。如：

赤羽　及天鏡且移，人謀忽改，白囊日警，赤羽交馳。（北魏《元徽墓誌》）

紅粟　紅粟万鍾，田畜車轝，靡不必備。（東魏《蕭正表墓誌》）

青衿　于時國庠創改，黜陟唯明，清衿之選，寔鍾秀彥。（北魏《李遵墓誌》）

紫烟　望紫烟以騰驤，陵清風而騫翥。（北魏《元悌墓誌》）

圓蓋　溝溜霤雙泉，四殖甘菓，柳裹長條，松擎圓蓋。（東魏《嵩陽寺碑》）

藜杖　於是年及期頤，反服閭閈，荷冠藜杖，對酒鳴絃。（北齊《劉雙仁墓誌》）

牛毛　伏膺道術，始學牛毛，於我法門，事均驢乳。（北齊《高叡修定國寺塔銘碑》）

飛煙　然則六龍交襄（下闕）飛煙。（北齊《等慈寺殘造塔銘》）

逸步　方履台堦，缉袞闕，而与善希微，輔仁綿邈，逸步未□，康□已盡。（東魏《崔鸖墓誌》）

落日　雲承落日，松昏朝霧。（北齊《薛廣墓誌》）

其他還有，如朱燈（北魏《元睿墓誌》）、紺色（北齊《義慈惠石柱頌》）、黑紼（東漢《繆宇墓誌》）、緗績（北魏《于纂墓誌》）、縹帛（北魏《元斑妻穆玉容墓誌》）、緇徒（北魏《元乂墓誌》）、素縞（東漢《平輿令薛君碑》）、黃殿（東漢《成陽靈臺碑》）、玄$_1$猿（東漢《許卒史安國祠堂碑》）、黔民（東漢《堂邑令費鳳碑》）、大$_1$席（東漢《無極山碑》）、小豆（北齊《都邑師道興造像記並治疾方》）、草廬（東魏《元賥墓誌》）、土席（東魏《元賥墓誌》）、銀甕（東漢《武氏石室祥瑞圖題字》）、石碑（東漢《王孝淵墓銘》）、木牛（北魏《石門銘》）、石羊（東漢《劉氏塚鎮墓石羊題字》）、馬革（北齊《竇泰墓誌》）、金馬（北魏《韋彧墓誌》）、井田（東漢《武梁祠堂畫像題字》）、火星（東漢《耿勳碑》）、蓬首（東漢《堂邑令費鳳碑》）、流沙（東漢《臨辟雍碑》）、拱木（北魏《馮邕之妻元氏墓誌》）等。

3. 偏語素表性質、用途

正語素表示的意義比較寬泛，有具體的事物，如動物、植物、器物、用具或少數的人；也有表抽象事物，如福、禍、德、譽、質、稱、量、言、行$_1$、義$_1$、孝、才、名、聲等；偏語素則取其性質或用途特徵來對其修飾、限制。如：

羝羊　羝羊觸藩，九齡能對。（北周《豆盧恩碑》）

酷禍　誰謂酷禍，儵忽遽臻。（北齊《袁月璣墓誌》）

貞蘭　如何不熟，貞蘭摧春。（北魏《劉阿素墓誌》）

寒松　風搖宿草，霧藹寒松。（北魏《元誘墓誌》）

長$_1$夜　長夜方昏，泉門詎曉。（北魏《楊泰墓誌銘》）

令$_2$德　令德高譽，遺愛日新。（東漢《鮮于璜墓碑》）

高譽　令德高譽，遺愛日新。（東漢《鮮于璜墓碑》）

淑質　夫人少有淑質，純靜不□。（西晉《孫氏碑》）

賢妻　桂陽之賢妻，空驚里火。（北周《步六孤須蜜多墓誌》）

懋質　懋質嚴嚴，芳儀抑抑。（北齊《元始宗墓誌銘》）

惡$_1$言　故曰吾有由也，惡言不聞於耳。（東魏《李仲琁修孔廟碑》）

悲歌　窀穸有期，卜遠云及，酸鐸悲歌，送歸原隰。（北魏《元繼墓誌》）

雅量　雅量淵澄，嚚□罕世，六德含和，柔剛兩蹈。（北魏《元廣墓誌》）

這類偏正式複合詞數量較多，且修飾語素多為形容詞性語素，如“雅”“休”“寒”“長$_1$”“賢”“大$_1$”“小”“良”“令$_2$”“美”“妙”“神”“盛$_2$”“淑”“英”“靈”“幽”“貞”“懋”等，都是構詞頻率很高的語素。

其他還有，如靈鵬（北魏《弔比干文》）、猛虎（北魏《元冏墓誌》）、勁竹（北齊《范粹墓誌》）、寒門（北魏《弔比干文》）、烋譽（北魏《寇臻墓誌》）、華$_2$名（北魏《楊氏墓誌》）、盛$_2$烈（北魏《元子直墓誌》）、芳聲（北魏《封昕墓誌》）、英人（北齊《崔昂夫人盧脩娥墓誌》）、異人（北魏《陶浚墓誌》）。

4. 偏語素表數量的大小

偏語素為數詞或量詞，正語素則為可以計數的事物。如：

一物　一物不諧，則肬贅以生；庶事不康，則風火以敗。（北魏《元

萇溫泉頌》)

二氣　二氣交祥，載生哲人。(北魏《長孫瑱墓誌》)

三靈　神歆感射，三靈合化，品物流形。(東漢《封龍山頌》)

四海　雖誕敷神武，光被四海，流風邁化，惠懷黎元。(西晉《臨辟雍碑》)

五常　明奉天地，布序五常。(北魏《嵩高靈廟碑》)

六戎　少烈，才過崇謀，自敢駈率六戎。(南朝梁《程虔墓誌》)

七經　綢繆七經，騫騫□躬。(南朝宋《爨龍顔碑》)

八陳$_2$　四術六書之業，覽自弱年；三略八陳之規，通於壯歲。(北魏《元液墓誌》)

九服$_1$　九服混同，聲教無□。(西晉《臨辟雍碑》)

十方$_1$　慈被十方，澤流天外。(北魏《邑義信士女等五十四人造像記》)

百官　十有九年，改創百官，仍除奉車，從新令也。(北魏《皮演墓誌》)

千室　賦政六條，錫壤千室。(東魏《張滿墓誌》)

萬邦　又曰："綏萬邦，屢豐秊。"(北魏《嵩高靈廟碑》)

群徒　但群徒感盡，致使大聖，滅應歸真。(北齊《智度等造像記》)

諸惡$_1$　十善可崇，諸惡可棄。(東魏《李僧元造像記》)

庶物　罷兵休鉀，時康民謐，庶物自該。(西魏《法超造像記》)

表數量的這些偏正式複合詞中，修飾語素多為基數詞或表數量的形容詞（如：群、諸、庶等），但大多為虛指。如"九服"，則泛指全國各地，"百官""千室""萬邦"也並非表示簡單的具體數目，都是引申泛指數量衆多，表達了一個新的概念。

另外，有些與數量有關的偏語素則表示正語素的次第。如：

甲帳　幃屋甲帳，龜車留遰。(東漢《巴郡朐忍令景雲碑》)

元弟$_1$　天子之元弟也，崇開俯選，妙蔄名德，以君人華國望，器光朝野，徵拜太尉外兵參軍。(北魏《穆循墓誌》)

長$_2$女　散騎常侍、安東将軍、都督兖州諸軍事、兖州剌史，帶方靜公興之長女也。(北魏《元侔墓誌》)

仲子$_1$　左光禄大夫、儀同三司、南平王之仲子。(北魏《元繼墓誌》)

5. 偏語素表方所、時間

偏語素或正語素表示方向、位置、處所或時間意義、朝代。如：

其一，偏語素表示方所或時間的。如：

東土　屬東土稱亂，暫爲匪民。（北魏《穆紹墓誌》）

西郊　普泰元年，三月廿七日，窆於西郊之兆。（北魏《元誨墓誌》）

南藩$_1$　扙鉞南藩，振雷聲於郢豫。（北魏《元恪嬪司馬顯姿墓誌》）

北蕃$_3$　十六年，又加征虜将軍，都督北蕃三鎮。（北魏《楊播墓誌》）

中土　德充身心，道彰中土。（北魏《嚴震墓誌》）

秋菊　方鼂欽木蘭之泆露兮，夕飡秋菊之落英。（東魏《凝禪寺三級浮圖碑》）

夕陽　夕陽已逝，晨光未旋。（北魏《穆亮妻尉氏墓誌》）

朝$_1$霞　如彼朝霞，披雲獨朗。（北魏《秦洪墓誌》）

其二，正語素表示方所或時間的。如：

江南　式敦燕醑，載言行樂，江南既唱，豫北且行。（東魏《元顯墓誌》）

隴西　祖于柱史，聲雄趙北，氣蓋隴西。（北周《李綸墓誌》）

漠北　早深漠北之志，少稟山西之風。（北魏《元龍墓誌》）

郊外　逢哲墓誌：魂歸郊外，盡悉成空。（北齊《逢哲墓誌》）

平旦　大黃三兩，㳬切，水二升，生漬一宿，平旦，絞汁一升半，内芒消二兩，攪消，頓服。（北齊《都邑師道興造像記並治疾方》）（指清晨）

其三，正語素和偏語素都表示方所或時間的。如：

東南　北降茹茹，東南夷梁。（北周《強獨樂造像記》）

西南　十七年，太祖經略漢中，以公行南岐州刺史，委以西南道支度軍糧。（北周《叱羅協墓誌》）

西北　補西北之虧天，紐東南之缺地。（北齊《平等寺碑》）

内$_1$外　内外嗟談，遠迩歌詠。（北齊《狄湛墓誌》）

内$_1$中　此大基山，内中明崗，及四面巖嵿上嵩嶽。（北魏《太基山銘告》）

冬日　晈晈也似曉月開暉，汪汪也若冬日之景。（北魏《王君妻元華光墓誌》）

臈月　文蛤燒作灰，和臈月猪脂，塗，人畜竝驗。（北齊《都邑師道興造像記並治疾方》）

夜天　□寥泉戸，如何夜天。（北魏《元朗墓誌》）

上古　方當追蹤上古，準的來今，享万鍾之殊榮，盡色養之深願。（北魏《元緦妃李媛華墓誌》）

6. 偏語素表方式、手段

正語素表示某種人或事物，偏語素對這種人或事物形成、使用的方式或手段等方面進行描寫、說明。如：

$遺_1$烈　大女習崇，不勝感墓，罔極之哀，財立墓碑，略紀遺烈。（西晉《徐君妻管洛墓碑》）

$行_1$主　禮實身幹，信唯行主。（東魏《李玄墓誌銘》）

繼室　父時未有繼室，長沙人桓伯序有□妻伏氏，魏文帝以用妻之。（西晉《孫氏碑》）

繼$母_1$　收養季祖母，供事繼母，先意承志，存亡之敬，禮無遺闕。（東漢《曹全碑》）

命婦　晉前尚書郎北地傳宣故命婦。（西晉《孫松女墓誌》）

“$遺_1$烈”，指前人遺留的業績；“$行_1$主”，指古代出師時載在齋車中的隨軍神主；“繼室”，后世凡正室亡故，侍妾扶正，亦称继室。

其他還有，如積旬（北魏《元融墓誌》）、積福（北魏《楊穎墓誌》）、積仁（北魏《元廣墓誌》）、積德（東漢《渡君碑》）、積年（北魏《元懌墓誌》）、積歲（北齊《義慈惠石柱頌》）、積代（北齊《義慈惠石柱頌》）、積石（北魏《張猛龍碑》）、餘生（東魏《元韶及妻侯氏合葬誌》）、餘緒（北齊《崔頠墓誌》）、餘美（東魏《元竇建墓誌》）、餘$風_1$（北魏《元恪嬪司馬顯姿墓誌》）、餘烈（北魏《元騰及妻程法珠墓誌銘〉》、餘芳（北魏《高廣墓誌》）、餘慶（西晉《王浚妻華芳墓誌》）、餘祉（北魏《穆亮墓誌》）、餘光（北魏《侯剛墓誌》）、$遺_1$寇（東魏《燕然山銘》）、$遺_1$歌（東漢《樊敏碑》）、$遺_1$勳（東漢《受禪表》）、$遺_1$事（東漢《受禪表》）、$遺_1$$行_1$（南朝梁《蕭融墓誌》）、流沙（東漢《臨辟雍碑》）、流矢（北周《匹婁歡墓誌》）、流俗（東漢《柳敏墓碑》）等等。

7. 正語素和偏語素是領屬關係

偏語素 A 是正語素 B 的領屬主體，即可以擴展為詞組“A 的 B”[①] 的形式。如：

水源　其水源也，出於王禽之山。（東漢《費太守周憬功勳銘》）

地穴　排雲未上，地穴下奔。（北齊《劉忻墓誌》）

帝位　趙祚既微，遂昇帝位，号曰魏天王。（北魏《染華墓誌》）

婦德　婦德徽於大邦，母□光於蕃國。（北魏《元新成妃李氏墓誌》）

國境　倭人滿其國境，潰破城池，以客奴爲民，歸王請命。（東晉《高勾麗好太王碑》）

軍糧　以公行南岐州刺史，委以西南道支度軍糧。（北周《叱羅協墓誌》）

其他還有，如兵車（北齊《竇泰墓誌》）、地力（東漢《楚相孫叔敖碑》）、公事（東漢《魯峻碑》）、地理（東漢《石門頌》）、墓門（東漢《樊敏碑》）、墓道（北魏《高貞碑》）、王府（東漢《武斑碑》）、天意（東漢《韓勑造孔廟禮器碑》）、家業《東漢《孔謙墓碑》》、王師（東漢《燕然山銘》）、官舍（北周《豆盧恩墓碑》）、父憂（北魏《張猛龍碑》）、帝庭（北魏《暉福寺碑》）、人命（東漢《□臨爲父通作封記》）、天聲（東漢《燕然山銘》）、家財（北魏《魏靈藏薛法紹等造像記》）、婦容（北魏《李慶容墓誌》）等。

8. 正語素和偏語素是類屬關係

偏語素是小類名，邏輯上為下位概念；正語素是大類名，邏輯上為上位概念。偏語素与正語素之間有類屬關係，分為兩種情況：

其一，偏語素為屬，正語素為類。

偏語素是小類名，正語素是大類名，在形式上可以擴展為“A 這類 B”。

被$_1$具　鼠齒藩車被具，君乃畫地爲獄，召□誅之。（東漢《唐公房碑》）

蔬菜　麄絺大布之衣，糲荅蔬菜之食。（東漢《婁壽墓碑》）

蓮花　永懷高潔，喪挹古芳，蓮花淨土，貝葉上乘。（東魏《淨智塔銘》）

---

① A 代表偏語素，B 代表正語素，下同。

松樹　記此碑，直東敧南十步有水，直北五十步殖松樹。(東魏《道□碑記》)

柏樹　前代曾創祠宇，兼植柏樹。(北周《華嶽廟碑》)

隸書　善隸書，銀鈎無以渝。(北周《獨孤藏墓誌》)

蔓草　方厲熊羆，芟夷蔓草。(北魏《元壽安墓誌》)

有的正語素，所表示的意義比較廣泛，則容易變成構詞能力較強的詞根。如：充當正語素“物”的，構成的複合詞有：衣$_{1}$物（東晉《潘氏衣物券》)、毛物（東漢《漢侍廷里父老僤買田約束石券》)、禮物（禮物《元廞墓誌》)、資物（北魏《楊胤墓誌》)、節物（北周《張滿澤妻郝氏墓誌》）等。

又如：正語素“衣$_{1}$”，構成的複合詞有：衮衣$_{1}$（東魏《司州牧元誕墓誌》)、戎衣$_{1}$（北魏《元賄墓誌》)、黄衣$_{1}$（東魏《李仲琁修孔廟碑》)、赭衣$_{1}$（北魏《元悌墓誌》)、朝$_{2}$衣$_{1}$（東魏《高雅墓誌》)、斧衣$_{1}$（東魏《劉懿墓誌》)、靈衣$_{1}$（東魏《元子邃妻李豔華墓誌》)、魂衣$_{1}$（北齊《范粹墓誌》)、褘衣$_{1}$（東魏《元延明妃馮氏墓誌》）等。

其中，“節物”，指各個季節的風物景色。“衮衣$_{1}$”，指古代帝王及上公穿的禮服；“戎衣$_{1}$”，指軍服；“黄衣$_{1}$”，指帝王或道士穿的衣服；“赭衣$_{1}$”，指古代的囚衣；“斧衣$_{1}$”，指黑白相間、斧形圖案的衣服，借指祭服；“靈衣$_{1}$”“魂衣$_{1}$”，指死者身前所穿的衣服；“褘衣$_{1}$”，指繪有野雞圖形的王后祭服。

其二，偏語素為類，正語素為屬。

偏語素是大類名，正語素是小類名，此類偏正式複合詞反映出的語序很古老，且其數量大為減少，總的看在整個漢語詞彙史上，這種形式趨於消失。

玉璧　九季，解圍玉璧。(北周《拓跋虎墓誌》)

玉珪　金符後佩，玉珪先捧。(北周《獨孤藏墓誌》)

火燭　至於出身事主，當朝正色，火燭百寮，水鏡一吉。(東魏《公孫略墓誌銘》)

水泉　玄圭，水泉流通，四海會同，則至。(東漢《武氏石室祥瑞圖題字》)

9. 偏語素表代稱和否定

本邦　君情係舊鄉，思陰桒梓，朝廷許之，改牧本邦。(北魏《楊播

墓誌》)

他山　故勒此他山，以傳盛美。(北齊《梁子彥墓誌》)

彼岸　彼岸之遐，超昇其巘。(北涼《沮渠安周造像記》)

伊人　協讃伊人，如何弗遺。(北魏《元羽墓誌》)

此地　薀于此地，于嗟未央。(北魏《尔朱紹墓誌》)

斯$_1$文　沖年受業，雅愛斯文。(北魏《楊舒墓誌銘》)

我躬　豈愛我躬？命不可贖。(東漢《堂邑令費鳳碑》)

不世　君稟沖靈之叡氣，挾不世之奇略。(北魏《元讞墓誌》)

不羣　君姿瑛雄之高略，敦純懿之宏度，獨步南境，卓爾不羣。(南朝宋《爨龍顏碑》)

無日　永夜方久，曉晨無日。(北魏《元靈曜墓誌》)

上述例子中，“伊人”，指此人，这个人。“不世”，指非一世所能有，多謂非凡；“無日”，指不日，為時不久。

(二) 正語素的意義是有關動作或行為的

從偏正語素的語義看，又可區分為以下八種情況。

1. 表動作或行為的情態

正語素表示一種動作或行為，偏語素則表動作或行為的情態。偏語素可用名詞、動詞、形容詞充當。如：

丸積　事等丸積，勢若棊累。(東魏《李憲墓誌》)

頑守　凶勢既張，頑守郡邑。(北魏《元襲墓誌》)

忘歸　跂看之徒，樂善忘歸。(北齊《宋買等二十二人造像記》)

憖遺　天不憖遺，遘疾彌留。(北魏《盧令媛墓誌》)

其中，“丸積”，我們認為它是複合詞，這是因為漢語自古以來就有用名詞修飾動詞這一生動而富於表現力的結構，轉換成詞組後可擴展為“像 A 那樣 B”，在開始出現時自然屬於詞組，後來逐漸凝固成詞。這類組合我們可以在石刻中舉出不少。如：

豹變　公深識時雄，罔計強弱，豹變從時，應機而起。(東魏《敬顯儁碑》)

蝟聚　妖寇作逆，蝟聚咸陽。(東魏《張滿墓誌》)

霞布　剖思雲興，篆章霞布。(西魏《鄧子詢墓誌》)

洞發　君內定不世之謀，外騁必勝之略，神功洞發，寇賊冰消。(北魏《元鑽遠墓誌》)

雲鶩　君於是奉旨星馳，受言雲鶩。（北魏《封魔奴墓誌》）

虎争　當魏氏多難，而天命未壹，豪桀虎争，三方分崩。（東漢《臨辟雍碑》）

這類語素組合均可擴展為“像 A 那樣 B”的模式，它們也應該看作像“丸積”一類複音詞的句法模式。

還有一些作偏語素的動詞和形容詞，表示謙敬的意義，如“奉、伏$_1$、臨、高、明、光、末、恭、欽、祇”等。

奉引　奉引錄衆，分乘先驅。（東魏《李玄墓誌銘》）

伏$_1$奏　伏奏明光，起草致懃。（北魏《楊遁墓誌》）

臨馭　七廟卜世靡窮，聖主臨馭，弘茲萬壽。（北齊《高叡修定國寺頌》）

高鑒　高鑒智士，慕焉崇玄。（東魏《廉富等造義井頌》）

明祀　敬恭明祀，降福孔殷。（東漢《白石神君碑》）

光臨　識亮高明，光臨申舉，擇必良彥。（北魏《王真保墓誌》）

末議　西漢王陳，無暇扶轂；東京陰鄧，末議擁帚。（北齊《李希宗妻崔氏墓誌》）

恭承　恭承先帝，惠下慈仁。（北魏《元恪嬪李氏墓誌》）

欽承　欽承宮醮，率禮無違。（東魏《賈思伯夫人劉氏墓誌銘》）

祇服$_1$　莫不被文相德，祇服憲度。（東漢《臨辟雍碑》）

2. 表動作或行為的方式

正語素表示一種動作或行為，偏語素則說明動作或行為實施的手段和方法。如：

要$_1$截　王幢要截盪刺，倭寇潰敗，斬煞無數。（東晉《高勾麗好太王碑》）

蹶張　申屠蹶張，曾何足喻。（北周《匹婁歡墓誌》）

抑奪　太夫人丘氏，譬誘抑奪，僅而獲全。（北齊《徐之才墓誌》）

挺出　公含川嶽之秀氣，表珪璋而挺出。（北魏《元壽安墓誌》）

其他還有，如迎戰（東晉《高勾麗好太王碑》）、經$_1$營（東漢《臨辟雍碑》）、登庸（東魏《呂望表》）、相$_2$與（東漢《劉熊碑》）、流寓（北周《獨孤藏墓誌》）、責成（北齊《元始宗墓誌銘》）、轉$_1$贈（北魏《尔朱襲墓誌》）、潔齋（北齊《趙奉伯妻傅華墓誌》）、顧瞻（北齊《竇泰墓誌》）、占$_2$謝（北魏《元譚墓誌》）、搏戰（北齊《徐顯秀墓誌》）、旌招（東漢《夏承碑》）、待詔（北齊《平等寺碑》）、陣敵（北周《強獨樂造像記》)、親征（北魏《元詮墓誌》)、指麾（北魏《元誨墓誌》)、策$_3$祝（東漢《受禪表》)、擢授（北齊《崔昂墓誌》)、密奏（北周《李綸墓誌》）等。

“登庸”，指選拔任用；“占$_2$謝”，指當面致辭道謝。

3. 表動作或行為的原因

正語素表示一種動作或行為，偏語素則說明動作或行為發生的緣由。如：

徵詣　五年，徵詣晉陽，徙食兗州高平郡幹，又爲兗州大中正。(北齊《徐之才墓誌》)

酷裂　痛憤心懷，五情酷裂。(北魏《吳光墓誌》)

慘裂　山松慘裂，隴樹摧覆。(北魏《宋虎墓誌》)

亂離$_1$　亂離之後，飢饉荐臻。(北魏《元壽安墓誌》)

“徵詣”，因召見而前往；“酷裂”，因痛苦而腸斷；“慘裂”，因嚴寒而凍裂；“亂離$_1$”，指因遭亂而流離。

4. 表動作或行為的程度

正語素表示一種動作或行為，偏語素說明動作或行為進行的程度或範圍。如：

剜噎　心剜噎，涕漣漣。(西晉《張朗墓誌》)

滿溢　神以動疲，驕隨滿溢。(南朝梁《羅浮山銘》)

淫役　秦正淫役，虐盡屠炭。(北齊《張海翼墓誌》)

孔彰　一聞無昧，四德孔彰。(北魏《元誘妻薛伯徽墓誌》)

周訪　殷有三人，周訪九疇。(北魏《王禎墓誌》)

其他還有，如普照（東魏《李僧元造像記》)、洞照（北涼《沮渠安周造像記》)、深知$_1$（北魏《元孟輝墓誌》)、深執（東漢《石門頌》)、常住（東魏《嵩陽寺碑》)、博綜（西魏《朱龍妻任氏墓誌》)、縱$_1$覽（北魏《弔比干文》)、大$_1$作$_1$（北魏《嵩高靈廟碑》）等。

5. 表動作或行為的時間和處所

正語素表示一種動作或行為，偏語素則說明動作或行為發生的時間或處所。如：

長$_1$辭　城闕長辭，榮華永絶。(東魏《元暐墓誌》)

預知$_1$　弱冠登朝，預知應闕。(北魏《染華墓誌》)

早朝$_2$　天子乃睠不怡，早朝晏罷。(北魏《元顥墓誌》)

晚育　天啓之願，晚育二胤。（西晉《王浚妻華芳墓誌》）

肇建　及幼主君臨，問對為重，新邦肇建，糾察增隆。（北齊《竇泰墓誌》）

野戰　毗文贊武，專按劒之功；帷籌野戰，參斷鼇之力。（東魏《敬顯儁碑》）

6. 表動作或行為的數量

四知$_1$　公性恭慎，愛文武，無三或，畏四知。（北周《田弘墓誌》）

九轉$_1$　金華屑桂，春山九轉。（北魏《元萇溫泉頌》）

十上　表疏十上，終不見聽。（北魏《元乂墓誌》）

7. 表動作或行為的對象或方向

正語素表示一種動作或行為，偏語素則是動作或行為所實施的對象。如：

東征　周公東征，西人怨思。（東漢《張遷碑》）

宗奉$_1$　立廟桐柏，春秋宗奉。（東漢《桐柏淮源廟碑》）

民愛　化不周月，民愛同思。（北魏《山徽墓誌》）

胎教　既昭灼於芳鯉，亦蟬聯於胎教。（北魏《元瞻墓誌》）

上報　仰惟掬育之恩，靡知上報。（北周《李元海造像記》）

薪采$_1$　或有薪采，投輻檀兮。（東漢《三公山碑》）

宦成　身安道隆，宦成名立。（北齊《梁子彥墓誌》）

玄$_1$通　于鑠府君，稟性玄通。（三國吳《穀朗墓碑》）

8. 表對動作或行為的否定

正語素表示一種動作或行為，偏語素則是對動作或行為的否定。如：

無容　靈開一閉，朱火無容。（北齊《賀拔昌墓誌》）

不豫　廿二日己巳□疾不豫，薨于□恭里苐。（北魏《元珍墓誌》）

不靖　太和廿年中，仇池不靖，扇逼涇隴。（北魏《皇甫驎墓誌》）

未有　昔新羅寐錦，未有身来論事。（東晉《高勾麗好太王碑》）

值得注意的是，從語義方面看，在偏正式複合詞中，也有偏語素在後，正語素在前的。如：

望秩　上公策祝，燔燎槭樸，告類上帝，望秩五嶽。（東漢《受禪表》）

攻圍　正始之中，南寇侵境，詔王使持節、都督南討諸軍事、平南將軍，攻圍鍾離。（北魏《元詮墓誌》）

服$_1$膺　遊息仁義，服膺孝謹。（北齊《竇泰妻婁黑女墓誌》）

辭$_2$老　至天平四年，辭老退居丈室。（東魏《南宗和尚塔銘》）

上述例子中，“望秩”，猶秩望，按等級遙祭山川；“服$_1$膺”，即“膺服$_1$”，指銘記在心，衷心信奉；“辭$_2$老”，指以年老為理由辭官。

（三）正語素的意義是有關性質或狀態的

雪白　天恣苞粹，邴茚堅正，處濁絜素，雪白冰清。（西晉《趙氾墓表》）

麻亂　屠戮城社，所在皆如麻亂。（北齊《義慈惠石柱頌》）

玉潤　淵渟峰秀，玉潤蘭芬。（北魏《崔鴻墓誌銘》）

春暄　金鏘玉響，秋鏡春暄。（北魏《元詮墓誌》）

冰妍　偉質冰妍，旨辨清朗。（北齊《魏懿墓誌》）

蔥青　寒原眇默，松嶂蔥青。（南朝梁《蕭融太妃王慕韶墓誌》）

其他還有，如永康（東魏《王仁興造像記》）、永久（北魏《侯剛墓誌》）、玉潔（北魏《王誦妻元氏墓誌》）、自遠（北魏《元始和墓誌》）、允臧（東漢《白石神君碑》）、早慧（東魏《高雅墓誌》）、孔昭（東漢《楊震墓碑》）、太清（東漢《白石神君碑》）、至尊（東漢《西嶽華山亭碑》）、弘亮（東漢《綏民校尉熊君碑》）、不幸（東漢《楊德安墓記》）、不善（北魏《杜文慶等二十人造像記》）等。

（四）正語素的意義是有關數量方面的

正語素表示數量，偏語素對正語素進行修飾、限制。如：

巨億$_2$　戎戢土佚，費省巨億。（東漢《衡方墓碑》）

千億$_2$　生擒葛榮，並其營部，斬級十萬，馬牛千億。（北魏《元天穆墓誌》）

千刃$_2$　公秉氣山河，神華挺秀，千刃難階，萬頃無度。（北齊《石信墓誌》）

方$_1$寸　軺日月於方寸，具十虎以降生。（北涼《沮渠安周造像記》）

千里　是以決勝千里，無違節度。（北魏《元子永墓誌》）

盈尺　逕寸表燭，盈尺內鏡。（北魏《元譚墓誌》）

二　從詞性看內部性類的構成

從詞性上看，漢魏晉南北朝石刻語素組成的偏正式複合詞主要是名詞、動詞和形容詞，還有副詞和代詞。其中，名詞共計 8113 個，占偏正式組合的 73.3%；動詞和形容詞共計 2851 個，占偏正式組合的 25.8%，其中，形容詞較少；數詞、量詞、副詞和代詞分別為 14 個、39 個、34 個和 14 個。

同先秦相比，漢魏晉南北朝石刻中詞性的性類構成方式更加複雜紛繁，語素構詞，除了［形・名］［名・名］［數・名］仍構成大量名詞外，其他的語素構詞方式也有發展。即還有［名・動］或［動・名］、［名・形］、［方位・名］或［名・方位］、［形・形］、［副・形］、［形・動］或［動・形］、［代・名］或［代・方位］、［方位+動］或［代+動］、［數・動］、［副・名］、［數・形］、［數・數］、［數・量］、［名・量］或［量・名］、［名・數］或［數・名］、［量・數］、［動・動］或［形・數］共 28 種形式。

構成動詞的有［形・動］、［動・動］、［名・動］、［副・動］、［數・動］、［名・名］、［形・名］、［副・名］、［方位・動］、［代・動］、［助・動］或［動・助］、［副・形］共 13 種形式。

構成形容詞的有［名・形］或［形・名］、［動・形］或［形・動］、［形・形］、［副・形］、［副・名］、［代・形］、［方位・形］、［名・動］、［數・動］共 11 種形式。

構成副詞的有［副・副］［副・名］［副・形］［動・副］［副・助］［副・副］［副・數］［代・名］［助・名］［數・名］［數・代］共 11 種形式。

構成代詞的有［代・名］、［代・代］、［動・代］、［形・代］或［副・代］、［助・代］共 6 種形式。

構成數詞和數量詞的分別有［數・數］［形・數］［副・數］3 種形式和［數・量］［形・量］［名・量］［動・量］4 種形式。

（一）名詞的性類構成

偏語素有名詞、動詞、形容詞、數詞、副詞等，正語素多為名詞外，還有形容詞、動詞、量詞。

1.【形素・名素】→名詞

翠柏　哀哀孝思，翠柏徒傷。（北魏《楊順墓誌》）

半體　良人既逝，半體云傾。（北魏《邢巒妻元純陁墓誌》）

素伴　緇侶尚其仁，素伴貴其清。（東魏《凝禪寺三級浮圖碑》）

豐碑　石壇承祀，豐碑頌靈。（北周《豆盧恩墓碑》）

遠民　發恵黎儀，遠民服誠。(北魏《李頣墓誌》)

殊俗　故得禮變文身，化行殊俗。(東魏《蕭正表墓銘》)

高譽　生播高譽，殁垂令名。(東漢《孔宙墓碑》)

幽泉　不復銘於幽泉也。(北魏《刁遵墓誌》)

其他還有，如名邦（北魏《元顯平妻王氏墓誌》)、大$_1$邦（北魏《元新成妃李氏墓誌》)、周邦（東魏《程哲碑》)、薄$_1$賦（東漢《張壽殘碑》)、薄$_1$命（南朝宋《王佛女買地券》)、暴$_1$水（南朝梁《蕭憺碑》)、暴$_1$雨（東漢《武氏左石室畫像題字》)、暴$_1$風$_1$（北周《賀蘭祥墓誌》)、暴$_1$虎（北齊《劉雙仁墓誌》)、悲風$_1$（北魏《元新成妃李氏墓誌》)、悲聲（北魏《元鑒妃吐谷渾氏墓》)、悲泉（北魏《王悦及妻郭氏墓誌》)、悲言（北魏《元繼妃石婉墓誌》)、正氣（北魏《元邵墓誌》)、勇氣（北周《田弘墓誌》）等。

上述例中，“半體”，指身體的一半，謂夫妻中的一方；“素伴”，指布衣伴侣。

2.【名素・名素】→名詞

案$_1$牘　官曹案牘，未嘗煩委；戎馬交馳，不妨餘裕。(北周《豆盧恩墓碑》)

海岸　資玉崐山，承珠海岸，層峯罔極，長淌無畔。(北魏《元仙墓誌》)

柏樹　前代曾創祠宇，兼植柏樹。(北周《華嶽廟碑》)

霜$_1$柏　寒松等操，霜柏並節。(北魏《慕容纂墓誌》)

玉版　道符玉版，慶結金繩，若天之覆，如日之升。(北魏《元天穆墓誌》)

金版　石田之喻徒往，金版之怨何及。(北周《封孝琰墓誌》)

其他還有，如邦彦（北魏《元颺墓誌》)、邦黨（北魏《元新成妃李氏墓誌》)、邦閭（北魏《張猛龍碑》)、邦符（北魏《鞠彦雲墓誌》)、邦政（東魏《程哲碑》)、蠻邦（北魏《元璨墓誌》)、門榜（北齊《崔芬墓誌》)、珠寶（北齊《邑義七十人等造像記》)、玉寶（北齊《是連公妻邢阿光墓誌》)、人寶（北魏《元肅墓誌》)、家寶（北魏《長孫瑱墓誌》)、國寶（北魏《崔敬邕墓誌》)、林薄$_1$（北齊《高叡修定國寺塔銘碑》)、華$_1$薄$_1$（北魏《元毓墓誌》)、豹騎（東魏《敬顯儁碑》)、豹文（北魏《青州刺史元湛墓誌》)、豹氣（北齊《臨淮王像碑》）等。

上述例中，“金版”，指天子祭告上帝鏤刻告辭的金屬板；“華$_1$薄$_1$”，指花草叢生之處。

3.【數素·名素】→名詞

一邦　分竹一邦，績輝千里。(北魏《李璧墓誌》)

二象　三山降祉，二象凝神。(東魏《王偃墓誌》)

三軍　猛将不御，三軍掩敗。(北魏《嚴震墓誌》)

四海　雖誕敷神武，光被四海，流風邁化，惠懷黎元。(西晉《臨辟雍碑》)

五岳　是故天有五緯，主奉陽施；地有五岳，主承陰化。(北魏《嵩高靈廟碑》)

六合　飛英聲騰，茂實足以盈天地，而冒六合矣。(西晉《臨辟雍碑》)

七寶　百禄盈朝，七寶曜室。(東魏《高歸彥造像記》)

九宇　震英勇，則九宇咸駭；存侍納，則朝野必附。(北魏《楊大眼造像記》)

十方　十方世界，六趣衆生，咸同斯福，克成佛果。(北魏《塔基石函銘刻》)

4.【名素·動素】→名詞

靈感　名川峻阜，靈感特微。(北魏《皇甫驎墓誌》)

家訓　少習家訓，治嚴氏《春秋》。(東漢《元飏妻王氏墓誌》)

外援　田有遺粮，菓無外援。(北齊《高叡修定國寺塔銘碑》)

民怨　訟平民怨，惟康庶績。(北魏《廣平侯楊濟墓誌》)

政教　牧州典郡，政教克宣。(北齊《趙征興墓誌》)

聲教　九服混同，聲教無貳。(東漢《臨辟雍碑》)

其他還有，如政化（西晉《孫氏碑》)、道化（三國魏《王基斷碑》)、德化（東漢《臨辟雍碑》)、玄$_1$化（北魏《山公寺碑頌》)、風$_1$化（北魏《張猛龍碑》)、乾$_1$覆（北魏《張猛龍碑》)、福報（北魏《元毓墓誌》)、武議（北魏《笱景墓誌》)、母$_1$愛（北齊《叱列延慶妻尔朱元静墓誌》)、邦教$_1$（北魏《元顯魏墓誌》）等。

上述例中，“靈感”，指神靈的感應；“乾$_1$覆”，指天的覆蓋，喻指父親；“武議”，指軍事上的決策；“福報”，指福德的報應。

5.【動素·名素】→名詞

燒灰　又方，鯉魚鱗燒灰，酢和塗。(北齊《都邑師道興造像記並治

疾方》)

指日　公時步騎不滿三千，運奇設策，指日平殄，兼自奮勇，手斬三人。(北周《叱羅協墓誌》)

交臂　交臂已失，藏舟匪固。(東魏《崔景播墓誌銘》)

編戶　及代當還，編戶飲淚，臥轍思仁，越境未止。(北魏《韋彧墓誌》)

辯$_1$囿　射不出征，辭参辯囿。(北魏《元邵墓誌》)

斥候　玉門除斥候之警，金華奉樂推之君。(北齊《高建墓誌銘》)

其他還有，如愛子$_1$（北魏《元珽妻穆玉容墓誌》)、愛津（北魏《邢巒妻元純陁墓誌》)、愛河（北齊《報德像碑》)、霸業（三國魏《范式碑》)、霸圖（北齊《高建墓誌銘》)、書版（東魏《李憲墓誌》)、同胞（東魏《元玕墓誌》)、暴$_2$鱗（北魏《廣平侯楊濟墓誌》）等。

上述例子中，“指日”，指不遠的時日；“交臂”，指知心朋友；“編戶”，指編入戶籍的普通人家；“斥候”，指用以瞭望敵人的小屋；“暴$_2$鱗”，指暴曬的魚。

6.【名素·形素】→名詞

時秀　才穎時秀，武藝卓羣。(北魏《封昕墓誌》)

玉潤　篤生君侯，體包玉潤。(北魏《趙謐墓誌》)

春温　懷風白雪，氣挺春温。(北魏《元舉墓誌》)

春暖　猛均夏日，悥優春暖。(東魏《公孫略墓誌》)

仙聖　煙雲出入，仙聖登臨。(北齊《高叡修定國寺塔銘碑》)

皇叡　體靈自然，藉承皇叡，道立未冠，德播弱歲。(北魏《元尚之墓誌》)

樞近　所以襟帶京門，緝釐樞近。(北魏《元遙墓誌》)

日餘　惠苞丹稱，辯同日餘。(北魏《元邵墓誌》)

其他還有，如伏陰（東漢《白石神君碑》)、風$_1$岸（北齊《裴子誕墓誌銘》)、氣岸（北齊《元賢墓誌》)、國偉（東漢《金鄉長侯成碑》)、後賢（北齊《唐邕刻經記》)、朝$_2$貪（東漢《荆州刺史度尚碑》)、父憂（北魏《張猛龍碑》)、母憂（北魏《元靈曜墓誌》）等。

上述例子中，“時秀”指一時的俊才；“玉潤”，喻指美德；“樞近”，指接近皇帝中央政权的重要职位。“日餘”，指夕陽；“氣岸”，指氣概、義氣。“岸”，即高傲、嚴正。

7.【方位·名素】→名詞

本邦　位才之緒，遂居本邦。(東晉《爨寶子碑》)

北方　雖南國容華，北方絕世，光影相鄰，是非無辯。(東魏《元子邃妻李艷華墓誌》)

外族　諧襟外族，執禮中饋。(北魏《慈慶墓誌》)

外事　讀書之餘，未嘗與聞外事。(北魏《寇慰墓誌》)

內$_1$德　澄情清□之外，內德湛於凝津。(北魏《吐谷渾璣墓誌》)

【名素·方位】→名詞

朔北　茂績英規，名高朔北。(北齊《是連公妻邢阿光墓誌》)

漠北　君夏啓之胤，世居漠北，家傳酋長之官，人富英賢之業。(北齊《庫狄業墓誌》)

河北　鐫勒徽猷，同河北之無愧。(東魏《乙弗紹墓誌》)

8.【形素·形素】→名詞

大$_1$悲　推尚佛法，深解空相，大悲慟心，惟慕慈善。(東魏《崔鴻妻張玉憐墓誌》)

大$_1$聖　孔子大聖，抱道不施。(東漢《孟琁殘碑》)

先賢　庶慕先賢，體德允恭。(東漢《楚相孫叔敖碑》)

巨猾　值巨猾滔祲，鋒流紫闥。(南朝宋《明曇憘墓誌》)

清英　感清英之處卑，傷美玉之不賈。(東漢《王舍人碑》)

“大$_1$悲”，佛教語，指廣大的慈悲之心；“清英”，指精英。

9.【副素·形素】→名詞

鞠凶　昊天上帝，降茲鞠凶。(東漢《武斑碑》)

至精　備舉細行，遍觀小道，物極至精，智周能事。(東魏《李希宗墓誌銘》)

泰清　騰揚雲霄，神遊泰清。(西晉《趙氾墓表》)

惟良　稟教成敏，依訓惟良。(北魏《元斑墓誌》)

“鞠凶”，指极大的灾祸。“鞠”，通“鞫”，極大；“至精”，指精妙絕倫的人或事物；“泰清”，“泰”，指太，過甚。指天空；“惟良”，指賢能的官吏。

10.【形素·動素】→名詞

晚學　列宿虧精，晚學後時。(東漢《景君碑》)

強衙　強衙改節，微弱蒙恩。(東漢《景君碑》)

美教　清貞著於所莅，美教播于營代；金玉不能動其懷，聲色不能變其操。（北魏《穆循墓誌》）

宿$_1$滯　奬進英賢，糾癈奸慝，宿滯必申，頽綱由整。（東魏《敬顯儁碑》）

廣坐　閒庭廣坐，運清言於席上。（東魏《叔孫固墓誌》）

小割　志在屠龍，非期小割。（北魏《張寧墓誌》）

仁化　仁化一敷，燕邦再變。（北魏《王□奴墓誌》）

先往　庶洪因鍾於聖躬，微津延於先往。（北魏《暉福寺碑》）

“晚學”，指後輩學子；“廣坐”，指衆人聚集的場所；“小割”，引申為小志向；“先往”，指前人。

【動素・形素】→名詞

牧豎　且古詩之興，采遊僮之歌，收牧豎之謠。（西晉《臨辟雍碑》）

餘馨　沒有餘馨，鐫茲泉石，用銘□貞。（北魏《司馬昞墓誌》）

“牧豎”，指牧奴，牧童；“餘馨”，指殘留的香味。

11.【代素・名素】→名詞

本朝$_2$　以其忠於本朝，堅志虎牢，賜品寧遠將軍、安衆子。（東魏《宗欣墓誌》）

他山　故勒此他山，以傳盛美。（北齊《梁子彦墓誌》）

爾日　爾日搜揚，無先君者，辟君為州都。（北魏《皇甫驎墓誌》）

夫$_3$夫$_1$　夫夫也，將為國器。（北魏《楊熙僊墓誌》）

12.【代素・方位語素】→名詞

“夫$_3$夫$_1$”，謂這個男子。“夫$_3$”表近指，這、這個；“夫$_1$”，成年男子的通稱。“其中”，指這裏面，那里面。

其中　其中坊壤□□□□□□□□方卅三世□□。（東魏《關勝碑》）

13.【方位語素+動素】→名詞

內$_1$訓　每期玄慶福善，長隆內訓。（北魏《安樂王第三子給事君妻韓氏墓誌》）

內$_1$助　夫人才搖丹筆，智通白水，進賢為任，有內助焉。（北周《王士良妻董榮暉墓誌》）

14.【代素+動素】→名詞

其餘　其餘功戰，難得詳言。（北周《賀屯植墓誌》）

15.【數素・動素】→名詞

五教　敷五教以訓民，明賞□□□□。(西晉《郛休碑》)

百廢　率由舊章，百廢俱舉。(東漢《營陵置社碑》)

十住　位超十住，人中之龍。(北齊《郭顯邕造經記》)

一息　一息不追，千秋長畢。(北周《趙征興墓誌》)

“十住”，指佛教修行經歷的十個境界：歡喜地、離垢地等；“一息”，喻指極短的時間。

16. 【副素・名素】→名詞

極罰　天道茫□，俄鍾極罰。(北魏《王绍墓誌》)

將$_4$來$_1$　君識否泰於將來，鑒安危於未兆。(北魏《檀賓墓誌》)

“極罰”，指重罰。

17. 【數素・形素】→名詞

八幽　格亏上下，光被八幽。(三國吳《禪國山碑》)

八正　導迷徒以曉八正，情乖獨善之非，思同物樂者耳。(東魏《李顯族造像碑》)

十善　瞿修十善，遭遇慈氏。(南朝齊《釋玄嵩造像記》)

“八幽”，指八荒之地；“八正”，佛家語，即八正道。“十善”，佛家語，指十件善事。

18. 【數素・數素】→名詞

三千　詮言布教者，寔由見聞之徒，三千同感。(東魏《李顯族造像碑》)

百六　胡寧不憖，運鍾百六。(北魏《元馗墓誌》)

萬一　然書不盡言，無能萬一。(北魏《李暉儀墓誌》)

百億　大則照神光於大千，微則摠百億於微分。(北齊《平等寺碑》)

五五　五五之月，令丞解喪。(東漢《鮮于璜墓碑》)

“三千”，佛教語，指三千大千世界；“百六”，古代以為厄運；“萬一”，指極小的意外的情況；“百億”，佛教指世界及衆生；“五五”，代指三年之喪。

19. 【數素・量素】→名詞

七尺　方謂授以七尺之形，申其四方之志，有苗不秀，忽從螻蟻。(北齊《李德元墓誌銘》)

九畹　公膺積善之餘烈，體鍾美之粹靈，摽藂桂於八樹，茂兹蘭於九畹。(北魏《王翊墓誌》)

三尺　及盜烏見察，猾令受記，五原輕其二君，琅邪鄙其三尺。(北

齊《司馬遵業墓誌》）

百里 初據百里，顯顯令聞，濟康下民。（東漢《衡方墓碑》）

百口 將士皆曰：崔公不惜百口，吾等何愛一身？奮臂爭戰，□公死之□□衆見公屍於□藉中瘞之。（北魏《崔楷墓誌》）

百兩$_2$ 及百兩來迎，移天往配。（北齊《堯峻妻吐谷渾靜媚墓誌》）

“七尺”，代指身軀；“九畹”，代指蘭花。語出《楚辭·離騷》：“余既滋蘭之九畹兮，又樹惠之百畝。”王逸注：“十二畝曰畹。”後即以“九畹”為蘭花的典實。“三尺”，代指法律；“百里”，指古時諸侯封地範圍；“百口”，指全家，近親一族；“百兩$_2$”指一百輛車。“兩$_2$”，量詞，用於車輛。

20.【名素·量素】→名詞。

方$_1$寸 韬日月於方寸，具十虎以降生。（北涼《沮渠安周造像記》）

藥劑 其月廿七日，車駕躬臨省視，自旦達暮，親監藥劑。（北魏《慈慶墓誌》）

圖卷$_2$ 憂遊仁義，棲止圖卷。（北周《李府君妻祖夫人墓誌銘》）

【量素·名素】→名詞。

尺水 躡尺水，津未疆，春花萌，遭雹霜。（東漢《相府小史夏堪碑》）

卷$_2$書 卷書辭親，彈冠問世。（北魏《張寧墓誌》）

卷$_2$帙 詩書卷帙，鳴琴甭弦。（北齊《賀拔昌墓誌》）

“方$_1$寸”，即“方寸心”，心處胸中方寸間，故代指心；“尺水”，指小股水流，淺水。“卷$_2$書”和“卷$_2$帙”都指書籍、篇章。

21.【名素·數素】→名詞。

陽九 陽九作沴，濡足於堯年；陰六爲災，授手於湯日。（北齊《報德像碑》）

陰六 陽九作沴，濡足於堯年；陰六爲災，授手於湯日。（北齊《報德像碑》）

“陽九”和“陰六”均指災荒年景或厄運。

【數素·名素】→名詞

一時 其所留連，皆一時秀士。（東魏《封延之墓誌》）

“一時”，指一代，當代。

22.【量素·數素】→名詞。

丈六　圖丈六于鷲嶽，寫四八于鹿菀。(東魏《張敬造像記》)

“丈六”，指一丈六尺，是佛化身的長度。這裏借指佛身。

23.【動素・動素】→名詞

蠢動　下及臣民，蠢動之類，永斷五惡趣，常含六道形。(北魏《賈良造像記殘石》)

孝思　永惟孝思，亦世弘業。(東漢《鮮于璜墓碑》)

“蠢動”，泛指一切生物；“孝思”指孝親之思。

24.【形素・數素】→名詞

大$_2$一　俱祖紫宮，大一所授。(東漢《韓勑造孔廟禮器碑》)

太一　若夫太一玄象之原，雲門靈鳳之美。(北魏《元顯儁墓誌》)

“大$_2$一”“太一”，都指天。

(二) 動詞的性類構成

1.【形素・動素】→動詞

長$_1$辭　長辭白日，空喪青天。(北魏《元譚墓誌》)

亮拔$_1$　亮拔人表，獨悟世里。(東魏《程哲碑》)

大$_1$作　於是亂逆大作，奸孽萌生。(北魏《嵩高靈廟碑》)

悲啼　悲啼送君，不共君歸。嗚乎哀哉。(東魏《關勝碑》)

幽通　廟算幽通，閟簡神性。(北魏《元思墓誌》)

其他還有，如謹白（東魏《南宗和尚塔銘》）、斑$_1$交（東魏《廉富等造義井頌》）、薄$_1$葬（北魏《穆循墓誌》）、暴$_1$掠（北魏《元順墓誌》）、博愛（東漢《西狹頌》）等。

2.【動素・動素】→動詞

闇$_2$合　闇合兵書，動成禮式。(東魏《叔孫固墓誌》)

擅愛　擅愛帝季，冠秀宗良。(北魏《元詳墓誌》)

掩敗　猛將不御，三軍掩敗。(北魏《嚴震墓誌》)

飛馳　月旦飛馳之聲，求之於己。(北魏《元子直墓誌》)

迎戰　賊不服義，敢出迎戰。(東晉《高勾麗好太王碑》)

上述例中，“闇$_2$合”，指不謀而合，“闇$_2$”，通“諳”，熟悉，知道。

3.【名素・動素】→動詞

薪采$_1$　或有薪采，投輻檀兮。(東漢《三公山碑》)

玄$_1$通　于鑠府君，稟性玄通。(三國吳《穀朗墓碑》)

宦成　身安道隆，宦成名立。(北齊《梁子彥墓誌》)

神通　遂登正覺，神通自然。（東魏《邑主造石像碑》）

器愛　高祖孝文皇帝深相知體，雅見器愛。（北魏《高道悅墓誌》）

其他還有，如民愛（北魏《山徽墓誌》）、禮拜（北齊《義慈惠石柱頌》）、上報（北周《強獨樂造像記》）、策$_3$拜（東魏《元澄妃馮令華墓誌》）、草創（北齊《義慈惠石柱頌》）等。

上述例中，“玄$_1$通”，謂與天相通。《老子》：“古之善為士者，微妙玄通。”河上公注：“玄，天也。”“上報”，猶報上，報答主上的恩惠。

4.【副素·動素】→動詞

並進　十七年，大駕南征，二翼並進。（北魏《楊播墓誌》）

薦臻　方享遠期，以融至善，而閔天不吊，凶禍薦臻，遘疾未旬，大漸惟棘。（北魏《元祐妃常季繁墓誌》）

劇談　性沈深寡慾，不好劇談。（北魏《高廣墓誌》）

不測　萬頃不測，清濁之華難見。（北魏《寇治墓誌》）

特許　聖上以此諸民　情難奪，中旨特許。（北魏《皇甫驎墓誌》）

徒設　与善徒設，報施虛陳。（北魏《元斌墓誌》）

永絕　弟子等痛徽容之永絕，嗟大德之莫継，爲銘泉石，以誌不朽。（北魏《比丘尼慧靜墓誌》）

上述例子中，“薦臻”，指接連來到，屢次降臨。“薦”通“洊”，指一次又一次，再次；“劇談”，猶暢談。“劇”，指極，甚。

5.【數素·動素】→動詞

三省　百行斯兼，三省無闕。（東魏《敬顯儁碑》）

八解$_1$　洞識苦空，渕知八解。（北齊《宋敬業等造塔頌》）

十上　表疏十上，終不見聽。（北魏《元乂墓誌》）

十亂　方名班十亂，位變三槐。（北魏《元茂墓誌》）

百拜　執弓鷹揚，百拜逡巡。（西晉《臨辟雍碑》）

6.【名素·名素】→動詞

機杼　晝夜機杼，晨夕裘裳。（東魏《趙氏姜夫人墓誌》）

“機杼”，指紡織。

7.【形素·名素】→動詞

高枕　時有結駟而求者，君高枕而應顯命。（北魏《穆纂墓誌》）

“高枕”，指枕着高枕頭，猶高臥。

8.【副素·名素】→動詞

不臣　堂列不臣之客，庭延布衣之賓。（西晉《臨辟雍碑》）

匪民　隔我聲教，獨為匪民。（北齊《梁子彥墓誌》）

不軌　十四年甲辰，而倭不軌，侵入帶方界。（東晉《高勾麗好太王碑》）

“不臣”，謂不以臣屬視之；“匪民”，非人，謂不被當人看待。

9.【方位語素・動素】→動詞

東征　公遂憑軾而東征，望淄川而舉策。（北魏《元瞻墓誌》）

南巡　高祖南巡，未届衡嶺，密尔南陽，不恭其職。（北魏《元珍墓誌》）

前進　醜徒望風，深相畏憚，斂師迴避，莫敢前進。（北魏《尔朱襲墓誌》）

左遷　山陰令□太守事，左遷尚書札，白衣監餘杭縣。（南朝齊《劉岱墓誌》）

10.【代素・動素】→動素

自持　儉以自持，嚴而率下。（北齊《李希宗妻崔氏墓誌》）

自衛　奮□刺逆，抽戈自衛。（北魏《元融墓誌》）

自理　殺青自理，簡柒斯正。（北魏《元延明墓誌》）

“自理”，指自然而治。

11.【助素・動素】→動素

所謂　真所謂□之衛，匪躬之臣者矣。（東魏《封延之墓誌》）

所歸　顯允令望，積慶所歸。（北魏《長孫子澤墓誌》）

允$_2$集　是以令問休聲，昭然允集矣。（北魏《邢偉墓誌》）

誕$_3$膺　継襲相傳，誕膺良嗣。（北齊《□忝墓誌》）

云亡　哲人云亡，于差悲矣。（北魏《元理墓誌》）

【動素・助素】→動素

仰止$_2$　高山仰止，遺道餘尊。（北魏《元濬嬪耿氏墓誌》）

萃$_1$止$_2$　發於窮寐，嘉命萃止，荷錫來遊。（北魏《昭玄沙門大統令法師墓誌》）

“允$_2$集”，指聚集，會合。“允$_2$”，語氣助詞；“誕$_3$膺”，指承受（天命或帝位）；“云亡”，指死亡。“云”，助詞，用於句首，無義；“仰止$_2$”“萃$_1$止$_2$”，分別指仰慕義和聚集義。其中，“止$_2$”是語尾助詞，用於句末，表示確定。

12.【副素·形素】→動素

具詳　洪勳彪昞，既陸離於篆素，不復具詳焉。(北魏《穆纂墓誌》)

(三) 形容詞的性類構成

1.【名素·形素】→形容詞

阪險　王路阪險，鬼方不庭。(東漢《樊敏碑》)

蔥翠　亦安能被嚴霜而蔥翠，出巖石而晈潔者哉。(北魏《高慶碑》)

雪白　雪白之性，孝友之仁。(東漢《張遷碑》)

2.【形素·名素】→形容詞

安枕　時用未獲安枕，俄遷公衡州刺史。(北魏《嚴震墓誌》)

長$_{1}$壽　見在家眷，無病長壽，恒□佛聞法，遇善知識。(東魏《朱舍捨宅造寺記》)

誠心　是以比丘道匠，住与妙曰，今悟盡性，鴆巳誠心，造像六區。(東魏《道匠造像記》)

3.【動素·形素】→形容詞

感傷　無時有志，感傷行路。(北魏《崔宣靖墓誌》)

掩曖　掩曖伊川，斌發嵩峙。(北魏《元恪貴華王普賢墓誌》)

“掩曖”，昏暗貌。

【形素·動素】→形容詞

獨立　挂牀留櫝，風高獨立。(北魏《元璨墓誌》)

4.【形素·形素】→形容詞

重$_{2}$闇$_{1}$　悼純暉之日削，惻重闇之年深。(東魏《李洪演造像記》)

纯白　年在方笄，性志貞粹，雖遭流離，纯白獨著。(北魏《楊氏墓誌》)

獨峻　雅氣獨峻，器望孤遠。(北魏《山徽墓誌》)

微寒　每思傾□，微寒深責。(北魏《元萇溫泉頌》)

5.【副素·形素】→形容詞

不安　屬魏道不安，吳楚騰沸。(北齊《皇甫琳墓誌》)

不怡　天子旰食不怡，夙興有念。(東魏《元均及妻杜氏墓誌》)

至孝　性至孝，譱事親。(北魏《元融墓誌》)

6.【副素·名素】→形容詞

不羣　懿德不羣，藝能罕譬，學通河濕，辭窮晈日。(北齊《石信墓誌》)

不器　德厚無稱，才高不器。（東魏《元顯墓誌》）

不暇　奉軒轅而陳辭兮，申時俗之不暇。（北魏《弔比干文》）

非時　凬音纔振，風神散非時之花；魚鱗已舉，雨伯造清涼之氣。（北齊《高叡修定國寺塔銘碑》）

不世　今遇不世之運，被覆燾之施，豈無風人之作，奚斯之志哉。（西晉《臨辟雍碑》）

上述例子中，“不羣”，謂不平凡，高出同輩。“不器”，謂不像器皿一般局限於一個方面，形容一個人才能齊備。“不暇”，指沒有時間，來不及；“非時”，指不是時候，不合時令。“不世”，指非一世所能有，罕有；非凡。

7.【代素・形素】→形容詞

其餘　其餘功戰，難得詳言。（北周《賀屯植墓誌》）

自高　皆負氣自高，曲樹私惠。（北魏《高道悅墓誌》）

自遠　疏源自遠，命官惟奮。（北齊《司馬遵業墓誌》）

8.【方位語素・形素】→形容詞

內$_1$美　公文辭內美，雄姿外烈。（北魏《元誘墓誌》）

內$_1$敏　含璋內敏，如蕙蘭之納春□。（北魏《元氏妻趙光墓誌》）

9.【名素・動素】→形容詞

神行$_1$　惠化神行，道風潛被，德□實宣，刑政虛設。（北魏《元祐墓誌》）

“神行$_1$”，形容奔馳神速，行走如飛。

10.【數素+動素】→形容詞

一切　西涼曹比丘釋玄嵩，為帝主臣王，累世師長，父母兄弟，六親眷屬，及一切衆生，敬造无量壽、當来弥勒成佛二世尊像。（南朝齊《釋玄嵩造像記》）

“一切”，形容詞。全部，所有。

（四）副詞的性類構成

1.【副素・副素】→副詞

幾$_1$將$_4$　是日危逼，幾將陷沒。（北魏《元恭墓誌》）

匪$_2$直$_1$　匪直體狀豊奇，實亦光彩克異。（北齊《庫狄廻洛妾尉氏墓誌銘》）

豈$_1$直$_1$　豈直留連墳史，軌蹈箴詩，蓋亦孔雀成文，帝蟬為賦。（北

齊《李君妻崔宣華墓誌》）

非直$_1$　非直妙盡機抒，乃亦曲精綺繡。（北魏《韓賄妻高氏墓誌銘》）

非復　蛟龍得雲雨，非復池中物也。（東魏《崔混墓誌》）

未曾　至於振窮周急，援納招引，未曾以優劣致高卑，踈昵成厚薄。（北魏《辛祥墓誌》）

“匪$_2$直”和“非直$_1$”，指不只。“匪$_2$”，通“非”；“非復”，指不再是；“豈$_1$直”，指難道只是，何止。

2.【副素・名素】→副詞

並時　君之群戚，並時繁祉。（北魏《李遵墓誌》）

不日　敬造寶塔一軀，經之不日，斜塵煙際，四翥風生。（北齊《朱曇思等一百人造塔記》）

“不日”指不久。

3.【副素・形素】→副詞

匪$_2$獨　固使素虵縈絰，匪獨白菟馴庭。（北魏《元延明墓誌》）

不獨　庶使文範之貌，不獨百城；有道之美，詎假千石。（西晉《呂望表》）

非常　公壯觀奇偉，異人非常。（北魏《陶浚墓誌》）

4.【動素・副素】→副詞

無不　蠉飛蠕動，無不歸仁。（三國吳《禪國山碑》）

更$_1$相$_2$　又制守墓人，自今以後，不得更相轉賣。（東晉《高勾麗好太王碑》）

迭$_1$相$_2$　是以合邑之人，迭相磬率，建立須彌塔石像二軀。（北魏《韓顯祖等造塔像記》）

5.【副素・助素】→副詞

奄$_1$然　何圖不幸，奄然息世。（北魏《元繼妃石婉墓誌》）

忽然　有靈井三區，忽然自成，浄麗淵圓，今古莫見。（北魏《山公寺碑頌》）

俄$_1$而$_2$　俄而轉大司農少卿，均莭九賦，以豊邦用。（北魏《刁遵墓誌》）

既而$_2$　既而果舉君爲侍中，夫人恕而容過，窮理盡情，爲父所異，皆此類也。（西晉《孫氏碑》）

6.【副素・副素】→副詞

雅$_2$相$_2$　齊武興王，宗英之極，每見昇引，雅相欽尚，未曾不擁篲分

庭，虛左懸榻。（北齊《元始宗墓誌銘》）

未$_2$曾　至於振窮周急，援納招引，未曾以優劣致高卑，踈昵成厚薄。（北魏《辛祥墓誌》）

"雅$_2$相$_2$"，指相互，共同。在石刻中共出現8次。"雅$_2$"，副詞。甚，頗。

7.【副素·數素】→副詞

數$_3$四　於是郡請州□，□桓不就，至於數四。（東漢《外黃令高標碑》）

未幾$_2$　升朝未幾，玉響忽流。（北魏《于景墓誌》）

"未幾$_2$"，指不久。"幾$_2$"指不確定的少數；"數$_3$四"，猶言再三再四，多次。"數$_3$"指屢次。

8.【代素·名素】→副詞

此時　馬隆功速，遠愧此時。（東魏《公孫略墓誌銘》）

爾後　爾後乘駟兆河，觀兵墨水，白蘭拓境，甘松置陣，板載十城，蕃籬千里。（北周《田弘墓誌》）

9.【助素·名素】→副詞

以$_2$後　造像以後，願曰緣眷屬，有形之類，皆淂成佛。（北魏《劉景和造像記》）

"以$_2$後"，"以$_2$"，助詞。用在單純方位詞前，組成合成方位詞或方位結構，表示時間、方位、數量的界限。傳世文獻也有用例，如《孟子·公孫丑上》："自有生民以來，未有孔子也。"

10.【數素+名素】→副詞

一朝$_1$　一朝徂殞，內外悵然。（南朝梁《蕭憺碑》）

一旦　如何一旦，與世長違。（北魏《元繼妃石婉墓誌》）

11.【數素+代素】→副詞

一何　而芒芒天道，杳杳神祇，福善之言，一何無驗？（北周《安伽墓誌》）

"一何"，指為何。

（五）代詞的性類構成

1.【代素·名素】→代詞

我躬　豈愛我躬，命不可贖。（東漢《堂邑令費鳳碑》）

他人　其随身衣物，皆潘生存所服餝，他人不得忘認詆債。（東晉《潘氏衣物券》）

伊$_2$人　協讚伊人，如何弗遺。（北魏《元羽墓誌》）

斯$_1$人　斯人永矣，金石流刊。（北魏《元顯儁墓誌》）

此人　此人善識四非，深解五業。（北齊《劉碑造像銘》）

2.【代素・代素】→代詞

自我　譬諸山水，自我風流。（北齊《□子輝墓誌》）

3.【動素・代素】→代詞

如此　其熟能傳輝踵美，致如此之遠哉。（北魏《鄭羲下碑》）

4.【形素・代素】→代詞

獨自　啫以吾封非□淹兄弟不得獨自跨雖□。（北魏《南石窟寺之碑》）

【副素・代素】→代詞

徑自　徑自轘轅，趣賊右股。（北魏《尔朱襲墓誌》）

必然　兄弟穆常棣之親，朋友著必然之信。（北魏《刁遵墓誌》）

"徑自"，表示自己直接行動。"徑"，指直接。"必然"，指事理必定如此。

5.【助素・代素】→代詞

伊$_1$何　其德伊何？克忠克力。（東漢《楊統碑》）

云何　云何濟彼，唯善斯媒。（北齊《義慈惠石柱頌》）

"云何"，指為何，爲什麼。

（六）數詞的性類構成

1.【數素・數素】→數詞

二九　于時沖年立操，二九登庸。（北魏《王真保墓誌》）

三五　三五之季，朗鑒無礙；四六之歲，内外居弘。（東魏《廉富等造義井頌》）

三九　苦行授記之後，便能絜真見樹，定想三九。（東魏《道□碑記》）

四六　三五之年，朗鑒無礙；四六之歲，内外居弘。（東魏《廉富等造義井頌》）

十二　演十二而曉群情；蹄三車以運諸子。（北齊《劉碑造像銘》）

九九　九九永年歸去也，白雲影裏現神光。（東魏《南宗和尚塔銘》）

半千　斯所謂通人靡滯，歷半千而一遇者已。（東魏《李挺墓誌》）

半百　以錢半百，分券為明，如律令。（南朝齊《秦僧猛買地券》）

"二九"，即十八；"三五"，指十五天；"三九"，指二十七；"四六”，指二十四；“九九”，指八十一；“半千”，指五百年。

2.【形素·數素】→數詞

巨$_1$億$_2$ 戎戢土佚，費省巨億。（東漢《衡方墓碑》）

3.【副素·數素】→數詞

詎幾$_2$ 人生詎幾，身世已空。（東魏《元湛妃王令媛墓誌》）

“詎幾$_2$”，謂無多。“詎”，副詞，表反詰，相當於“豈，難道”。“幾$_2$”，指若干，多少。

（七）量詞的性類構成

1.【數素·量素】→數量詞

一襲 賜朝服一襲，蠟三百斤，贈布絹一千三百匹。（北魏《元乂墓誌》）

千刃$_2$ 公秉氣山河，神華挺秀，千刃難階，萬頃無度。（北齊《石信墓誌》）

九重$_2$ 雖復層城九重，未方其峻；扶搖九萬，詎並其高。（北齊（《高顯國妃敬氏墓誌》）

十紀 雖十紀七葉之門，銀鉤金社之族，自我相望，有兼厥美。（東魏《元子邃妻李艷華墓誌》）

百頃$_2$ 叔度百頃，君亦洋洋。（北魏《穆纂墓誌》）

半升 又方，胡荽根葉搗汁半升，頓服，立下。（北齊《都邑師道興造像記並治疾方》）

“襲”，衣服成套稱為襲；“刃$_2$”，通“仞”，古人以八尺為仞；“重$_2$”，量詞，指層、道；“雉$_2$”，古代計算城牆面積的單位；“鎰”，古代重量單位；“尋”，長度單位。八尺為一尋；“紀”，紀年的單位，若干年循環一次為一紀、一世。

其他還有，如百重$_2$（北魏《元恭墓誌》）、百年（北魏《鄧羨妻李榘蘭墓誌》）、百刃$_2$（東魏《李仲琁修孔廟碑》）、百畝（南朝宋《王佛女買地券》）、百雉$_2$（北齊《高叡修定國寺塔銘碑》）、百鎰（北齊《薛廣墓誌》）、百丈（北齊《臨淮王像碑》）、百尋（北周《豆盧恩墓碑》）、千里（東漢《蒼頡廟碑》）、千年（北齊《臨淮王像碑》）、千重$_2$（北魏《元願平妻王氏墓誌》）、千仞（北魏《韓賄妻高氏墓誌銘》）、千尋（北魏《張猛龍碑》）、千丈（北魏《染華墓誌》）、千億$_2$（北魏《元天穆墓誌》）、千石（東漢《華山廟碑》）、千鍾（北齊《裴良墓誌》）、千頃$_2$（北周《豆盧恩墓碑》）、萬鍾（北魏《元緦妃李媛華墓誌》）、萬里（東漢《燕然山銘》)、萬年（東漢《山東蒼山元嘉畫象石墓題記》)、萬丈(北魏《元願平妻王氏墓誌》)、萬刃（北齊《高叡修定國寺塔銘碑》)、萬頃$_2$(北魏《王紹墓誌》)、萬石（南朝陳《黃法氍墓誌》)、萬尋（北魏《穆纂墓誌》）等。

2.【形素・量素】→數量詞

累$_1$刃$_2$　衿抱綽綽，累刃未高。(北魏《元靈曜墓誌》)

重$_2$仞　雖牆宇重仞，而温其如玉。(南朝梁《蕭敷墓誌》)

3.【名素・量素】→數量詞

方$_1$寸　又方，當歸末方寸匕，和酒服。(北齊《都邑師道興造像記並治疾方》)

4.【動素・量素】→數量詞

盈尺　合浦徑寸，藍田盈尺。(北齊《報德像碑》)

“盈”，指充滿。

三　偏正式語素組合的表現特點

通過以上的具體分析，結合漢以前及同時期的其他語言材料的偏正式語素組合的特點，我們來總結漢魏晉南北朝石刻偏正式語素組合在使用及變化上的特點。

（一）從語義上看，正語素的意義成分和偏語素的結合關係有了新的發展變化

1. 正語素意義成分在數量上的增加

正語素的意義成分不僅繼續存在有關人或事物的類型，而且增加了相當一部分有關動作、行爲的（1340 個）和部分有關性質、狀態的（553 個）類型，還出現了正語素為副詞（23 個）、數詞（16 個）、量詞（22 個）及代詞（15 個）的類型。我們現在進行一下比較：向熹認為《詩經》[①] 里主要表示人或事物，正語素關於動作、行為的不足十個，關於性質狀態的一個也沒有；劉志生認為東漢碑刻[②] 不僅繼續存在有關人或事物的正語素，有關動作、行為和性質、狀態的正語素分別發展到了 416 個和 67 個，還有 1 例正語素為副詞（未

① 向熹：《〈詩經〉裏的複音詞》，《語言學論叢》1980 年第 6 期。

② 劉志生：《〈東漢碑刻〉複音詞研究》，巴蜀書社 2007 年版，第 129 頁。

曾）；許慎《說文解字》[①] 中充當正語素的動語素構成的複音詞不超過十個，形語素構成的複音詞僅有一例（大苦）；程湘青認為《世說新語》[②] 中出現的偏正式語素組合共573個，有關人和事物、動作和行為、性質和狀態的正語素在數量上較前代都有增加。與這些代表性的語料相比，漢魏晉南北朝石刻語料中正語素數量及意義成分大大增加了，這一方面說明了石刻語料內容的豐富性所體現的事物的紛繁複雜性，另一方面也從某種角度上論證了漢語詞彙雙音化是中古漢語詞彙發展的一個重要標誌。

2. 偏正語素間的意義關係更加多樣化

首先，除了繼續先秦時代（代表性的語料有《尚書》《詩經》《論語》《韓非子》）[③] 已經初步定型的修飾、限定表示人或事物、動作或行為以及性質或狀態的偏語素的種類分別爲13種、8種和2種外，還新增了表程度、時間和否定三種類型。另外，漢魏晉南北朝石刻語料中還出現了一定數目的有關副素、數素和量素方面的正語素。正語素為副素的有“必、不、當$_3$、否$_1$、方$_3$、匪$_2$、更$_2$、將$_4$、詎、忽$_2$、互、溘、莫$_4$、僉”等24個。值得一提的是，這些副詞性語素已經從其本義中分化出來，成為真正意義上的副詞，且和現代漢語中副詞的用法基本相同。正語素為數素方面，從一到十，從百到億$_2$，全部齊備；正語素為量詞的有“咫、尺、寸、丈、匹、畝、頃$_2$、仞、鈞$_1$、擔$_2$、尋$_2$、銖、升”等23個。即使同時代的《世說新語》也還沒有數詞和量詞兩種類型。

其次，與先秦及同時代的語料相比，石刻中正語素的意義成分在內容上也有所增加。最明顯的是充當大類名的有關人的正語素的增加，從而形成了一羣構詞能力較強的名詞性正語素。我們將與一些有代表性的語料作一比較（見下表）：

① 喻遂生、郭力：《〈說文解字〉的複音詞》，《西南師範大學學報》1987年第1期。

② 程湘青：《〈世說新語〉複音詞研究》，載《魏晉南北朝漢語研究》，山東教育出版社1988年版，第31、52頁。

③ 程湘青：《漢語史專書複音詞研究》，商務印書館2003年版。

表 3-1　　構詞能力強的名詞性正語素語料對比表

語料名	充當大類名有關人的正語素
《詩經》①（西周）	人、民、子$_1$、弟、伯、王、侯、夫$_1$、女、師、氏
《論語》②（東周中）	人、臣、君、子$_1$、夫$_1$、生、卿、友
《韓非子》③（東周末）	人、民、臣、子$_1$、士、母$_1$、妾、吏
《論衡》④（東漢）	人、工、士、家、官、吏
《東漢碑刻》⑤	人、民、子$_1$、吏、士、君、臣、父$_1$、孫、王、祖、師、嗣、母$_1$、帝、神、官、夫$_1$、弟、哲、裔、彥
《世說新語》⑥（魏晉南北朝）	人、士、工、家、兒、女、母$_1$、兄、郎、客、主、奴
《敦煌變文集》⑦（隋唐）	人、家、士、師、兒$_1$、女、郎、夫$_1$、客、戶、王、官、母$_1$
漢魏晉南北朝石刻	人、子$_1$、士、臣、主、王、民、師、哲、母$_1$、官、公、夫$_1$、軍、兵、君、弟$_1$、女、祖、孫、神、父$_1$、吏、婦、裔、長$_2$、英、后、將$_1$、帝、兄、兒$_1$

從上表可以看出，與先秦相比，漢魏晉南北朝石刻繼承了先秦出現的如“人、民、子$_1$、臣、王$_1$、士、夫$_1$、生、女、母$_1$、吏”等外，還新增了活躍語素如“官、公、軍、兵、祖、孫、婦”等；與同時期漢代和魏晉六朝與其後的隋唐相比，大類名如“人、士、夫$_1$、師、兒$_1$、女、王$_1$、官、母$_1$”等依然作為活躍語素使用；石刻中也出現了具有鮮明語料特點的大類名，如“神、裔、長$_2$、英、后、將$_1$、哲”，這在《世說新語》和變文不曾有。

（二）從詞性構成方式看，結構方式有了很明顯的增加

漢魏晉南北朝石刻同先秦一樣，偏正式主要構成的是名詞。構成名詞的結構方式除了繼承先秦［形・名］［名・名］［數・名］［動・名］

① 向熹：《〈詩經〉裏的複音詞》，《語言學論叢》1980 年第 6 期。

② 程湘青：《先秦雙音詞研究——對〈尚書〉、〈詩經〉、〈論語〉、〈韓非子〉雙音詞的考察》，《漢語史專書複音詞研究》，商務印書館 2003 年版。

③ 同上。

④ 程湘青：《〈論衡〉雙音詞研究》，《漢語史專書複音詞研究》，商務印書館 2003 年版。

⑤ 劉志生：《〈東漢碑刻〉複音詞研究》，巴蜀書社 2007 年版，第 130 頁。

⑥ 程湘青：《〈世說新語〉複音詞研究》，載《魏晉南北朝漢語研究》，山東教育出版社 1988 年版，第 31 頁。

⑦ 程湘青：《變文雙音詞研究》，《漢語史專書複音詞研究》，商務印書館 2003 年版。

［數·動］5 種主要方式外，又增加了 20 種以上，共達 28 種之多。同時還有 13 種方式構成動詞，11 種方式構成形容詞，11 種方式構成副詞，6 種方式構成代詞，數量詞分別為 3 種和 4 種。這與漢語詞彙總量中，名詞、動詞、形容詞是主要成分相一致。同時也說明，正是漢語詞義的發展推動了詞性結構方式的發展。

（三）從歷史的比較看，漢魏晉南北朝石刻偏正式語素組合的詞義、詞性以及用法上大部分被後世所沿用，但也有部分詞與現代漢語不同的

如：

【斯$_2$文】指禮樂教化，典章制度。如北魏《鄭羲下碑》："蘊斯文於衡泌，延德聲乎州閭。"現代漢語則指文雅的之義。

【後來$_1$】指以後成長起來的人或以後。"後來$_1$"指後成長起來的人。如北齊《李希宗妻崔氏墓誌》："日月罷照，黃泉或開，勒此琬琰，遺諸後來。""後來"，猶以後。如東魏《李仲琁修孔廟碑》："樹碑廟庭，俾後來君子，知功業之若斯焉。"現代漢語則主要指後一個意義。

【自$_1$理】指自然而治。如北魏《元延明墓誌》："殺青自理，簡柒斯正。"現代漢語則指自己承擔或料理。

【電波】指閃電和流水。如東漢《桂陽太守周憬功勳銘》："乃命良吏，獎帥壯夫，排頹磐石，投之寥壑，夷高填下，鑿截回曲，弼水之邪性，順導其經脈，斷硍濭之電波，弱楊侯之洶湧。"現代漢語則指電磁波。

【位置】指品評人稱，分別高下。北齊《裴良墓誌》："君美容止，善位置。"現代漢語則指所處的地位、地方或職位。

【洞房】指幽深的內室。多指臥室、閨房。如北齊《王憐妻趙氏墓誌》："洞房石室，珉床雕户，庶畢天地，永旌不朽。"也指連接相通的房間。如北齊《裴良墓誌》："洞房詰屈，漸臺屈詭。"現代漢語則特指新婚夫婦的臥室。

【謠言】指民間流傳的歌謠或諺語。如東漢《劉熊碑》："乃相與咨度諏詢，采摭謠言，刊石旌□詩三章"。現代漢語則指未經證實或與事實不符的言論。

【軍甲】指軍隊、軍士。如東漢《成陽靈臺碑》："四夷數侵，軍甲數擾。"現代漢語則指武器、軍備。

【中心】指心中。如北魏《弔比干文》："寫欝結於聖人兮，暢中心之祕語。”現代漢語則指在某一方面占重要地位、起主導作用的地方。

另外，偏正式組合也產生了一些新詞新意。有一些帶有明顯的時代和地域特點，如“江表”（西晉《臨辟雍碑》），指孫權建立的東吳政權；“中朝$_2$”（南朝宋《爨龍顏碑》）、“西朝$_2$”（北魏《元瑱墓誌》），都指稱建都洛陽的西晉。有的是因為詞義的演變而變為新詞。如“太陽”，本指旺盛的陽氣，是一個哲學名詞。《尚書大傳》卷五：“遂人以火紀；火，太陽也。”漢董仲舒《春秋繁露・陰陽終始》：“故至春少陽，東出就木，與之俱生；至夏太陽，南出就火，與之俱煖。”在漢魏晉南北朝石刻中則變成普通名詞，与現代漢語相同，如東魏《邑主造石像碑》：“恐朝露之命，覩太陽而旭晞；草木之年，隨秋霜而降墜。”總的來說，偏正式語素組合成詞後，變化的較少，繼承的較多，說明偏正式複音詞的發展相對來說比較穩定。

第三節　漢魏晉南北朝石刻支配式語素組合

漢魏晉南北朝石刻中的支配式語素組合，從意義構成上看，前一個語素表示動作或行為，後一個語素表動作行為關涉的對象，二者構成一種支配關係。石刻中共有支配式語素組合 3142 個，占複音詞總數的 13.4%，占語法造詞總數的 14.4%。其中，由語素組合而成的動詞 3011 個，名詞 74 個，形容詞 50 個，副詞 6 個，代詞 1 個。

一　詞性分佈情況

具有支配與被支配關係意義關係的兩個語素構成動詞、名詞、形容詞、副詞和代詞。

（一）【支配語素+被支配語素】→動詞

共 3011 個。其中可分為：［動素・名素→動詞］［形素・名素→動詞］［動素・形素→動詞］［動素・動素→動詞］［形素・形素→動詞］［方位語素・名素→動詞］［動素・方位語素→動詞］［形素・方位語素→動詞］八種形式，分別為 2713 個、33 個、165 個、92 個、5 個、1 個、1 個、1 個。

1.【動素・名素】→動詞

放筆　懸宗殞轉，放筆留音。（北齊《雋敬碑》）

變節　及運在天黿，笙箢變節，蛟龍慶雲，同歸有道。（北齊《元賢墓誌》）

起兵　丞相以世荷蕃屏，志存匡復，起兵晉陽，問罪伊闕。（北魏《笱景墓誌》）

合璧　締構連珠，開峯合璧，綿基雲藹，故以焕乎圖緯矣。（北魏《元譚墓誌》）

延賓　至於西園命友，東閤延賓，懷道盈堦，專經滿席。（北魏《元邵墓誌》）

秉政　四弟御史中丞，抗天門而秉政。（北齊《叱列延慶妻尒朱元靜墓誌》）

執柄　入膺北斗，執柄端衡。（北齊《隴東王感孝頌》）

上述例子中，“放筆”，意為縱筆；“變節”，謂改變志節；“起兵”，指發兵，出兵；“合璧”，兩個半璧合成一個圓形，比喻日月同升；“延賓”，謂引入賓客；“秉政”，謂執掌政權；“執柄”，指拿着器皿的柄，比喻掌權；“比$_1$介$_1$”，謂毗鄰，接界，連界。“介$_1$”，通“界”。

其他還有，如比$_1$翼（北魏《王翊墓誌》）、保身（北魏《元繼墓誌》）、按部（北周《封孝琰墓誌》）、秉筆（北魏《楊熙僊墓誌》）、報功（東漢《孔羡碑》）、連鑣（北魏《李暉儀墓誌》）、交兵（三國魏《王基斷碑》）、屯$_2$兵（北魏《元珍墓誌》）、治兵（北魏《元遙墓誌》）、徵兵（北魏《高道悦墓誌》）、擁兵（南朝陳《黃法氍墓誌》）、稱$_1$兵（北齊《梁子彥墓誌》）、論兵（北魏《李君穎墓誌》）、勒兵（北周《步六孤須蜜多墓誌》）、觀$_1$兵（北齊《平等寺碑》）、罷兵（西魏《法超造像記》）、卜日（北魏《赫連悦墓誌》）、卜世（北齊《高叡修定國寺頌》）、卜地（北周《王鈞墓誌》）、理財（東漢《劉熊碑》）、捨財（北魏《元悦修治古塔碑銘》）、輕財（東魏《房悦墓誌》）等等。

2.【形素・名素】→動詞

長$_2$人　夫其體仁足以長人，嘉德足以合禮，貞固足以幹事，寬容足以苞物。（北魏《元寶月墓誌》）

長$_2$壽　不獨爲邑身，前願皇帝、国王延粗，人民長壽。（北齊《僧通等八十人造像記》）

安時　安時信命，養晦遵蒙。（東魏《元鷙墓誌》）

痛心　天子震悼，羣辟痛心。（北魏《元暉墓誌》）

明心　明心劍玉，清身水鏡。(北魏《元緒墓誌》)

恭己　穆穆高宗，諒唯恭己。(北魏《王誦妻元貴妃墓誌》)

急病　橫戈躍馬，志康急病。(北齊《竇泰墓誌》)

"長$_2$人"，指為人君長，統治者；"長$_1$壽"，謂延長壽命；"安時"，指安於時運；"明心"，猶使心思清明純正；"虛己"，猶虛心；"恭己"，謂恭謹以律己；"急病"，猶解難。

其他還有，如安席（北齊《韓裔墓誌》）、安業（東魏《房悅墓誌》）、安邊（東漢《鮮于璜墓碑》）、昌$_1$族（北魏《魏文朗造像碑》）、澄神（北涼《沮渠安周造像記》）、慚德（北周《叱羅協墓誌》）、齊$_1$德（南朝梁《蕭憺碑》）、寧方$_1$（北齊《高叡修定國寺塔銘碑》）、隆化（東漢《孔羨碑》）、榮國（北魏《元顥妃李元姜墓誌》）、偉世（北魏《寇猛墓誌》）等。

3.【動素・形素】→動詞

垂白　優柔善成，无小无大，垂白再仕，汎爾沿流。(北魏《李超墓誌》)

推誠　公自己被人，推誠感物，設奇應變，化若有神。(北魏《元壽安墓誌》)

茹苦　銜悲茹苦，既鰲且獨。(北魏《胡顯明墓誌》)

送款　朝野榮賤，望風送款。(北魏《皇甫驎墓誌》)

摧枯　飄如拉朽，絛似摧枯。(北齊《庫狄廻洛墓誌銘》)

拉朽　飄如拉朽，絛似摧枯。(北齊《庫狄廻洛墓誌銘》)

"垂白"，白髮下垂，謂年老；"推誠"，以誠心相待；"送款"，謂投誠，歸降；"通微"，通曉、洞察細微的事物。"摧枯"和"拉朽"，即"摧古拉朽"，謂摧折枯枝朽木，比喻極容易辦到。語本《漢書・異姓諸侯王表序》："鐫金石者難為功，摧枯朽者易為力，其勢然也。""辟$_2$惡$_1$"，指祛邪避災。

其他還有，如放暢（北魏《鄭道忠墓誌》）、請和$_1$（北魏《高廣墓誌》）、降$_1$尊（南朝梁《蕭憺碑》）、懷貞（北魏《元熙墓誌》）、呈祥（北魏《寇慰墓誌》）、冒險（北魏《崔猷墓誌銘》）、黜否$_2$（東漢《孔彪墓碑》）、甄微（東漢《楊震墓碑》）、立信（北魏《元隱墓誌》）、鍾美（北魏《王翊墓誌》）、抱純（北魏《陸紹墓誌》）、含悲（北魏《宋虎墓誌》）、秉直（北魏《奚智墓誌》）、秉正（北魏《楊遁墓誌》）、過直

（東漢《渡君碑》）、負固（東漢《臨辟雍碑》）、追遠（北魏《元勰妃李媛華墓誌》）、行$_1$樂$_2$（動魏《李憲墓誌》）等。

4.【動素·動素】→動詞

分$_1$謗　衆軍淪淯，公亦分謗。（北周《賀蘭祥墓誌》）

作保　踐仁作保，履義居蕃。（北魏《元懷墓誌》）

逋誅　太祖哀我隴蜀，獨隔皇天，忿彼逋誅，仍竄峭澠。（北齊《庫狄廻洛墓誌銘》）

垂諴　宜輟機垂諴，屈身敦義。（北魏《元繼妃石婉墓誌》）

貽譏　故以貽譏博士，見号諸生。（北魏《李暉儀墓誌》）

"分$_1$謗"，謂分擔別人收到的誹謗；"作保"，做擔保，充當擔保人；"逋誅"，指逃避誅罰；"貽譏"，指招致譏責。

其他還有，如布化（東漢《楊震墓碑》）、布教（東魏《李顯族造像碑》）、銜恨（南朝梁《蕭憺碑》）、授賞（北魏《和邃墓誌》）、申請（東魏《蕭正表墓銘》）、禦侮（北魏《嚴震墓誌》）、致敬（東魏《杜文雍等十四人造像記》）、啓封（北齊《李雲墓誌》）、忘$_1$言（東魏《元凝妃陸順華墓誌》）、應$_2$變（北魏《元壽安墓誌》）、流歎（北齊《平等寺碑》）等。

5.【形素·形素】→動詞

安貧　親父安貧守賤，不可營以祿。（東漢《婁壽墓碑》）

慈幼　言不苟合，則朋友稱其信；恭長慈幼，則遠近歎其能。（北魏《元恩墓誌》）

柔遠　柔遠懷迩，闡曜威靈。（北魏《元懌墓誌》）

"慈幼"，謂愛護幼小者；"柔遠"，謂安撫遠人或遠方邦國。

6.【方位語素·名素】→動詞

東轅　君乃聲金辭闕，肅駕東轅，玉軑載途，弓旌亦發。（北魏《元端墓誌》）

東轅　公匪義張祚，東轅入秦。（北魏《王真保墓誌》）

"東轅"，指領兵東出或駐守東境。"轅"，指軍營的轅門。

7.【動素·方位語素】→動詞

袒左　君乃揚徽袒左，非由魚石之封；奮辟同盟，言討華臣之族。（北齊《薛廣墓誌》）

8.【形素·方位語素】→動詞

虛左　齊武興王，宗英之極，每見升引，雅相欽尚，未曾不擁篲分

庭，虛左懸榻。（北齊《元始宗墓誌銘》）

"袒左"，謂袒出衣服的左袖，而露出左臂。"虛左"，指空着左邊的位置。方位語素、形素含有使動的意義。

（二）【支配語素+被支配語素】→名詞

共74個。其中可分為：［動素・名素→名詞］［動素・動素→名詞］［動素・量素→名詞］［動素・形素→名詞］四種形式，分別為65個、7個、1個、1個。

1.【動素・名素】→名詞

知$_1$命　年過知命，遭疾掩忽。（東漢《楊卿耿伯墓記》）

載$_1$筆　出侍龍樓，入華載筆，遂給黃門，延登樞密。（北魏《元暉墓誌》）

觸地　後以劉石鴟峙，觸地豺狼。（東魏《程哲碑》）

有道　及運在天黿，笙篁變節，蛟龍慶雲，同歸有道。（北齊《元賢墓誌》）

交臂　限生誰我，交臂何追。（北魏《赫連悅墓誌》）

同胞　至乃賢賢於受體，非日用其三牲；怡怡於同胞，乃投八力於四海。（東魏《元玕墓誌》）

垂髫　君資靈神嶽，挺秀蘭蕖，越自垂髫，建扶天之志。（北魏《元隱墓誌》）

負扆　端旒有念，負扆興嗟，褒錫之典，事加恒數。（北魏《元舉墓誌》）

"知$_1$命"，代指五十歲；"載$_1$筆"，攜帶文具記錄王事，借指史官；"觸地"，指到處，遍地；"有道"，指政治清明之世；"交臂"，指知心朋友；"同胞"，指同父母所生的兄弟姊妹。"同"，指共，共一個；"垂髫"，指兒童或童年。髫，兒童下垂的頭髮；"負扆"，背靠屏風，這裏代指皇帝。

2.【動素・動素】→名詞

司直　庶事咸理，內外肅然，可謂古之遺愛，邦之司直。（北齊《竇泰墓誌》）

有司　乃詔有司，大赦天下，改元正始。（東漢《受禪表》）

"司直"，主正人過。亦指主正人過的人。《詩・鄭風・羔裘》："彼其之子，邦之司直。"王引之《經義述聞・毛詩上》"邦之司直"引王念孫曰："直，謂正人之過也……是邦之司直，主正人過。""有司"指官吏。

古代設官分職，各有專司，故稱。

3.【動素・量素】→名詞

函丈　過庭之訓，沾教而美，函丈之傅，義出師心。（北魏《元誕業墓誌》）

“函丈”，《禮記・曲禮上》：“若非飲食之客，則布席，席間函丈。”鄭玄注：“函，猶容也。講問宜相對容丈，足以指畫也。”原謂講學者與聽講者之間相距一丈，後指對前輩學者和老師的尊稱。

4.【動素・形素】→名詞

無妄　時逢多詖，運屬無妄。（北魏《楊順墓誌》）

“無妄”，指《易》卦“無妄”，即災禍變亂。

（三）【支配語素+被支配語素】→形容詞

共50個。其中可分為：［動素・名素→形容詞］［動素・形素→形容詞］［形素・名素→形容詞］［副素・名素→形容詞］［副素・動素→形容詞］［動素・數素→形容詞］和［動素・量素→形容詞］七種形式，分別為16個、16個、3個、8個、3個、3個、1個。

1.【動素・名素】→形容詞

悼心　親朋悼心，知故隕泗。（北魏《侯掌墓誌》）

絶倫　夫人幼而明惠，容德絶倫。（北魏《元倖墓誌》）

備體　惟公八能備體，六行在躬。（北齊《徐徹墓誌》）

傾城　德兼柔慎，質儷傾城。（東魏《高湛妻茹茹公主閭氏墓誌》）

出羣　容韻優裕，早負出羣之才；風則韶綺，幼挺不羈之質。（北魏《元靈曜墓誌》）

生身　又願師僧父母，七世父母，生身父母，囙緣眷属，邊地衆生，俱登正覺。（北齊《合邑五十人造像記》）

無情　山川奇事，風月無情。（北周《步六孤須蜜多墓誌》）

無外　大慈廣被，作潭無外。（北魏《杜文慶等二十人造像記》）

無際　仁恕寬和，泯然無際。（北魏《李暉儀墓誌》）

“悼心”指痛心，傷心；“絶倫”，謂無與倫比；“備體”，指齊備，完備；“傾城”，形容女子極其美麗；“出羣”猶與衆不同；“生身”，謂親生的。“無外”，指無窮盡、無所不包。

2.【動素・形素】→形容詞

垂白　無小無大，垂白再仕，泛爾沿流。（北魏《李超墓誌》）

挺達　公體自王基，氣連天骨，秉資挺達，獨拔時英。（北齊《吳遷墓誌》）

挺秀　自非雄明挺秀，無以委居邊捍。（北魏《檀賓墓誌》）

挺茂　皇后天姿挺茂，英德休康。（西晉《徐義墓誌》）

無窮　陵谷或易，名德無窮，且雕且琢，粗記餘風。（東魏《張滿墓誌》）

"垂白"，白髮下垂，代指年老；"挺達"，謂放達、曠達；"挺秀"，指秀逸出衆，挺拔秀麗；"挺茂"，謂秀異出衆。

3. 【形素·名素】→形容詞

愁人　白楊思鳥，青松愁人。（北魏《元煥墓誌》）

孤羣　自非累代豪家，王公之族，才逸孤羣，都無以豫其選。（北魏《王真保墓誌》）

"愁人"指令人發愁。"孤羣"，超脱大衆。

4. 【副素·名素】→形容詞

匪躬　朝廷侃侃，有匪躬之譽。（北魏《元邵墓誌》）

"匪躬"，指忠心耿耿，不顧自身。

5. 【副素·動素】→形容詞

無倫　郡君資質妍婉，曠世無倫。（北齊《庫狄廻洛妻斛律氏墓誌銘》）

無知$_1$　豈悟天道無知，與善徒言，享年不永，凶圖橫集。（北魏《司馬景和妻孟敬訓墓誌銘》）

6. 【動素·數素】→形容詞

無二　降恩厚澤，平等無二。（東魏《崔鴻妻張玉憐墓誌》）

無貳　九服混同，聲教無貳。（東漢《臨辟雍碑》）

7. 【動素·量素】→形容詞

無雙　生而奇骨無雙，孩而日新月就。（北魏《元文墓誌》）

（四）【支配語素+被支配語素】→副詞

共6個。只有［動素·名素→副詞］的類型。

登時　君與兄雄戮力均心，登時擒勦。（北齊《堯峻墓誌》）

隨時　重施義南課田八十畝，東至城門，西屆舊官道中，平坦良田，立文永施，任義園食衆領蒔果，普天共味，隨時禮念。（北齊《義慈惠石柱頌》）

並時　東越於海，西及流沙，並時集至，萬有餘人。（東漢《臨辟雍碑》）

應$_2$時　前後國縣，屢有祈請，指日刻期，應時有驗。（東漢《白石神君碑》）

轉$_1$景$_2$　是時府在西成，去家七百餘里。休謁往來，轉景即至，闔郡驚焉。（東漢《唐公房碑》）

自古　有来自古，無恨丘陵。（北齊《竇泰墓誌》）

“登時”，立即，立刻；“須時”，指些許時間，短時間；“並時”，指一時，同時；“應$_2$時”，隨時，即刻；“轉$_1$景$_2$”，猶轉眼、轉瞬，形容極短時間。景，日影。

（五）【支配語素+被支配語素】→代詞

共1個。

如何　如何金鏡，奄忽盡輝。（東魏《闞勝碑》）

“如何”指怎麼，爲什麼。

二　支配式語素組合的特點

（一）語素構詞方式多樣化

先秦以名詞居多，動詞，形容詞較少，故其語素性類的構成也比較單一。在漢魏晉南北朝石刻中，由支配式語素組合生成了大量的動詞，其構詞語素的性類結構方式也趨於多樣化。如上所示，語素構成動詞的結構方式有8種，名詞4種，形容詞7種，副詞1種，代詞1種。這種情況大大改變了先秦以［動素・名素］→名詞和［動素・名素］→動詞為主的兩種語素性類結構方式。

究其原因，隨着人類認知能力（特別是語言能力）的發展，人們對客觀事物的概括和分類能力也逐漸增強。按照湯廷池[①]的看法，這種“内化”（internalize）的語言能力與“外在”（exterior）的有關語言結構的知識之間有着直接聯繫。語法學者們便把這種聯繫加以條理化（generalize）和規律化（formalize），歸納得出種種名目，從而使我們可以根據構成成分之間的關係來對複合詞内部結構進行多方面的分析和判斷。

① 湯廷池：《國語詞彙學導論：詞彙結構與構詞規律》，載《漢語詞法句法論集》，台灣學生書局1988年版。

有些語素作為支配對象，如秉、播、布、超、稱$_1$、成、承、馳、乘$_1$、抽、出、垂、從$_1$、發、分$_1$、歸、懷、結、開、流、隨、挺、推、御、運等，使用類推的手段，分别和不同的被支配語素結合，形成衆多的新的支配式複音詞。如語素"秉"可以構成"秉彝""秉夷""秉道$_1$""秉憲""秉心""秉德""秉麾""秉志""秉文""秉筆""秉旄""秉笏""秉牘""秉節""秉國""秉鈞""秉鉞""秉政""秉操""秉權""秉珪""秉燭""秉軸"；語素"布"可以構成"布政""布藻""布澤""布惠""布金""布雨""布姓"；語素"超"可以構成"超生""超世""超羣""超乘$_2$""超倫""超塵""超步"；語素"流"可以構成"流惠""流光""流德""流愛""流音""流形""流膏""流涕""流淚""流血""流彩""流祉""流謙""流響""流聲""流徽""流暉""流芬""流芳""流馨""流韻""流譽""流美""流名""流歎""流毒""流珠"等。

（二）支配式語素構詞後，在詞義、詞性和用法上較穩定

基本上在後世流傳，祇有一小部分詞的意義同現代漢語有了差異。如：【味道】石刻中指體味道的哲理，體察道理。北魏《嚴震墓誌》："入則味道，出則照德。"【同志】石刻中指志向相同。東魏《嵩陽寺碑》："與諸同志以師遺功，成茲洪業。"【同胞】石刻中指同父母所生。南朝梁《蕭憺碑》："公同胞異體，彌深友愛。"【致命】石刻中指傳達言辭、使命。東魏《張滿墓誌》："元瑜以文章見徵，子通由博識致命，言之此授，非君莫允。"【急病】石刻中指急於解救困難。北齊《竇泰墓誌》："横戈躍馬，志康急病。"【圖形】石刻中指繪畫圖形。北魏《元祐造像記》："圖形泉石，搆至雲松。"【知$_1$識】石刻中指相知的人；朋友。北魏《范國仁等造像記》："上為皇帝陛下，州郡令長，七世父母，下及來生眷屬，善友知識，同斯福慶。"【報應$_2$】石刻中指祭禱的靈驗。東漢《華山廟碑》："其有風旱，禱請祈求，靡不報應。"

另外，石刻中由具有動語素和副語素雙重身份的"無"構成的支配式組合共88個，其中沿用至今的多達67個，如"無極""無恙""無疆""無際""無邊""無崖""無始""無色""無心""無知$_1$""無效""無言""無我""無名""無人""無期$_1$""無聲""無力""無憂""無緣""無情""無盡""無雙""無二""無聞""無為""無常""無數$_2$""無窮"等，都是今天的常用詞。

第四節　漢魏晉南北朝石刻表述式語素組合

表述式語素組合的前語素表示被陳述的對象，後語素對前語素加以陳述。漢魏晉南北朝石刻中共有單音節語素構成的表述式複音詞 260 個，占全書複音詞的 1.1%，占語法構詞的 1.2%。其中單音節語素構成的動詞最多，共 136 個；形容詞次之，共計 86 個；名詞最少，共計 38 個。

一　詞性分佈情況

（一）【主語素+謂語素】→動詞

共 136 個。其中可分為：［名素・動素→動詞］和［代素・動素→動詞］兩種形式，前者 81 個，後者 55 個。

1. 【名素・動素】→動詞

山崩　氛妖雲扇，犲狼蟻動，山崩海傾，枝堰非止。（北魏《尹祥墓誌》）

璧碎　冥不壽善，災弗擇人，璧碎淯沼，珠亡漢濱。（北魏《穆彥妻元洛神墓誌》）

宸鑒　顧以賢宰餘休，聖（下闕）宸鑒斯揆。（北齊《西門豹祠堂碑》）

宸居　高祖宸居兩楹，志清九服。（北魏《元龍墓誌》）

川流　川流泱瀁，鮮榮之後暢。（北魏《南石窟寺之碑》）

英發　識用開敏，氣幹英發。（東魏《高湛墓誌》）

辭費　史無闕文，我略辭費。（北齊《報德像碑》）

2. 【代素・動素】→動詞

自$_1$安　獲無為以自安，控玄範以騰觀。（北魏《錡雙胡造像記》）

自$_1$愛　平生自愛，甚慎機微。（北魏《元繼妃石婉墓誌》）

自$_1$給　得收田上毛物穀實自給，即訾下不中，還田轉與當爲父老者，傳後子孫以爲常。（東漢《漢侍廷里父老僤買田約束石券》）

自$_1$拔$_1$　事出不虞，變起慮外，造次之間，未能自拔，遂被摧迫，低眉寇手。（東魏《崔混墓誌》）

（二）【主語素+謂語素】→名詞

共 38 個。其中可分為：［名素・動素→名詞］［名素・形素→名詞］

二種形式，分別為29個、8個。

1.【名素・動素】→名詞

夜分$_1$　終朝忘食，夜分不寢。（東魏《敬顯儁碑》）

現在　現在眷屬，身安行吉。（北魏《法雲等造像記》）

風$_1$流　徽聲嘉譽，風流藉甚。（南朝梁《蕭敷墓誌》）

派別　清源華幹，派別綿昌。（南朝梁《蕭融太妃王慕韶墓誌》）

歲暮　彩蔚芳年，貞存歲暮。（北魏《元誕業墓誌》）

塵封　超觀淨境，［邈］絕塵封。（北魏《元祐造像記》）

人定　至永熙二年，歲次癸醜，春三月己醜朔，十二日庚子夜人定，薨于洛陽之修文里舍，春秋七十一。（北魏《李暉儀墓誌》）

天授　睿弟明敏，特稟天授。（北魏《郭定興墓誌》）

上述例子中，“夜分$_1$”，即“夜半”；“歲暮”，指一年將終時，喻指人的晚年；“塵封”，猶“塵世”；“人定”，指夜深人靜時；“天授”，謂“與生具有的稟賦”。

2.【名素・形素】→名詞

禍酷　豈圖非慮，奄離禍酷。（北魏《元維墓誌》）

才雄　冀保頤壽，世襲才雄。（北齊《高僧護墓誌》）

霜$_1$明　秋風将肅，葉下霜明。（北齊《報德像碑》）

上清　降釐下土，上清三光。（東漢《孔羨碑》）

聲芳　公道兼大小，才允出內，凡所經涉，並樹聲芳。（北魏《王誦墓誌》）

容華$_2$　惟德資日茂，容華冠世。（北魏《侯君妻張列華墓誌》）

才華$_2$　遠祖東夷，才華儁令，聲高晉室。（北魏《鄧羨妻李椞蘭墓誌》）

夜半　平旦、午時、夜半，皆空腹暖服，驗。（北齊《都邑師道興造像記並治疾方》）

“夜半”，即半夜。

上述例子中，“霜$_1$明”指嚴霜；“上清”指上天，天空；“容華”，指美麗的容顏；“才華$_2$”，指文才。

（三）【主語素+謂語素】→形容詞

共86個。其中可分為：［名素・動素→形容詞］［名素・形素→形容詞］［代素・形素→形詞］［代素・動素→形詞］四種形式，分別為3個、

74個、6個和3個。

1.【名素・動素】→形容詞

現存 現存居眷，士進高榮。(北魏《介休男邢安周造像記》)

天鍾 天鍾嘉祚，永世罔極。(東漢《楊震墓碑》)

天然$_1$ 先生胎稟乾坤之姿，長有天然之行。(北魏《寇霄墓誌》)

“見$_3$存”，即現存。指現有的或仍然有生命力的。“見$_3$”與“現”為古今字。“天鍾”，指上天所賦予的。“天然$_1$”，指上天所賦予的，生來具備的。

2.【名素・形素】→形容詞

身長$_1$ 身長九尺三寸，容止充德。(北魏《元珍墓誌》)

陰重$_1$ 隧路陰重，泉戶凍結。(北魏《元恪貴華王普賢墓誌》)

業重$_1$ 比丘僧標，業重行高，棲玄宅妙。(北齊《高叡修定國寺頌》)

日晏 世宗之在東宮，特加友異，每與王談玄剖義，日晏忘疲。(北魏《元懌墓誌》)

日闇$_1$ 星泯石戶，日闇泉堂。(北魏《元祐墓誌》)

心慈 幼子男建，字孝萇，心慈性孝，常思想神靈。(東漢《肥致墓碑》)

才逸 才逸自天，制每驚絕。(北魏《元颺墓誌》)

年深 悼純暉之日削，惻重闇之年深。(東魏《李洪演造像記》)

心寒 臨危槍碭，履尾心寒。(東漢《石門頌》)

恩厚 寬柔恩厚，審待如靜。(北魏《元侔墓誌》)

3.【代素・形素】→形容詞

自$_1$娛 閉門靜居，琴書自娛。(東漢《魯峻墓碑》)

自$_1$高 公執操自高，每多慷慨。(北魏《王真保墓誌》)

自$_1$遠 少私寡欲，不修自遠。(北魏《侯剛墓誌》)

自$_1$適 閑誕無憂，從容自適。(北齊《畢文造像記》)

自$_1$怡 正以妙味自怡，何假珠瓔之榮乎！(東魏《凝禪寺三級浮圖碑》)

自$_1$逸 隱括求全，靜居自逸。(北魏《鄭羲下碑》)

4.【代素・動素】→形容詞

自$_1$然$_1$ 孝敬篤友，基性自然。(南朝齊《劉岱墓誌》)

自$_1$在　出沒自在，顯滅雙林。（北齊《劉碑造像銘》）

自$_1$得　優遊華僚，逍遙自得。（北魏《元平墓誌》）

二　表述式語素組合的表現特點

漢語單音節語素構成的表述式複音詞在先秦時代就產生了，有代表性的觀點，如程湘青認為先秦有補充式和表述式總共 6 個[①]；潘允中認為先秦有少量主謂式（表述式），如“鷹揚、天命、鹿鳴、狐疑、目成”等[②]；程湘青認為《論衡》裏有表述式 14 個，如“政治、自然、自殺”等[③]；毛遠明認為《左傳》裏有表述式 13 個，如“日御、庭實、心疾、日食”等[④]；劉志生認為東漢碑刻中已有表述式 42 個，如“商旅、水流、瑞應、涕泠、號稱”等[⑤]。漢魏晉南北朝石刻語素的表述式構詞特點如下。

第一，與先秦乃至同時的漢代相比，由單音節語素構成的表述式複音詞在漢魏晉南北朝石刻中數量大增，共計 260 個。即使被程湘青作為“解剖魏晉六朝漢語詞彙的一個‘麻雀’”的《世說新語》當中的表述式也不過才 17 個[⑥]。尤其需要注意的是，石刻中有些詞出現頻率較高，如“天命”21 次，“玉振$_1$”15 次，“服$_1$闋”11 次，“淵渟”9 次，“名高”6 次，“世載$_2$”5 次，等等。用［自・×］的語素構詞模式所構成的複音詞大多出現頻率較高，如自$_1$然/自$_1$得/自$_1$遠/自$_1$居/自$_1$肅/自$_1$守/自$_1$在/自$_1$高，依次分別出現為 46/37/23/12/5/5/5/5。

第二，語素內部性類組合方式呈現多樣化。根據以上表述，共計有 9 種之多，已相對複雜，分別構成了名詞、動詞和形容詞。其中有些表述式語素組合沒有經過語素的替換、選擇，直接固定下來並且流傳至今。如

---

① 程湘青：《先秦雙音詞研究——對〈尚書〉、〈詩經〉、〈論語〉、〈韓非子〉雙音詞的考察》，《漢語史專書複音詞研究》，商務印書館 2003 年版，第 34 頁。

② 潘允中：《漢語詞彙史概要》，上海古籍出版社 1989 年版，第 28 頁。

③ 程湘青：《〈論衡〉複音詞研究》，《漢語史專書複音詞研究》，商務印書館 2003 年版，第 164 頁。

④ 毛遠明：《〈左傳〉詞彙研究》，西南師範大學出版社 1999 年版，第 130 頁。

⑤ 劉志生：《東漢碑刻複音詞研究》，巴蜀書社 2007 年版，第 142 頁。

⑥ 程湘青：《〈世說新語〉複音詞研究》，《漢語史專書複音詞研究》，商務印書館 2003 年版，第 182 頁。

“山崩、川流、雷震、日落、日出、氣咽、氣塞$_1$、雨潤、命終、目睹、言談、言說、言辯$_1$、孩提，地震”，“懷抱、現在、派別、夜半、賈$_2$值、風$_1$尚、水流、心痛、掌握、兒$_1$戲、天命”，“年高、名高、人和$_1$、心歡、形穢、外朗、年老、文明、年幼、情切$_2$、詞窮、形勝、心慈、性急、心寒、自$_1$在、自$_1$得、自$_1$然、自$_1$高、自$_1$遠”，等等。

第五節　漢魏晉南北朝石刻補充式語素組合

補充式語素組合是由一個中心語素加上一個補充語素所組成的格式。中心語素表達動作（如“推”），或是性質（如“悲”），補充語素在中心語素後表達動作或性質的變化的趨向或結果。中心語素只能是動語素或形語素，而補語素的詞性可以不一。漢魏晉南北朝石刻中的補充式語素組合共有 210 個，占全書複音詞的 0.9%，占語法構詞的 0.98%。其中，動補式 184 個，形補式 26 個。下面我們從語義和詞性兩方面進行分析。

一　語義構成情況

根據補充語素的意義，可以把石刻補充式語素組合分為表結果的和表趨向的兩種。

（一）表達動作或性質的變化的結果

1. 表達動作變化的結果

從語義上看，表動作變化的結果的補語素有的指不幸、消極方面的意義；有的指獲得，積極方面的意義；有的指一般的、中性方面的意義。

（1）不幸、消極義。

補語素有“裂”“碎”“散”“沒”“削”“濫”“昧”“落$_1$”“少$_1$”“絕”“盡”“離”“偃”“危”“壞”“毀”“頓$_5$”“駭”“驚”“栗”“薄$_1$”“頹”“緩”“亂”“傾”等 25 個。如：

委裂　堅芳委裂，雲嶽墜霄。(北魏《元英墓誌》)

撲碎　君收合精銳五千之衆，身抗矢石，撲碎千計，肅清邊隅。(南朝宋《爨龍顏碑》)

逃散　屬滎陽不守，人情駭動，軍士逃散，莫有固心。(北魏《尔朱襲墓誌》)

屠沒　或屠沒郡縣，煞害王人，羣行不軌，劫絕公使。(北魏《元朗

墓誌》)

放濫　功曹周憐，前將放濫。(東漢《張壽殘碑》)

草昧　始於草昧，爰及時雍。(北齊《趙道德墓誌》)

擯落　擯落囂塵，祛洗累或。(北齊《趙奉伯妻傅華墓誌》)

衰$_2$少　飯食衰少，遂至奄忽不起。(東漢《薌他君祠堂畫像題記》)

裁離$_1$　裁離繈緥，便遊庠塾。(東魏《元賥墓誌》)

摧偃　於是寶船頃壞，法摧偃而莫舉。(北齊《郭顯邕造經記》)

傾危　其兄太尉慮社稷之傾危，建義節於鄴城。(北魏《元誘墓誌》)

墜壞　褒成遭天下大亂，百祀墜壞，舊居之廟，毀而不修；褒成之後，絕而莫繼。(東漢《孔羡碑》)

崩毀　謂天謂地，悉有時而崩毀；日乎月乎，並無救於盈缺。(北齊《臨淮王像碑》)

崩頹　詹甍傾□，結構崩頹。(北齊《平等寺碑》)

毀削　年在幼沖，先君早世，嬰號孺慕，毀削絶人。(北齊《李希宗妻崔氏墓誌》)

毀頓$_5$　王孝思天然，毀頓過禮，慟血恒流，守墳逾縞。(東魏《蕭正表墓銘》)

望絶　瞻景望絶，仰慕延情，附表刻贊，勒石書銘。(西晉《趙氾墓表》)

蕩盡　推鋒決戰，焚燒攻具，輜重蕩盡。(北魏《楊濟墓誌》)

震駭　封畿震駭，每懷禹稷恤民饑溺之思，不忘百姓病也。(東漢《降命刻石》

震驚　洪泉浩浩，下民震驚。(東漢《開母廟石闕銘》)

震栗　奮威外閫，屬城震栗。(東漢《柳敏墓碑》)

推薄$_1$　實弘世載，推薄居厚，綜涉孔墨，雅尚綱維。(北齊《崔昂墓誌》)

稽緩　時援軍稽緩，士無固誌。(北魏《廣平侯楊濟墓誌》)

淆亂　淆亂九流，滋章百姓。(北魏《元壽安墓誌》)

摧傾　天乎不淑，梁木摧傾。(北魏《杜法真墓誌》)

以上的例子中，“草昧”，指剛創造時的昏昧狀態；“衰$_2$少”，指減少；“毀削”，指因傷損而形容消瘦；“毀頓$_5$”，因居喪過哀而精神委頓。“頓$_5$”，指疲勞，乏力；“推薄$_1$”，推移逼近。

（2）獲得、積極義。

補語素有“定”“取”“克”“立”“暢”“通”“廣”“高”“明”“爛”“理”“深”“遐”“假$_3$”“健”“特”“優”“篤”“昌”“多”“長$_1$”“清”“醇”“穆$_1$”“睦”“寧”“乂”“華$_2$”“和$_1$”“正”“直”“勝$_2$”32個。如：

裁定　陳羣之裁定九品，杜預之損益萬計。（北魏《元徽墓誌》）

保乂　保乂我金方，裁成我三海。（北周《華嶽廟碑》）

攻取　軍至巢南，攻取壹八城。（東晉《高勾麗好太王碑》）

攻克　強心固志，規一攻克。（北魏《元端墓誌》）

修立　發憤修立，以顯光榮。（東漢《成都永壽元年畫像石闕銘》）

放暢　酌陶潛之酒，放暢餘生。（東魏《元韶及妻侯氏合葬誌》）

開通　永平六年，漢中郡以詔書受廣漢、蜀郡、巴郡徒二千六百九十人，開通褒余道。（東漢《鄐君開褒斜道摩崖》）

推高　列侍推高，儕僚久敬。（北魏《元顯魏墓誌》）

廓廣　廓廣聽事官舍，廷曹廊閤，升降揖讓朝覲之階，費不出民，役不干時。（東漢《曹全碑》）

辯$_1$明　而深識緣假，辯明空藏。（西魏《趙超宗妻王氏墓誌》）

照爛　簪貂羽儀之飾，照爛周行。（北魏《赫連悅墓誌》）

訟理　飾是戎昭，政平訟理，歲阜民和。（北魏《元子直墓誌》）

資深　不假色于朱濫，寧資深於羽栝。（北魏《元襲墓誌》）（指積蓄深厚）

升遐　夫人自世宗升遐，情毀過禮，食減重膳，衣不色帛。（北魏《元恪嬪司馬顯姿墓誌》）

登假$_3$　洪聲登假，神祇來和。（東漢《孔羨碑》）

行健　管窺行健，蠡測泉流。（北齊《報德像碑》）

挺特　挺特三空，空王之初。（北齊《法洪銘贊》）

學優　學優則仕，曆郡席坐。（東漢《袁博殘碑》）

愛篤　孝敬格於人物，愛篤淳於先民。（北魏《楊昱墓誌》）

歸昌　奚若騰魂以遠逝，飛足而歸昌。（北魏《弔比干文》）

增多　視事年載，黔首樂化，戶口增多，國寧民殷，功刊王府。（東漢《張壽殘碑》）

延長$_1$　願國祚延長，永享無窮。（北魏《塔基石函銘刻》）

澄清　方當論道太階，澄清天下。（北魏《元鑽遠墓誌》）

化醇　撥亂反正，刑簡化醇，無為而治。（北魏《嵩高靈廟碑》）

化穆　化穆下邑，聲衍上京。（北魏《于纂墓誌》）

緝睦　敦親緝睦，豈待師範方解。（北齊《叱列延慶妻尒朱元靜墓誌》）

輯寧　建立兆域，修設壇屏，所以昭孝息民，輯寧上下也。（東漢《白石神君碑》）

雕華$_2$　加以文彩豊艷，草麗雕華，凝辭逸韻，昭灼篇牘。（北魏《元崇業墓志》）

綏和$_1$　王廣設耳目，備加參伍，故能政懷內外，綏和遠近，惠可依也，德可懷也。（東魏《元鷙墓誌》）

緝正　緝正儲闈，徽音獨韻。（北魏《高道悅墓誌》）

匡直　資性婞亮，稟業忠淳，作弼儲侍，匡直貞發。（北魏《高道悅墓誌》）

戰勝　故得戰勝攻取，筭無遺策。（北周《田弘墓誌》）

以上例子中，“修立”，指修身而有所成就；“放暢”，指放縱而舒暢；“開通”，指打通，疏通；“訟理”指斷案公平；“登假$_3$”，指升遠。“假$_3$”，通“遐”，遠。

（3）一般的、中性義。

補語素有“白”“響”“動”“見$_1$”“重$_1$”“平”“中”“與”“曉”“徹”“干$_4$”“畢”“就”“默”“緝$_2$”“霜$_1$”“劇”“切”“復”19個。如：

表白　傳界表白，託信□□。（北魏《孫永安造像記》）

振$_1$響　芳延宇宙，振響六天。（北齊《郭顯邕造經記》）

振$_1$動　聲光振動，濯我塵滯。（東魏《嵩陽寺碑》）

望見$_1$　乃以令日拜謁孔子，望見闕觀，式路虔跽。（東漢《史晨後碑》）

推重$_1$　精行樂說，衆所推重。（北齊《滑悼王妃李尼墓誌銘》）

燒平　黄巾初起，燒平城市，斯縣獨全。（東漢《張遷碑》）

折中　及歸韓氏，禮風方扇，進退折中，動成規矩。（北魏《韓賄妻高氏墓誌銘》）

施與　性開達，好施與，不事產業，道素自居，虛己待賢，傾身下士。（北魏《元鑽遠墓誌》）

告曉　遂輕傳告曉，示導成敗。（東魏《張滿墓誌》）

洞徹　鰓理洞徹，拜受祇筵，夙夜惟寅。（東漢《禪國山碑》）

風$_1$干$_4$　馬糞風干，易婦人發乳。（北齊《都邑師道興造像記並治疾方》）

交畢　值錢八百萬，即日交畢。（三國吴《買冢城磚》）

作就　神鳳元年壬申，三月二日始鼎作就。（三國吳《買冢城磚》）

拱默　升朝拱默，青忠自守。（北魏《穆循墓誌》）

化緝　母儀蕃國，化緝蘭房。（南朝梁《蕭融太妃王慕韶墓誌》）

“化緝”，指受教化而和睦相處。

凝霜$_1$　桂宇凝霜，玄堂綱雪。（北魏《元騰及妻程法珠墓誌銘》）

“凝霜$_1$”，指凝結成霜。

增劇　天不吊善，夙患增劇。（北魏《元昭墓誌》）

淚切　影流易沒，人往難來，親朋淚切，行路酸哀。（北魏《王溫墓誌》）

修復　修復舊堂，豊其甍宇。（東漢《孔羨碑》）

需要説明的是，補充式的語素組合一般是中心語素在前，補語素在後，但也有例外的，即補語素在前，中心語素在後。如：

毀慕　及風樹不息，毀慕過人。（北齊《梁子彥墓誌》）

毀痛　服制有闋，毀痛踰□羊祜；不堪屐履，荀顗面不可識。（南朝梁《蕭憺碑》）

“毀慕”指居喪因慕念其親而形容憔悴，“慕”是中心語素，“毀”是補語素，表示“慕念”的結果。《晉書・羊祜傳》：“尋遭母憂，長兄發又卒，毀慕寢頓十餘年。”同様“毀痛”，指因痛惜而形容憔悴。“痛”是中心語素，“毀”是補語素，表示“痛惜”的結果。

2. 表達性質變化的結果

從語義上看，表性質變化結果的補語素有“切”“甚”“高”“瘠”“絶”“毀”“散”7 個。如：

悲切　樂等今従柱國大將軍、大都督、甘州諸軍事、化政郡開國公宇文貴，邊戍岷蜀，因防武康，不勝悲切。（北周《強獨樂造像記》）

忉切　深野曠澤，哀聲忉切。（東漢《巴郡朐忍令景雲碑》）

藉$_5$甚　徽聲嘉譽，風流藉甚。（南朝梁《蕭敷墓誌》）

峻高　巍巍靈山，峻高迢遰，或躍在淵，龍飛紫闥。（南朝宋《爨龍

顏碑》)

哀瘠　哀瘠在貌，憂未忘也。(南朝梁《蕭憺碑》)

“哀瘠”，悲哀使身體損削。

卓絶　義範仁規，高韻卓絶。(北魏《王紹墓誌》)

哀毁　侍親疾而衣帶不解；終殯葬而哀毁幾滅。(北魏《翟普林造像記》)

駭散　剖符守任，綏慰駭散。(東漢《巴郡太守張納碑》)

(二) 表達動作或性質的變化的趨向

1. 表達動作變化的趨向

表達動作變化趨向的補語素有“出”“來$_2$”“入”“上”“去”“往”“自”7個。如：

超出　凝湛澹泊，超出於無形之境。(東魏《李顯族造像碑》)

招來$_2$　除君荊州長史，招來遐服。(北魏《元璨墓誌》)

仕入　仕入州府，(當) 膺福報。(東漢《趙寬碑》)

興上　招請諸孫都會國右郭西道北，處所顯好，興上罕祭，倡優鼓舞，式序其胄。(東漢《楚相孫叔敖碑陰》)

歸去　九九永年歸去也，白雲影裏現神光。(東魏《南宗和尚塔銘》)

化往$_1$　一隨化往，萬古無旋。(北魏《李謀墓誌》)

出自　夫人稟質岐嶷，沖神雅素，婉順恭肅，出自天骨，教敬仁敏，聲逸外著。(北魏《穆彦妻元洛神墓誌》)

2. 表達性質變化的趨向

表達性質變化的趨向的補語素有“赫”“出”“至”3個。如：

炎赫　身冒炎赫火星之熱，至屬縣，巡行窮匱。(東漢《耿勳碑》)

傑出　角立傑出，夙知早成。(北齊《堯峻墓誌》)

秀出　君稟靈秀出，與善俱生，乘道德以立身，體仁義而成性。(北魏《席盛墓誌》)

誠至　深達和民事神之義，精通誠至礿祭之福。(東漢《華山廟碑》)

“炎赫”指熾熱。“赫”，顏色鮮明貌。

二　詞性構成情況

從語素的性類看，我們可以把漢魏晉南北朝石刻中的補充式語素組合區別爲以下八種情況。

1. 【及物動語素·及物動語素】，如：

施與　性開達，好施與，不事產業，道素自居，虛己待賢，傾身下士。(北魏《元鑽遠墓誌》)

告曉　遂輕傳告曉，示導成敗。(東魏《張滿墓誌》)

戰勝　故得戰勝攻取，筭無遺策。(北周《田弘墓誌》)

攻克　強心固志，規一攻克。(北魏《元端墓誌》)

修立　發憤修立，以顯光榮。(東漢《成都永壽元年畫像石闕銘》)

2. 【及物動語素·及物動語素+賓語】，如：

裁定　陳羣之裁定九品，杜預之損益萬計。(北魏《元徽墓誌》)

裁成　保乂我金方，裁成我三海。(北周《華嶽廟碑》)

攻取　軍至巢南，攻取壹八城。(東晉《高勾麗好太王碑》)

3. 【及物動語素·不及物動語素】，如：

委裂　堅芳委裂，雲嶽墜霄。(北魏《元英墓誌》)

飛来$_2$　有類飛来，無殊湧出。(北齊《高叡修定國寺頌》)

浮出　忽有木浮出，上有字数行。(北魏《龍泉古井銘》)

摧偃　於是寶船頃壞，法摧偃而莫舉。(北齊《郭顯邕造經記》)

4. 【及物動語素·不及物動語素+賓語】，如：

振$_1$響　芳延宇宙，振響六天。(北齊《郭顯邕造經記》)

鼓動　陶冶縉紳，鼓動流俗。(北齊《李君穎墓誌》)

5. 【動語素·形語素+賓語】，如

燒平　黃巾初起，燒平城市，斯縣獨全。(東漢《張遷碑》)

澄清　方當論道太階，澄清天下。(北魏《元鑽遠墓誌》)

化緝　母儀蕃國，化緝蘭房。(南朝梁《蕭融太妃王慕韶墓誌》)

化穆　化穆下邑，聲衍上京。(北魏《于纂墓誌》)

6. 【動語素+形語素】，如：

折中　及歸韓氏，禮風方扇，進退折中，動成規矩。(北魏《韓賄妻高氏墓誌銘》)

風$_1$干$_4$　馬糞風干，易婦人發乳。(北齊《都邑師道興造像記並治疾方》)

拱默　升朝拱默，青忠自守。(北魏《穆循墓誌》)

化醇　撥亂反正，刑簡化醇，無為而治。(北魏《嵩高靈廟碑》)

7. 【形語素+形語素】，如：

炎赫　身冒炎赫火星之熱，至屬縣，巡行窮匱。(東漢《耿勳碑》)

8.【形語素+不及物動語素】，如：

傑出　角立傑出，夙知早成。（北齊《堯峻墓誌》）

秀出　佂子馬神龜者，感神受業，秀出不群，闊調高風，聲振邦邑。（北周《馬龜墓誌》）

卓絶　器識淵邁，才穎卓絶。（北魏《王禎墓誌》）

駭散　剖符守任，綏慰駭散。（東漢《巴郡太守張納碑》）

總的看，漢魏晉南北朝石刻中的補充式語素組合方式包括動補式和形補式，在動補式中，不帶賓語的比帶賓語的多。儘管這類語素組合所構成的雙音詞在總的詞數中比重不大，但現代漢語中的各種結構方式此時已大都具備。

第六節　附加式語素組合

附加式語素組合由實語素和虛語素組合而成。詞義由實語素承擔，虛語素只起標示詞性的作用，并不表示詞義。漢魏晉南北朝石刻共有附加式語素組合 356 個，占全書複音詞數的 1.5%，占語法造詞數的 1.6%。根據虛語素的位置，可分為附加前綴和附加後綴兩種形式。

一　附加前綴

石刻中，充當附加前綴的語素有“第$_2$”“可”“相$_2$”“有$_2$”“允$_2$”“阿$_2$”“斯$_2$”“以$_2$”“薄$_4$”“誕$_3$”“言$_1$”“載$_3$”“聿”“惟$_2$”“維$_3$”“攸$_4$”“云”等 17 個。

（一）“相$_2$”構成動詞和形容詞，其中動詞 71 個，形容詞 4 個

動詞例：

相$_2$讓　朝廷以兄弟相讓，不無前史。（北周《豆盧恩墓碑》）

相$_2$見$_1$　魚水相見，君臣體合。（北周《韋彪墓誌》）

相$_2$次　五子告歸，鐃管相次。（北齊《李希宗妻崔氏墓誌》）

相$_2$沿　念念不住，苦苦相沿。（北齊《臨淮王像碑》）

相$_2$接　世德在民，歌謡相接。（北齊《趙道德墓誌》）

形容詞例：

相$_2$半　但戎楚相半，俗有猜風。（北齊《趙征興墓誌》）

相$_2$侔　子子孫孫，天地相侔。（東漢《司馬尳妻王氏墓誌》）

相$_2$宜　地刑平坦，高下相宜。（北齊《智度等造像記》）

相$_2$懸　救兵未會，元戎始交，多少相懸，車徒異勢。（北齊《徐顯秀墓誌》）

（二）“有$_2$”“允$_2$”構成名詞和動詞

其中“有$_2$”9個，“允$_2$”6個。

名詞例：

有$_2$晉　嗚昔有晉，不競其風，我有盛德，来爲霸功。（北魏《赫連悅墓誌》）

有$_2$方$_1$　天縱上士，時應有方。（北齊《唐邕刻經記》）

有$_2$殷　其先出自有殷，周武王剋商，封箕子於朝鮮，子孫因而氏焉。（北魏《王基墓誌》）

允$_2$文　既哲且明，允文斯武。（北魏《元恭墓誌》）

允$_2$武　惟剪惟陽，資文允武。（北魏《元恪貴華王普賢墓誌》）

“允$_2$文”，指文事；“允$_2$武”，指武功。“允$_2$”，文言語首助詞。無義。

動詞例：

有$_2$念　有念名駒，顧懷虎子。（北魏《元龍墓誌》）

有$_2$行$_1$　女子有行，遠其兄弟。（北魏《元融妃穆氏墓誌》）

允$_2$膺　灼灼君王，允膺兹選。（北魏《元彝墓誌》）

允$_2$集　於是英聲允集，光價攸歸。（北齊《封子繪墓誌》）

（三）“阿$_2$”“斯$_2$”“以$_2$”構成名詞

其中“阿$_2$”7個，“斯$_2$”1個，“以$_2$”2個。

阿$_2$貴　阿貴造喬昔陰宅，三千錢。（東漢《阿貴造陰宅磚》）

阿$_2$勝　妻王阿雙，息女阿勝，息文熾，妻張買女。（北魏《楊阿紹造像碑》）

斯$_2$文　雅善斯文，率由綺發。（北魏《元壽安墓誌》）

以$_2$來$_1$　云亡以來，廿九載。今便改櫬，合窆玄宫。（東魏《封柔墓誌銘并序》）

以$_2$後　乃與君神藥，曰：“服藥以後，當移意萬里，知鳥獸言語。”（東漢《唐公房碑》）

（四）“薄$_4$”“誕$_3$”“言$_1$”“載$_3$”“聿”“云”“惟$_2$”“維$_3$”構成動詞

其中“薄$_4$”1個，“誕$_3$”2個，“言$_2$”1個，“載$_3$”1個，“聿”1個，“云”1個，“惟$_2$”1個，“維$_3$”3個。

薄$_4$伐　都督陳留李公，薄伐蠻方，以君為帳內軍主，轉積射將軍、東宮直後。（北魏《席盛墓誌》）

誕$_3$應$_2$　車騎大將軍、大都督、儀同李公，誕應推轂，爰董戎麾，搜纂才雄，振玆薄伐。（北魏《元液墓誌》）

誕$_3$膺　大祖文皇帝，固天攸從，誕膺符命。（北周《華嶽廟碑》）

言$_2$念　鄧攸化民，言念相似。（北魏《元譚墓誌》）

載$_3$弄　故明慧之鑒，允昭於載弄之春；恭順之規，克懋於未笄之日。（北魏《元祐妃常季繁墓誌》）

聿修　考虎，昌國令，聿修丕跡，堂结彌彩。（北魏《尹祥墓誌》）

云亡　主上深垂悼愍，痛此云亡，乃策贈征北將軍、相州刺史，謚曰孝公。（北魏《元宥墓誌》）

惟$_2$新　協宣皇極，百揆挺惟新之明；緝熙庶績，八表流擊壤之詠。（北魏《暉福寺碑》）

維$_3$捍　贊治所憑，維捍是寄。（北魏《鄧羨妻李桀蘭墓誌》）

維$_3$新　皇上龍飛入纂，鼎胙維新。（北魏《元邵墓誌》）

維$_3$翰　帝室維翰，莫此之尤。（北齊《高叡修定國寺塔銘碑》）

（五）“攸$_4$”“可”構成形容詞，“第$_2$”構成序數詞

其中“攸$_4$”1個，“可”3個，“第$_2$”14個。

攸$_4$同　既定爾勳，福祿攸同。（東漢《曹全碑》）

可哀　痛哉可哀，許阿瞿身，年甫五歲，去離世榮。（東漢《許阿瞿墓記》）

可恐　可愛　莊嚴可恐，柔順可愛。（東漢《司隸從事郭究碑》）

可惜　公仰鼎命之至重，瞻此座之可惜，捴衆百越，来赴三川。（北魏《元顥墓誌》）

第$_2$一　道澤被於一方，仁聲光於万里，考績為天下第一。（東魏《楊機墓誌》）

第$_2$二　王考讃，雍州刺史、河南宣穆公。假節幽郢二州刺史、威侯臻之第二子。（北魏《寇治墓誌》）

第$_2$三　第三叔善蓋，州秀才、奉朝請。第三兄曇登，員外常侍。（南朝宋《明曇憘墓誌》）

二　附加後綴

石刻中，充當附加後綴的語素有“然$_2$”“焉”“乎”“若”“爾”“如”“而$_2$”“止$_2$”“勿”“胥”“言$_2$”“子$_2$”“者”“兒$_2$”“自$_2$”等15個。

（一）“然$_2$”構成形容詞和副詞，共有111個

形容詞例：

安然$_2$　安然後志，得友寧然。（東漢《冀州從事馮君碑》）

欣然$_2$　兆庶欣然，咸發道心。（北涼《沮渠安周造像記》）

勃然$_2$　七葉勃然而興，咸居今而好古。（東漢《劉熊碑》）

儼然$_2$　遵者儼然，從者肅侍。（東漢《許卒史安國祠堂碑》）

翔然$_2$　君忠以衞上，翔然来臻。（東漢《肥致墓碑》）

穆然$_2$　督司京師，穆然清邈。（東漢《魯峻墓碑》）

紛然$_2$　冠冕相襲，龜組紛然。（北魏《王溫墓誌》）

堂堂然$_2$　及年始十五，容貌甚偉，堂堂然有儀望之稱。（北魏《李謀墓誌》）

湛湛然$_2$　湛湛然泾渭不能渾其津，灼灼乎涅滓莫能弊其輝。（北魏《馬鳴寺根法師碑》）

副詞例：

蹶然$_2$　注瑟瞑臣，蹶然已謝；獨悟真宰，蘊茲全德。（北齊《高湝墓誌》）

徒然$_2$　横流已及，徒然授手。（北魏《穆紹墓誌》）

俄然$_2$　雖高翮未舉，千里之望俄然。（北魏《元顯魏墓誌》）

空然$_2$　行善無徵，積福空然。（北魏《楊穎墓誌》）

奄$_1$然$_2$　何圖不幸，奄然息世。（北魏《元繼妃石婉墓誌》）

（二）“焉”構成形容詞和副詞，共有27個

形容詞例：

樂$_2$焉　太和十一年春夏大旱，君散積粟以濟，貧民如涸轍之魚淂赴江海，咸与享甦生之樂焉。（北魏《崔隆墓誌》）

攸$_2$焉　攸焉兩氣，邃矣淳精。（北魏《元道隆墓誌銘》）

窅焉　王雅亮通明，器識韶潤，清情秀氣，峨然自高，峻□□衿，窅焉未聞。（南朝梁《蕭融墓誌》）

惙焉　凡在衿期，惙焉喪氣，朝野有識，莫不嗟酸。（北魏《元斌墓誌》）

栖栖焉　皇皇焉　□生乎魯衛之朝，教化乎汶泗之上，栖栖焉，皇皇焉，欲屈己以存道，貶身以救世。（東漢《孔羨碑》）

副詞例：

倏焉　蠢尔千種，倏焉万落。（北魏《寇治墓誌》）

奄$_1$焉　而與仁寂寥，奄焉徂殞。（北魏《于纂墓誌》）

忽$_2$焉　而江南卑濕，地非養賢，随賈未歸，忽焉反壟。（北魏《元延明墓誌》）

（三）"如""而"構成形容詞和副詞。"如"15 個，"而"3 個

形容詞例：

闕如　羅漢遠住東海，瓊樹聲聞遙家。西域承風問道，此實闕如。（北齊《高叡修定國寺塔銘碑》）"闕如"，指存疑不言，空缺不書。

恭如　撫育稚孤，脩理家業，恭如有法，嚴如不猛。（北齊《堯峻妻獨孤思男墓誌》）

晏如　窮達晏如，臧否若一。（北魏《元飇墓誌》）

容容如　溫雅閉閑，容容如也。（西晉《徐義墓誌》）

婉而　出入紫闈，諷稱婉而。（北魏《楊氏墓誌》）

副詞例：

既如　既如壟右匪民，荆蠻蠢服，蔓草将延，淫根待滅。（北魏《元欽墓誌》）

俄如　俄如蕭氏竊化，自詔江甸。（北魏《元緒墓誌》）

俄而$_2$　俄而春坊高闢，妙選官僚。（北魏《元誘墓誌》）

既而$_2$　既而倫伊比陟，況魯侔禽，寔宜均彼誓河，永傳龜玉。（北魏《元寶月墓誌》）

（四）"乎""若""爾"構成形容詞。"乎"21 個，"若"2 個，"爾$_2$"5 個

榷乎　樂天知命，榷乎其不可拔也。是以守道識真之士，高尚其事。（東漢《婁壽墓碑》）"榷乎"，指專一貌。

煥乎　奕葉清高，煥乎篇牘矣。（北魏《張猛龍碑》）

蔚乎 緜世章黼，蔚乎有聞。（北魏《元信墓誌》）

茂乎 克岐表乎初載，成化茂乎立年。（北魏《穆紹墓誌》）

巍巍乎 巍巍乎以白日如並光，堂堂如無能名焉。（北齊《邢多五十人等造像記》）

洋洋乎 汪汪焉，萬頃莫踰其量；洋洋乎，澄撓曾何清濁。（北魏《王紹墓誌》）

紛若 以世道紛若，心不樂煩，又以金紫光禄大夫，加散騎常侍，撫軍如故。（北魏《元瞻墓誌》）

沃若 乃駕大車，載馳沃若。春秋非我，花實遽落。（北魏《元爽墓誌》）

逴爾$_2$ 尊琦大人之意，逴爾之思，乃共立表石，紀傳億載。（東漢《韓勑造孔廟禮器碑》）

蠢爾$_2$ 蠢爾葷育，萬邦作寇。（東漢《鮮于璜墓碑》）

（五）“自$_2$”構成副詞，4 個

躬自$_2$ 公匪憚櫛沐，躬自臨視。（南朝梁《蕭憺碑》）

逕自$_2$ 逕自轘轅，趣賊右股。（北魏《尔朱襲墓誌》）

猶自$_2$ 猶自挹損，不求禮秩。（東漢《白石神君碑》）

連自$_2$ 時廷尉迭位，連自表奏。（東漢《成陽靈臺碑》）

（六）“止$_2$”“勿”構成動詞。“止$_2$”2 個，“勿”1 個

萃止$_2$ 陰衹納祉，徽猷萃止，觀啚問傳，言詩訪史。（北魏《李暉儀墓誌》）

仰止$_2$ 高山仰止，遺道餘尊。（北魏《元濬嬪耿氏墓誌》）

遏勿 如喪考妣，三載泣怛，遏勿八音，百姓□淚。（東漢《成陽靈臺碑》）

“遏勿”，指人民悲哀，停止音樂。遏，停止。《尚書·舜典》：“三載，四海遏密八音。”孔傳：“遏，絶。密，静也。”

（七）“言$_2$”構成動詞和副詞。有 6 個

動詞例：

眷言$_2$ 聖上龍飛，眷言舊德，求瘼之任，经挹所先。（北魏《穆紹墓誌》）

睠言$_2$ 天子睠言盛德，念在追榮，乃詔有司云：君門胄華美，標暎昌黎，中因爵宦，遂處恒壤。（北魏《韓震墓誌》）

願言$_2$　永同万古，終爲一丘，願言可作，於此相求。（北魏《乞伏寶墓誌》）

酌言$_2$　至於其幕製用，醴酏程品，非唯酌言往載，而率用過人。（北魏《長樂長公主元瑛墓誌》）

“酌言”，指酌酒。言，助詞。

副詞例：

薄$_1$言$_2$　薄言從仕，作棟作楨。（北魏《元彧墓誌》）

星言$_2$　而高山擁壓，星言遄邁，就拜平東将軍、即真刺史。（北魏《元瞻墓誌》）

“薄$_1$言$_2$”，指急急忙忙忙；“星言$_2$”，泛言及早，疾速。

（八）“子$_2$”“者”“兒$_2$”構成名詞。“子$_2$”12 個，“者”18 個，“兒$_2$”1 個

兒子$_2$　濁教兒子書計，以次仕學。（東漢《薌他君祠堂畫像題記》）

孫子$_2$　赫赫景皇，本枝孫子；獻武隆蕃，令問不已。（北魏《元熙墓誌》）

獅子$_2$　季弟卯造此闕，直錢十五萬；孫宗作獅子，直四萬。（東漢《武氏石闕銘》）

老者　老者得終其壽，幼者得以全育。（東漢《耿勳碑》）

長者　長者多游其室，少年時借其名。（北齊《竇泰墓誌》）

御者　賞絹千匹，賜御者廿人。（西晉《徐義墓誌》）

行者　經途巨礙，行者苦之。（北魏《石門銘》）

火兒$_2$　和光未殊，火兒新見。（北齊《法義優婆姨等造像記》）

以上對漢魏晉南北朝石刻中的附加式語素組合進行了分類分析，我們可以看出幾個特點。

第一，同先秦相比，“有$_2$”“斯$_2$”“言$_1$”“聿”是先秦前綴語素的繼承，“第$_2$”“相$_2$”“可”“阿$_2$”是漢代出現的新的詞綴語素；與兩漢相比，“允$_2$”“以$_2$”“薄$_4$”“誕$_3$”“載$_3$”“云”“惟$_2$”“維$_3$”“攸$_4$”是魏晉南北朝時期出現的新的詞綴語素。其中“相$_2$”構成動詞和形容詞，共 78 個，使用範圍和用例相對較多；“第$_2$”“有$_2$”“阿$_2$”分別為 14 個、9 個、7 個，其用例則次之，可見在魏晉南北朝時期已經用得比較廣泛了；其他的復次數大都在 1—2 個之間，數量極少。

第二，附加式後綴語素“然$_2$”“焉”“乎”“爾”“如”“者”“若”

“而$_2$”“止$_2$”“胥”“言$_2$”是先秦流傳下來的，“子$_2$”“自$_2$”是漢代新產生的。“勿”在先秦時出現，石刻語料中又有繼承；“兒$_2$”則是南北朝時期新出現的。其中後綴語素“然$_2$”“焉”“乎”“如”“者”“子$_2$”和前綴語素“相$_2$”繼續保持着較強的構詞能力，其餘的尚保持在書面語中。

先秦①、東漢《論衡》②、東漢碑刻③及魏晉南北朝石刻詞綴語素使用狀況列表如下。

表 3-2 **詞綴語素使用統計表情況**

<table>
<tr><th colspan="2" rowspan="2">朝代</th><th colspan="3" rowspan="2">先秦</th><th colspan="9">東漢</th><th colspan="5" rowspan="2">魏晉南北朝</th></tr>
<tr><th colspan="3">《論衡》</th><th colspan="6">東漢碑刻</th></tr>
<tr><th colspan="2">分類</th><th>名</th><th>動</th><th>形</th><th>名</th><th>形</th><th>數</th><th>名</th><th>動</th><th>形</th><th>副</th><th>數</th><th>代</th><th>動</th><th>名</th><th>形</th><th>副</th><th>數</th></tr>
<tr><td rowspan="2">附加語素</td><td>前綴</td><td>有於子</td><td>斯思有其</td><td>於言曰爰聿越遹</td><td></td><td>可</td><td>第</td><td>阿</td><td>有式相</td><td>其於可</td><td></td><td>第</td><td></td><td>載聿云惟維言相有允薄誕</td><td>有允阿斯以</td><td>可相攸</td><td></td><td>第</td></tr>
<tr><td>後綴</td><td>子者</td><td>斯其彼焉爾若如然</td><td></td><td>子者</td><td>然</td><td></td><td>式</td><td></td><td>然如乎焉爾</td><td>自然</td><td></td><td></td><td>言止勿</td><td>子者兒</td><td>乎若爾如而焉然</td><td>言自如而焉然</td><td></td></tr>
</table>

第七節 重疊式語素組合

重疊式語素組合是由兩個形音義完全相同的單音節語素組成。這種語素組合的意義基本上就是這個單音語素的意義，這實際上就是兩個相同單音語素的重疊形式。它正好與我們第一章談到的“疊音單純詞”相反。

漢魏晉南北朝石刻中的由語素重疊組合成的詞，即疊音合成詞，共有

① 程湘青：《先秦雙音詞研究》，《漢語史專書複音詞研究》，商務印書館 2003 年版。

② 同上。

③ 劉志生：《東漢碑刻複音詞研究》，巴蜀書社 2007 年版。

246 個。占總詞數的 1.05%，占語法構詞數的 1.14%。其中，形容詞 189 個，動詞 30 個，名詞 18 個，副詞 8 個，數詞 1 個。根據語素重疊的形式不同，可分為 AA 式、ABB 式、AABB 式和 ABAB 式四類。

一　AA 式

AA 式單音節語素重疊共有 217 個。從構成的詞性上看，絕大多數是形容詞，還有少數動詞、名詞、副詞和數詞。

1. 形容詞

共 167 個，占 AA 式重疊的 77.3%。如：

耿耿　哀哀　夜憂耿耿，晨哭哀哀。（北魏《元悅妃馮季華墓誌》）

昂昂　翹翹　昂昂拔羣，翹翹絕侶。（北魏《檀賓墓誌》）

烈烈　蒼蒼　隴雲烈烈，松霧蒼蒼。（北魏《元昉墓誌》）

楚楚　遲遲　楚楚酸綍，遲遲翣柳，（北魏《侯剛墓誌》）

落落　儋儋　志落落而踈放，神儋儋以靈沖。（北魏《邸元明碑》）

浩浩　洪泉浩浩，下民震驚。（東漢《開母廟石闕銘》）

2. 動詞

共 26 個，占 AA 式重疊的 12%。如：

飄飄　旌挽飄飄，悲悲慄慄。（北魏《穆纂墓誌》）

翩翩　飛旌翩翩，將宅幽壚。（北魏《司馬悅墓誌》）

亹亹　亹亹勞謙，溫溫淑慎。（北魏《元暉墓誌》）

念念　念念遷謝，弥歸聖去。（東魏《李顯族造像碑》）

騤騤　光光翠華，騤騤六龍。（東漢《臨辟雍碑》）

察察　察察若神，愔愔自化。（北魏《寇治墓誌》）

蠢蠢　芒芒三界，蠢蠢四生。（北齊《孟阿妃造像記》）

3. 名詞

共 15 個，占 AA 式重疊的 6.9%。如：

樹樹　山山　樹樹秋聲，山山寒色。（北周《步六孤須蜜多墓誌》）

世世　垂流億載，世世嘆誦。（東漢《石門頌》）

物物　州主簿治中別駕舉秀才，本郡太守，寧撫氓庶，物物得所。（東晉《爨寶子碑》）

元元　元元鰥寡，蒙祐以寧。（東漢《景君碑》）

日日　虽統入理物，日日万機。（北涼《沮渠安周造像記》）

人人　人人潔心，汲泉獻意。（北齊《柴季蘭等四十餘人造四面像記》）

4. 副詞

共 8 個，占 AA 式重疊的 3.7%。如：

各各　以各各割捨，施兹白疊。率藉衆力，遠搆曰果。（北齊《柴季蘭等四十餘人造四面像記》）

時時　上為皇帝，下為父母兄弟姊妹二十三人敬造佛像一軀，時時供養。（北魏《伊□造像記》）

徐徐　須臾，鬼自道姓名，乞去，徐徐解，驗。（北齊《都邑師道興造像記並治疾方》）

一一　一一相好，不得兼□以觀之；頌德弗閑，豈復更□於餘偈。（北齊《舜禪師造像記》）

5. 數詞

共 1 個，占 AA 式重疊的 0.04%。如：

萬萬　亡人以錢萬萬九千九百九文，買此塚地。（南朝宋《歐陽景熙買地券》）

二　ABB 式

共 3 個。可以構成形容詞和動詞。

1. 形容詞

2 個。如：

儼印印　明暴視兮儼印印，夫人□女兮列在旁。（東漢《張公神碑》）

獨煢煢　魂魄孤兮獨煢煢，陳灼祠兮返所生。（東漢《李翊夫人碑》）

2. 動詞

1 個。如：

流洄洄　岸參天兮無路蹊，石縱横兮流洄洄，波隆隆兮聲若雷。（東漢《貴陽太守周憬功勳銘》）

三　AABB 式

共計 23 個，其中形容詞 20 個，名詞 2 個，動詞 1 個。

1. 形容詞

馴馴恂恂　邕邕穆穆　馴馴恂恂，邕邕穆穆，真有鹿菀之風，不無鳥

山之誨。(北齊《道政四十人等造像記》)

闇闇侃侃　顒顒昂昂　闇闇侃侃，顒顒昂昂，蹈規履榘，金玉其相。(東漢《衡方墓碑》)

赳赳光光　能悊能惠，剋亮天功。入統□□，赳赳光光。(東漢《衡方墓碑》)

萋萋莫莫　萋萋莫莫，日就月將。(北魏《盧令媛墓誌》)

魏魏蕩蕩　魏魏蕩蕩，大晉其是也已。(西晉《臨辟雍碑》)

2. 名詞

生生世世　願以子□，生生世世，值佛聞法。(北魏《賈智淵妻張寶珠造像記》)

$子_1子_1$孫孫　祚流遂遠，子子孫孫。(北魏《山徽墓誌》)

3. 動詞

傾傾馳馳　和光接俗，傾傾馳馳。唯善是懃，體勞妄疲。(西魏《沙門璨造像銘》)

四　ABAB 式

共 3 個。其中動詞 2 個，名詞 1 個。

叩頭叩頭　死罪死罪　能奉弘先聖之禮，爲宗所歸者，平叩頭叩頭，死罪死罪。(東漢《乙瑛碑》)

頓首頓首　死罪死罪　臣晨頓首頓首，死罪死罪。(東漢《史晨前碑》)

對漢魏晉南北朝石刻重疊式語素組合，我們總結如下。

第一，重疊式語素組合在先秦時代主要為形容詞，語義功能主要用來模擬聲音和描繪容狀，很難與疊音單純詞區別開來。從東漢開始，語素重疊發展成了主要形式，根據胡敕瑞①對《論衡》和東漢佛典中新產生的重疊形式的統計，《論衡》語義疊詞 2 個，佛典語義構詞 33 個。魏晉南北朝后，語素重疊構成的詞所包含的意義與現代漢語的重疊式已經表現出許多的相同之處，如“日日”“歲歲”“人人”等，都含有表示周徧性的“每”的意思；“苦苦”“各各”等，含有“量”的意義。從詞性上看，漢魏以來，語素重疊構成的詞逐漸打破了以形容詞為主的模式，拓展了名詞、動詞、副詞、數詞等範圍。

① 胡敕瑞：《〈論衡〉與東漢佛典詞語比較研究》，巴蜀書社 2001 年版，第 69 頁。

第二，從重疊式語素組合的詞性構成來看，語素的性類同重疊式語素組合的詞性大體保持一致，但也有不相同的情形，如代素“各”、形素“苦”，名素“時”，動素“徐、旋”，數素“一”則都構成了重疊副詞“各各、苦苦、時時、徐徐、旋旋、一一”；名素“昏、岩”，動素“沉、擾”則都構成了重疊形容詞“昏昏、岩岩、沉沉、擾擾”；名素“軒”則購成了重疊動詞“軒軒”。在AABB式和ABAB式中，有的是複音詞的重疊，如“生世”→“生生世世”，“子孫”→“子子孫孫”，“叩頭”→“叩頭叩頭”等。

第八節　連動式語素組合

漢魏晉南北朝石刻語素與語素之間的語法關係，除了已經具備現代漢語有的聯合、偏正、支配、補充、陳述、重疊等關係外，是否還存在連動關係呢？現代漢語中存在連動式是不容否認的。饒勤認為“查抄、查對、查封、查處$_2$、抽調$_2$、抄送、批復、沖$_1$服$_2$、傳$_1$訊、盜用、盜賣、攻佔、攻取、離休、退休、驗收、離休、撤換、移栽、移植、診療、診治”等，都是連動式結構的複合詞，其特點是語素在語義上有先後順序，不是偏正式、支配式等結構所能概括的。如果用V_1和V_2分別代替這兩個動詞性語素，則V_1先於V_2發生，V_2是V_1的後續動作。比如“認領”，“認”是先行動作，“領”是後續動作。[①] 那麼，按照這個理論，漢魏晉南北朝石刻中也有類似的語素組合，共計61個。如：

成立$_1$：指成長自立。北魏《元鑽遠墓誌》：“年漸成立，志閑丘壑。”

創$_2$遷：建造遷居。北魏《崔猷墓誌銘》：“十七年，高祖鸞駕南轅，創遷河洛。”

疆理：劃分治理。《詩經・小雅・信南山》：“我疆我理，東南其畝。”毛傳：“疆，畫經界也；理，分地理也。”如北魏《元譿墓誌》：“苞姬締構，復漢疆理。”

崩淪：崩塌沉淪。北魏《石門銘》：“其崖岸崩淪，磵閣堙褫。”

漂淪：指飄零沉淪。北齊《狄湛墓誌》：“天不贊善，玉樹漂淪。”

---

① 饒勤：《從語法結構看複合詞中的一種新的構詞方式——連動式》，《漢語學習》1993年第6期。

另外，還有拜賀（東漢《薌他君祠堂畫像題記》）、決遣（北魏《乞伏寶墓誌》）、殮葬（北魏《翟普林造像記》）、遷葬（北魏《元始和墓誌》）、歸葬（北魏《鄭羲下碑》）、收葬（東漢《趙寬墓碑》）、移葬（東魏《元顯墓誌》）、葬送（南朝齊《劉覬買地券》）、攻取（北魏《元英墓誌》）、愛狎（北魏《長孫季及夫人慕容氏墓誌》）、述宣（北魏《元過仁墓誌》）、執訊（北齊《徐徹墓誌》）、修奉$_1$（北魏《太基山銘告》）、修舉（東魏《李仲琁修孔廟碑》）、孕育（北齊《高百年墓誌》）、入見$_1$（北魏《元譚墓誌》）、出行$_1$（北魏《高珪墓誌》）、出宿$_1$（北魏《元譚妻司馬氏墓誌》）、出任（北魏《王真保墓誌》）、出宰（東魏《邑主造石像碑》）、出牧（北魏《鄧羨妻李椝蘭墓誌》）、出居$_1$（北魏《元萇溫泉頌》）、出鎮（北齊《元賢墓誌》）、出仕（東漢《王基斷碑》）、出統（北魏《元緦妃李媛華墓誌》）、出征（北魏《元邵墓誌》）、出典（北魏《元誨墓誌》）、出遊（東魏《元悰墓誌》）、出守$_2$（北魏《刁遵墓誌》）、出討（北齊《劉悅墓誌》）、出離（北齊《王氏道俗百人等造像碑》）、出膺（北魏《李璧墓誌》）、出適$_1$（北周《拓跋虎妻尉遲將男墓誌》）、諮受（北魏《僧達造像記》）、述作（東漢《孔羨碑》）、罷歸（北周《叱羅協墓誌》）、規鑒（北齊《李祖牧墓誌》）、傅納（東漢《袁博殘碑》）、禪$_1$代（三國魏《上尊號碑》）、唱和$_2$（北魏《冠軍將軍夫人劉氏墓誌》）、攻逼（北魏《元天穆墓誌》）、出祖（北魏《楊昱墓誌》）、入纂（北魏《元邵墓誌》）、來$_2$嬪（北齊《趙奉伯妻傅華墓誌》）、紹隆（北魏《嵩高靈廟碑》）、招集（北魏《元乂墓誌》）、招納（北齊《義慈惠石柱頌》）等。

如上所示，我們分了七個章節討論了漢魏晉南北朝石刻語素語法組合的各種結構形式的特點。由語素組合成的各種雙音節複合詞發展不平衡，但結構形式齊備。爲了便於比較清楚地看出漢魏晉南北朝石刻雙音節複合詞構造類型上的全貌，特表示如下。

表 3-3　漢魏晉南北朝石刻雙音節複合詞構造類型及數量統計

<table>
<tr><th>總詞數</th><th colspan="3">項目名稱</th><th>數量</th><th>總計</th><th colspan="2">百分比</th></tr>
<tr><td rowspan="14">23328 個</td><td rowspan="9">語法構詞</td><td rowspan="7">實語素結構方式構詞</td><td>聯合式</td><td>6507 個</td><td rowspan="7">21491 個</td><td rowspan="7">占語法構詞的比例為 98. 4%</td><td rowspan="9">占總詞數的比例 93. 6%</td></tr>
<tr><td>偏正式</td><td>11065 個</td></tr>
<tr><td>支配式</td><td>3142 個</td></tr>
<tr><td>表述式</td><td>260 個</td></tr>
<tr><td>補充式</td><td>210 個</td></tr>
<tr><td>語素重疊式</td><td>246 個</td></tr>
<tr><td>連動式</td><td>61 個</td></tr>
<tr><td rowspan="2">虛語素方式構詞</td><td>附加前綴</td><td>129 個</td><td rowspan="2">356 個</td><td rowspan="2">占語法構詞的比例 1. 6%</td></tr>
<tr><td>附加後綴</td><td>227 個</td></tr>
<tr><td colspan="2" rowspan="2">語音構詞</td><td>音節重疊式</td><td>51 個</td><td rowspan="2">484 個</td><td colspan="2" rowspan="2">占總詞數的比例 2. 1%</td></tr>
<tr><td>非音節重疊式</td><td>433 個</td></tr>
<tr><td colspan="2" rowspan="3">修辭學造詞</td><td>典故詞</td><td>463 個</td><td rowspan="3">997 個</td><td colspan="2" rowspan="3">占總詞數的比例 4. 3%</td></tr>
<tr><td>數字縮略</td><td>388 個</td></tr>
<tr><td>專名縮略</td><td>146 個</td></tr>
</table>

從上表可以看出，第一，單音節語素通過各種方式構成的複音詞雖然數量不少，但造詞方式基本分為三大類，即語法造詞、語音造詞和修辭學造詞。其中，語素的語法構詞數共計 21847 個，占石刻總詞數的 93. 6%；語素的語音造詞數共計 484 個，占石刻總詞數的 2. 1%；語素的修辭學造詞數共計997 個，占石刻總詞數的 4. 3%。這說明語素的語法造詞占絕對優勢，是構成複音詞的主要手段。

第二，語音造詞包括音節重疊式和非音節重疊式，共計 484 個，占複音詞總數的 2. 1%。雖然所占比例不大，但結構方式相對齊全，如重疊的複音詞中還出現了 AABB 式新的結構樣式，說明語音造詞這種方式從沒有放緩其發展的步調。

第三，語素的修辭學造詞（這一內容我們將在第六章作詳細分析，現用在這裏以便統計總的複音詞數），包括典故詞、數字縮略詞和專名縮略詞，共計 997 個，占複音詞總數的 4. 3%。所占比例要高於虛詞方式造詞和語音造詞，這是由於石刻語料特定的文體、特殊的內容和特別的表達方式決定的，大量典故詞語的使用成爲達到這種效果的最佳手段。

第四，在語法造詞中，實語素結構方式構造的詞數共計 21491 個，占語法造詞數的 98.4%；虛語素方式構造的詞數僅 356，只占語法造詞數的 1.6%。這說明實語素結構構詞仍然占據着語法造詞的絕對主導地位。

第五，各種語素組合成的複音詞發展不平衡。在運用各種造詞法所造詞的數量和地位在總的複音詞中又是發展不平衡的。

（1）偏正式語素組合的數量 11065 個，位居第一。從詞性分佈來看，漢魏晉南北朝石刻語素組成的偏正式複合詞主要是名詞、動詞和形容詞，還有副詞和代詞。其中，名詞數量最多，其他的也都有所增加。這說明漢魏晉南北朝時期，人們認識和表達客觀事物的能力都有了顯著的提高，語言表達更精確、細密、形象；從語義來看，不僅偏語素對正語素的修飾較前代更複雜，而且正語素意義成分在數量上迅猛發展。正語素的意義成分不僅繼續存在有關人或事物的類型，而且增加了相當一部分有關動作、行爲的（1340 個）和部分有關性質、狀態的（553 個）類型，還出現了正語素為副詞（23 個）、數詞（16 個）、量詞（22 個）及代詞（15 個）的類型；從詞性構成方式看，結構方式有了很明顯的增加。構成名詞的結構方式有 28 種之多。構成動詞的有 13 種，構成形容詞的有 11 種，構成副詞的有 11 種，構成代詞的有 6 種，構成數詞和數量詞的分别為 3 種和 4 種。其構詞的靈活性已大大超越了前代。

（2）聯合式語素組合的數量 6507 個，位居第二。從詞義構成來看，有同義語素聯合、類義語素聯合和反義語素聯合，其中，類義聯合最多，反義聯合最少；從性類構成來看，語素組合的性類與其構成的語素的性類相一致的占絕大多數，同時也有不一致的情況，且形式比先秦語料中的更加多樣化，共多達 27 種。從語素組合的順序上看，存在着 1362 個同素異序結構組合，其中，包括雙向型和單向型，而且雙向型占據了半數以上。這從一個側面反映了聯合式語素組合在漢魏晉南北朝時期發展到了一個新的階段。

漢魏晉南北朝石刻中產生了大量的單音節活躍構詞語素。其中有些語素具有較強的構詞能力，位置可前可後，或者既有前置的，也有後置的，它們與另外一些在意義上相同或相類的語素相組合，產生出一大批以同一語素為基本詞根的同根或同素詞羣。這從一個側面說明石刻詞彙正處於複音化的急劇發展變動狀態中。

（3）支配式語素組合不僅在數量上大大增加，而且在其詞類的分佈上，已從先秦時代比較單一的職官名詞擴展到普通名詞、動詞、形容詞和副詞，其中動詞最多，有 3011 個。正是因為漢魏晉南北朝石刻語料涉及社會的各個方面，因而出現了大量作為支配對象的語素，分别和不同的被支配語素結合，形成衆多的新的支配式合音詞。支配式複合詞的詞性構成方式也趨於複雜化，大大改變了先秦簡單的結構方式。

（4）表述式語素組合數量相對較少，但從詞性分佈上看，有名詞、動詞、形容詞，其中，動詞最多；從内部性類組合方式上看也有 8 種。其中用代主語素“自”構成的表述式複合詞，包括動詞和形容詞，共計 74 個。

（5）補充式語素組合的數量在石刻語料中有所增加，共 210 個。意義類型有表結果和趨向兩種形式。特别是表結果的補語素的意義範疇更加廣泛，多達 85 種；表趨向的補語素也有 9 種。其詞性構成也有 8 種表現。

（6）附加式語素組合仍分為附加前綴和附加後綴兩種。附加前綴的語素有 20 個。“有$_2$”“斯$_2$”“言$_1$”“聿”是先秦前綴語素的繼承，“第$_2$”“相$_2$”“可”“阿$_2$”是漢代出現的新的詞綴語素；“允$_2$”“以$_2$”“薄$_4$”“誕$_3$”“載$_3$”“云”“惟$_2$”“維$_3$”“攸$_4$”是魏晉南北朝時期出現的新的詞綴語素。其中“相$_2$”構成動詞和形容詞，共 78 個，使用範圍和用例相對較多；附加後綴的語素有 15 個。“然$_2$”“焉”“乎”“爾”“如”“者”“若”“而$_2$”“止$_2$”“胥”“言$_2$”是先秦流傳下來的，“子$_2$”“自$_2$”是漢代新產生的，“勿”在先秦時出現，石刻語料中又有繼承；“兒$_2$”則是南北朝時期新出現的。其中，後綴語素“然$_2$”“乎”“者”“子$_2$”和前綴語素“相$_2$”繼續保持着較強的構詞能力，其餘的尚保持在書面語中。

（7）重疊式複音詞包括語素重疊式和語音重疊式兩類。其中，語素重疊構成的是合成詞，語音重疊構成的是單純詞，漢魏晉南北朝石刻中以語素重疊式為主。從重疊的形式看，有 AA 式、ABB 式、AABB 式和 ABAB 式四類；從詞性看主要構成形容詞，其次是動詞、名詞、副詞和數詞。

另外，非語音重疊的單純詞仍然保持了既有的雙聲、疊韻和非雙聲疊韻的特點。從詞性上看主要構成了形容詞，其次是名詞、動詞、副詞、助詞以及擬聲詞和嘆詞；從詞的書寫形式看，同一單純詞可以有兩種及以上的形式；從字序來看，出現了字序互換的單純詞；從歷時比較看，出現了一些新的單純詞。這一時期，出現了不少的佛教音譯詞、古三韓音譯詞和西域音譯詞，使既非雙聲又非疊韻的單純詞數量大增。

（8）連動式語素組合在漢魏晉南北朝石刻的語法構詞中數量最少。連動式語素組合與其他語素組合相比，強調的是動作的先後順序。以前人們把這類詞歸併在聯合式中，在此，我們從中選出 61 個這樣的語素組合，從語素與語素意義之間表現出的先後關係來說明它與其他語素組合的不同，其他更細緻的理由，還有待於我們繼續探索。

（9）用修辭學構成的語素組合主要包括典故詞、數字縮略詞和專名縮略詞。典故詞數量衆多。漢魏晉南北朝石刻語料中共出現了 463 個典故詞。從文獻來源的時代上看，涉及從先秦至南北朝時期共計 68 部作品，囊括了經、史、子、集中不同類別的典籍；從詞的生成方式看，有節縮法、割裂法、改造法、改變法、換序法等；從語法結構關係看，有並列式、偏正式、支配式、表述式、補充式和重疊式。除了有據可循的典故詞外，還新增補了《漢語大詞典》所失載的 23 個典故形式，包括了名詞、動詞和形容詞，而這些形式在石刻語料及後世中都有用例。

縮略詞數量多且種類豐富，多達 534 個。包括數字縮略詞和專名縮略詞。其中數字縮略詞 388 個，專名縮略詞 146 個。他們又各自包含着多種縮略形式，現代漢語中的大部分縮略形式在此已大體具備。需要指出的是，漢魏晉南北朝石刻語料中出現了一些新的縮略組合，《漢語大詞典》并未收錄其中。

第四章

漢魏晉南北朝石刻語素的語義研究

呂叔湘先生曾經說，“‘詞’在歐洲語言里是現成的，語言學家的任務是從詞分析語素……漢語恰好相反，現成的是‘字’，語言學家的課題是研究哪些字羣是詞，哪些是詞組。漢語里的‘詞’之所以不容易歸納出一個令人滿意的定義，就是本來沒有這樣一個現成的東西”，而是“漢字、音節、語素形成三位一體的‘字’”①。誠然，從語法關係角度講，漢字是一種現成的語言單位，但從語義關係的分析角度來看，卻不能作為語言的基本單位②。因為文字是語言的書寫符號，不是語言自身，語言的單位只能從語言自身去尋找。一個漢字代表了幾個意義不同的語素，漢字就變成了記錄語素的符號，而不是記錄詞的符號了。而語素是漢語表意的最小單位，因此，漢語語義研究的基本單位應當為以語素為突破口。正如蘇寶榮認為的，“漢語語素可分的現實性具備了漢語語義研究的天然優勢”③。

本章是對漢魏晉南北朝石刻的語素在語義上的表現特點進行分析。主要從語素義的分類、特點與詞義的關係三個方面來分析，同時探討這些特點產生的各種條件。

---

① 呂叔湘：《語文常談》，三聯書店 1998 年版，第 46 頁。

② 徐通鏘：“漢語基本結構單位是字，沒有形態變化，不受印歐語那種一致關係之類的規則的制約。”（《基礎語言學教程》，北京大學出版社 2001 年版，第 186 頁。）他同時也認為，漢語社團中有心理現實性的語言單位是“字”，而“語素”則沒有心理現實性。

③ 蘇寶榮：《漢語語義研究的基本單位應分為語素和詞兩個層級》，《河北學刊》1999 年第 6 期。

第一節　漢魏晉南北朝石刻語素的單義和多義

一　漢魏晉南北朝石刻的單義語素和多義語素

一個語素只有一個義項（更准確些應稱義位）稱為單義語素；如果有兩個或兩個以上的義項則稱多義語素。據毛遠明先生的統計，《左傳》中單義詞所占的比例為70%[①]，而在漢魏晉南北朝石刻中的多義語素的數量已經超過了單義語素。爲了能夠總體把握，我們根據單音節語素的組合能力，對漢魏晉南北朝石刻中單音節語素（主要是名素、動素和形素，數素、量素和虛語素不作統計）在語素組合中所體現的單義和多義作了數據上的統計和分析。如表4-1。

表4-1　　漢魏晉南北朝石刻單音節語素的單義和多義統計表

義項／語素數項／語素性類	1	2	3	4	5	6	7	8	9	10	10個以上	合計
名詞性素	841	345	158	88	69	45	25	20	11	14	20	1636
動詞性素	586	288	140	95	78	46	39	25	16	5	22	1340
形容詞素	310	102	50	34	7	15	11	6	4	3	11	553
總計	1737	735	348	217	154	106	75	51	31	22	53	3529

從表4-1可見，在統計的漢魏晉南北朝石刻3529個單音節語素中，單義語素共計1737個，占單音節語素的47.7%。在所統計的這些單義語素中，名詞性語素共841個，動詞性語素586個，形容詞性語素310個；多義語素共計1792個，占單音節語素的49.3%。這個比例說明漢魏晉南北朝石刻中的多義語素發展成為主要的形式。大體上，隨着語素義項的增加，語素數量呈銳減的趨勢。這些統計數據，也反映出漢語語素的特點在漢魏晉南北朝時期已經基本具備。

根據意義是成系統的這一理論，在多義語素的各個義項中，本義只有一個，其他則是由這個本義引申而來。本義的確定我們以東漢許慎的

① 毛遠明：《左傳詞彙研究》，西南師範大學出版社1999年版，第176頁。

《說文解字》為主要參照，以其他字書為佐證，進而分析其引申義。如果有些語素本義後世有爭議，則另加說明。有以下兩種情況：

其一，單音多義語素。如“自”，本義為鼻子。《說文》：“自，鼻也。像鼻形。”後引申為“自己，自我，本身”，在石刻語素組合中的用例不少，如“自躬、自家、自便、自然$_2$、自得、自娛、自達、自居、自覺、自誓、自愛、自守、自立、自肅、自高、自在、自遠、自若、自固、自性”等。又如“德”，本義為升。《說文》：“德，升也。從彳，悳聲。”段玉裁注：“升也。升當作登。……今俗謂用力徙前曰德。古語也。”後引申為“道德，品行”。本義後世沒有用例，以引申義“道德，品德”作為了基本義。有些語素在《說文》中沒有說明本義的，就參照其他字書所標明本義為準。有些語素的本義後世有爭議，則因情況而定，如“皇”，《說文》：“皇，大也。從自，自，始也。始皇者，三皇大君也。”朱芳圃《殷周文字釋叢》：“皇即煌之本字。”按：皇象王者冠冕形。本書“皇”之本義，則以後者為準。

有些語素本義雖然有爭議，但仍以《說文》的本義為準。如“辱”，本義指恥辱、受辱等義。《說文》：“辱，恥也。从寸在辰下。失耕時，於封畺上戮之也。辰者，農之時也。故房星爲辰，田候也。”楊樹達《積微居小學述林》：“字形中絕不見失時之義也……辱字從辰從寸，寸謂手，蓋上古之世，尚無金鐵，故手持摩鋭之蜃以耘除穢草，所謂耨也。”按：“辱”，為“耨”的本字，“恥辱”為引申義，而“辱”為“耨”之義在後世沒有用例。又如“朱”，本義為赤心木。《說文》：“赤心木，松柏屬。从木，一在其中。”郭沫若《金文叢考》：“‘朱’乃‘株’之初文，與‘本’、‘末’同義。”而其他字典辭書以“紅色”本義，如《廣雅·釋器》：“朱，赤也。”今以《說文》爲準，“紅色”為其引申義。

其二，多音多義語素。多音多義語素是指某個語素具有二個以上的讀音和義項。這些語素有可能或因語音發生改變，或因引申的義項之間失去了意義上的聯繫，或因義項的語法功能發生轉變而分化為幾個不相同的語素。區別這些語素的異同時，要考慮該語素在不同義項上的不同語音、語義和語法功能。對於意義間有引申關係，但成詞後語素的語音、語義和語法功能都有明顯區別的語素義項，將考慮劃歸不同的語素處理。如“盛 chéng$_1$”“盛 shèng$_2$”；“風 fēng$_1$”“風 fèng$_2$”“風 fěng$_3$”，這兩組語素屬於語音發生了轉變，而有了區別性的語義特徵。又如“辨 biàn$_1$”“辨

biàn$_2$”，“辨$_1$”指辨別、區分，“辨$_2$”，指爭論、辯論，與“辯”通，此二者在意義上已經完全沒有了派生關係，分屬於兩個不同的語素；再如“當”：①對等，相當。②相當於“將，將要”。在義項①上，“當”是動詞；在義項②上，“當”是副詞。因其語法功能的不同及語義上沒有派生關係，而形成了“當$_1$”和“當$_2$”兩個語素。

二　漢魏晉南北朝石刻語素語義特點

據以上的數據分析，漢魏晉南北朝石刻語素義主要特點有三點。

（一）漢魏晉南北朝石刻語素的多義性

所謂多義性，指的是多義語素的義項數都在兩個以上。漢魏晉南北朝石刻的多義語素已佔據了主體地位。確定多義語素主要看語素的多個義項之間是否有聯繫，如何歸納語素義項、區別語素異同，上面已經談過，這裏就不再贅述。漢魏晉南北朝石刻多義語素的義項，最少的兩個，最多的達到了 23 個。如：

“岸”的義項有：

（1）水邊高起之地。《說文》：“岸，水厓而高者。”這是岸的本義，9例。北魏《王誦妻元貴妃墓誌》：“懼岸谷之易遷，朝市之侵逼。”（2）高傲，嚴正。5 例。北魏《元颺墓誌》：“生而恢岸，幼則奇偉。”（據《漢語大詞典》）

“舉”的義項有：

①雙手托物使向上。《說文》：“舉，對舉也。”段玉裁注：“對舉也。對舉謂以兩手舉之。”這是舉的本義，2 例。北齊《裴子誕墓誌銘》：“飛觴舉白，文翰紛綸。”②拿起；提起。2 例。北齊《李君妻崔宣華墓誌》：“攝裾從馬，舉袂歸梁。”③飛；飛起。8 例。東魏《李仲琁修孔廟碑》：“君鳳舉雲翔，風期如一。”④飄動。1 例。北魏《元略墓誌》：“大將軍榮，遠舉義旗，無契而會，效踰叔牙，中興魏道。”⑤升起。6 例。北魏《元秀墓誌》：“素情霞舉，清猷日升。”⑥仰起；抬起。1 例。北齊《狄湛墓誌》：“相偕到此，舉目傷魂。”⑦稱；言說。1 例。北魏《元祐妃常季繁墓誌》：“舉言貽範，率行成則。”⑧發問；動問。1 例。北周《張滿澤妻郝氏墓誌》：“更興悲歎，舉意心傷。”⑨舉動。1 例。北魏《王禎墓誌》：“方毗北都，重舉瑤塵。”⑩興起；發動。4 例。西晉《徐義墓誌》：“永平元年，三月九日，故逆臣大傅楊駿委以內授舉兵，圖危社稷。”⑪興兵。4 例。南朝

陳《黃法氍墓誌》:“五年，大舉北伐。”⑫點燃。1例。北齊《李祖牧墓誌》:“鄰里待以自資，姻族望而舉火。”⑬攻克；占領。1例。北魏《元頊墓誌》:“昭毅五營，振舉六郡，列棘望標，作行任重。”⑭列舉；提出。2例。北魏《元欽墓誌》:“舉凡而巨細無遺，撮目而隱顯俱曉。”⑮指謫；檢舉。2例。北周《叱羅協墓誌》:“爰兹刺舉，境域稱仁。”⑯生育。1例。東魏《房悅墓誌》:“有忻舉子，亦夭咳嚶。”⑰復興。1例。東魏《李仲琁修孔廟碑》:“二儀肇泮，人倫修舉。”⑱推薦；選用。7例。東漢《魏元丕碑》:“每在選舉，遜讓匪石，鑽前忽後。”⑲放；發。1例。東漢《武榮墓碑》:“旌旗絳天，雷震電舉。”⑳窮盡。1例。北魏《元邵墓誌》:“折簡無遺，絕編咸舉。”㉑總括。1例。北魏《元賄墓誌》:“幼如孝弟，仁義備舉。”㉒皆，全。4例。東漢《韓勑造孔廟禮器碑》:“百姓欣和，舉國蒙慶。”㉓贊許；表彰。北齊《高建妻王氏墓誌》:“風宇明暢，器識標舉。”(據《漢語大詞典》)

單音節語素的多義性是通過具體的語言環境體現的，并根據其所處的語言環境（作為語素組合的構成成分或語素獨立成詞）對各個義項進行分立。否則，語素的多義性就無從談起。

漢魏晉南北朝石刻語素有1737個單義語素，但這裏所說的單義語素，僅是以漢魏晉南北朝石刻的語料而言的，並不意味着在那個時代這些語素都是單義的。因為漢魏晉南北朝石刻語料所記錄的社會生活現象是有限的，使用的詞語也是有限的，它不可能反映那個時代語言的全貌。如：

“槁”本義為草木枯槁，乾枯。東魏《蕭正表墓銘》:“弗獲拜恩，形立枯槁。”北魏《元順墓誌》:“身甘枯槁，妻子衣食不充，甞無擔石之儲，唯有書數千卷。”“槁”，石刻中僅有2例，都只有此義，為單義語素。但“槁”引申後泛指乾枯之物。《左傳・哀公三年》:“富父槐於是乎去表之槀，道還公宮。”楊伯峻注:“《說文》:‘槀，木枯也。’今作槁。泛指一切乾枯易燃之物。”再引申為死亡。漢劉向《說苑・立節》:“成公趙曰:‘……吾若是而生，何面目而見天下之士。’遂立槁於彭山之上。”此二個義項，石刻中并不見用例。

不僅漢魏晉南北朝石刻中的單義語素如此，就是多義語素也是這樣，語言的實際在當時也未必都如石刻語料，語言的代表性是相對而言的。當然，漢語語素義大面積的趨於多義性，已經成為一種不可逆轉的態勢，而在漢魏晉南北朝時期則已基本初具規模。

（二）漢魏晉南北朝石刻語素義的模糊性

語素義的模糊性是指由於語素的多義性而引發的語素意義的不確定性。

漢魏晉南北朝石刻語素的多義性發展成為主要態勢，據上述統計，義項在5—8個的語素有386個；義項在8—10個的語素有104個；義項在10個以上的語素已經達到53個。如此衆多的義項勢必帶來語義上的模糊性，這就使語素的不同義項必須都是從語素組合中抽象、提煉出來。也就是說這些義項的確立需要借助於與其另一個語素做工具的組合，從這個組合中切分出某一個可以表達具體意義的義項。

如“愛”，本義作“行惠”解，即加惠於人，對人對物有深厚的感情之意。《說文》：“愛，行皃。从夊㤅聲。”段玉裁注：“行皃也。心部曰：㤅，惠也。”至於什麼樣的深厚的感情才算“愛”，也就是說“愛”分為幾種類型，決定於與之組合的另一個語素構成的語境，顯然這種深厚的感情傾向則帶有一定模糊性。就如張喬認為：“人們很難回答‘多高是高’這種問題，對‘高個子’的抽象和統一判斷似乎就根本不存在。問題可能應該問得更具體些。”①

比方“愛”在複合詞“愛狎、愛好$_2$”中指“喜歡、愛好”。南朝梁《蕭敷墓誌》：“愛好閒靜，雅善談諷。”北魏《長孫季及夫人慕容氏墓誌》：“可以義親，難以愛狎。”在複合詞“愛惜、愛身”中指“愛護、關心”。北齊《郭顯邕造經記》：“秉栥自護，愛惜浮囊。”北魏《寇憑墓誌》：“如可暫勉，人無愛身。”在複合詞“愛津、愛河”中指“男女之間的愛戀”。北魏《邢巒妻元純陁墓誌》：“棄置愛津，栖遲止水。”北周《張子開造像記》：“然苦海愛河，濟涉者少。”在複合詞“遺$_1$愛、流愛、垂愛”中指“仁惠”。東漢《鮮于璜墓碑》：“令德高譽，遺愛日新。”北魏《鄧羨妻李榘蘭墓誌》：“是以太夫人慈遇備隆，流愛特厚。”在“敬愛、愛仰”中指“仰慕”。北魏《郭顯墓誌》：“因心必盡，率由敬愛。”北魏《孫遼浮圖銘記》：“限過將代，百姓愛仰，舉土戀慕，若失慈父。”等等。

又如“救”，本義是“禁止，阻止”，《說文》：“救，止也。从攴求聲。”由本義引申出“援助，使解脫”的意義，但此引申義需要在一定的

① 張喬：《模糊語義學》，中國社會科學出版社1998年版，第96頁。

組合中才能得到明確，如救世（東漢《孔羨碑》："欲屈己以存道，貶身以救世。"）、救人（北魏《比丘尼慧靜墓誌》："離欲出家，舍身救人。"）、救命（北魏《元濬妻于仙姬墓誌》："醫不救命，去二月廿七日，薨於洛陽金墉之宮。"）、救兵（北齊《徐顯秀墓誌》："救兵未會，元戎始交，多少相懸，車徒異勢。"）、救濟（北齊《雋敬碑》："救濟饑寒，頃壺等意。"）、存救（北齊《義慈惠石柱頌》："人多饑斃，父子分張，不相存救。"）等等。離開具體的語素組合、具體的語言環境，"救"的意義就具有一定的模糊性。因此，單個語素自顯其義的能力很弱，但其意義是隱性存在着的，語素不同意義的凸顯則需要在組合的線條上加以狹義化和明確化。正因為語素義的模糊性，語素與語素之間才可能廣泛地發生組合關係，而少受限制。

（三）漢魏晉南北朝石刻多義語素義的複雜性

石刻語素的複雜性包含兩個方面的關係。

1. 語素義的聚合關係和組合關係

（1）"縱"的語素義關係。"縱"的語素義關係指的是語素義的聚合關係。包括相同或相近、相關、相反、相屬等關係。語素義的聚合關係所建立的"語義場"為漢語複合詞提供了豐富多樣的構詞可能性。賈彥德在《漢語語義學》中把漢語語義場分為兩大類，一是由不同語素的語素義構成，二是由同一個多義語素的不同義項構成，并對兩大類語義場內語素義的聚合關係分為 10 種，即分類義場、部分義場、順序義場、關係義場、反義義場、兩極義場、部分否定義場、同義義場、枝幹義場和描繪義場①。這些分類很細緻地歸納了漢語語義場的聚合關係類型，我們參照賈彥德的這種分類，根據漢魏晉南北朝石刻語料的特殊性，把石刻單音節語素的語素義聚合關係分為以下六種類型。

A. 分類義場。這種語義場在石刻語料中的數量非常多且龐雜，也最常見。凡表人物、動物、植物、河流、山川、方位、時令、國家、民族、器用、服裝、食物、宮室、形體、婚喪、禮儀、顏色、形狀等等語素的義位，都屬這一類。這類語義場內的各個義位，代表了同類事物、現象、行為或性質等的各種對象。據筆者初步統計，類別有 80 種以上。石刻語料中的分類義場基本上是多元的。如：

① 賈彥德：《漢語語義學》，北京大學出版社 1999 年版，第 152—175 頁。

a. 表人物的語素義構成一個分類語義場，包括“人、男、女、丁$_{2}$、婦、孩、僮、孺、嬰$_{2}$、孀、孤、矜$_{2}$、賓、客；兵、卒$_{1}$、俘、將$_{1}$、寇、師、率、帥；徭、童、俾、婢、隸、奴、閽、騶、倡、伶、匠；君、王$_{1}$、帝、皇$_{1}$、后、吏、臣、官、僚、宦、宰；梨$_{2}$、氓、萌$_{2}$、民；渠$_{2}$、儒、士、俠$_{1}$”……

b. 表動物的語素義構成一個分類語義場，包括“鼇、龜、貝$_{1}$、魴、鰥、鯉、鼉、鮮、魚、鼉；翟、鷟、翠、梟、雇、鴿；豹、豺、貙、貅、貂、狐、驄、豪、虎、狡、狼；蟬、蟾、蟲、蛾、蜂、蝗、虺、蟣、蠡”……

c. 表植物的語素義構成一個分類語義場，包括“柏、楚、杜、枌、桂、槐、楛、棘$_{1}$、賈$_{3}$、橘、楷、櫪、梨$_{1}$、李$_{1}$；草、芥、蘋、蕡、蕙、蔓、芒$_{1}$、莽、茅、蓬、蒲、薤、薰、蕕、芝、芷、蘭、蓮、華$_{1}$、花、卉、菊、英”……

d. 表器用的語素義構成一個分類語義場，包括“鼎、鼐、鬲、盬、簠、簋、籩、籠、鑊、杯、觴、尊（樽）、罇、簋、盛$_{1}$、單$_{3}$、豆、豐、缶、壺、勺、箸；柸、案$_{1}$、板、俎、版、杵、几、監、鏡、榻；燈、燭、釭、炬”……

e. 表宮室的語素義構成一個分類語義場，包括“宮、宣、廈、殿、邸、房、舍$_{1}$、闕$_{1}$、亭、館、閨、閣、樓、倉$_{1}$、庫、廩、泮、府$_{1}$、城、坊”……

f. 表河流、山川的語素義構成一個分類語義場，包括“川、波、濤、潮、瀆、溝、谷、海、洪、鴻$_{2}$、湖、澗、江、津、洛$_{1}$、泉、洋、淵、沼、原$_{1}$、瀛、澤、沚、洲、渚；山、隘$_{1}$、阪、岱、地、崿、陑、附$_{1}$、阜、崗、皋、岵”……

g. 表天文、曆法的語素義構成一個分類語義場，包括天文：“天、昊、火、風$_{1}$、雨$_{1}$、雪、雲、霞、月、日、暈、光、電、雷、霆、虹、暉、晷、埃、冰、霜$_{1}$、潦、霖、霓$_{2}$、霧、曦、霰、霄$_{1}$、星、宿$_{2}$、曜”；曆法：“霸（pò）、晦、朔、曆$_{1}$、寅$_{1}$、旬、正$_{2}$”……

h. 有關方位、時令的語素義構成一個分類語義場，包括方位：“上、下、左、右、外、央$_{1}$、間$_{2}$、中$_{1}$、東、南、西、北、廉$_{1}$（側邊）、旁$_{2}$、傍$_{1}$、側、奧$_{1}$、頂、端$_{2}$、極”；時令：“辰$_{2}$、夙、曙、旦、晨、曉、早、蚤$_{2}$、朝$_{1}$、晝、暮、晚、夕、宵、夜、昏、春、冬、秋（旻）、古、今、昱、世、葉$_2$、代$_2$、年、齡、時、旰、期$_2$、晬（周）”……

i. 表人體形貌、情態、感知的語素義構成一個分類語義場，包括形貌：“髟（頭髮下垂貌）、耽（耳大下垂）、端$_1$（身直）、俄$_1$（身傾）、耿（耳貼於頰）、盲、瞀、眇$_1$、蔑（目眵）、窅（眼眶深陷貌）、盼、皤（老人白首）、頃$_1$（頭不正）、聳$_1$（耳聾）、頽、跣、瘠、健、壯、赳、羸、孌”；情態：“傲$_1$、狷、悵、悴$_2$、怠、儋（安穩，泰然）、頓$_5$、遑$_1$、急、憍、嬌、傑、介$_3$、倨、抗$_2$、侉、狂、悍、縈、散$_2$、解$_2$（通‘懈’）；感知：“飽、餓、饑、饉、餧、饒、渴、樂$_2$、哀、悲、愁、愴”……

j. 表情感、認知活動的語素義構成一個分類語義場，包括情感：“想、願、感、愛、慰、笑、歡、嫌、怨、忿、惱、悔、憐、愧、患、恐、痛、慟、泣”；認知活動：“識$_1$、知$_1$、思、念、悟、羡、慕、慮、決、謀、議、圖、劃、究、猜、疑、嫉、惑、度$_2$、忖”……

k. 表祭祀迷信的語素義構成一個分類語義場，包括“齋、祀、禋、礿、祐、祔、禱、祭、祈、占$_1$、貞、卜、筮、亨$_1$、釁、瘞（埋物祭地）、醊（祭祀時以酒酹地）；祠、廟、社、祧、祝、尸$_1$、神、靈、魂（營$_2$）、福、禍、祉、祜、祚、祿、祺、幣、鬯、爵$_1$、牲、脤、胙、臈、犧、獻、血、策$_4$（古代卜筮用的蓍草）、場$_1$（祭壇旁邊的平地）、壇、兆；讖、氛、祲、籙（綠$_2$）”……

l. 表服飾的語素義構成一個分類語義場，包括衣服：“冕（免、弁、冒）、冠$_1$、衣$_1$、裝、裘（求）、襦、裳（常）、袍、衽$_1$、衿、襟、袂、袖、裾、袥、屣”；飾物：“纓、帶、紘、笄、帨、幗、綖、珥、簪、嬰$_1$、纈、櫛、襘、綬、緣、佩”……

m. 表性質、大小、顏色的語素義構成一個分類語義場，包括性質：“卑、賤、窘、貧；賢、裕、賑、富、貴”；大小：“褒、長$_1$、綽、大$_1$、碩、幼、少$_2$、長$_2$、老、耇”；顏色：“斐、紺、黑、紅、皇$_4$、黃、絳、綠$_1$、青、緗”……

n. 表金玉的語素義構成一個分類語義場，包括金屬：“金、鉛、鐵、銅、錫$_1$、銑、銀”；玉器：“碧、璧、琛、璁、瑠、圭、珩、瑚、璣、瑾、瓊、璞、瓔、全、琬、璿、瑶、瑕、瑑、瑩、瑜、璋、珠、瑰、玕”……

事實上，這些歸類列舉是不完全的，主要是概括了石刻語料中的實物範疇，很多抽象的意義和概念在漢魏晉南北朝石刻中也有大發展，如恩、義$_1$、意、志、欲、衷、誼、德、行$_1$、恥、弟$_1$、第$_1$、級、科、類、序$_2$、訛、謬、惡$_1$、辜、咎、愆、仁、恕、情、辱、威、恙、罹、殃、災、力，等等。不過，雖然我們不可能建立起一個非常全面細密的分類系統，但是在有限的語料中盡可能地劃分出各種義類。

分類義場可以是多層次的，大類之下分小類，小類之下又可以分出更小的類。層層疊疊，雖複雜，卻嚴整。如表交通工具的語素構成一個分類義場，其中包括“馬、船、車”。而表各種馬的語素則構成一個次一層次的語義場，包括“駧、駔、驂、騑、服$_1$、驥、驕、駿、驪、騄、驎、駟、驛”等；表各種船的語素則構成一個次一層次的語義場，包括“航、舲、舟”等；表各種車的語素則構成一個次一層次的語義場，包括“輕、輬、輅、輦、軒、乘$_2$、傳$_2$、輜”等。而表示各種“輕”的語素又構成一個更次一層的分類語義場，包括“軺（輕便的小車）、輶（一種輕車）”等。這樣，“軺、輶”放在表交通工具的語義場里，它們反映一種交通工具；放在表車的較小的語義場里，它們反映的是一種車；放在更小的表輕車的語義場里，它們反映的是一種輕車。分類語義場的這一特點，既是客觀事物本身的系統性，也反映了人類思維對客觀世界認識的逐漸細化。

B. 部分義場。它與分類義場不同的是分類義場反映同一類別的各種對象（如上所述）。而部分義場反映的是每個對象的各個組成部分。這種義場也涉及很多的領域。如：

a. 表人體各個部分的語素義構成的部分語義場，包括“頭、頸、肩、脊、臂、手$_1$、腕、腋、匈、心、腑$_1$、腹、腰、椎$_1$、背、股、膝、踝、足、筋、髓、骨、膏、肌、膚$_1$”，而表頭的各部分義位又組成次一級的部分義場，包括“髮、顏、額、鬢、須$_1$、眉、眼、鼻、耳$_1$、口、頤”，而表“眼”“口”“須$_1$”各部分義位還可分別再分為“眸、眥”“牙、唇、齒、函、舌”和“鬚、髯”等再次一級的部分義場。另外，表“腑$_1$”也可再分為“胃、肝、膽、腸、心”；表“頸”也可再分為“咽、喉”；表“手$_1$”也可再分為“掌、指”；表“足”也可再分為“趾、趺”等。

b. 表交通工具各個部分的語素義構成的部分語義場。如：表馬的“鞍、羈、勒、靽、鞅、銜、鑣、轡”；表船的“榜、楫、舳”；表車的“輪、較、軫、輿、輯、箱、軨、軾、轅、轊”，表車輪部分的還可分次一層語義場，包括“輻、輔、軸、轄、轂”，表車轂的部分還可再分更次一層語義場，包括“輨、軑”。另外與車有關的義位也可組成一個部分語義場，包括“茵、鑾（車鈴）、軌、軔（阻止車滾動的木頭）、轍”等。

c. 表宮室建築各個部分的語素義構成的部分語義場。如：表房屋的“門、窗、戶、牖$_1$、扃、牆、壁、柱$_1$、甍、椽、楣、棟、楹、闕、扆、植、基”，表宮殿的“扆、除、陛、階、阼、墀、臺、廡、廊、楯、序$_1$”。同時，我們還可以用分類語義場來反映各個部分的分類類別，如表椽的“桷、榱”，表門的“閶、闔、扇$_1$”，表墻的“埒、墉、垣、堞”。

d. 表動植物各個部分的語素義構成的部分語義場也很多。如：鳥獸的“翅、翼、羽$_1$、毛、皮、角$_1$、喙、尾、爪、距$_1$、胡、卵”，魚的“鯁$_1$、鱗”；樹木的“本、末、根、杪、標、幹、莖、萌$_1$、條、葉$_1$、枝、棱、楞”，花的“柎、萼”。

e. 表山河各個部分的語素義構成的部分語義場。如：表河流的“浪、瀾、淪、涯、涘、潯、湄、澳”；表山的“堤、岸、巔$_1$、峰、防、際”等。

f. 日常生活中的部分語義場也很多，如洗的“澡（手）、沐（髮）、浴（身）”，頭上的“幗、簪、笄、離$_2$、帨、冕、冒、弁”，衣服的“衣$_1$（上衣）、裳（下衣）”，上衣的“衽$_1$、衿、襟、裾、袥、袖、袂、帶、緣、齊$_5$”等。

C. 順序義場。這種語義場所反映的是其內的語素義有一種順序關係。表示數目、度量衡、時間、兄弟排行、社會等級等語素的語素義，都屬於順序義場。如數目的“一、二、三、四、五、六、七、八、九、十……千、萬、億”；時間的“今、昱”，“日、月、年”，“曙、曉、晨、暮、昏、夕、夜”，“春、夏、秋、冬”。

有的順序義場不單是順序關係，反映了一種等級，如排行的“伯$_1$、仲、叔、季”，宗法制度的“姓、氏、宗、祖”。社會等級中的“九流”，出自《漢書·藝文志》中，分別指農流、墨流、名流、法流、縱橫流、小說流、陰陽流、醫流、雜流。後來，民間又按社會地位分為“上九流”“中九流”和“下九流”。上九流的“皇$_1$、帝、君、王$_1$、后、聖、賢、哲、俊、凱$_2$、宷、神、仙、真、臣、僚、吏、胥$_2$、民、氓、將、率、儒、俠$_1$、匠”，中九流的“醫、士、儒、僧、道、尼”，下九流的“卒$_1$、騶、閹、閽、奴、俾、婢、隸、童、徭、鬼、妖、倡、盜”。順序或等級語義場都可以分層次的，大順序下可以分為小順序，如“秋”的“孟秋、仲秋、季秋”，高等級下可以分為低的等級，如“吏”的“閹（太監）、伶（樂官）、宰（奴隸總管）”等。另外，順序義場的語素義也有循環和不循環之分，循環的，如“曙、曉、晨、暮、昏、夕、夜”，“春、夏、秋、冬”，這類時間語素周而複始，循環不已；不循環的，如“一、二、三、四、五、六、七……”，“姓、氏、宗、祖”等。

D. 同義義場。這裏的同義語義場指的是廣義同義語素。據我們前面的統計，漢魏晉南北朝石刻的同義語素組合共計有 2363 個，占了很大比重。同義語義場有二元的、三元的、四元的及更多元的，每種的數量都不少。其中有表對象、事物的，如“目、眼”，“顙、額”，“亢$_1$、領、頸、項”，“額、題”，“鞞、鞅”，“臆、膺、胸”，“元、首、頭、顛”，“冠$_1$、冕、冒、弁”；有表運動、行為的，如“逾、越、跨”，“走、趨、奔$_1$”，“佇、跱、停”，“適$_1$、徂、赴、往、去”，“逸、遁、逃、竄”，“隕、殞、歿、薨、殂、喪、墜、落$_1$、逝、賈、沒、傾、終”；有表狀態、性質、特徵的，如“安、穩、艾$_2$、康$_1$、寧、平、靜”，“吉、祥、禎”，“佳、美、妙、妍、艷”；猶表範圍、程度的，如“渾$_2$、溷$_1$”，“細、纖”，“周、緻”等，以上幾個種類是在石刻語料中占絕大多數。

同義場里所包含的各個義位之間有同有異，而且都是大同小異。先看基本義部分相同的。如表“脖子”義的“亢$_1$、領、頸、項”構成同義義場：《說文・頁部》：“亢，人頸也；領，項也；頸，頭頸也；項，頭後也。”又，段注：“脰，項也。……脰，頸也。此當曰項而曰頸者，渾言則不別。”可見，“亢$_1$、領、頸、項”這四個義位都表示“脖子”。又，《說文・頁部》：“亢，从大省，象頸脈形。”《廣韻》：“頸在前，項在後。”由此可知，四者在狹義上又有細微的區別之處：“亢”，甲骨文像頸的大脈；頸，特指脖子的前部；“領、項”，特指脖子的後部。那麼，這四個義位的基本義有一部分相同。因此，它們以“脖子”這一語義為核心形成了一個同義義場。

有些同義義場中包含的各義位基本相同，不同的只是附加義不同。附加義即傳統語義學認為的詞語色彩，而詞義的色彩義即“傳統語義學研究過的義位的附加義”①。對於附加義的種類，不同的學者有不同的分類。

① 賈彥德：《漢語語義學》，北京大學出版社 1999 年版，第 291 頁。

如蘇新春認為，“漢語詞的色彩義最主要有三種：感情義、雅俗義和古今義”①。許德楠分為四種，即“感情色彩、形象色彩、態度色彩和語體色彩”②。劉叔新則分為更多種，即“感情色彩、態度色彩、評價色彩、形象色彩、語體色彩、風格色彩、格調色彩、語氣色彩等”③。不管如何分類，附加義是因社會、集團或個人在詞義中附帶的或另加的意義。它與詞的核心義——基本義相比，是次要的。如“顙、額”，《說文・頁部》：“顙；頟也；頟，顙也。”頟，與“額”同。可見，“顙、額”這兩義位的基本義相同，都表示“額頭”。又，揚雄《方言》卷十：“中夏謂之頟，東齊謂之顙。”又如“目、眼”，《說文・目部》：“目，人眼。象形。重童子也；眼，目也。”先秦時多用“目”，兩漢以後用“眼”逐漸多起來。故“目”，適用於書面語，有典雅莊重的色彩，“眼”，則表現為通俗的口語風格。二者的基本意義相同，只是附着了在使用中不同的語體色彩。

我們再來看一組基本義同中有異，附加義也不同的例子。如“遁、逃、逸、竄”，《說文・辵部》：“遁，逃也；逃，亾也。”《說文・兔部》：“逸，失也。从辵兔。”段注：“逸，失也。亡逸者，本義也。”《說文・穴部》：“竄，匿也，逃也。”可見，這四個義位的基本義相同之處是都指“逃跑”，基本義中不同的是主體不同，“遁、逃”，適用對象較廣泛；而“逸”，指兔子逃跑，“竄”，指鼠類逃跑。從附加意義上看，“遁、逸”常用於賢者的歸隱、離去，帶有褒義的感情色彩；“竄”，像老鼠一樣逃竄，帶有一定的貶義色彩；“逃”指廣泛意義的逃跑，屬於中性色彩。

古漢語中很少有真正意義上的等義詞，即基本義和附加義都相同。除了音譯詞和借詞外，主要是具有專名性質的詞了。因此，我們所說的“同義義場”包含的基本都是語素意義相近、相似的語素。

E. 反義義場。反義義場包含兩個義位，是二元的，它們的意義正好相反。在漢魏晉南北朝石刻中的反義義場中，共有 269 組。根據反義義場中兩個義位的關係分可為三種情況：

第一種是互補關係。即兩個義位間的界限是絕對的，它們之間沒有過渡。也就是說，這兩個義位，非此就一定是彼，非彼也一定是此，亦此亦

---

① 蘇新春：《漢語詞義學》，廣東教育出版社 1997 年版，第 53 頁。

② 許德楠：《實用詞彙學》，北京燕山出版社 1990 年版，第 80 頁。

③ 劉叔新：《漢語描寫詞彙學》，商務印書館 1990 年版，第 187 頁。

彼或非此非彼是不存在的。如“陰、陽”，“是、非”，“存、亡”，“朝$_2$、野”，“死、生”，“開、閉”，“出、沒”，“沈、浮”，“明、闇”，“兒$_1$、女”等。

第二種是極性關係。即兩個義位之間有過渡帶，即非此非彼是存在的。如“上”和“下”，它們之間還有過渡帶，“不上不下”也是存在的。又如“晨、夜”，“表、裏”，“左、右”，“黑、白”、“旦、夕”，“圓、方$_1$”，“往$_1$、返”，“升、黜”，“增、減”，“長$_2$、幼”，“長$_1$、短”，“多、少”，“吉、凶”，“前、後”，“尊、卑”，“小、大$_1$”等。亦此亦彼也是存在的，如“文、武”，“賞、罰”，“樂$_2$、煩”，“既有文又有武”，“既賞又罰”，“既快樂又煩惱”也都是能成立的。不過兩個義位之間雖然有個過渡帶，但仍然是兩個不同的概念，不能混淆。如“既黑又白”或“既長又短”是不能成立的。

第三種是反向關係。即兩個語素的意義並非根本對立，也不存在互補關係。它們只是在某種關係下互為參照，相互依存。表自然界、時間上的反向對立，如“天、地”，“水、火”，“春、秋”，“宇、宙”，“晦、朔”，“朝$_1$、昏”，“今、故”等；社會關係上的反向對立，如“賓、主”，“父、母$_1$”，“夫、妻”，“兄、弟”等；表動作行為的反向對立，如“呼、吸”，“賣、買”，“出、還”，“出、納”等。

需要指出的是，反義義場中的兩個義位的分界，也不是絕對固定、不會變化的。有些義位的分界是可以根據外界情況或時間的變化而發生改變的，如“多、少$_1$”，“長$_1$、短”，“小、大$_1$”等；有些則可因表示的對象不同而發生改變，如“老、少$_2$”等。

F. 屬種義場。屬種義場是指兩個語素所表示的義位如果具有屬和種的關係，那麼，這兩個語素就構成了屬種語素，也叫上下位語素。其中表示屬義位的語素是屬語素，上位語素；種義位的語素是種語素，下位語素。如“人、男、女”，“馬、駔、驂、騑、驥、驕、駿、驎”，“家、屋、宅、室、堂、庭$_1$”，“森、林、木、樹$_1$”，“毛、毫、髦”，“衣$_1$、裘、襦、袍”，“冒、弁、冕”，“酒、酤、醳、醑、酎、醪、酪、醴”，“米、糲、精”，“肉、脯、昔、脩”，“獸、鹿、麇$_1$、能、羆、兔”等等，都屬於上下位語素。在這幾組語義場中，其中每組前一個均為屬語素——上位語素，後面的均是種語素——下位語素。由於種屬關係是相對而言的，因此，同一個語素，對於甲語素來說是屬語素——上位語素，而對於乙語素來說可能是種語素——下位語素。如“米”，相對“糲、精”是屬語素——上位語素；相對“食”是種語素——下位語素。

另外，具有屬種關係的語素義位可以分為兩種。一種是直接屬語素，即由最鄰近的屬種兩個語義層次的語素構成，如“女、母$_1$、妻、妾、媛、婦”，直接屬種語素的語義差異要較小些，相同的義素要較多些；另一種是間接屬種語素，它是超越了臨近的屬種兩個語義層次形成的，如“人、母$_1$、妻、妾、媛、婦”。一般來說，越是間接的屬種語素，語義的差別越大。漢魏晉南北朝石刻語料中由屬種義位關係構成的語素組合，如：

a. 屬義語素義+種義語素義：邊服$_1$（北魏《元彧墓誌》）、工匠（北魏《姚伯多兄弟造像碑》）、典墳（北魏《楊舒墓誌銘》）、家巷（東漢《曹全碑》）、土田（東漢《太尉劉寬碑》）、壽考（南朝陳《衛和墓誌》）、國朝$_2$（北周《《豆盧恩墓碑》）、文詞（北周《元壽安妃盧蘭墓誌》）、文藻（北魏《王昌墓誌》）、閨庭（北魏《王昌墓誌》）、夜昏（北齊《高建墓誌銘》）、禍釁（北周《寇熾墓誌》）、家宅（西晉《徐義墓誌》）、閭閨（北魏《張寧墓誌》）、門戶（北齊《李祖牧墓誌》）、痾疹（北齊《高建妻王氏墓誌》）等。

b. 種語素義+屬義語素義：災燀（東漢《白石神君碑》）、章句（北魏《楊舒墓誌銘》、器用（北魏《尒朱紹墓誌》）、藝業（東魏《穆子巖墓誌》）、璧玉（北魏《元襲墓誌》）、貧乏（東漢《耿勳碑》）、室家（北魏《元斑妻穆玉容墓誌》）、家國（東魏《元鷙妃公孫甑生墓誌》）、閨第（北魏《韓賄妻高氏墓誌銘》）、閨間（西魏《鄧子詢墓誌》）、閨閣（西晉《徐義墓誌》）、門族（北魏《元誘妻薛伯徽墓誌》）等。

其中，“邊服$_1$”指邊地和要服，古代王畿以外按距離分為五服。相傳一千五百里至兩千里里為要服，“服$_1$”是表示特殊語素義，而“邊”的意義比較寬泛是，是義類語素義。“門戶”，“戶”指單扇門。

上述分析的六種語義關係類型，並不能全部涵蓋漢魏晉南北朝石刻中的語素義場內的語素義之間的聚合關係類型。正是因為這林林總總的數量龐大的語義場，它們沿着不同的線逐層地交錯地聯繫在一起，使漢語語素的數量和義位向更多更細的方向發展，從而構成了豐富多樣的詞彙系統。

（2）“橫”的語素義關係。“橫”的語素義關係是指語素的不同義項有不同的語素組合。如“生”，在石刻中可以有“托生、應$_2$生、學$_1$生、挺$_1$生、篤生、人生、長$_1$生、儒生、治$_1$生、門生、上生、民生、死生”，也可以有“生育、生辰$_1$、生擒、生薑、生油”，“生”的語義特徵并不相同，每一個義項特徵要結合前置部分或後續成分來確定。從另一個角度看，“生”本身的語義是不自足的，其不同意義是由其前置部分或後續成分決定的，沒有前置部分或後續成分，“生”就不可能有這麼多的義項。語素義項的多小，決定了其構詞能力的強弱，二者構成正比關係。漢魏晉南北朝石刻中產生了大量的諸如此類的單音節多義的構詞活躍語素，在位置上，既可前置，也可後置，帶有自由語素的性質。茲舉例一二如下：

A.【×·時】或【時·×】

a. 表“季節”義→陰時、四時、調$_1$時、時節、時令。

b. 表“特指天時”義→逢時、奉$_1$時。

c. 表“時候；時間”義→當$_2$時、後時、同時、此時、並時、一時、無時、爾時、往時、非時、登時、過時、即時、歲時、須時、何時、食$_1$時、時序、時暇、時乘$_1$。

d. 表“計時單位；時辰”義→六時、午時、日時。

e. 表“泛指光陰，歲月”義→曩時、時光。

f. 表“適時”義→時雨、時服$_1$。

g. 表“當時，那時”義→時彥、時事、時俗、時秀、時人、時雄、時教、時髦、時輩、時談、時望、時賢、時哲、時良、時宰、時模、時範、時英、時倫、時雍、時命、時議、時論、時務、時政、時年。

h. 表“指當時的人”義→時宗、時譽。

i. 表“時機，機會”義→隨時、應$_2$時、天時、相$_2$時、趨$_1$時、乘$_1$時、待時、遇時、俟時、時運。

j. 表“時運”義→天時、時遇。

k. 表“時代；時世”義→時難$_2$、時華$_2$、明時、一時、偶時、濟$_1$時、冠$_2$時、從$_1$時、異時、識$_1$時、傾時、匡時。

l. 表“時勢，時局”義→背時、干$_1$時、安時、順時/時順、時艱、時和$_1$。

m. 表“借指時王”義→佐時。

n. 表“時常，經常”義→時時。

B.【流·×】或【×·流】

a. 表“水或其他液體流動”義→如流通、流膏、流涕、流血、流杯、流波、流泉、流注、流淚、流年、流水/水流、滂流、海流、橫$_2$流、合流、順流、雨$_1$流、争$_1$流、漂流、津流、急流、川流、東流。

b. 表“泛指物體移動，變換位置”義→流通、流煙、流星/星流。

c. 表“流浪；移動不定”義→流顛、流寓、流離、流散、流遁、流民、流矢、流移、流蠱。

d. 表“虚浮；無根據的”義→流雜、流言。

e. 表“變化，演變”義→流形、流形、年流、斡流、輪流。

f. 表“傳布；擴散”義→流惠、流祉、流謙、流響、流聲、流徽、流名、流風$_1$、流潤、流化、流芳、流芬、流馨、流美、流光、流德、流音、流愛、流稱、流衍、流演、流溢、流詠、流譽、流傳$_1$、流射、流行$_1$/行$_1$流，濫$_1$流、宣流、垂流、横$_1$流、風流、潛流、敷$_1$流、沿流、播流、分$_1$流。

g. 表“顯露”義→流韻、流歎、流珠。

h. 表“指江河的流水”義→别流、清流、淥流、飛流、洪流、末流、枝流、淵流、潔流、遠流、驚流、湍流、浚流、斷流、原$_1$流、源流、波流、萬流、派流、高流、衆流、玄$_1$流、東流、法流。

i. 表“風氣；潮流”義→流弊、流俗/俗流、流風、時流、承流。

j. 表“部分，分支”義→羣流。

k. 表“品類，等級”義→流略、流品/品流、名流、風$_1$流、士流、儒流、儕流、衆流、九流。

2. 語素義之間特指與泛指的關係

在漢魏晉南北朝石刻語料中，有些語素具有特指義和泛指義的不同。如“冠”，《説文·冖部》：“冠，絭也。所以絭髮，弁冕之總名也。”段注：“析言之冕弁冠三者異制；渾言之則冕弁亦冠也。”又“䄔”，《説文·禾部》：“祀，祭無已也。从示巳聲。”段注：“祭無巳也。析言則祭無巳曰祀。从巳而釋爲無巳。此如治曰亂，徂曰存。終則有始之義也。”“析言”即指特指，“渾言”“統言”即指泛指。“冠”特指時指古代官吏所戴的禮帽，泛指時指帽子的總稱。“祀”，特指時專指祭無巳，泛指時指祭祀。“冠”與“冕弁”、“祭”與“祀”特指則異，泛指則同。由此可知，語素在静止的存儲狀態具有特指義和泛指義，可是進入具體的使用領域，卻只能用其中一個義項，其意義是特定的。又如：

“衣$_1$”，特指時指上衣。《説文·衣部》：“依也。上曰衣，下曰裳。”《詩·邶風·緑衣》：“緑兮衣兮，緑衣黄裳。”毛傳：“上曰衣，下曰裳。”漢魏晉南北朝石刻中也有例證，如北齊《元洪敬墓誌》：“衣裳以治，兵甲興師。”“衣$_1$”，特指時又與“衺”同。《說文・衣部》：“衺，衣帶以上。”段注：“衺，衣帶以上。此古義也。少得其證。”此字後世沒有例證。“衣$_1$”泛指時指衣服。與“服”同。《玉篇》：“衣，所以形軀依也。”《廣韻》：“服，衣服。”《詩・豳風・七月》：“無衣無褐，何以卒歲！”《詩・曹風・候人》：“彼其之子，不稱其服。”漢魏晉南北朝石刻中也有例證，如東晉《潘氏衣物券》：“其隨身衣物，皆潘生存所服飾，他人不得忘認詆債。”西晉《徐義墓誌》：“賜秘器、衣服，使宮人女監宋端臨親終殯。”

“豚”，特指時指小豬。《說文・豚部》：“豚，小豕也。”《小爾雅・廣獸》：“豬子曰豚。”《易・中孚》：“豚魚，吉，信及豚魚也。”王弼注：“魚者，虫之隱微者也；豚者，兽之微賤者也。”《論語・陽貨》：“陽貨欲見孔子，孔子不見，歸孔子豚。”邢昺疏：“豚，豬之小者。”這裏的“豚”，指煮熟的小豬。《孟子・梁惠王上》：“鸡豚狗彘之畜，無失其時。”“豚彘”並提，“豚”指小豬，“彘”指大豬，此與《墨子・非攻》：“其不義又甚攘人犬豕雞豚”之“豕”“豚”並舉以區別豬之大小同例。當“豚”用於泛指指義時與“豕”“豬”為同義。漢魏晉南北朝石刻用例，如東晉《潘氏衣物券》：“故玉豚一雙，故棺材一口。”西晉《郛休碑》：“斬將搴旗，積尸如京，封豕遠遁，三巴用康。”北齊《都邑師道興造像記並治疾方》：“又方，豬肉煮令熟，切，取芒消一錢，和服，并滅瘢。”

“姻”，特指時指結親的男家，指夫或夫之父。《詩・小雅・我行其野》：“不思舊姻，求爾新特。”鄭玄箋：“壻之父為姻。”陳奐傳疏引《白虎通・嫁娶》：“姻者，婦人因夫而成，故曰姻。《詩》云‘不惟舊姻’，謂夫也。”漢魏晉南北朝石刻中的用例，如北魏《崔敬邕墓誌》：“縉紳痛惜，姻舊咸酸。”“姻舊”則對《詩・小雅・我行其野》中“舊姻”倒置，實意義相同。“姻”，泛指時指由婚姻關係結成的親戚。《左傳・僖公五年》：“弦子奔黄，於是江、黄，道、柏方睦於齊，皆弦姻也。”杜預注：“姻，外親也。”漢魏晉南北朝石刻中也有用例，如西晉《徐君妻管洛墓碑》：“是以姻族慕其義，父黨貴其行。”“姻族”指有姻親關係的各家族或其成員。

三　漢魏晉南北朝石刻語素義的特點與詞彙雙音化傾向的關係

王力指出："上古漢語以單音詞為主。"① 張永言也認為："在漢語詞彙史上，詞的雙音節化是一個重要的趨勢，而這一趨勢形成的原因之一就是由漢語音節構造的逐步簡化而引起的同音單音節詞的大量增加。"② 在歷史的發展中，雙音節詞逐漸增加，是一種歷史發展的必然趨勢。

中古時期是漢語詞彙系統詞彙雙音化加速增長的時期。漢魏晉南北朝石刻作為中古時期的重要語料，在魏晉南北朝語言研究中具有無可替代的作用。碑文中既有部分銘文，也有白話成分，基本上代表了中古漢語雙音化的發展趨勢。在書寫或交際中，為避免同音現象的干擾，雙音節性的語素組合就應運而生了。具體還有三個方面。

（一）語義精確化的需要

唐鈺明認為："漢語複音化由最早的突破開始直到今天的日趨多音化，只有語義的精密化才是它一以貫之的基本原因。"③ 張雙棣也認為："複音詞是爲了克服單音詞多義性而產生的。單音詞的意義過多，有時會妨礙思想的交流，為了使語言表達得精確，複音詞就應運而生了。"④ 漢魏晉南北朝石刻中有兩個義項以上的語素已經占到半數以上，這種語素的多義性，進而引發的語義的模糊性需要通過語素與語素的組合來確定其組合中的特定意義。

石刻語素"岸"的"水邊的高地"義和表示"高傲，嚴正"義之間有本義和引申義的關係，通過"岸谷（北魏《王誦妻元貴妃墓誌》）、彼岸（北魏《孫寶憘造像記》）、海岸（北魏《元仙墓誌》）、高岸（北魏《高猛墓誌》）、頹岸（北魏《元愍墓誌》）、巖岸（北魏《楊乾墓誌》）、江岸（北齊《徐徹墓誌》）、崖岸（北魏《石門銘》）"和"魁岸（北魏《元悅墓誌》）、恢岸（北魏《元飇墓誌》）、氣岸（北齊《元賢墓誌》）、風岸（北齊《裴子誕墓誌銘》）"等語素組合，"岸"的意義得到分化和明確。

① 王力：《漢語史稿》，中華書局 2001 年版，第 341 頁。

② 張永言：《詞彙學簡論》，華中工學院出版社 1982 年版，第 15 頁。

③ 唐鈺明：《金文複音詞簡論——兼論漢語複音化的起源》，《著名中年語言學家自選集·唐鈺明卷》，安徽教育出版社 2002 年版，第 117 頁。

④ 張雙棣：《呂氏春秋詞彙研究》，山東教育出版社 1989 年版，第 304 頁。

（二）語素構詞的需要

在漢魏晉南北朝石刻中，我们統計的單音節語素有 3638 個。石刻的這些語素要滿足交際的需要顯然是不夠的，因此要靠語法把這些單音節語素組合起來，以彌補其數量上的不足。另外，其中的一部分語素組合是漢魏晉南北朝石刻語料中特有的新詞，在漢代以前是沒有使用過的。有 2800 個以上；另一部分則一改漢代以前的某種用法，出現了新的用法和意義。共計有 155 個。對於新詞新意的確定，我們以《漢語大詞典》為主要參照，畢竟它是我國迄今最為全面反映漢語詞彙面貌的大型的歷史性的詞典。當然，《漢語大詞典》作為詞典，不是漢語史，確定新詞新義最可靠的還是文獻調查。

《漢語大詞典》未收，漢魏晉南北朝石刻中出現的新詞新義，有 2800 個以上，如半體、法祚、法館、法膏、法澤、法津、遘疾、誕遘、構修、鴻構、累構、皇構、孩孤、綿古、古屋、母$_1$姑、姑后、繡轂、翠轂、荒谷、泉谷、骨意、毀骨、儁骨、志骨、鳳骨、蛇鼓、固心、廣固、沉固、辜棘、雇錢、寡惠、乖德、乖好$_1$、官財、官寵、官冕、人官、執官、冠日、邈冠、沖$_1$冠、高冠、關下、關心、法館、禪館、館邸、鰥獨、鰥弱、貫腸、廣浚、廣固、堅廣、澄廣、弘廣、譽光、修光、光家、光朗、光茂、光興、歸就、沒歸、送歸、規贊、規立、天規、閨宮、閨間、閨第、龍閨、泉閨、間閨、餘軌、剛軌、賁$_1$軌、峻軌、幽軌、陰軌、鴻軌、人軌、龜艾$_1$、龜社、龜緯、龜祖、松桂、芷桂、桂馥、桂樹、桂性、桂蘭、鬼漠、鬼途、鬼壤、高倉、藏$_1$納、藏$_1$器、藏$_1$山、藏$_1$甲、編藏$_1$、絕操、奇操、囧操、操潔、碎草、王$_1$策$_2$、妙策$_2$、柬策$_3$、兆策$_3$、激察、鑒察、掌察、察變、儕僚、褰$_1$襜、開襜、幽廛、松廛、廛邑、華蟬、清蟬、秋蟬、纏邈、闡耀、宏闡、皇闡、敷$_1$闡、烈昌$_1$、昌$_1$源、昌$_1$構、昌$_1$謨、長$_1$冥$_1$、長$_1$瀾（長$_1$瀾）、長$_1$漪、虜場、巖場、泉場、貫腸、腸摧$_1$、唱諭、唱寂、唱興、唱合、超暢、幽暢、迴暢、常意、常准、超蹤、超遙、朝$_2$略、朝$_2$良、朝$_2$國、朝$_2$員、朝$_2$棟、朝$_1$晷、朝$_1$霧、朝$_1$景、華朝$_2$、紫朝$_2$、履朝$_2$、霜$_1$朝$_1$、葺巢、巢室、林潮、羸車、丹車、水徹、精徹、冰徹、潤徹、凝澈、冰澈、碧澈、昞澈、韶澈、子$_1$臣、羣臣、白囊、休蹤、崩沈、茂稱$_1$、分$_1$棘、帝上等等。

《漢語大詞典》收錄該詞但未立義項，漢魏晉南北朝石刻中出現新義項的有 158 個，如：【法室】猶指禪房。北魏《淨悟浮圖記》：“佛徒習靜之所。師棲兹寺十七年，於永興四年冬十二月圓寂於法室。”【法庭】講授佛法的講堂。北涼《沮渠安周造像記》：“功就寶庄，来踐法庭。”【攻堅】治理或加工堅固之物。攻：治理，開鑿。《小爾雅・廣詁》：“攻，治也。”《說文解字注・攴部》“攻”字下：“《考工記》‘攻木’‘攻皮’‘攻金’，注曰：‘攻，猶治也。’”東漢《郙閣頌》：“校致攻堅，□□工巧。”【敬恭】猶恭敬。北魏《李暉儀墓誌》：“上奉舅姑，旁事同室，廉讓敬恭，謙柔忠愛。”【板帶】指手板和腰帶，代指貴官。北魏《陸紹墓誌》：“俄遷司空城局參軍。板帶逍遥，抱純弥譽，雖折轅之竒，不足比其潔。”

以上義項，《漢語大詞典》當補。

其他還有，如名詞：銀宮、孤翠、泉館、霄光、重$_2$基、世經、老鬼、上操、浄光、清軌、草土、聲影、海陸、竹策$_2$、丹棘、長$_1$息、大$_1$息、長$_1$天、常秩、白犬、半千、壁鏡、碧室、九邊、外賓、九部、當$_1$是、疊印、麗跡、靈宅、龍帷、椒芳、金姿、錦竹、霜$_1$寒、扃堂、餘蹤、陋野、逸影、雲儀、淵際、明世、天上、王闕、頳頂、往人、南胡、內$_1$饋、時年、錢券、青蕃、去世、泉室、深泉、雄聲、學年；動詞：顧己、承光、歸首、三唱、無塵、寄重$_1$、庖廚、連白、不報、標雄、立表、兵解$_1$、不待、適度、斷絲、度身、窮道、調簧、分$_1$體、備究、毒掠、來事、流濫、親理、誌記、圖記、簡退、降$_1$精、沒有、博進、學究、具體、流雜、值錢、顯舉、斷制、追會、擬蹤、總甲、纂訓、坐家、設作、淫書、投影、幽沒、殲殞、遷運、有門、開月、應$_2$生、回軒、流美、負天、遂往、托情、窮玄$_1$、三空、秀上；形容詞：孤峻、孤邁、孤遠、長$_1$古、獨邁、廉均、温明、天清、微分$_1$、玄$_1$凝、凝明、凝深、頑頓$_7$；副詞：倍切、雅$_2$相$_2$等。

另外，《漢語大詞典》中有關漢魏晉南北朝石刻的某些詞條是沒有書證的，共計 26 個。我們今摘取之，漢魏晉南北朝石刻語料可以為之補充書證。如：宮宅、佹辭、鱗波、斂衿、靈亮、芥子$_1$、終久、隟駒、姪男、區宙、寫注、銘注、遐葉、礿祠、昏星、台$_2$門、棠棠、青屋、羣務、盛$_1$器、潛波、觸忌、慟懷、奔$_2$哀、率同、疏昵等。

以上部分未被《漢語大詞典》收錄的語素組合，既有新造詞，也有生造詞。新造詞符合漢語的構詞規律和原則，能被社會理解、認同和接受，使用頻率也較高，並且能被後世繼承下去；而生造詞，是使用者臨時造詞，社會的認同度和接受度低，生命力弱，後世一般不再承用。但這類詞生造詞作為一種語言事實，是我們研究的對象和難點之一。同時，也說明了漢語語素的靈活性和其意義概括性所帶來的語素組合能力的巨大擴展和中古時期大量新詞新義的產生。我們選定的 1407 塊 80 餘萬字的漢魏晉南北朝石刻語料，產生了大量的新詞新義，同時它所記錄的詞語對詞典詞條義的修正和補充的作用也是可觀的。

（三）語素節律協調的需要

漢語的音節特徵以兩個音節爲語流中的自然語音段落，節奏勻稱和諧，疏密緩急合於節度。漢魏晉南北朝石刻中的複合詞除了與表義有關外，還與節律要求有關。如典故縮略詞及佛教譯詞等。馮勝利認為漢語中雙音節音步的形成有一個歷史過程，它的建立大約是在漢代。在那一時期，上古漢語的複雜的音節結構已經得到了顯著的簡化，音節的韻律強度（prosodic weight）變輕了，音步不能再像上古漢語那樣在簡單音節中實現，因而雙音節的音步應運而生。① 這個漢語詞彙的構造帶來了深刻影響。這種變化，董秀芳認為："不僅促使大量的並列式雙音詞產生出來，而且雙音化的趨勢也作用於語言中原有的短語。"②

石刻中有一些縮略詞是經過兩個階段完成的。第一階段，多音節的警語謠諺或詩文語句經過改造，縮略爲四字格成語或三字、四字短語。雖然四字格成語或三字、四字短語的表意功能已經很凝練了，但在語言實際運用時，爲了滿足語言韻律的需要或者追求句式整齊，於是，把三字或四字格成語或短語，再次壓縮爲兩個音節的複音詞。有時甚至犧牲語法結構規則和內在邏輯關係，而成就韻律節拍。如：

觸鱗　或致觸鱗之失，其志在磨而不磷也。（北魏《元順墓誌》）

"觸鱗"，爲"觸龍鱗"的縮略，語出《後漢書·李雲傳》："故敢觸龍鱗，冒昧以請。""觸龍鱗"指觸犯龍的逆鱗。後比喻臣子對君主的過失犯言直諫。但這個詞語並未就此定型，爲了使語言表達更爲經濟簡省，人們在語用中再次對這個詞語進行縮略，"觸龍鱗"省縮為"龍鱗"，以代表整個成語之義。

典故詞大都是雙音詞，它既順應了漢語詞彙雙音節化的發展趨勢，同

---

① 馮勝利：《漢語雙音化的歷史來源》，《現代中國語研究》2000 年第 1 期。

② 董秀芳：《詞彙化：漢語雙音節詞的衍生和發展》，商務印書館 2011 年版，第 38 頁。

時又對漢語詞彙的雙音化起着推波助瀾的作用。

(四) 佛經的譯介傳播

由於六朝佛教盛傳，漢魏晉南北朝石刻中有大量的佛教譯詞，而梵語轉譯音節較長，與漢語的習慣不相符合，世人便常將佛教詞語縮略成雙音詞詞，進入漢語詞彙的行列，以適應漢語詞彙雙音化的發展。如“須達”，本梵語 Sudatta 的音譯，一般譯爲“須達多”。古印度拘薩羅國舍衛城富商，波斯匿王的大臣，釋迦的有力施主之一，號稱給孤獨，後皈依佛陀。“須達多”縮略爲雙音節詞“須達”，表示“善與、善給、善授”等之義。北齊《宋買等二十二人造像記》：“唯非舍利神變之薗，實是須達布金之地。”

另外，佛經中的一些單音語素，多是經過多音簡縮而來。隨着佛經的傳入，其構詞能力也不斷增強，構成了一些新的複音詞。如“梵”為 Brahmā 音譯的簡稱，為“清淨、寂靜”之義。由“梵”構成的複合詞有：梵音（北魏《塔基石函銘刻》）、梵聖（北齊《朱曇思等一百人造塔記》）、梵王$_1$（北齊《韓永義造像記》）、梵志（北齊《臨淮王像碑》）、梵乘$_1$（北魏《馬鳴寺根法師碑》）、梵堂（北魏《孫遼浮圖銘記》）、梵刹（東魏《南宗和尚塔銘》）、梵水（東魏《凝禪寺三級浮圖碑》）、梵室（東魏《敬顯儁碑》）、梵澤（東魏《高歸彥造像記》）、梵燈（東魏《義橋石像碑》）、梵轍（東魏《義橋石像碑》）、梵聲（北齊《高叡修定國寺塔銘碑》）、大$_1$梵（北齊《唐邕刻經記》）、魔梵（北齊《智度等造像記》）等 15 個；“佛”，為梵語 buddha 的音譯省稱，為佛教修行的最高果位，由“佛”構成的複合詞有：佛道（南朝齊《釋玄嵩造像記》）、佛日（北齊《臨淮王像碑》）、佛象（北魏《王神虎造像記》）、佛主（北魏《薛鳳規造像碑》）、佛子$_1$（北齊《李磨侯造像記》）、佛容（北魏《翟普林造像記》）、佛果（南朝梁《□景光等造釋迦像記》）、佛界（北魏《浄悟浮圖記》）、佛土（北齊《高叡修定國寺塔銘碑》）等 20 個，另外還有“刹”“禪$_2$”“劫”“魔”“塔”“貝$_2$”等，在漢魏晉南北朝石刻中都可以構成數量不等的複合詞。

隨着佛經的譯介，漢語中的一些單音節語素，也融入了與佛經有關的內容，并以此為詞根，構成了大量的複合詞。如“淨、色、善、慾、乘$_1$、真、戒、光、圓、寂、生、滅、迷、惑、凡、天、界、己、身、金、齋、塵、瑤、幢、紫”等。如“淨”，清靜，潔靜。佛教指破除情欲，無所沾染。佛界乃清淨無欲之地，故造像記中多在其後加上表示處所的語素，如地、土、方$_1$、國、鄉、海、境等，組成偏正式複合詞來指稱佛界淨土。有淨地（北魏《道寶碑記》）、淨土（北魏《法香建塔記》）、淨方$_1$（北魏《崔永高等三十六人造像記》）、淨國（北魏《殷恭安等造像記》）、淨鄉（北魏《姜纂造像記》）、淨海（北魏《朱永隆等七十人造像銘》）、淨界（北魏《宇文恪造龍華浮啚□銘》）、淨樂$_2$（北魏《凝禪寺三級浮圖碑》）、淨境（北魏《惠詮等造像記》）等。

以上九詞除“淨樂$_2$”外，其他八詞都為偏正式複合詞。其中，淨地、淨方$_1$、淨鄉、淨海四詞《大詞典》未收，可補。

第二節　漢魏晉南北朝石刻語素義與詞義關係的分析

構成複合詞的語素在不同程度上，從不同方面，用不同方式規定、影響或制約詞義。同時，語素義對詞義的構成和確定起着重要的作用。語素義和詞義的聯繫是各種各樣的，複雜多變的，但也存在着某種規律性。當前具有啓發性的研究當屬符淮青和周薦。周薦的系列研究主要是以語法構詞理論為基礎，從語素的意義類型角度解釋複合詞的內部結構關係。① 他對複合詞語素從語法功能意義上進行了詳細的歸類，而從語義的範疇作了定名。如對“定中式”中的語素歸類和定名。

①領有者+所屬者；②處所+事物/動物；③人/事物/動物+處所；④形狀+動物/事物；⑤動物/事物+形狀；⑥動物/事物+工具；⑦工具+事物；⑧質料+事物；⑨原因+事物；⑩事務+人/動物；⑪事物+擁有者；⑫小類名+大類名；⑬方面+人/事物/行為；⑭人/事物+方面；⑮目的+事物……；㉙規定+動物。

符淮青的系列研究主要從詞義學理論為基礎，從詞義生成的角度研究詞義與語素義的關係。② 在這些研究中，他把合成詞中的語素義和詞義的

---

① 周薦：《複合詞詞素間的意義結構關係》，《語言研究論叢》第6輯，天津教育出版社1991年版；《複合詞構成的語素選擇》，《中國語言學報》1995年第7期；《漢語詞彙結構論》，上海辭書出版社2004年版。

② 符淮青：《詞義與構成詞的語素義的關係》，《辭書研究》1981年第1期；《構成成分分析和詞的釋義》，《辭書研究》1988年第1期；《詞義的分析和描寫》，語文出版社1996年版；《現代漢語詞彙》（增訂本），北京大學出版社2004年版。

六種關係高度概括為四種類型：①語素義直接完全地表示詞義。②語素義直接地部分表示詞義。③語素義全部或部分間接表示詞義，語素義通過比喻和借代來體現詞義。④部分語素在構詞中不表示意義。從第一種類型到第四種類型，語素的原有意義在詞義所占的地位是遞減的。這個研究也是符淮清對後學影響最大、最深的領域之一。

本書將在符淮清、周薦等前代學者理論的基礎上，對漢魏晉南北朝石刻電子語料庫中所收錄的38806個雙音節複合詞（語法構詞數和修辭學造詞數的總和），經過逐一分析後，主要是名詞、動詞和形容詞三大類，歸納漢魏晉南北朝石刻語素義和詞義的關係主要有五種情況。

一　語義相重（A+B=A或B）

共計2806個。即兩個語素合起来沒有太多新的義域的擴展，兩個意義相重表示一個意義。也就是說詞義同組成它的兩個語素義相同、相近。從釋義的角度看，既可以是對語素A的解釋，也可以認為是對語素B的解釋，即A+B=A或B。這種組合主要體現在同義並列結構的雙音複合詞中。下面是這類語素義與詞義對照表：

詞	詞義	語素A的意義	語素B的意義
塵埃（東漢《孔彪墓碑》）	指塵土	《正韻》："塵，池鄰切，埃也。"	《說文·土部》："埃，塵也。"
兵戎（北周《匹婁歡墓誌》）	指武器。引申指戰亂	《說文·収部》："兵，械也。"	《說文·戈部》："戎，兵也。" 段玉裁注："兵者，械也。"
傲慢（北魏《元新成妃李氏墓誌》）	驕傲 怠慢	《說文·人部》："傲，倨也。"《正韻》："傲，慢也，倨也。"	《說文·心部》："慢，不畏也。" 《廣韻》："傲，怠也，倨也。"
枯槁（北魏《元順墓誌》	指消瘦，憔悴	《說文·木部》："枯，槁也。"	《說文·木部》："槁，木枯也。"
麻枲（北魏《長樂長公主元瑛墓誌》）	即麻。引申為麻的種植、紡績之事	《說文·麻部》段注："麻，枲也。麻與枲互訓。"	《說文·木部》："枲，麻也。"

從以上對照可以看出，構成複合詞的兩個語素的意義基本上是重疊的，詞義的獲取只需要借助其中一個語素便可獲得。正因為如此，張世祿

認為訓詁學的“同義為訓”與“同義並行複合詞”之間存在緊密關係。[①]由於古人慣於同義互文或同類互文的傳統，對同義複合詞的構成起到了一定的作用。

一般來講，同義並列複合詞的兩個語素之間大都是近義的，語素義在側重點、輕重程度和適用範圍方面存在細微的差別，同義語素並列形成複合詞後，這種差別通常被忽略。真正完全等義語素的組合是不常見的。如【悲哀】“悲”，《說文・心部》：“悲，痛也。”段玉裁注：“悲者，痛之上騰者也。”“哀”，《說文・口部》：“哀閔也。”“閔”，《說文・門部》：“弔者在門也。引申爲凡痛惜之辭。”故“悲”與“哀”事實上是一對同義語素，但它們程度上有差別，即“悲”的痛苦程度要高過“哀”的痛苦程度。另外，“悲”所痛苦的對象要寬一些，凡生活中發生不順心的事情，都可能令人悲傷；而“哀”所傷心的對象要窄些，尤其人生中遇到不幸，如親人的亡故等。這種類型的詞在石刻中居於大多數。

如果語素作為單音詞是單義的，那麼組成的複合詞一般也是單義的；如果語素作為單音詞是多義的，當語素以其不同的意義參與構詞時，其中一個語素的某一個義位與另一個參構語素的義位總有共同之處，蘊含着特定意義，所構成的複合詞也是同義並列式。如都是名語素的“川”和“河”，其中，“川”本義指河流；“河”，本義指黃河，“川河”連文成詞用二者共同的特定含義“河流”來作釋語；又如都是動語素的“並”和“合”在複合詞“並合”的意義中都是指“合并；聚合”之義。

根據以上說明，我們把同義語素複合詞的語素義與詞義又分為三種關係類型。

一是由兩個同義名語素構成的複合名詞。

【功業】指功勳事業。功：①[②]功勞，功績；“業”：⑥基業，功業。即構成“功業”的兩個語素“功”的第一義和“業”的第六義都是“功勞，功業”，它們是完全的同義語素。如果以同義互文的方式來解釋“功業”，就會有“功業”=“功”或“業”。北齊《報德像碑》：“營資粮於曠路，樹功業於福田。”（以下各詞皆同）

【聲譽】指聲望名譽。“聲”：④善聲，名聲；“譽”：②名譽，聲譽。

① 張世祿：《“同義為訓”與“同義並行複合詞”的產生》，載《張世祿語言學論文集》，學林出版社 1984 年版。

② ①②③……表示語素義項，數字符號的順序參照《漢語大詞典》的標注。以下同。

北周《拓跋虎妻尉遲將男墓誌》："嘉祉伊何？聲譽葸蒨。"

【古昔】指往昔，古時。"古"：①古代，往昔；"昔"：①從前，過去。北魏《元乂墓誌》："言稱古昔，景行行止。"

【朋友】指交誼深厚的人。"朋"：①朋友，弟子；"友"：①志趣相投，彼此交好的人。北魏《刁遵墓誌》："兄弟穆常棣之親，朋友著必然之信。"

【道路】指地面上供人或車馬通行的部分。"道"，《說文・辵部》："道，所行道也。""路"，《說文・足部》："路，道也。"如北齊《高潤墓誌銘》："左右相照，道路生光。"

【邦國】指國家。"邦"，《說文・邑部》："邦，國也。""國"，《說文・口部》："國，邦也。"如南朝梁《永陽王敬太妃王氏墓誌銘》："穆茲閨閫，形於邦國。"

【賓客】指客人的總稱。"賓"，《說文・貝部》："賓，所敬也。"《玉篇・貝部》："賓，客也。""客"，《說文・宀部》："客，寄也。"段玉裁注："客，寄也。引伸之曰賓客。賓，所敬也。客，寄也。統言則不別耳。"如北齊《堯峻妻吐谷渾靜媚墓誌》："賓客赴之若雲屯，士庶傾之如風湊。"

【疾病】泛指病。"疾"，《說文・疒部》："疾，病也。"段玉裁注："疾，病也。析言之則病爲疾加。渾言之則疾亦病也。""病"，《說文・疒部》："病，疾加也。"如東漢《楊著墓碑》："聞母氏疾病，孝烝內發。"

【繒帛】指絲綢之通稱。"繒"，《說文・糸部》："繒，帛也。""帛"，《說文・帛部》："帛，繒也。"北魏《韓顯宗墓誌》："有赭陽之功，追贈五等男，加以繒帛之賻，禮也。"

二是由兩個同義動語素構成的複合動詞。

【攀援】：指攀拉援引。"攀"，《國語・晉語八》："是行也，以藩為軍，攀輦即利而舍。"韋昭注："攀，引也。""援"，《說文・手部》："援，引也。"東漢《張壽殘碑》："老弱相携，攀援持車，千人以上。"

【親愛】指親近喜愛。"親"：①愛，喜愛；"愛"：④喜歡，喜愛。北魏《高廣墓誌》："八歲遭憂，在喪過禮，一漿歷旦，半溢跨旬，朋情親愛，三年莫見其面。"

【寵愛】指嬌寵溺愛。"寵"：①恩寵，寵愛；"愛"：④喜歡，喜愛。北魏《元文墓誌》："孝莊皇帝特加寵愛，永安二年，封林慮郡王，食邑一千戶。"

【愛好$_2$】指喜愛，愛好。"愛"：④喜歡，喜愛；"好$_2$"：①喜愛，愛好。南朝梁《蕭敷墓誌》："愛好閒靜，雅善談諷。"

【滯礙】指阻礙，不通暢。"滯"：⑧滯澀，阻礙；"礙"：①阻止，阻擋。《説文·石部》："礙，止也。"東漢《石門頌》："空輿輕騎，滯礙弗前。"

【停罷】指停止。"停"，《説文·手部》："停，止也。""罷"：①停止。《説文·网部》："罷，遣有辠也。"段玉裁注："罷引伸之爲止也。休也。"北魏《元廞墓誌》："功用垂就，遭變停罷。"

【毁謗】指以言語相攻擊或醜化。"毁"指譭謗，詆毁。"謗"，《説文·言部》："謗，毁也。"北魏《敬羽、高衡造像記》："執滯不察，摘其一句一字，輒加譭謗。"

【褒讚】指褒揚讚美。"褒"：③指嘉獎，稱讚；"讚"：①讚美，讚揚。《釋名》："讚，稱人之美曰讚。"北魏《元瞻墓誌》："而特旨褒讚，并金劍雜賜。"

三是由兩個同義形語素構成的複合形容詞。

【哀傷】：指悲痛憂傷。"哀"，悲痛，悲傷；"傷"，憂思、悲傷。西晉《成晃墓碑》："路人行夫，尚有哀傷，況訓親属，豈不惆悵。"

【黯黑】指黑貌。"黯"，《説文·黑部》："黑，深黑也。""黑"，《説文·黑部》："黑，火所熏之色也。"北魏《元融墓誌》："芳草無行，寒松黯黑。"

【清白】指品行純潔，沒有污點。"清"：④潔淨，純潔；"白"：⑤潔淨。東魏《高雅墓誌》："凡所策名，風謇獨立，率性清白，義而有取。"

【炳明】之明顯，顯著。"炳"，《説文·火部》："炳，明也。"如東漢《樊敏碑》："於戲与考，經德炳明。"

類似的還有，如：

【清潔】指清廉，廉潔。東漢《楊卿耿伯墓記》："故縣侯守丞楊卿耿伯，慎性清潔。"

【廉清】指廉潔清介。北魏《元靈曜墓誌》："至如小心懃敬，抱案未足加焉；廉清顯錫，月賚豈能尚也。"

【炳煥】指鮮明燦爛貌。北齊《孫□三十人造像記》："在於州南瑯琊之地，其像真容炳焕，上徹有頂之天；零相熙怡，下到旡閒之獄。”

【節儉】指節約儉省。東魏《元延明妃馮氏墓誌》：“而朝夕憂勤，歸於節儉；安兹浣濯，無廢紘綖。”

【謹慎】指謹慎，慎重。東漢《成陽靈臺碑》：“卜擇元日，齊革精誠，先薦毛血，謹慎犧牲。”

【饑饉】指歉收，饑荒。北魏《元壽安墓誌》：“亂離之後，饑饉薦臻。”

二 語義相加（A+B=AB）

共計 11551 個。即两个语素按語法關係各自相加而构成词义。詞義是語素義按照構詞方式所確定的關係組合起來的意義。這些詞的詞義通常由語素的字面語義獲得，其語素的意義屬於相同的認知域。下面我們分兩方面敘述。

（一）同類異義語素聯合成詞

即詞義是語素義按照聯合關係組合成為各詞的意義。

1. 同類語素複合詞的語素義與詞義

構成同類語素複合詞的兩個語素的意義雖然不同，但它們都有共同的指向，即它們所屬的義類相同。如“車馬”指車子和馬，共同的指向是它們都是陸上的主要交通工具，但側重點又各有不同。又如“晒澈”，共同的指向是都可以用來說明水或人品的明亮清澈，而且它們結合在一起，具有相互補襯說明的關係。

由兩個名語素構成的複合名詞、由兩個動語素構成的複合動詞為同類聯合關係，形語素構成的複合形容詞相對要較少些。

（1）由兩個名語素構成的同類聯合關係的複合名詞。其語素的意義屬於相同的認知域，詞義可以由語素的字面意義獲得。如：

【園苑】飼養鳥獸和種植花草的花園。“園”，《說文・口部》：“園，所以樹果也。”“苑”，《說文・艸部》：“苑，所以養禽獸也。”段玉裁注：“囿，今之苑。是古謂之囿，漢謂之苑也。”如北魏《元舉墓誌》：“五明園苑，六圃芝蓀。”

【山川】山嶽和江河。東漢《燕然山銘》：“考傳驗圖，窮覽其山川。”

【廕庥】先世的庇護和福澤。北魏《凝光寺彌勒頌碑》：“金□莊嚴，東□福澤之廕庥。”

【錢財】金錢和財物。東漢《山東蒼山元嘉畫象石墓題記》："上有虎龍銜利来，百鳥共侍至錢財。"

【鷩冕】禮服和禮帽。東魏《李憲墓誌》："鷩冕加榮，龍旗追會，泉門長掩，芳塵永壒。"

【蒲帛】蒲車和束帛。北魏《元信墓誌》："旗弓以待賢，蒲帛以邀德。"

這些複合詞的釋義中通常用並列連詞"和"來連接釋義的詞語。有的語素可用於泛指，其泛指義為所在認知領域的總稱。如"財珍"，指錢財珍寶的總稱。如北齊《圓照圓光造雙像記》："上為□妣，捨家財珍，敬造□容，留音万年。""珍寶"，珠玉寶石的總稱。如北魏《王文愛及妻劉江女磚誌》："墓三丈五尺，并息珍寶，刊銘記功，示于後人。""禽獸"，鳥類和獸類的通稱；"草木"，指草本植物和木本植物。如東漢《桐柏淮源廟碑》："禽獸碩茂，草木芬芳。"

（2）由兩個動語素構成的同類聯合關係的複合動詞。

A. 同類並立關係。其兩個語素通常表示完成某個時間過程中同時發生的兩個動作行為。這些詞的詞義也可以由語素的字面意義獲得。如：

【跋涉】跋山涉水。北齊《元賢墓誌》："自虔嘉命，劬勞跋涉。"

【侮謗】侮辱誹謗。北魏《楊播墓誌》："正直莫立，侮謗相傾。"

【褒賞】褒揚獎賞。北齊《趙熾墓誌》："天統之始，褒賞勳賢。"

【報施】報答給予。北魏《元斌墓誌》："與善徒設，報施虛陳。"

【愛敬】愛戴尊敬。東魏《司馬興龍墓誌銘》："天然信厚，率由愛敬。"

【戴仰】擁戴仰慕。北魏《元瞻墓誌》："百民歓心以戴仰，移死地而無貳。"

【導揚】引導宣揚。北齊《高百年墓誌》："及肅宗大漸，導揚末命。"

B. 同類承接關係。其兩個語素完成同一件事情先後要施行的兩個動作行為。通常是前一個語素表示事件進行的起點，後一個語素表示事件進行的終點或目的。兩個動語素具有互補關係。如：

【諮受】請教承受（北魏《僧達造像記》）、【述作】傳承創新（東漢《孔羨碑》）、【拜賀】拜見恭賀（東漢《薌他君祠堂畫像題記》）、【移葬】遷移埋葬（東魏《元顯墓誌》）、【攻取】進攻奪取（北魏《元英墓誌》）、【愛狎】愛悅而親近（北魏《長孫季及夫人慕容氏墓誌》）【孕育】懷胎生育（北齊《高百年墓誌》）、【入見】入朝拜見（北魏《元譚墓誌》)、【出行$_1$】外出遠行（北魏《高珪墓誌》)、【出宿$_1$】外出居住（北魏《元譚妻司馬氏墓誌》)、【出任】出來任職（北魏《王真保墓誌》)、【出宰】出京任縣官（東魏《邑主造石像碑》)、【出牧】出任州府長官（北魏《鄧羨妻李樂蘭墓誌》)、【出鎮】出任地方長官（北齊《元賢墓誌》)、【出居$_1$】遷移居住（北魏《元萇溫泉頌》）等。

另外，還有一些複合動詞的兩個動作分別由兩個不同的主體執行并完成。其中兩個語素分別是兩個不同的行為主體。如：

【傅納】使之陳述意見并加以採納。東漢《袁博殘碑》："肅恭□命，傅納以言。"

【罷歸】免官回家。北周《叱羅協墓誌》："公自免黜罷歸，息心人事，退思引日，門無外賓。"

【規鑒】規箴之言可作借鑒。北齊《李祖牧墓誌》："冀齊眉壽，永弘規鑒。"

【禪$_1$代】禪讓和替代。三國魏《上尊號碑》："天命有去就，然後帝者有禪代。"

【唱和$_2$】唱歌時此唱彼和。北魏《冠軍將軍夫人劉氏墓誌》："三星照耀，琴瑟調各，彼此唱和之情，於今安在哉！"

（3）由兩個形語素構成的同類聯合關係的複合形容詞。如上面所指的，其兩個同類聯合的形語素也一定要有一個共同的指向。如"清秀"，清俊秀美，指人的外貌；"散$_2$朗"，飄逸爽朗，指人的精神狀態；"貞白"，正直清白，指人的品性；"阻峻"，險要高峻，指山脈或道路。等等。其他還有，如：

【荒涼】荒蕪寥落。北魏《元睿墓誌》："荒涼野氣，蕭瑟松風。"

【圓備】指完備。北齊《智度等造像記》："命四弘累劫，万行圓備。"

【温恭】溫和恭敬。北周《李賢墓誌》："温恭之性，稟於自然。"

【温敏】溫和聰慧。北魏《元廞墓誌》："生而岐嶷，長而温敏。"

【温柔】溫和柔順。北齊《暴誕墓誌》："恂恂良守，禮教温柔。"

【清休】純潔美善。北齊《廣陵王元羽妻太妃墓誌》："自茲已降，世播清休。"

【清貞】高潔忠貞。北魏《崔敬邕墓誌》："特稟清貞，少播令譽。"

【清遠】清明遠大。北魏《韓震墓誌》："風彩潤徹，意思清遠。"

【清約】清廉儉省。北齊《高建墓誌銘》："清約自守，一物不留。"

【清朗】清淨明亮。北齊《□弘墓誌》："風度閑凝，噐韻清朗。"

【秀朗】秀美俊朗。北魏《李遵墓誌》："神機秀朗，英規卓異。"

【高朗】豁達開朗。北魏《元略墓誌》："君高朗幼標，令問夙遠。"

【聰朗】聰明開朗。北齊《崔博墓誌》："君天姿聰朗，早著拔羣。"

【恢朗】寬廣開朗。北魏《長孫士亮妻宋靈妃墓誌》："祖弁，識悟恢朗，才美當時。"

【疏朗】開闊清亮。東魏《楊機墓誌》："沉明內映，可以照燭群才；疏朗外融，足以綱目衆品。"

2. 反義語素複合詞的語素義與詞義

反義語素複合詞中的兩個語素互為反義，具體來說，根據語素義之間關係的不同，又可分為三類來分析：

（1）互補對立關係的複合詞。其構詞語素有相互依賴，非此即彼的關係。如"男"和"女"。因此，它們的詞義通常是字面意義上的并合。如：

【陰陽】指天地。北齊《王憐妻趙氏墓誌》："二儀合德，陰陽佐時，內外和睦，治道雍熙。"

【兒女】指兒子和女兒。北魏《邢巒妻元純阤墓誌》："兒女式遵，不敢違旨。"

【朝$_2$野】朝廷與民間。北魏《穆彥墓誌》："有識含嗟，朝野悲惜。"

【是非】正確與錯誤。北魏《盧令媛墓誌》："空嗟佪顧，帷中是非。"

【死生】指死亡和生存。北周《元壽安妃盧蘭墓誌》："鋒鏑交撗，死生離別。"

【出沒】出現與隱沒。北齊《高叡修定國寺塔銘碑》："行蔵比於幻化，出沒放於浄土。"

（2）反向對立關係的複合詞。成反向對立的兩個反義構詞語素互相逆轉，互為條件，互相依存，在意義上有反向對立關係。如"買"和"賣"。從構成複合詞的詞性上看，有名動、詞和形容詞。其中，名詞占絕大多數。

【賓主】賓客與主人。北魏《楊熙僊墓誌》："既膺利用之舉，觀光上国，賓主之美，射冊甲科。"

【父母】父親和母親。東漢《薌他君祠堂畫像題記》："惟主吏夙性中孝，少失父母，喪服如禮。"

【兄弟】哥哥和弟弟。東魏《王仁興造像記》："兄弟姉妹，亡者歸真，現存湯福。"

【夫妻】丈夫和妻子。南朝梁《張元造像記》："現在夫妻男女，一切眷屬，無諸障碍。"

【賣買】售出購進。北魏《元略墓誌》："賣買同價，寧此過也。"

【温威】溫和威嚴。北魏《和邃墓誌》："君莅職公平，溫威昭著，採風折獄，有仲由之明"

（3）極性對立關係的複合詞。成極性對立的兩個反義構詞語素之間有中間狀態。如"黑"和"白"，它們是同一個義域的"兩極"，在它們之間還有中間狀態"不白不黑"。

具有成極性對立的形語素構成的複合詞，由於其中的語素義表示的是人或事物的兩個極端的程度，也可以指位於兩個極端的人和事，詞性上成了名詞。因此，這些複合詞大多具有多義性。

【白黑】白色和黑色。北魏《元新成妃李氏墓誌》："論玉不由小大，求馬忘其白黑。"

【小大$_1$】①小的和大的。如北齊《竇泰墓誌》："小大必情，幽明以察。"③特指小孩和大人。如北魏《元新成妃李氏墓誌》："故能長幼剋諧，小大斯穆。"

【長$_2$幼】③指年長和年幼。如北魏《賈思伯碑》："門姪長幼，靡不贍卹。"④指老年人和年輕人。如北齊《薛懷儁妻皇甫豔墓誌》："歲時伏臈，長幼来趨。"

【多少】①指數量的大小。北齊《徐顯秀墓誌》："多少相懸，車徒異勢。"④幾何，若干。如北齊《義慈惠石柱頌》："方圓多少，皆如別題，俱若布金，誓無退易。"

【吉凶】①禍和福。北魏《胡明相墓誌》："吉凶有兆，倚伏無期。"②指吉事和喪事。北魏《元誘妻薛伯徽墓誌》："及長，於吉凶禮儀，靡不觀綜焉。"

（二）異類異義語素複合成詞

這類複合詞的兩個語素意義具有明顯差異，類屬上也有差別，因而從語法關係上分為如下四種：

1. 偏正式

具有偏正關係的複合詞的詞義是語素義按照偏正關係組合成為各詞的意義。也就是說，詞義的解釋直接用複合詞中的語素，語素的意義與詞典中概括的意義相同，沒有增加具體環境下的語用義。可以用"A 的 B"或

“A 地 B”兩種格式來進行擴展解釋。

（1）定中結構（A 的 B）。“A、B”均為增義，A、B 的詞典意義進行擴展即為詞義。

【碧草】碧綠的小草。北魏《元萇溫泉頌》：“青林碧草，含露而迎岸；香風蕙色，列錦而環渚。”

【僧房】僧人的房舍。北齊《智度等造像記》：“僧房則冬溫而涼，祇桓寶塔峨嵯，陵雲而突漢。”

【威柄】威嚴的權力。北魏《元懌墓誌》：“遂隔絕二宮，矯擅威柄，四海能言，莫不悲慟。”

【國柄】國家權力。北魏《元乂墓誌》：“朝權國柄，僉望有歸。”

（2）狀中結構（A 地 B）。B 在詞中的語素義基本上與其字面義相同，A 在詞中的語素義會依據環境凸顯其相應的語用意義。如：

【頑守】頑固地堅守。北魏《元襲墓誌》：“凶勢既張，頑守郡邑。”

【周訪】周遍地訪求。北魏《王禎墓誌》：“殷有三人，周訪九疇，只族王家，藉冑鮮侯。”

【密奏】秘密地奏知。北周《李綸墓誌》：“雖叔仁連白，巨源密奏，海內傾心。”

2. 支配式

在漢魏晉南北朝石刻中，具有支配關係的複合詞，按詞性有動詞、名詞、形容詞和副詞。具有支配關係的複合詞詞義是語素義按照支配關係組合成為各詞的意義。語素義也基本上是字面義，語素在詞環境中沒有語用增義，兩個語素可以直接利用詞典中的釋義來擴展釋義即為詞義。支配關係的複合詞，按照其中的被支配語素的語義類別，可分為受事關係、施事關係、工具關係、原因或結果關係、處所或位置關係、時間關係①

---

① 朱德熙把述語和賓語（支配對象與被支配對象）之間的關係分為 6 種，即賓語是：動作的受事、動作的施事、動作憑藉的工具、動作產生的結果、運動的終點、動作延續的時間。北京大學中文系現代漢語教研室《現代漢語》中指出述賓之間有五種語義關係，即賓語是：動作的對象、動作的施事、動作憑藉的工具、動作的結果、動作的處所或地位。由於我們統計的漢魏晉南北朝石刻語料中有發現朱德熙先生提出的最後一種“賓語是動作延續的時間”，因此，以朱德熙的分類為依據同時也參考北大中文系現代漢語教研室的分類來進行說明。參見朱德熙《語法講義》，商務印書館 2009 年版，第 110 頁。北京大學中文系現代漢語教研室《現代漢語》，商務印書館 1993 年版，第 314 頁。

等。如：

（1）受事關係：【撥亂】治理叛亂。南朝梁《蕭融墓誌》："皇上神武撥亂，大造生民。"【播美】傳佈美好的品德或表現。東魏《李憲墓誌》："揚風上緒，播美来昆。"【播德】傳佈恩德。北魏《元景略妻蘭將墓誌》："寄言泉石，播德魂丘。"

（2）施事關係：【愁人】令人發愁。北魏《元煥墓誌》："白楊思鳥，青松愁人。"【悼心】心痛。北魏《侯掌墓誌》："親朋悼心，知故隕泗。"【交兵】兵刃相交。東魏《敬顯儁碑》："責罪宣平，交兵象闕。"

（3）工具關係：【奠酒】撒酒於地以祭奠。北魏《元譿墓誌》："陳衣虛幠，奠酒空臺。"

（4）原因或結果關係：【報恩】由於受到恩情而報答。北魏《元嵩墓誌》："蕃輝未暢，報恩中止。"【遇害】遭逢禍患。北魏《楊順墓誌》："以普泰元年七月四日遇害於洛陽依仁里，時年六十有六。"【取斃】招致喪身。北魏《元融墓誌》："但以少禦多，莫能自固，鋒鏑亂至，取斃不移。"

（5）處所或位置關係：【袒左】袒露左臂。北齊《薛廣墓誌》："君乃揚徽袒左，非由魚石之封；奮辟同盟，言討華臣之族。"【虛左】空出左邊的位置。北齊《元始宗墓誌銘》："齊武興王，宗英之極，每見升引，雅相欽尚，未曾不擁篲分庭，虛左懸榻。"

（6）時間關係：【登時】立時，立即。北齊《堯峻墓誌》："君與兄雄戮力均心，登時擒剿。"【須時】等待時機。北魏《元乂墓誌》："鄭畜實待價，藏器須時。"

3. 表述式

詞義是語素義按照主謂關係組合而成的各個詞的意義。語素在詞中的含義與其字面意義相同，語素義也可以直接利用詞典中的釋義來擴展釋義即為詞義。朱德熙在《語法講義》中把主語和謂語的語義關係分為六种，按主語的語義類別，可分為施事關係、受事關係、與事關係、工具關係、時間關係、處所關係[①]。在漢魏晉南北朝刻石語料中，沒有符合表"與事關係的"主謂複合詞，絕大部分是表"施事關係"的主謂複合詞，其他語義關係也有少數幾例。如：

① 朱德熙：《語法講義》，商務印書館2009年版，第95頁。

（1）施事關係：【晏罷】宴會停止。"晏"，通"宴"。北魏《元顥墓誌》："天子乃瞻不怡，早朝晏罷。"【山崩】山嶽崩塌。東魏《元寶建墓誌》："懼山崩川改，餘美無傳，故敬勒聲徽，奋諸來世。"【自$_1$給】自己滿足自己需要。東漢《漢侍廷里父老僤買田約束石券》："僤中其有訾次當給爲里父老者，共以客田借與，得收田上毛物穀實自給，即訾下不中，還田轉與當爲父老者，傳後子孫以爲常。"【日出】太陽出現。北魏《龍泉古井銘》："六合乾坤濁氣掃，雲歸霧散日出紅。"【身長$_1$】人體高度。北魏《元珍墓誌》："身長九尺三寸，容止充德，質不妄譽。"【心慈】心地善良。東漢《肥致墓碑》："幼子男建，字孝萇，心慈性孝，常思想神靈。"【日闇$_1$】日光暗淡。北魏《楊昱墓誌》："風酸迴陌，日闇荒川。【恩厚】恩情深厚。北魏《元倂墓誌》："寬柔恩厚，審待如靜。"

（2）受事關係：【樂奏】猶奏樂。東漢《華山廟碑》："祀以圭璧，樂奏《六歌》。"

（3）工具關係：【兵解$_1$】通過兵刃得到解脱。北魏《高珪墓誌》："數日兵解，亂離之後，母往視，猶嘗氣息，遂牧養之。"

（4）時間關係：【夜半】即半夜。北齊《都邑師道興造像記並治疾方》："平旦、午時、夜半，皆空腹暖服，驗。"

4. 補充式

詞義是語素義按照動補或形補關係組合而成的各個詞的意義。語素在詞中的含義與其字面意義相同，語素義也可以直接利用詞典中的釋義來擴展釋義即為詞義。

（1）動補關係：

【墜壞】墜落毀壞。東漢《孔羨碑》："遭天下大亂，百祀墜壞，舊居之廟，毀而不脩。"

【擯落$_1$】排斥棄絕。北齊《趙奉伯妻傅華墓誌》："擯落囂塵，祛洗累或。"

【戰勝】戰爭中取勝。北魏《元英墓誌》："戰勝攻取，偽司雲傾。"

（2）形補關係：

【痛切】悲痛深切。北魏《王誦墓誌》："顧言思此，痛切心肝。"

【卓絶】高超獨一無二。北魏《王禎墓誌》："器識淵邁，才穎卓絶。"

【峻高】高峻，高聳。南朝宋《爨龍顔碑》："巍巍靈山，峻高迢遰，或躍在淵，龍飛紫闥。”

三 語義相融（A+B < AB）

共計 5320 個。即複合詞詞義不是原来两个语素字面意義的简单相加，而是通过语义的融合获得新义，新义跟语素义有联系，但它有所抽象、概括，詞組凝固成詞後整體意義發生轉化。

（一）聯合關係複合詞的語素義與詞義

1. 有些聯合關係的複合詞在具體語境中可以泛指，產生泛指義

泛指義一般為語素義中含有附加成分義。如：【城池】字面義指城牆和護城河，城牆和護城河在古代有防衛的功能，故語素義中含有功能成分義，後由此產生泛指義“城，城市”。東晉《高勾麗好太王碑》：“倭人滿其國境，潰破城池，以客奴爲民，歸王請命。”又如：【螻蟻】字面義指螻蛄和螞蟻。而螻蛄和螞蟻在人們頭腦中的形象是微小的，由此語素義中含有了視覺形象義，後產生泛指義“微小的生物”。東魏《元悰墓誌》：“空傳蘭菊，誰遮螻蟻。”

其他還有，如【頭眼】本指眉眼。泛指神情。北齊《義慈惠石柱頌》：“愛共頭眼，惜非妻子。”【刀劒】本指刀和劍，後泛指兵器。北魏《赫連悦墓誌》：“遷領直閣将軍，轉刀劒主。”【丹碧】紅色和青綠色。泛指塗飾在建築物或器物上的色彩。東魏《凝禪寺三級浮圖碑》：“餝以丹碧，彫以仙形，松柳翠欝，井級淒涼。”【版築】本指築土牆用的夾板和搗土的杵。泛指土木營造之事。南朝梁《蕭憺碑》：“忘垂堂之貴，親版築之勞。”【緣邊】指衣服之邊和山崖的邊，泛指邊境地區。北魏《元顥墓誌》：“緣邊万里，影響羣飛。”【刑罰】刑指肉刑、死刑；罰指以金錢贖罪。後泛指依照法律對違法者施行的強制處分。東漢《武梁祠堂畫像題字》（一）：“祝誦氏無所造爲，未有耆欲，刑罰未施。”

2. 有些聯合關係的複合詞在語用環境中所抽象、概括，產生引申義

如【老成】字面義指年高有德，兩個類義語素構成形容詞後詞性發生轉變，引申為名詞“老臣，舊臣”後，詞義發生了改變。東魏《賈思伯夫人劉氏墓誌銘》：“堂有老成，階無餙履。”又如：【翔走】字面義指飛翔和奔跑。兩個類義語素構成動詞後詞性發生轉變，引申為名詞“飛禽走獸”後，詞義發生了改變。北周《封孝琰墓誌》：“翔走聽而悲鳴，卉木感而變色。”

其他還有，如：【本源】本指樹根和水流始出處，後引申指事物產生的根源。【親愛】親近喜愛，這裏引申指親近喜愛的人。北周《僧妙法師碑》："棄捐鎊好，割去親愛，歸身法門，寄情累表。"【障礙】本指阻擋、阻止，後引申為佛教所指的擾亂身心的煩惱困惑。南朝梁《張元造像記》："一切眷屬，無諸障礙。"【呼吸】本指呼氣和吸氣，後引申為道家導引吐納的養生術。東漢《三公山碑》："或有呼吸，求長存兮。"【蕃$_2$籬】指籬笆，引申為屏障。"蕃$_2$"通"藩"，籬笆。北周《田弘墓誌》："板載十城，蕃籬千里。"【模範】指造器物的模型，引申為榜樣、表率。東漢《冀州從事馮君碑》："中年殀苓，世喪模範。"

（二）偏正關係複合詞的語素義與詞義

1. 從屬關係複合詞的詞義

這類複合詞通常由兩個名語素構成，前一個為屬名語素，後一個為類名語素。複合詞詞義的承載者是"屬"名語素。如：【蓮花】；【蔬菜】【荇菜】；【袞衣$_1$】【褘衣$_1$】【桂樹】【棗樹】【棠樹】【柏樹】；【輜車】【輀車】【輬車】【軺車】【輅車】【轀車】；【女人】【婦人】【匠人】【工人】【伶人】【倭人】【友人】【王$_1$人】等。

以上這些複合詞都是具有從屬關係的複合名詞，前一個名語素為屬，後一個名語素爲類，複合名詞的詞義由前一個"屬"名語素來承載，反映的是具有相同屬性的一類事物的個性品質方面的差異，因此，釋義時主要針對具名語素進行解釋和說明。如：

【蓮花】即荷花。蓮：①指荷。"蓮花"的釋義詞是"蓮①"。東魏《淨智塔銘》："永懷高潔，喪挹古芳，蓮花淨土，貝葉上乘。"

【蔬菜】指可做菜吃的草本植物。蔬：①指蔬菜。"蔬菜"的釋義詞是"蔬①"。東漢《婁壽墓碑》："蓆絺大布之衣，糲荅蔬菜之食。"

【袞衣$_1$】指古代帝王及上公穿的繪有卷龍的禮服。袞：①古代帝王及上公穿的繪有卷龍的禮服。"袞衣$_1$"的釋義詞是"袞①"。東魏《李挺墓誌》："論道緯國，允屬邦良，應兹後命，袞衣繡裳。"

而"類"名語素則主要顯示"屬"名語素在類與類之間的差別。如"桂樹"與"桂酒"中的"桂"是個多義語素，它的所指既含有樹的屬性，也含有花的屬性。複合詞中的"樹"和"酒"就顯示出"桂"的不同屬性。

同樣，屬名語素"桂""棗""棠""柏"分別承載了複合詞"桂樹"

“棗樹”“棠樹”“柏樹”的詞義；“輜（有幃蓋的載重車）”“轜（載運棺柩的車）”“輬（古代的臥車）”“軺（小車，輕車）”“輅（大車）”“轀（轀車，古代一種臥車）”分別承載了複合詞“輜車”“轜車”“輬車”“軺車”“輅車”“轀車”的詞義；“女”“婦”“匠”“工”“伶”“倭”“友”“王$_1$”也分別承載了複合詞“女人”“婦人”“匠人”“工人”“伶人”“倭人”“友人”“王$_1$人”的詞義。而類名語素“花”“菜”“衣$_1$”“樹”“車”“人”則顯示了具名語素所屬於的類與類之間的差別。

2. 限定關係複合詞的詞義

這類複合詞通常由前一個為限定語素、後一個為中心語素構成。複合詞詞義並不是語素義在詞典中所概括的意義的簡單相加，語素義在具體的語言環境中增加了語用意義，與詞典中詞頭項的解釋不同，而且語素在詞環境中的語用意義的解釋方式各有不同。

定中式，如：

【皮紙】（質地）用皮做的紙。佛教傳說如來修菩薩行，曾剝皮為紙、折骨為筆以書寫經典。北魏《嵩陽寺碑》：“顯皮紙骨筆之重，半偈亡身之貴。”

【塗車】（狀貌）指古代送葬用的明器。北魏《元仙墓誌》：“塗車寢駕，絲竹委塵。”

【雜賓】（性質）行為不端的賓客。北周《封孝琰墓誌》：“上客盈門，雜賓罕至。”

狀中式，如：

【蹶張】（方式）以腳踏強弩，使之張開。謂勇健有力。北周《匹婁歡墓誌》：“子南超乘，未得比蹤；申屠蹶張，曾何足喻。”

【胎教】（對象）孕婦謹言慎行，心情舒暢，給胎兒以良好的影響。北魏《元瞻墓誌》：“既昭灼於芳鯉，亦蟬聯於胎教。”

【野戰】（處所）交戰於曠野。東漢《曹全碑》：“攻城野戰，謀若涌泉。”

【血誠】（程度）極其真誠。東魏《王偃墓誌》：“掃難披艱，血誠著績。”

以上複合詞中，前五例為定中式，後六例為狀中式。複合詞的釋義中劃綫部分是詞中相關語素的基本意義，或理據意義。這些表示基本意義或理據意義的詞語對詞義的解釋和理解只起到提示作用，如“皮紙”，“紙”

的種類很多，“皮紙”是指由皮做成的紙。這種紙還有歷史傳說和功用上的特點，“紙”表示它是書寫、繪畫等工具的一種，“皮”表示紙的質地。因此複合詞的語素義只是提示了事物的某些特徵。而詞義的大部分信息還需依靠語素在具體語言環境中的語用意義來作補充。根據對以上複合詞的判斷，語素的語用意義主要圍繞語素在詞中的基本意義來補充，如定中式複合詞中有表“質地、狀態、狀貌、性質、方式”等方面的補充語用意義；狀中式複合詞中有表“謙敬、方式、對象、程度、處所”等方面的補充語用意義。

在定中式的複合詞中，補充語用意義的方式大多是通過增加相關動詞或形容詞來補充說明。如：“經冬不凋”是“寒松”產生的原因，是“寒松”的補充語用意義，其中的關鍵詞是“不凋”。“古代送葬使用”是“塗車”產生的語用義，是“塗車”的重要特徵。“行為不端”強調了“賓客”的種類和性質，語素“雜”在複合詞中的意義比在詞典中的意義更強調了其社會的語用意義。“沒有根據的”是“流言”形成的方式、手段，“議論、污蔑、挑撥”則暗含了“流言”的貶義色彩，成為其補充的語用意義。

在狀中式的複合詞中，補充語用意義的方式是通過增加一些狀語或介詞短語的語言成分來補充說明。“光榮地”“不合禮制”“極其”分別爲“來到”“祭祀”“真誠”的狀語，具有副詞性質。“以腳”“給胎兒”“於曠野”則都是介賓短語，其語法功能類似于作狀語用的副詞。這些作為補充的語用意義存在於詞義中。

其他還有，如：土牛（用泥土做的牛）（東漢《張景碑》）、兵車（作戰用的車）（北齊《竇泰墓誌》）、魂車（供出喪用的車）（北魏《韓顯宗墓誌》）、玉車（以玉為飾的帝王之車）（北魏《鄭道昭觀海童詩刻石》）、素車（古代凶、喪事所用之車）（北魏《元舉墓誌》）、大$_1$車（古代乘用的牛車）（北魏《元爽墓誌》）、熊車（古代有伏熊橫軾的車）（北齊《赫連子悅墓誌》）、客田（租種別人的田地）（東漢《漢侍廷里父老僤買田約束石券》）、天田（帝王之籍田）（北魏《元液墓誌》）、芝田（傳說仙人種靈芝的地方）（北魏《李希宗妻崔氏墓誌》）等。

（三）支配關係複合詞的語素義與詞義

具有支配關係的複合詞，按詞性有動詞、名詞、形容詞和副詞，在漢魏晉南北朝石刻中，支配關係的複合詞，按照其中的被支配語素的語義類別，可分為受事關係、施事關係、結果關係、處所關係、時間關係等。無論哪種關係的複合詞，如果語素在詞中增加了補充的語用意義，我們都當視為語義的融合。補充語用義的增加可分為兩類。

1. 詞義整體發生變異

所謂詞義的整體變異是指詞的表層結構都有支配和被支配的關係，可其表層結構關係所指稱的意義（字面義）和深層結構義（引申義）卻相差很遠，詞義整體發生了抽象、概括，甚至在詞性上也發生了變異。如：【同胞】按表層結構理解，它應該指“共處一個胞衣中”，而實際上它在石刻的意思是指“同父母所生的兄弟姐妹”。如東魏《元玕墓誌》：“至乃賢賢於受體，非日用其三牲；怡怡於同胞，乃投八力於四海。”其詞性也由動詞變成名詞。這就是說，表層結構似支配與被支配關係，但深層結構意義卻不能按支配與被支配關係進行解釋的複合詞，不受動詞短語規則的控制。相同的例子還有，如：

【垂白】表層義指“白髮下垂”，深層義謂“年老”。北魏《李超墓誌》：“優柔善成，无小无大，垂白再仕，汎爾沿流。”

【送款】表層義指“傳送情誼”，深層義指“歸順，投降”。北魏《皇甫驎墓誌》：“朝野榮賤，望風送款。”

【連鑣】表層義指“騎馬同行”，深層義謂“接續”。北魏《李暉儀墓誌》：“連鑣楊氏，並驅素族。”

【比$_1$翼】表層義指“翅膀挨着翅膀（飛行）”，深層義謂“齊頭並進”。北魏《王翊墓誌》：“居鳳比翼，在龍稱翰。”

2. 被支配語素增義

被支配語素增義是指支配語素義保持詞典字面義不變，而被支配語素在關係類型的制約下產生補充語用義。如：

【追遠】祭祀盡虔誠，以追念先人。北魏《元維墓誌》：“窀穸有期，宜申追遠。”

【黜否】罷退奸佞小人。東漢《孔彪墓碑》：“薦可黜否，出入有度。”

【降$_1$尊】降低尊貴的身份。南朝梁《蕭憺碑》：“推賢下士，降尊就卑。”

【告急】報告緊急情況。西晉《郛休碑》：“遽入告急，君乃震威。”

【卜葬】占卜吉祥的葬日和葬地。北周《梁嗣鼎墓誌》：“其月廿三日卜葬北邙原。”

“事物”“先人”“人”“身份”“情況”“日、地”就分別是在受事關係中被支配語素“微”“遠”“否”“尊”“急”“卜”在具體語言環境中產生的補充語用增義。

（四）表述關係複合詞的語素義與詞義

在漢魏晉南北朝石刻中，具有支配關係的複合詞，按照其中的主語語素的語義類別，可分為施事關係、受事關係、工具關係、處所關係、時間關係等五類。一般來說在這些關係格式中，語素基本上保持了各自的表層結構義（字面義），然後根據具體的語言環境增加了適當的語用信息，從而使詞義獲得了整體上深層結構義（引申義），詞性上也同樣發生了相應的變異。如：

【人定】表層義指“人們安定”，深層義指“夜深人靜時”。王先謙《後漢書集解》：“《通鑑》胡注：‘日入而羣動息，故中夜為之人定。’惠棟曰：‘杜預云，人定者，亥也。’”北魏《李暉儀墓誌》：“至永熙二年，歲次癸丑，春三月己丑朔，十二日庚子夜人定，薨於洛陽之脩文里舍，春秋七十一。”

【夜分$_1$】表層義指“人們安定”，深層義指“夜深人靜時，半夜”。東魏《敬顯儁碑》：“終朝忘食，夜分不寢。”

【天授】表層義指“上天授予”，深層義指“與生具有的稟賦”。北魏《郭定興墓誌》：“睿弟明敏，特稟天授。”

【派別】表層義指“水分道而流”，深層義指“事物的分支”。梁《蕭融太妃王慕韶墓誌》：“清源華幹，派別綿昌。”

四　語義偏義（A+B=A 或 A+B=B）

共計 15 個。即兩個構詞语素在组合过程中，所構詞的意义偏側于其中一个語素的意义，另外一个语素不表义。這樣的複合詞在漢魏晉南北朝石刻中的數量很少，僅僅有 15 個。構詞方式可分為類義並列式和反義並列式。

1. 類義並列式

複合詞的兩個構詞語素之一的意義在具體的語境中逐漸虛化，詞義不再是兩個語素義的相加，而是由兩一個語素義來表達詞義。如：

【舟楫】指舟和楫，偏指舟。東漢《桂陽太守周憬功勳銘》：“或抱貨兮以從利，或追思兮以有赴義，汎舟楫兮有不避，［闕］躬軀兮於玄池。”

【家邦】指家和邦，偏指家。西晉《孫氏碑》：“率由弗違，以御於家邦，終始以孝聞。”

【氏姓】指氏和姓，偏指姓。東漢《成陽靈臺碑》：“惟帝堯母，曩者慶都，兆舍穹精，氏姓曰伊。”

【宇宙】指宇和宙，偏指宇。北魏《元顥墓誌》：“若夫奄宇宙而爲家，分河山以建國。”

2. 反義並列式

具有反向對立關係的兩個語素的意義在具體的語境中詞義會發生偏移，構成要麼 A 或者要麼 B 的選擇判斷關係。如：

【安擾】指安定或擾亂，偏指安。北魏《元子正墓誌》：“將何以安擾邦國，摠持綱紀。”

【鎮撫】指鎮壓或安撫，偏指撫。南朝梁《蕭憺碑》：“公弼諧□□，鎮撫關河。”

【西東】指西方或東方，偏指西。北齊《高叡修定國寺塔銘碑》：“門回南北，日轉西東，逴逴馳驟，抵速人中。”

五　語義脫離（A+B=C）

共計 3152 個。語義脫離是指複合詞詞義與其两个语素的字面意義没有直接关系，是語素義全部或部分間接表示詞義①。具體來說就是，複合詞的詞義不能按照語素在詞典中的某一個義項的字面意義及語法關係去理解，而是必須在具體的語言環境與知識背景中通過修辭的手段才能找到語義闡釋的理據。如：【珪璧】①玉器名。指古代祭祀朝聘等所用的玉器。③比喻高尚的人品。義項①是“珪璧”的本義，義項③是比喻義，由指玉器的名稱遷移到指人的高尚的品格。王力先生曾經明確指出：“詞義的變遷和修辭的手法很密切。在許多情況下，由於修辭手法的經常運用，引起了詞義的變遷。”②

儘管由於修辭手法的運用，使詞義和語素義之間的關係複雜、微妙，但是二者之間還是有規律可循的。在我們所統計的漢魏晉南北朝石刻語料

① 符淮青：《現代漢語詞彙》，北京大學出版社 2004 年版，第 217—218 頁。

② 王力：《漢語史稿》（下冊），中華書局 2004 年版，第 577 頁。

中，主要有以下兩個主要方面：

1. 詞義是語素義的比喻和借代用法（以下簡稱“喻代義”）

在石刻語料中，雙音節複合詞的喻代詞義主要有四種格式：

（1）語素A（本義）+語素B（本義）

這種類型的特點是，每個語素不單獨作為喻體或借體來喻指事物的特徵，而是兩個語素作為整體來喻指或代指事物的特徵。

首先，這種格式的複合詞，絕大多數既有本義，又有喻代義。如：【孕育】①懷胎生育。④比喻既存的事物中醞釀着新事物。北齊《高百年墓誌》：“斯乃驂馭百王，孕育三古，懸諸日月，不俟昌言。”顯而易見，第二個比喻義是由第一個本義通過形象聯繫產生的，如果不在具體的語言環境中，我們是看不出“孕育”一詞遷移到對指“既存的事物中醞釀着新事物”的比喻義的。又如：【載$_2$筆】①攜帶文具以記錄王室历史。②借指史官。北魏《元暉墓誌》：“出侍龍樓，入華載筆，遂給黃門，延登樞密。”用義項①中含有的“記錄王室歷史的行為或職能”來代指“承擔這種行為或職能的官員”。所以，這類複合詞，僅僅根據詞內語素義分析及語素間語法關係分析，一般來說是無法判斷其有無喻代義的，必須在具體的語言環境中才能找出詞義的理據。

其次，這類格式的複合詞，還有另外兩種情況。一種是由於喻代義的頻繁使用，本義所代表的事物或特徵已經趨於消亡，喻代義已經成為該複合詞的基本義。如：【塗炭】比喻極困苦的境遇。北齊《韓裔墓誌》：“駈熊羆於朔野，蒸生民於塗炭。”【安枕】安眠。比喻無憂無慮。北魏《元珍墓誌》：“是以四襟解紐，時用安枕。”【派別】喻指事物的分支。南朝梁《蕭融太妃王慕韶墓誌》：“清源華幹，派別綿昌。”【寒暑】寒冬暑夏，常代指一年。北魏《元思墓誌》：“掩光寒暑，閉目背時。”另一種是這個詞開始就是為喻代義而造。如：【縗絰】指喪服用的麻袋，代指喪服。南朝梁《蕭憺碑》：“吏民哀慟，縗絰成林。”【垂髫】代指兒童或童年。髫，兒童下垂的頭髮。北魏《元隱墓誌》：“君資靈神嶽，挺秀蘭蕖，越自垂髫，建扶天之志。”【松柏】松樹和柏樹。象徵堅貞。北魏《長孫士亮妻宋靈妃墓誌》：“聲影若存，松柏已行。”【瓜瓞】喻子孫繁衍，相機不絕。北周《尉遲運墓誌》：“綿綿瓜瓞，弈弈華宗。”（《詩・大雅・緜》：“緜緜瓜瓞，民之初生，自土沮漆。”朱熹《集傳》：“大曰瓜，小曰瓞。瓜之近本初生常小，其蔓不絕，至末而後大也。”）

這種格式的複合詞內部語素間的語法關係遵循了漢語複合詞內部語素的結構規律，它的語法關係基本是完全的。

聯合式的有：比喻義“障礙”（喻指煩惱困惑）（南朝梁《釋僧顯造像記》）；借代義“膚$_2$寸”（借指下雨前逐漸集合的雲氣）（東漢《祀三公山碑》）、“鞭板”（代指所有官員）（北魏《笱景墓誌》）、“方$_1$寸”，（代指心）（北齊《崔芬墓誌》）等。

偏正式的有：比喻義“不測”（喻指深淵或江海）（北魏《寇治墓誌》）、“一息”（喻指極短的時間）（北齊《趙征興墓誌》）、“高枕”（枕着高枕頭，喻無憂無慮）（北魏《元颺墓誌》）；借代義“七尺”（代指身軀）（東魏《敬顯儁碑》）、髟髪（借指老年人）北魏《元悌墓誌》等。

支配式的有：比喻義“發穎”（喻才能顯露）（東魏《公孫略墓誌》）、“交臂”（喻指知心朋友）（北魏《赫連悦墓誌》）、“合璧”（兩個半壁合成一個圓形，比喻日月同升）（北魏《元譚墓誌》）、“撫背”（比喻控制背面的要害）（東魏《李希宗墓誌銘》）、“執柄”（比喻掌權）（北齊《隴東王感孝頌》）；借代義“負扆”（代指皇帝）（北齊《劉悦墓誌》）、束髪（代指成童之年）（北齊《劉悦墓誌》）、垂白（代指年老）（北魏《李超墓誌》）等。

主謂式的有：比喻義“川流”（喻層見疊出，盛出不衰）（北魏《元維墓誌》）、“波駭”（喻受到驚擾震動）（北齊《趙道德墓誌》）、“璧碎”（喻美人死亡）（北魏《穆彦妻元洛神墓誌》）、河清（比喻時間久長）（北齊《報德像碑》）等。

補充式的有：比喻義“裁定”（喻斟酌取捨）（北魏《元徽墓誌》）、“澄清”（喻指安定、平定）（北魏《元鑽遠墓誌》）等。

（2）語素 A（喻代義）+語素 B（本義）

這個格式的複合詞，前一個語素是喻體，後一個語素是本體，是“明喻式”，均可用“像語素 A 一樣的語素 B”來解釋。如：

【葱翠】像葱一樣的青翠。北魏《高慶碑》：“被嚴霜而葱翠，出□石而晈潔。”

【鳥散】像鳥一樣的飛散。北魏《李璧墓誌》：“漳東妖醜，望旗鳥散。”

【豹騎】像豹子一樣的騎兵。東魏《敬顯儁碑》：“權火或舉，豹騎爭先。”

其他還有，如：豹氣（北齊《臨淮王像碑》）、雲屯$_2$（北齊《高建墓誌銘》）、席卷（北周《步六孤須蜜多墓誌》）、霞布（西魏《鄧子詢墓誌》）、風$_1$湊（北齊《堯峻妻吐谷渾靜媚墓誌》）、鳥散（北魏《李璧墓誌》）、蝟聚（東魏《張滿墓誌》）、豹變（北魏《元珍墓誌》）、虎爭（西晉《臨辟雍碑》）等。

這種格式的複合詞，詞義的中心在後一個語素上，前一個具有比喻性的語素起修飾、限制作用。"雪白"仍是白，"葱翠"仍是翠，"玉潤"仍是潤，"鳥散"仍是散，"豹騎"還是騎。因此，這類格式的複合詞的詞義是後一個語素的本義。

（3）語素A（本義）+語素B（喻代義）

這種格式的複合詞，有名詞、動詞和形容詞，情況稍顯複雜。其中，複合名詞內部語素間的關係又可分為同一關係、修飾關係和領屬關係三個方面。

i. 名詞：

同一關係的，"喻體"出現，"本體"出現，"本體"在前，"喻體"在後，是"暗喻式"，可以用"語素A的語素B"或"像語素B的語素A"來解釋。如：

【法船】佛法的船；像船的佛法（可以渡人到彼岸）。北齊《畢文造像記》："思營法舡。濟茲溺汏。"

【法輪】佛法的金輪；像車輪的佛法（圓通無礙，運轉不息）。北魏《長樂長公主元瑛墓誌》："馳法輪於金陌，開靈光於寶樹。"

【日車】太陽的車；像車的太陽（運行不停）。北周《李賢墓誌》："日車未懸，山頹奄及。"

【文池】學問的池塘；像池塘的學問（廣闊）。北魏《山徽墓誌》："怡心典素，追勝白於長篇；擁思文池，尋斑馬於秘菀。"

【霜$_1$衣$_1$】霜的衣服；像衣服的霜（一層又一層）。北齊《法懃禪師塔銘》："奉殯龍巖，致使岫帶霜衣，山被素草，猨啼逗谷，鳥墜高林。"

修飾關係的，"喻體"出現，"本體"不出現，是"借喻式"，可以用"語素A的像語素B的……"來解釋。如：

【黃耳$_1$】黃金或青銅質的像人耳形的器物之耳。後喻指三公宰輔之位。北魏《元伯陽墓誌》："贊職黃耳，攝官紫庭。"

【石耳$_1$】附着在石面上的像人耳一樣的地衣類食物。北齊《李希宗妻崔氏墓誌》："既有石耳之名，實表玉璜之瑞。"

【壁衣$_1$】牆壁上裝飾用的像衣服布料一樣的帷幕。北魏《韋彧妻柳敬憐墓誌》："負壁衣而臨玉，炫葛蕈之要珠。"

從屬關係的，"喻體"出現，"本體"不出現，是"借喻式"，可以用"語素A的……像語素B"來解釋。如：

【國華$_2$】國家的傑出人才像光采。北魏《元頊墓誌》："國華寔允，時秀匪他。"

【家$_1$寶】家族中值得尊敬的人像珍寶。北魏《楊順墓誌》："是惟家寶，寔曰民英。"

另外還有一種，無法給出歸類，如【月桂】月中的桂樹，借指月亮、月光。北齊《高叡修定國寺塔銘碑》："今歲在赤奮，時惟青秖，陽殖官杏，日望月桂。"【慧頂】頂，指人頭的最上端。借指聰明的腦袋。東魏《嵩陽寺碑》："乃遺形八万，還昇慧頂。"

ii. 動詞：

這種格式的複合動詞，結構多為支配式，如：

【流芳】喻指流傳美好名譽。北魏《邸元明碑》："遺咏可玩，流芳千載。"

【流暉】喻指流傳美好聲譽。北魏《元冏墓誌》："流暉皇萼，分光乾緒，含彩弱年，摛華晚歲。"

【簪貂】插着貂尾，喻指登上貴官顯宦。北魏《元秀墓誌》："方将簪貂執笏，左右帷扆，追茂實於綿古，流英聲於後載。"

【紆青】佩戴青綬。借指作高官。北齊《徐徹墓誌》："鳴玉紆青，分符大國，帶金佩紫，主刺名都。"

iii. 形容詞：

這種格式的複合形容詞，結構多為主謂式，如：

【氣岸】氣概、義氣。氣概嚴正如水邊高起之地。北齊《元賢墓誌》："逸調與清風並流，氣岸共温雲俱上。"

【風岸】猶風骨。風範高傲如水邊高起之地。北齊《裴子誕墓誌銘》："至如雍容，風岸之規，優遊禮讓之掾，盖亦終始無違，巔沛更共。"

據以上分析，不管這種格式的複合詞內部語素間的關係如何繁複，"法船"終究不是船，"國楨"也不是楨，"壁衣"更不是衣，因此，這種格式的複合詞的中心詞義是後一個語素的喻代義。

（4）語素 A（喻代義）+語素 B（喻代義）

這種格式的複合詞的特點是每個語素都作為喻體來喻指事物的特徵，然後兩個語素再融為一體構成一個複合詞，複合詞詞義是喻代義。這種格式的複合詞在漢魏晉南北朝石刻中非常豐富，複合詞內部的語法關係，較多的是偏正式，其次是聯合式。

偏正式，如：

雞骨（喻瘦骨嶙峋的身體）（北齊《徐徹墓誌》）、虎口（喻危險的境地）（北齊《徐顯秀墓誌》）、蘭根（比喻慧性芳質）（北魏《楊乾墓誌》）、右臂（喻事物的要害部分）（北魏《于景墓誌》）、玉樹（喻稱美佳子弟）（東魏《封柔墓誌銘并序》）、青蠅（喻讒佞）（東漢《楊震墓碑》）等。

圓蓋（借指天）（東魏《嵩陽寺碑》）、雲陛（借指朝廷）（北魏《唐耀墓誌》）、青衿（北魏《張猛龍碑》）、赤羽（代指旗幟）（北魏《元徽墓誌》）、弱齒（代指少年）（北魏《元舉墓誌》）、紈齒（代指盛年）（北魏《元項墓誌》）、宿$_1$齒（代指老年）（北魏《慈慶墓誌》）等。

聯合式，如：

手足（喻兄弟）（東魏《李洪演造像記》）、骨肉（喻至親）（西晉《魏雛柩銘記》）、心腹（喻親信）（北魏《嚴震墓誌》）、羽翼（喻輔佐的人或力量）、爪牙（喻衛士）（東漢《鄭固墓碑》）、瘢疵（喻過失、缺點）（東魏《李憲墓誌》）、韁靽（喻束縛牽制）（北齊《柴季蘭等四十餘人造四面像記》）、經緯（喻條理、秩序）（北魏《元乂墓誌》）、豺狼（比喻邪惡的敵人）（東魏《蕭正表墓銘》）、稂莠（比喻害群之人）（東漢《三公山碑》）、清濁（喻人事的優劣、善惡、高下等）（北魏《王紹墓誌》）、沈浮（喻盛衰，消長）（東魏《嵩陽寺碑》）等。

布素（借指平民）（北周《強獨樂造像記》）、干戈（代指戰爭）（北魏《元譚墓誌》）、戈殳（代指戰爭、征伐之事）（北魏《笱景墓誌》）、貂璫（借指高官）（北齊《皇甫琳墓誌》）、草土（代指卑賤的事物）（北齊《皇甫驎墓誌》）、江山（代指國家政權）（北魏《元英墓誌》）、衣$_1$鉢（借指僧家的衣食、財資）（東魏《朱永隆等七十人造像銘》）等。

值得一提的是，在這種格式中，漢魏晉南北朝石刻中出現了很多構詞頻率高的喻代性顏色語素。如："青""朱""紫""紅""丹""綠""黃""絳""玄$_1$""白"等。

複合詞的前一個語素為表喻代性的顏色語素。如：

“青”有：青綬（借指官印）、青社（借指東方之地）、青土（代指東方諸侯國）、青蒲（借指天子內庭）、青槐（借指三公九輔之位）、青瑣（代指宮廷）、青編（借指典籍）、青簡（借指史書）、青雲（借指高空）等。

“朱”有：朱紫（借官員的服飾）、朱紱（借指官服）、朱輪（借指帝王貴族所乘之車）、朱組（借指高官）、朱明（借指太陽）、朱闕$_1$（借指朝廷，京城）、朱墀（借指朝廷）、朱廡（借指朝廷）等。

“紫”有：紫闕$_1$、紫掖、紫闈、紫幃、紫闥、紫臺、紫庭（借指帝王宮闕）、紫葉$_1$（借指顯貴大族）、紫泥（借指皇帝的詔書）、紫幄（借指帝王顯貴）、紫萼（借指帝王室）、紫墀（借指朝廷）、紫曜（喻帝業聖德）等。

“紅”有：紅塵（借指繁華之地）、紅顏（借指女子美麗的容顏）、紅粧（借指女子的盛妝）等。

“丹”有：丹情、丹襟（比喻衷情）、丹墀、丹闈、丹陛、丹地（借指朝廷或皇帝）、丹素（代士大夫的衣服）、丹棘（借指高位）、丹轂（代指華貴的車）等。

“綠”有：緑帙（借指陰陽五行圖錄導學之書）、緑衺（借指史冊）等。

“黃”有：黃雲（喻指天子氣）、黃屋（代指帝王）、黃中（代指皇帝）、黃素（代指詔書）等。

“絳”有：絳雉$_1$（借指宮牆）、絳地（借指朝廷）、絳闕$_1$（借指朝廷、寺廟、仙宮）、絳宮（指神仙住的宮殿）等。

“玄$_1$”有：玄$_1$組（借指高官）、玄$_1$泉（代指陰間）、玄$_1$衣$_1$（卿大夫的命服，借指高官）、玄$_1$玉（指墓碑）、玄$_1$闥（借指墓門）、玄$_1$扉（借墓門，亦指陰間）、玄$_1$珠（喻道的真諦）等。

“白”有：白屋（代指平民或寒士）、白駒（白色的駿馬，比喻賢人、隱士）、白虎（代指飾白虎圖像的軍旗）、白茅（古代常用以包裹祭品及分諸封侯，象徵土地所在的方位之土）、白犬（對北方民族的蔑稱）、白囊（借指報警的白煙）、白眉（喻兄弟或儕輩中的傑出者）等。

還有複合詞前後兩個語素都是表喻代性的顏色語素。如：

“朱紫”（喻正邪，善惡，是非）、“朱藍”（喻不同流派）、“玄$_1$黃”

（代指天地）、“丹青”（代指史籍）、丹赤（代指赤誠的心）、“青紫”（借指高官显爵或借指顯貴之服）等。

由此，上面四種格式的複合詞詞義與語素義之間的對應關係可用公式表述如下：

$A_s+B_s=C_s/C_t$；$A_t+B_s=C_s$；$A_s+B_t=C_t$；$A_t+B_t=C_t$

其中，A、B 分別表示前後兩個語素，C 表示詞，s 表示本義，t 表示喻代義。

2. 詞義與語素在典源環境下的意義

與現代漢語不同的是，漢魏晉南北朝石刻中還有一種類型，即構成複合詞的所有語素意義（字面語義）都不直接顯示詞義（典源義），必須從多方面去瞭解，那就是典故詞。這些典故詞，無論我們如何分析，也難於在共時平面內找到它們的理據義，必須對其進行歷史、社會、民族心理和文化等方面的探查，在語言的歷時的平面內，才能完成它們所隱藏的構詞理據。（關於典故詞，下章將作專門的論述，以下主要以詞義與語素義的關係作為切入點，試舉幾例來述之。）如：

北魏《元恪嬪司馬顯姿墓誌》：“虔心奉后，令江汜再興；下撫嬪御，使螽蟚重作。”

“江汜”一詞，初看可能認為是兩條河流的合稱。“江”，指長江，“汜”，由幹流分出又匯合到幹流的水，這是二者各自的原初意義。但是我們把這兩個語素義再放歸石刻例證中去解釋詞義時，仍然未能做出準確合理的解釋，因爲它的真正意義不在字面上，而包含了歷史文化方面的深層意義。查找典源發現，該詞是《詩經・召南》中的一篇《江有汜》，簡稱《江汜》。《詩經・召南・江有汜》《序》：“《江有汜》，美媵也。勤而無怨，嫡能悔過也。”後人化用此典源義，截取具有特徵性的意象，然後按照漢語一般的語法規則組合成新的複合詞“江汜”來代指婦人的美德。《漢語大詞典》中沒有此義項，應當補之。又如：

北魏《李希宗妻崔氏墓誌》：“悲言別鳥，泣對分荆。”

“分₁荆”一詞，從字面上看是動賓式複合詞，意爲“分割紫荆樹”。但是放到具體的語境中，卻似乎頗為費思。可見單從字面上是很難發現其表達的實際意義的，我們只有通過典源的追尋，結合上下文語境，去探索該詞的真正意義，即隱藏在字面之下的實際意義。查閱典籍，知其語出南朝梁吳均《續齊諧記》：“田真兄弟三人析產，堂前有紫荆樹一株，議破為三，荊忽枯死。真謂諸弟：‘樹本同株，聞將分斫，所以憔悴，是人不如木也。’因悲不自勝，兄弟相感，不复分產，樹亦復榮。”後人從這個故實中提取出“分$_1$荊”，賦予其實際表達的內層意義，喻指兄弟分居。再如：

北齊《天柱山銘》：“公久闊枌榆，永懷桑梓，同昇隴而灑泣，類陟岵以興嗟。”

“桑梓”，從字面上看，分別指兩種不同的植物。如果不去挖掘字面意義背後隱含的深層意義，該詞似乎沒有什麼特別之處。只是把字面意義放到原文中，卻難得其解。於是，利用文字表面的提示，去深入求索，找出其典源，得知其蘊含的深刻意義，以及人們在截取這個典故時賦予它的實際意義。原來“桑梓”一詞出自《詩經·小雅·小弁》：“維桑與梓，必恭敬之。”朱熹《集傳》：“桑、梓二木，古者五畝之宅，樹之墻下，以遺子孫給蠶食、具器用者也……桑梓父母所植。”東漢以來，人們擇取兩個富於特徵性的事物“桑梓”借指故鄉或父老鄉親。在語用層面，人們已經拋棄了它的字面意義，而使用其深層的實際語言表達意義。此詞也一直沿用至今，用於許多文學作品里。沈從文《王謝子弟》：“七爺回信表示農會當然願意服務，因為一面是為桑梓服務，一面且與素志相合。”

從上述分析可知，典故複合詞的構詞語素的意義只能起到提示典源、引發聯想的作用，我們理解典故詞詞義，不能僅僅停留在表層字面意義上，因爲它只是給了我們一個表像，更重要的還要透過其表層意義，深入挖掘出其深層的意義，以免望文生義。有些典故詞不但兩個構詞語素意義上並無聯繫，而且語素的組合在思維上也往往不合邏輯，詞義更難理解。如：

北魏《元恪貴華王普賢墓誌》：“夫人痛臯魚之晚悟，感樹靜之莫因，遂乘險就夷，庶恬方寸。”

東魏《趙氏姜夫人墓誌》：“何期風樹未靜，欲養靡留。”

“樹靜”“風$_1$樹”，同出於《韓詩外傳》卷九：“樹欲靜而風不止，子欲養而親不待。”後來從該語言片段的上段中截取出“樹”“靜”“風$_1$”三詞，重新組合成新的典故詞“樹靜”“風$_1$樹”，表示下段“子欲養而親不待”之義，即子女無法奉養雙親。如果單從構詞語素來理解該詞義，會覺得很荒謬，不僅因爲其組合有悖於人們的思維邏輯，而且其語法結構、語義理解也與邏輯思維相距甚遠，表現出非邏輯性的特徵。因此，這種典故詞所取得的“新詞義”與與構詞語素的表層意義並無任何直接的邏輯、事理或客觀現象上的聯繫，只有通過具體的語言環境及一定的知識結構才能找出其語義發展的理據。

綜上所述，在語素與詞義關係的五種類型中，語義相加型是漢魏晉南北朝石刻複合詞的強勢詞義類型，共計 11551 個，占漢魏晉南北朝石刻語法構詞數的 52. 9%，複音詞總數的 49. 5%；其次是語義相融型，共計 5320 個，占漢魏晉南北朝石刻語法構詞數的 24. 3%，複音詞總數的 22. 8%；再次是語義相離型，共計 3152 個，占漢魏晉南北朝石刻語法構詞數的 14. 4%，複音詞總數的 13. 5%；再次之是語義相重型，共計 2806 個，占漢魏晉南北朝石刻語法構詞數的 12. 8%，複音詞總數的 12%；最後是處於弱勢地位的語義偏指型，共計 15 個，占漢魏晉南北朝石刻語法構詞數的 0. 069%，複音詞總數的 0. 064%。

由此可見，語義相加型仍然是漢魏晉南北朝石刻複合詞的強勢詞義類型，即詞義的獲得完全依賴於詞典中所列的各個詞頭的義項，就是人們通常所說的詞的字面意義。雖然語義相融型也在加速向前發展，但要將語素入詞後，使複合詞在語用環境制約下，詞頭高度的概括意義勢必會發生具體化轉變這一過程還需很長時間。之所以出現這一結果，不僅與漢語發展的階段性特點有關，也與漢魏晉南北朝石刻語料的特殊性有關。漢魏晉南北朝時期不僅是社會動盪、民族融合、佛教興盛時期，也是語言不斷融合、創新的疾速變革時期，從詞彙的角度而言，出現了新舊交替、雅俗混雜，新詞新義及新用法紛呈的局面①。作為漢魏晉南北朝時期特殊的語料——石刻文獻，滋生了數量龐大的同根詞，這些同根詞的疾速繁衍，成批量地產生出了數目衆多的詞語，構成新詞，以負載與時俱增的新義、新概念，以滿足社會交際、思想交流、情感表達的要求。部分同根詞意義的獲得是通過其組成部分的詞頭義項獲得，即語義相加型。如《漢語大詞典》收“長$_1$夜”“長$_1$雲”“長$_1$陵”“長$_1$衢”“長$_1$波”“長$_1$蛇”等，而不收“長$_1$冥”“長$_1$瀾（瀾）”“長$_1$漪”；同樣，收“翠嶺”“翠浪”“翠幄”“翠葉”“翠羽”等，而不收“翠木”“翠石”“翠柏”，等等。或許因為資料來源的限制，《漢語大詞典》沒有這些詞，然而據我們研究的結果，

① 參見方一新《從中古詞彙特點看漢語史的分期》，《漢語史學報》第 4 輯，2004 年，第 178—184 頁。

“長$_1$冥”“長$_1$瀾（瀾）”和“翠木”“翠石”“翠柏”與它們的同類一樣，可以入選為詞庫中。正如陸志偉在《漢語的構詞法》中講到的，“‘鹿肉’和‘鹿角’同樣具有作為詞的資格”①。如果這個結論能成立的話，那麼單就形素修飾名素構成名詞的例子這一結構類型來說，在石刻文獻中統計到的數目就要大很多，更別說動詞、形容詞了。這也是語義相加型偏多的重要原因。但是我們還是儘量搜集并統計出了這些詞目，一方面能瞭解在構詞法作用下，大量同根詞語生成的機制及當時的語言面貌；另一方面也給詞典編撰者提供參考資料，可以為進一步研究詞法打下基礎。

① 陸志偉等：《漢語的構詞法》（修訂本），科學出版社 1964 年版，第 10 頁。

第五章

漢魏晉南北朝石刻二種特殊的語素組合

雙音複合詞的產生，一種是我們前面談到的以兩個單音詞作為構詞語素，按照複合詞的語法關係構造的詞，即“語法學造詞”；另一種是由詞組或句子逐步引申、凝縮，轉變成了一個詞，即“修辭學造詞”。而典故詞和縮略詞是比較典型的修辭學造詞法。這二類特殊的語素組合在漢魏晉南北朝石刻文獻表現最突出，尤其是祠廟碑、贊頌碑、墓碑、墓誌等。

我們對漢魏晉南北朝碑刻中的二種特殊語素組合——典故詞和縮略詞進行分項研究。由於這二種詞彼此又有聯繫，只是切入的角度不同而已，論述時容許彼此有交叉。

第一節　漢魏晉南北朝石刻的典故詞

漢魏晉南北朝石刻中典故詞的大量運用有益于其行文的典雅、含蓄，文風的莊重、凝煉，形式的整飭、和諧，達到了最佳的藝術效果。石刻中的典故詞來源於先秦、漢代乃至同時期典籍中的某一句話，或取自某一個歷史、宗教故事或民間傳說。這些典故詞無論詞義還是其內部構成形式都有別於漢語的一般詞。

首先，從意義上看，具有明確的典籍源頭。如“投轄”，出自《漢書·陳遵傳》：“遵耆酒，每大飲，賓客滿堂，輒關門，取客車轄投井中，雖有急，終不得去。”後以“投轄”表示殷勤留客，其語義並非其字面義，而是由其源出的典故語境之義決定的。又如“集灌”，語出《詩經·周南·葛覃》：“黃鳥于飛，集於灌木，其鳴喈喈。”後以“集灌”引申出女子有婦道可嫁君子，才美遠聞之義。

其次，從內部構成形式上看，其構詞語素缺乏通常的語法組合模式的可能性，被碑撰者生硬截取一句話的一部分來表示另一部分的意思。如“來儀”，語出《尚書・益稷》：“簫韶九成，鳳皇來儀。”古人將鳳凰來舞而有容儀視爲瑞應，後世便把“來儀”截取出來，表示愛慕之人的來臨，並引申出“女子出嫁到夫家”之義。碑刻文獻中，該義項出現頻率極高，有讚美、頌揚之義。如北魏《鄧羨妻李榘蘭墓誌》：“自來儀君子，四德淵茂；逯事太夫人，曲盡婦道。”東魏《元湛妃王令媛墓誌》：“亦既有行，來儀蕃邸，率禮公宮，剋循法度。”這種形式，周一良先生稱之為“割截古書中語”①。但部分典故詞仍具有一定的語法關係，那是在凝縮、改造過程中考察語法結構關係或者說語法關係起了潛在的制約、影響作用。

根據以上情況，我們搜集到這樣的典故詞共 463 個（出自同一典源，意義相同的合為一個統計）。

一　文獻來源

漢魏晉南北朝石刻中的典故詞從文獻來源的時代上看，既有出自先秦典籍的，也有來自西漢、東漢的文獻，更有採自西晉、東晉和南朝的語料，但以先秦和漢代的居多；從文獻來源的作品體裁上看，囊括了經、史、子、集四大類中的多種古代文獻典籍。經類如《詩經》《論語》《孟子》《周易》《尚書》《禮記》《左傳》《孝經》《尔雅》等；史類如《國語》《戰國策》《史記》《漢書》《後漢書》《三國志》等；子類如《老子》《莊子》《荀子》《韓非子》《淮南子》《列子》《呂氏春秋》等；集類中，詩辭賦如《楚辭》《樂府詩集》《文選》《韓詩外傳》，揚雄《羽獵賦》，陳琳《武軍賦》，鮑照《侍郎上疏》等；散文如賈誼《過秦論》；小說如《世說新語》《搜神記》《續齊諧記》等等。

（一）出自同一典籍的

漢魏晉南北朝石刻的典故詞，來自同一部作品的占絕對優勢，總計 460 個。其中來自先秦、漢代、魏晉和南朝的作品如下：

1. 儒學經類作品有 10 部，共計 251 個

其中《詩經》92 個，《論語》34 個，《孟子》6 個，《周易》36 個，《尚書》33 個，《禮記》20 個，《周禮》2 個，《左傳》26 個，《孝經》1

① 周一良：《魏晉南北朝史雜記》，中華書局 1985 年版，第 127 頁。

個,《爾雅》1 個。如:

【淵冰】語出《詩・小雅・小旻》:"戰戰兢兢,如臨深淵,如履薄冰。"後以"薄冰"喻危險境地。

君踐其險,若涉淵冰。(東漢《西狹頌》)

【翹$_1$楚】語出《詩・周南・漢廣》:"翹翹錯薪,言刈其楚。"鄭玄箋:"楚,雜薪之中尤翹翹者。"本指高出雜樹叢的荊樹。後用以比喻傑出的人才或突出的事物。

外溫內敏,匪順伊恭,若茲翹楚,欝彼蘭蘩。(北魏《高猛墓誌》)

【色斯$_2$】語出《論語・鄉黨》:"色斯舉矣,翔而後集。"何晏《集解》引馬融曰:"見顏色不善則去之。"後因以"色斯"指遠遁以避世。

及資父事君,盡忠罄莭;臨冰自慎,色斯後舉。(北齊《赫連子悅墓誌》)

【則天】語出《論語・泰伯》:"巍巍乎唯天為大,唯堯則之。"謂以天為法,治理天下。

德謨恭己,道贊則天。(北魏《李慶容墓誌》)

【養性】語出《孟子・盡心上》:"存其心,養其性,所以事天也。"謂休養身心,涵養天性。

志栖事外,頤道養性。(北魏《元緦墓誌》)

【濯纓】語出《孟子・離婁上》:"滄浪之水清兮,可以濯我纓。"洗濯冠纓。比喻超脫世俗,操守高潔。

鳴鸞紫闥,濯纓滄浪。(東晉《爨寶子碑》)

【射隼】語出《易・繫辭下》:"易曰:'公用射隼於高墉之上,獲之,無不利。'子曰:隼者禽也;弓矢者器也;射之者人也。君子藏器於身,待時而動,何不利之有。"後即以"射隼"為待機殲敵之喻。

射隼高墉,安假玄妻之歎;前禽不失,足感孟德之情。(北齊《庫狄迴洛墓誌銘》)

【百揆】語出《尚書・舜典》:"納于百揆,百揆時敘。"本指總理國政之官。這裏指各種政務。

七州底定,百揆時敘。(南朝梁《蕭憺碑》)

【萎哲】語出《禮記・檀弓上》:"泰山其頹乎?梁木其壞乎?哲人其萎乎。"後人因以"萎哲"指有才智者之死亡。

才明不壽,自古在先,顏生二九,萎哲殲賢。(東魏《司馬昇墓誌》)

【井賦】語出《周禮・地官・小司徒》："九夫為井……以任地事，而令其貢賦。"古代行井田而納貢賦，因用以稱田賦。

樓船校戰，正論舟檝之兵；井賦均田，始下沮漳之餌。（北周《田弘墓誌》）

【當$_1$璧】語出《左傳・昭公十三年》："初，共王無冢適，有寵子五人，無適立焉。乃大有事於羣望，而祈曰：'請神擇於五人者，使主社稷。'乃徧以璧見於羣望，曰：'當璧而拜者，神所立也，誰敢違之？'既，乃與巴姬密埋璧於大室之庭，使五人齊，而長入拜……平王弱，抱而入，再拜，皆厭紐。"楊伯峻注："厭同壓。厭紐即當璧。"後以"當$_1$璧"喻立為國君之兆。

襲爵陰槃縣開國男，位膺當璧，才任國棟。（北周《韋彪墓誌》）

【拱木】語出《左傳・僖公三十二年》："爾何知？中壽，爾墓之木拱矣。"後因稱木旁之木為拱木。

拱木將殖，松櫝已行。（北魏《元愍墓誌》）

【資父】語出《孝經・士》："資於事父以事母而愛同；資於事父以事君而敬同。"指贍養和侍奉父親。

資父事君，孝義悌愷。（東魏《程哲碑》）

【東箭】語出《爾雅・釋地》："東南之美者，有會稽之竹箭焉。"後因以"東南竹箭"比喻優秀人才，後又節縮成"東箭"或"竹箭"。

亦既飆飛，羽儀上國，雅号南金，盛稱東箭。（北魏《王翊墓誌》）

以王身筠竹箭，貴極東南，擁地移氓，勳符不賞。（東魏《蕭正表墓銘》）

2. 歷史類作品有 16 部，共計 118 個

其中《國語》3 個，《戰國策》4 個，《史記》31 個，《列女傳》7 個，《列士傳》1 個，《列仙傳》2 個，《說苑》1 個，《山海經》1 個，《後漢紀》1 個，《漢書》16 個，《後漢書》27 個，《東觀漢記》4 個，《三國志》8 個，《晉書》8 個，《梁書》1 個，趙岐《三輔决録》1 個。如：

【能官】語出《國語・晉語四》："先且居之佐軍也善，軍伐有賞，善君有賞，能其官有賞。"謂善於為官。

能官任武，委以羣賁。（北魏《元遙墓誌》）

【懸車】語出《國語・齊語》："懸車束馬，踰太行與辟耳之溪拘

夏。”後用“懸車束馬”形容險阻。後又節縮為“懸車”。

一匡九合，懸車束馬。（西晉《武定呂望表》）

【投杼】語出《戰國策・秦策二》：“昔者曾參處費，費人有與曾參同姓名者殺人，人告其母曰：‘曾參殺人。’其母織自若也。頃之，一人又告之曰：‘曾參殺人。’其母尚織自若也。頃，又一人告之曰：‘曾參殺人。’其母投杼下機，逾牆而走。”後用“投杼”比喻謠言衆多，動搖了對最親近者的信心。

唯母徧居，易色承顔，董生未必過其行；守信志忠，投杼豈能著其心。（北齊《雋敬碑》）

【借箸】語出《史記・留侯世家》：“臣請藉前箸為大王筭之。”藉，《漢書・張良傳》作“借”。箸，筷子。後因以“借箸”指為人謀劃。

借箸而数利害，聚米以畐夷嶮。（東魏《李希宗墓誌銘》）

【提劒】語出《史記・高祖本記》：“吾以布衣提三尺劒取天下，此非天命乎？”後以“提劒”謂起兵或從軍。

少年提劒，弱齡縉紳。（北周《李賢墓誌》）

【折角$_1$】語出《漢書記・朱雲傳》：“五鹿嶽嶽，朱雲折其角。”後以“折角”喻其雄辯。

結周公河西之略，咨義真折角之恥。（東魏《敬顯儁碑》）

【來$_2$暮】語出《後漢書・廉範傳》：“百姓為便，乃歌之曰：‘廉叔度，來何暮？不禁火，民安作，平生無襦今五袴。’”後用“來$_2$暮”對地方官員德政的讚頌。

褰襜未幾，來暮已歌。（東魏《元悰墓誌》）

【典午】語出《三國志・蜀書・譙周傳》：“周語次，因書版示立曰：‘典午忽兮，月酉沒兮。’典午者，謂司馬也；月酉者，謂八月也。至八月而文王（司馬昭）果崩。”晉帝姓司馬氏，後因以“典午”指晉朝。

典午統宇，軒冕波屬。（西晉《武定呂望表》）

【比$_1$玉】語出《晉書・郤詵傳》：“臣舉賢良對策，為天下第一，猶桂林之一枝，崑山之片玉。”後以“比$_1$玉”稱士人得中進士高科。

方金振聲，比玉傳響。（東魏《李玄墓誌銘》）

【負袠】語出《梁書・武帝紀中》：“故負袟成風，甲科間出，方當置諸周行，飾以青紫。”背負書籍。謂遊學外地，勤奮讀書。

遂負袠入白公臺山，下帷潛讀，學貫儒林，博窺文苑。（北魏《元鑽

遠墓誌》)

【斷織】語出《列女傳·鄒孟軻母》:"曰:'子之廢學,若吾斷斯織也。'"用此典,為母親督子勤學。

訓誨諸子,雅有義方,恩切倚閭,喻均斷織。(東魏《元延明妃馮氏墓誌》)

【盤根】語出《後漢紀·安帝紀一》:"虞詡笑曰:'難者不避,易者必從,臣之節也。不遇盤根錯節,無以別堅利,此乃吾立功之秋,怪吾子以此相勞也。'"用"盤根錯節"比喻事情艱難複雜。後節縮為"盤根"。

周史締構,趙将盤根;□生此子,逸翮高飜。(北齊《李德元墓誌銘》)

3. 諸子類作品有8部,共計50個

其中《老子》5個、《莊子》19個、《荀子》1個、《韓非子》5個、《淮南子》8個、《列子》5個、《孔子家語》1個、《呂氏春秋》6個。如:

【持盈】語出《老子》:"持而盈之,不如其已。"指保守成業。

捐華採實,蹈損持盈。(北齊《竇泰妻婁黑女墓誌》)

【鵬圖】語出《莊子·逍遙遊》:"有鳥焉,其名为鵬,背若太山,翼若垂天之雲,摶扶摇羊角而上者萬万里。絶雲氣,負青天,然后圖南,且適南冥也。"后因以"鵬圖"比喻人之壮志。

海運不停,鵬圖奄駐。(北齊《封子繪墓誌》)

【畫地】語出《莊子·人世間》:"已乎已乎,臨人以德;殆乎殆乎,畫地而趨。"郭象注:"夫畫地而使人循之,其跡不可掩矣。"後用"畫地而趨"喻被禮法拘束而自苦。

博識踰於畫地,精辯可以談天。(北齊《徐之才墓誌》)

後"畫地而趨"演變為"畫地為牢",又節縮為"畫地"。西漢司馬遷《報任少卿書》:"故有畫地为牢,勢不可入,削木为吏,議不可對,定計於鮮也。"

始寤畫地之廬,仍誓决目之報。(北魏《元延明墓誌》)

【赴火】語出《荀子·議兵》:"以桀詐尧,譬之若以卵投石,以指撓沸;若赴水火,入焉焦没耳!"比喻冒險犯難。

褰帷三載,民興五袴之謠;擁鉞十周,士懷赴火之節。(北周《賀屯植墓誌》)

【汗馬】語出《韓非子・五蠹》:“棄私家之事而必汗馬之勞，家困而上弗論，則窮矣。”用“汗馬之勞”指征戰的辛苦。這裏指戰功。後又節縮為“汗馬”。

雖無汗馬搴旗之功，實有指獸運籌之略。(東魏《高盛墓碑》)

【斷鼇】語出《淮南子・覽冥》:“於是女媧鍊五色石以補蒼天，斷鼇足以立四極。”這裏謂拯救國家危亡。

先王練石斷鼇，功格區宇。雖身隨物化，而事与名存。(北魏《元子直墓誌》)

【懸虱】語出《列子・湯問》:“昌以氂懸虱於牖，南面而望之，旬日之間，浸大也；三年之後，如車輪焉。以覩餘物，皆丘山也。乃以燕角之弧，朔蓬之簳射之，貫蝨之心，而懸不絕。”張湛注:“以彊弓勁矢射蝨之心，言其用手之妙也。”後以“懸虱”為學藝專精之典。

貫懸虱之心，拂蜻蛉之翼。(東魏《鄭君殘碑》)

【納肝】語出《呂氏春秋・忠廉》:“衛懿公有臣曰弘演，有所於使。翟人攻衛……及懿公於榮澤，殺之，盡食其肉，獨捨其肝。弘演至，報使於肝，畢，呼天而啼，儘哀而止，曰:‘臣請為褾。’因自殺，先出其腹實，內懿公之肝。”後以“納肝”為忠烈的典故。

忠謇有納肝之志，耿介蘊埋輪之摻。(北魏《元钀墓誌》)

【鳴琴】語出《呂氏春秋・察賢》:“宓子賤治單父，彈鳴琴，身不下堂而單父治。”後用“鳴琴”稱頌地方官簡政清刑，無為而治。

治均滅火，政等鳴琴。(北齊《劉雙仁墓誌》)

4. 詩賦、散文、碑傳類作品有 14 種，共計 16 個

其中詩賦類：古詩《擊壤歌》1 個，宋玉《高唐賦》1 個，鮑照《侍郎上疏》1 個，陸機《文賦》1 個，淮南小山《招隱士》1 個，揚雄《羽獵賦》1 個、《甘泉賦》1 個，陳琳《將軍賦》1 個，張衡《東京賦》1 個，蔡邕《琴操・河间杂歌・箕山操》1 個，潘岳《西征賦》1 個，王僧孺《詠姬人》1 個；散文類：賈誼《過秦論》2 個，陶淵明《歸去來辭》1 個；碑傳類：蔡邕《太尉汝南李公碑》1 個。

【耕鑿】語出古詩《擊壤歌》:“日出而作，日入而息，鑿井而飲，耕田而食，帝力於我何有哉?”後常用“耕鑿”形容人民辛勤勞動，生活安定。後又泛指耕種、務農。

會高祖与僧辯不睦，知有變，稱病歸里，耕鑿以終。(南朝陳《衛和

墓誌》）

【攀桂】語出漢淮南小山《招隱士》：“攀援桂枝兮聊淹留。”謂攀援或攀折桂枝。

攀桂有蘘，拔茅以類。（北魏《青州刺史元湛墓誌》）

【拖玉】語出晉潘岳《西征賦》：“飛翠緌，拖鳴玉，以出入禁門者衆矣。”衣襟下垂帶佩玉。喻指顯貴。

爵矣公族，朱軒丹轂，連貂疊组，懷金拖玉。（東魏《封延之墓誌》）

【送款】語出南朝梁王僧孺《詠姬人》：“何因送款款，半飲杯中醁。”謂傳送情誼。

朝野榮賤，望風送款。（北魏《皇甫驎墓誌》）（東魏《封延之墓誌》）

【奮臂】語出漢賈誼《過秦論》：“是以陳涉不用湯武之賢，不藉公侯之尊，奮臂於大澤，而天下響應者，其民危也。”謂振臂而起。常指舉大事。

將士皆曰：崔公不惜百口，吾等何愛一身？奮臂爭戰，□公死之□□衆見公尸於□［藉］中瘞之。（北魏《崔楷墓誌》）

【覺非】語出晉陶淵明《歸去來辭》：“實迷途其未遠，覺今是而昨非。”感覺到不是，多有悔悟意。亦慨歎人事遭遇。

慈愛發於至誠，三孤不覺非親。（西晉《王浚妻華芳墓誌》）

【台$_2$鼎】語出漢蔡邕《太尉汝南李公碑》：“天垂三台，地建五嶽，降生我哲，應鼎之足。”後用“台$_2$鼎”指三公之位。如星之有三台，鼎之有三足。

方應進登台鼎，永垂高試，昊天不弔，春秋七十有五，遘疾不損，薨于家。（北魏《皇甫驎墓誌》）

5. 詩文集作品有 11 部，共計 16 個

其中《六韜》1 個，《楚辭》3 個，韓嬰《韓詩外傳》1 個，《樂府詩集》1 個，賈誼《新書》1 個，揚雄《法言》2 個，吳勃《吳錄》2 個，《文選》3 個，劉義慶《集林》1 個，王僧孺《詹事徐府君集序》1 個。如：

【豹策$_2$】語出《六韜》中的《豹韜》篇名。後用“豹略”指用兵的策略。“豹略”即“豹策$_2$”。

豹策乃建，龍韜同啟。（北周《豆盧恩墓碑》）

【紉蘭】語出《楚辭・离骚》："扈江離与辟芷兮，紉秋蘭以为佩。"後以"紉蘭"比喻高潔人品。

藍田出玉，赤野生珠，紉蘭佩芷，懷瑾握瑜。(北齊《高建墓誌銘》)

【握髮】語出《韓詩外傳》卷三："成王封伯禽於魯，周公誡之曰：'往矣！子其无以魯國驕士。吾文王之子，武王之弟，成王之叔父也，又相天下，吾於天下亦不輕矣，然一沐三握髮，一飯三吐哺，猶恐失天下之士。'"

孝同曾閔，侍比丁蘭。待如握髮，接若吐飡。(北齊《雋敬碑》)

【麗則】語出《法言・吾子》："詩人之賦麗以則，辭人之賦麗以淫。"後以"麗則"指美麗典雅。

若人挺生，復作民英。奇文麗則，比迹雲卿。(東魏《封延之墓誌》)

【還魚】語出《吳錄》，三國吳孟仁"爲監池司馬，自能結網，手以捕魚，作鮓寄母，母因以還之，曰：'汝爲魚官，而以鮓寄我，非避嫌也。'"

窺窗止閒之業，抑揚前範；還魚反金之愛，頡頏曩烈。(北齊《竇泰妻婁黑女墓誌》)

【富年】語出《文選・枚乘〈七發〉》："今時天下安寧，四宇和平，太子方富於年。"李善注："凡人之幼者，將來之歲尚多，故曰富也。"後因以"富年"指少壯之時。

屬今上富年，權臣執政。(北魏《元誘墓誌》)

6. 小說類作品有 3 部，共計 6 個

其中《世說新語》4 個，《搜神記》1 個，《續齊諧記》1 個。如：

【弔鶴】語出《世說新語・賢媛》："陶公少时作魚梁吏。"刘孝標注引《陶侃別傳》："及侃丁母憂，在墓下，忽有二客来弔，不哭而退，儀服鮮異，知非常人。遣隨視之，但見双鶴沖天而去。"後以"弔鶴"為頌揚死者之典。

室進巢鸞，門通弔鶴。(北周《宇文顯和墓誌》)

【兒$_1$埋】語出《搜神記》卷十一："巨獨与母居客舍，夫妇傭賃，以給公養。居有頃，妻產男。巨念与儿妨事亲，一也；老人得食，喜分兒孫，減饌，二也。乃於野鑿地，慾埋兒，得石蓋，下有黃金一釜，中有丹書，曰：'孝子郭巨，黃金一釜，以用賜汝。'於是名振天下。"此典用以宣傳孝道。

容舍凶弭，兒埋福臻。（北齊《隴東王感孝頌》）

【分$_1$荆】語出《續齊諧記》："田真兄弟三人析產，堂前有紫荆樹一株，議破為三，荆忽枯死。真謂諸弟：'樹本同株，聞將分斫，所以憔悴，是人不如木也。'因悲不自勝，兄弟相感，不复分產，樹亦復榮。"後以"分$_1$荆"喻兄弟分居。

悲言别鳥，泣對分荆。（北齊《李希宗妻崔氏墓誌》）

7. 還有的出自佛經，共計 3 個

佛經："聚沙、沙童"（《妙法蓮華經》），"救鴿"（《賢愚經》），"大$_1$千"（《大智度論》）。

【聚沙】語出《妙法蓮華經·方便品》："乃至童子戲，聚沙為佛塔；如是諸人等，皆已成佛道。"原比喻積小善為大行。後亦指年幼慕道，學佛論道。

亡父建立玆塔，雖工輕事淺，無足徵感，然遠慕童子聚沙之誠，近使丹款虔奉有寄。（北魏《法香建塔記》）

无言之論，拂石記年；沙童之說，彈指爲證。（東魏《凝禪寺三級浮圖碑》）

【救鴿】語出《賢愚經·梵天請法六事品》："王為施主，等視一切。我雖小鳥，理无偏枉。若慾以肉貿此鴿者，宜稱使停。"後用"割肉貿鴿"來指出慈心愛物的道理。

是以像法日（下闕）邑社宋顯伯等卌餘人，皆體識苦空，洞（下闕）毗救鴿之念，下愍羊嗷屠割之痛。（北齊《宋顯伯等造像龕記并陰側》）

【大$_1$千】語出《大智度論·緣起論》："是時，三千大千世界主梵天王，名式棄，及色界諸天等，釋提桓因及慾界諸天等，并四天王，皆詣佛所，勸請世尊初轉法輪。""大$_1$千"即"三千大千世界"之省縮。後亦指廣闊無邊的世界。

是以神曦騰曜，鏡重昬於大千；三乘肇唱，拯沈黎於炎宅。（北魏《暉福寺碑》）

（二）出自非同一典籍的，總計 3 個

在漢魏晉南北朝石刻中，有的合成一個典故詞的兩個語素分別來自不同的典籍。

這樣的語素組合共計有 3 個，即"旌弓""尸素""螢雪"。

【旌弓】語出《孟子·萬章下》："［招］大夫以旌。"《左傳·莊公二十二年》引逸《詩》："翹翹車乘，招我以弓。"指徵聘賢士的旃旗和弓。

旃弓之召，豈越茲人。（北魏《元信墓誌》）

【尸素】語出《虞夏書·五子之歌》："太康尸位，以逸豫滅厥德。"《詩經·魏風·伐檀》："彼君子兮，不素餐兮。""尸"，古代祭祀時代表死者受祭的人。素，清代陳奐《毛詩傳疏》："素，謂之白，又謂之空也。今俗以徒食為白。"後以"尸位素餐"原指空占受祭的尸位，白吃飯不幹事。後比喻居位食祿而不盡職。後又節縮為"尸素"。

得在中州，尸素食祿。（東漢《三公山碑》）

【螢雪】語出《晉書·車胤傳》："胤恭勤不倦，博學多通。家貧不常得油，夏月則練囊盛數十隻螢火以照書，以夜繼日也。"《初學記》卷二引《宋齊語》："孫康家貧，常映雪讀書。"後遂以"螢窗雪案"來形容勤學苦讀。後節縮為"螢雪"，也可分開為"映雪"和"聚螢"。

山非恐畏，未苦風寒；石比夜光，非待螢雪。（北齊《唐邕刻經記》）

勤如映雪，厲比聚螢。（東魏《張滿墓誌》）

二　生成方式

（一）節縮法

有些典故雙音詞是節縮某個歷史事實或成語故事而成。也就是說從原文句中已經濃縮的語言形式中再選取兩個語素，或進行重新組合，從而構造出新雙音典故詞，以代表原典故語的整體意義。以這樣的方法生成的典故詞共有 100 個（其中包括一個典故對應兩個或兩個以上的典故詞）。如：

【苫凷】語出《儀禮·既夕禮》："居倚廬，寢苫枕塊。""凷"，同"塊"。《說文·土部》："塊，凷或从鬼。"《說文繫傳》："塊，俗'凷'从土、鬼。""苫"，草席；"塊"，土塊。後以"寢苫枕塊"指草薦為席、土塊為枕，表示孝子居父母之喪禮。後又節縮為"苫凷"。

會喪太夫人，感背人之《凱風》，悼《蓼儀》之劬勞，寢闇苫凷，仍留上言，倍榮［向哀］。（東漢《衡方墓碑》）

【瑾瑜】語出《楚辭·九章·懷沙》："懷瑾握瑜兮，窮不知所示。"王逸注："瑾、瑜，美玉也。"用"懷瑾握瑜"比喻有高貴的德行和才能。後來又節縮成"瑾瑜"來比喻高貴的德行和才能。

分裂山河之盛，懷握瑾瑜之美。（北齊《報德像碑》）

【割雞】語出《論語·陽貨》："子之武城，聞弦歌之聲，夫子莞爾笑曰：'割雞焉用牛刀？'"後比喻作小事不值得用大的力量，節縮為"割雞"。

居棘割雞，在蕃遊刃。（北魏《元譚墓誌》）

【卯金】語出《漢書·王莽傳》："夫'劉'之為字，卯、金、刀也。"後用"卯金刀"謂劉姓。後又節縮為"卯金"。

嬴氏失政，卯金受命。（東魏《李挺妻劉幼妃墓誌》）

【臨朝$_2$】語出《漢書·高后紀》："惠帝崩，太子立為皇帝，年幼，太后臨朝稱制。"後用"臨朝稱制"指母后當政，代行皇帝職權。後亦節縮為"臨朝$_2$"。

至於聖主統曆，文母臨朝，復以會府務殷，元愷任棘。（北魏《元暉墓誌》）

【紆青】【拖紫】語出《文選·揚雄〈解嘲〉》："紆青拖紫，朱丹其轂。"李善注引《東觀漢記》："印綬。漢制：公侯紫綬，九卿青綬。"後用"紆青拖紫"形容地位尊顯。後來，節縮單用為"紆青"或"拖紫"來比喻當上高官。

鳴玉紆青，分符大國，帶金佩紫，主刺名都。（北齊《徐徹墓誌》）

拖紫懷金，負天惟始。（北魏《楊遁墓誌》）

【獻替】【獻可】【替否】語出《左傳·昭公二十年》："君所謂可而有否焉，臣獻其否以成其可。君所謂否而有可焉，臣獻其可以去其否。"後以"獻可替否"指進獻可行者，廢去不可行者。謂對君主進諫，勸善規過。亦泛指議論國事興革。後又節縮為"獻替"或"獻可"。

事等絲綸，理兼獻替。（北魏《元誘墓誌》）

謨明獻可之策，視五典其必從；允迪替否之宜，顧慎徽而彌設。（北魏《元液墓誌》）

（二）割裂法

就是直接截取文獻中某一個語句的一個雙音詞組或存在某種語法關係的兩個單音語素組合成一個新的詞。被截取出來的詞組，從漢語語法的結構規則來看，語素組合可以是合理的，也可以是具有不可解釋性的。但不管如何，這些新組合而成的複音詞的語義來源於原文句。以這樣的方法凝固成的典故詞有 335 個。

1. 典故詞的語素來源於原文句的同一子句，共計 279 個

從典故詞的構詞語素是否連續從原文句截取來看，可分為連續性截取

和非連續性截取兩種。這兩種形式被截取的語素完全照搬原文，不作任何變動。

（1）連續性截取，共計 177 個。如：

【一變】語出《論語·雍也》："魯一變，至於道。"謂正道。

四履若齊，一變如魯。（北魏《元融墓誌》）

【託六】語出《 論語·泰伯》："可以託六尺之孤。"謂值得信賴，可以託咐。

仁必有勇，可以託六。（東漢《孔彪墓碑》）

【式序】語出《詩·周頌·時邁》："明昭有周，式序在位。"鄭玄箋："用次第處位。"指按次第，順序。

彝倫式序，海水澄源。（北魏《元詮墓誌》）

【憖遺】憖遺，指願意留下。語出《詩·小雅·十月之交》："不憖遺一老，俾守我王。"後以"憖遺"或"天不憖遺"作為哀悼老臣之辭。

天不憖遺，殲此良人。（北魏《王基墓誌》）

【百揆】語出《尚書·舜典》："納於百揆。"謂總理政務之官，又指各種政務。

協宣皇極，百揆挺惟新之明；緝熙庶績，八表流擊壤之詠。

【来儀】語出《尚書·益稷》："簫韶九成，鳳凰來儀。"指鳳凰來舞而有容儀。這裏指出嫁。

自来儀君子，四德淵茂；逮事太夫人，曲盡婦道。（北魏《鄧羨妻李榘蘭墓誌》）

【纘戎】語出《詩經·大雅·韓奕》："纘戎祖考。"毛傳："戎，大也。"《說文·糸部》："纘，繼也。"謂繼承並發揚光大。

爰既且於君，盖其纏縺，纘戎鴻緒，牧守相係，不殞高問。（東漢《張遷碑》）

（2）非連續性截取，共計 102 個。如：

【顧復】語出《詩經·小雅·蓼莪》："父兮生我，母兮鞠我，拊我畜我，長我育我，顧我復我，出入腹我。"鄭玄箋："顧，旋視；復，反覆也。"後指父母之養育。墓誌例句中指父母。

感風樹之永奪，痛顧復之長陵。（東魏《崔混墓誌》）

【集灌】語出《詩經·周南·葛覃》："黃鳥于飛，集于灌木，其鳴喈喈。"鄭玄箋："飛集藂木，興女有嫁于君子之道。和聲之遠聞，興女有才美之稱，達於遠方。”墓誌用其典，以贊美夫人。

凝質淑麗，若綠葛之延谷；徽音遠振，如黄鳥之集灌。（北魏《元願平妻王氏墓誌》）

【袞闕$_2$】語出《詩·大雅·烝民》：“袞職有闕，維仲山甫補之。”指帝王職事的缺失。

方履台堦，缉袞闕，而与善希微，輔仁綿邈，逸步未移，康逵已盡。（東魏《崔鶼墓誌》）

【頡頏】語出《詩經·邶風·燕燕》：“燕燕于飛，頡之頏之。”毛傳：“飛而上曰頡，飛而下曰頏。”本指鳥飛上下貌。墓誌謂上下奔走。

流化八基，遷蕩陰令，吏民頡頏，隨送如雲。（東漢《張遷碑》）

【風$_1$樹】【樹靜】語出《韓詩外傳》卷九：“皐魚曰：‘樹欲靜而風不止，子欲養而親不待也。往而不可得見者親也。吾請從此辭矣。’”謂父母死亡，不得奉養之典。

禮踰絕漿，慕深泣血，永懷風樹之不靜，長悲欲報之匪從。（北魏《元子直墓誌》）

方冀享万石之禄，扇大家之風，而樹靜難期，奄從化往。（西魏《楊泰妻元氏墓誌》）

2. 典故詞的語素分屬於原文不同的子句，共計 56 個

【謙光】語出《易·謙》：“謙，尊而光，卑而不可逾。”孔穎達疏：“尊者有謙而更光明盛大，謙卑而不可逾越。”因之謂尊者謙虛而顯示其光明美德；謙虛。

謙光柔順，播夙聲於素宗；英清玉粹，登椒華而俞馥。（北魏《元宏充華趙氏墓誌》）

【埋羊】語出《太平御覽》卷四二六引《羊祜別傳》：“昔有攘羊遺叔向母，母埋之，後事發，檢羊肉，肉盡，惟舌存。”此謂以廉教子。

情猶指豹，智並埋羊。（北齊《高顯國妃敬氏墓誌》）

【懸榻】語出《後漢書·徐穉傳》：“蕃在郡，不接賓客，唯穉來，特設一榻，去則懸之。”因之喻禮待賢人。

家豊懸榻之朋，室滿重茵之侶。（北齊《崔博墓誌》）

【負戴】語出漢劉向《列女傳·楚接與妻》：“其妻曰：‘義士非禮不動，不為貪而易操，不為賤而改行。妾事先生躬耕以為食，親織以為衣，食飽衣暖，據義而動，其樂亦自足矣。若受人重祿，乘人堅良，食人肥

鮮，而將何以待之？不如去之。’於是夫負釜甑，妻戴紝器，變名易姓而遠徙，莫知所之。”後因以“負戴”指夫妻一起安貧樂道，不慕榮華富貴。

夫妻負戴，閑術填噎。（北魏《韋彧墓誌》）

（三）改造法

漢魏晉南北朝石刻中有些典故雙音詞是概括典故的主要內容并根據需要加以改造而成的，其構詞語素一般都不大可能在典源中文句中現成地找到。在這過程中要把整個典源的意義內容加以提煉、引申、融合，擇取有特徵性的意象，另造一個語素與原文句中的語素相結合，而形成一個雙音節詞形式，從而産生出典故詞。共計 46 個。

【摶風$_1$】語出《莊子・逍遙遊》：“摶扶搖而上者九萬里。”“扶搖”指旋風。後因稱乘風捷上為“摶風$_1$”。

排虛遠集，摶風上征。（北齊《李希禮墓誌銘》）

【五五】語出《禮記・三年問》：“三年之喪，二十五月而畢。”五五相乘為二十五，漢時因用“五五”以代稱三年之喪。古禮，服父母喪期爲二十五月，服滿稱斷仁。

五五斷仁，大将军辟。（東漢《樊敏碑》）

【列$_1$棘】語出《周禮・秋官・朝士》：“左九棘，孤、卿、大夫位焉，羣士在其後；右九棘，公、侯、伯、子、男位焉，羣吏在其後。”棘，棘樹。古時朝廷樹棘以为卿大夫公侯等位置，后因稱入朝為高官者為“列棘”或“登列棘”。

攸攸列棘，茫茫閑輔。（北魏《元固墓誌》）

【庭$_1$訓】【庭$_1$誨】語出《論語・季氏》：“（子）嘗獨立，鯉趨而過庭。曰：‘學詩乎？’對曰：‘未也。’對曰：‘不學詩，無以言。’鯉退而學詩。他日。又獨立，鯉趨而過庭。曰‘學禮乎？’對曰：‘未也。’對曰：‘不學禮，無以立。’鯉退而學禮。”後稱父訓為“庭訓”或“庭誨”。

早承庭訓，幼持兄筆，孝紀孔門，憂深魯室。（北齊《李希宗妻崔氏墓誌》）

何曾不想樹嗟風，瞻天愧日，猥當今授，踵迹此蕃，敢慕楹書，仰宣庭誨。（北齊《天柱山銘》）

【朱汗】語出《漢書・武帝紀》：“貳師將軍廣利斬大宛王首，獲汗血馬來。”顏師古注引應劭曰：“大宛舊有天馬種，蹋石汗血。汗從前肩髆出，如血。號一日千里。”後因以“朱汗”為典，形容駿馬的優良特性。

固亦輦駕香衣，馬漂朱汗。（北齊《高湜墓誌》）

【讓梨】【推梨】語出《後漢書·孔融傳》李賢注：“《融家傳》曰：‘年四歲時，與諸兄共食梨，融輒引小者。’大人問其故，答曰：‘我小兒，法當取小者。’由是宗族奇之。”後來指兄弟友愛謙讓為“讓梨”或“推梨”。

機恵辨悟，意等讓梨。（北齊《高僧護墓誌》）

知愉懷橘，榮邁推梨。（北周《李綸墓誌》）

（四）改變法

指後世在使用典故詞的過程中，對已凝固好的典故詞的構詞語素作了改變，或是改換某一個語素字，或全部改換。共計 31 個。

1. 改換某一個語素字，有 29 個

【樂$_2$只→樂$_2$旨】語出《詩經·小雅·南山有臺》：“樂只君子，邦家之基。樂只君子，萬壽無期。”指懿樂，和美。旨：與“只”通用。

樂旨君子，□□无彊。（東漢《衡方墓碑》）

【數仞→重$_2$仞】語出《論語·子張》：“子貢曰‘譬之宮牆，賜之墻也及肩，窺見室家之好。夫子墻數仞，不得其門而入，不見宗廟之美，百官之富麗。’”指累仞，數仞。形容高。

雖牆宇重仞，而溫其如玉；氣厲秋霜，而體含春露。（南朝梁《蕭敷墓誌》）

【疇$_3$咨→詶$_1$咨】語出《尚書·堯典》：“帝曰：‘疇咨若時登庸。’”詶咨，同“疇咨”，訪求，詢問。

詶咨羣寮，惟德是與。（東漢《魏元丕碑》）

【維$_3$新→惟$_2$新】語出《詩經·大雅·文王》：“周雖舊邦，其命維新”毛傳：“乃新在文王也。”惟新，指更新。

《詩》云舊國，其命惟新。（東漢《張遷碑》）

【持斧→操斧】語出《漢書·王訢傳》：“武帝末，軍旅數發，郡國盜賊羣起，繡衣御史暴勝之使持斧逐捕補盜賊，以軍興從事，誅二千石以下。”後以“持斧”指執法或皇帝派出的御史等執法之官。

我求操斧，聿揔元戎。（北魏《元彧墓誌》）

【逝川→臨$_1$川】語出《論語·子罕》：“子在川上曰：‘逝者如斯夫，

不捨晝夜。'" 因以"逝川"指一去不返的江河水。後也用"臨川"來表示。

日月不居，感臨川之歎；有德無位，致殞秀之悲。(北齊《崔頠墓誌》)

【懸榻→懸床】語出《後漢書·徐穉傳》："蕃在郡，不接賓客，唯穉來，特設一榻，去則懸之。""懸床"，猶"懸榻"，謂禮待賢人。

懸床廢杖，足相陵亂。(東魏《張滿墓誌》)

2. 兩個語素全部改換

即原來凝固成的典故詞用另外一個意義相同的語素組合代替，在使用過程中，也作為詞被固定下來。共有 2 個。

【懸榻→掛床】語出《後漢書·徐穉傳》："蕃在郡，不接賓客，唯穉來，特設一榻，去則懸之。"

家豊懸榻之朋，室滿重茵之侶。(北齊《崔博墓誌》)

及掛床來下，留櫝言歸，人切棄子之怨，吏深遮道之慕。(東魏《公孫略墓誌》)

【褰$_1$帷→開襜】語出《後漢書·賈琮傳》："琮为冀州刺史。舊典，傳車驂駕，垂赤帷裳，迎於州界。及琮之部，升車言曰：'刺史當遠視廣聽，糾察美惡，何有反垂帷裳以自掩塞乎？'乃命御者褰之。""褰帷"，撩起車上帷幕。謂官吏接近百姓，實施廉政。

褰帷万里，爰属時良。(北魏《楊順墓誌》)

公開襜望境，露錦還鄉，竹馬盈途，壺漿塞路。(北齊《封子繪墓誌》)

從以上可知，後人分別選取"懸榻""褰$_1$帷"這幾個特徵性的細節表現各自原典的內容，從而產生出典故詞。例如"懸榻"一詞，到了南北朝，單音詞"榻"被"床"代替，"縣"又被"掛"代替，語素替換，又產生"掛床"。"懸榻""掛床"，典源相同，語素結構關係相同，意義也相同。典故詞的語素替換，留下了語言發展變化的痕迹，構詞語素本身又是獨立使用的單音詞，因此，語素替換實際上透露出漢語常用詞演變的事實，以及常用詞替換引起的語義場運動。同樣，"褰$_1$帷"也發生語素替換，產生"開襜"，二者典源、意義和語法結構都相同。

(五) 換序法

有些典故詞的語素序恰好與典源材料語素序相逆，即通過詞語內部調整，改變語素序，構成典故詞，代表典源的意義。

1. 單向

即石刻中只出現語素序與原典文句中的語素序相逆的典故詞。共8個。如：

【拱木】語出《左傳・僖公三十二年》："爾何知？中壽，爾墓之木拱矣。"

拱木易吟，悲風難息。(北魏《馮邕之妻元氏墓誌》)

構詞語素"拱"和"木"在典源中是主謂關係，但在語用環境中，人們將其語序加以改換，構成偏正結構的典故詞"拱木"，作爲人死的委婉語。

【鳴轂】語出漢劉向《說苑・立節》："雍門子狄對曰：臣聞之，昔者王田於囿，左轂鳴者，車右請死之。而王曰：'子何為死？'車右對曰：'為其鳴吾君也。'王曰：'左轂鳴者，工師之罪也，子何事之有焉？'車右曰：'臣不見工師之乘，而見其鳴吾君也。'遂刎頸而死。"

君以鳴轂爲恥，遺賊是念。① (北齊《《竇泰墓誌》》)

"轂鳴"是一個主謂短語，"鳴"與"轂"之間是主謂關係，但在語用中，人們改變其語序，構成新的動賓結構的典故詞"鳴轂"。

【蕃$_2$維$_1$】語出《詩經・大雅・板》："價人維藩。""蕃$_2$"通"藩$_1$"，後用"蕃$_2$維$_1$"喻指國家的重臣。

自出作蕃維，入爲卿士，盛烈高功，煥于帝籍。(北魏《元暐墓誌》)

還有，如"遯肥"，出《易・遯》(東魏《蕭正表墓銘》)；"兒$_1$埋"，出《搜神記》卷十一（北齊《隴東王感孝頌》)；"文軌"，出《禮記・中庸》(北魏《元天穆墓誌》)；"積風$_1$"，出《莊子・逍遙遊》(北魏《元乂墓誌》)；"首$_2$丘"，出《禮記・檀弓上》(北魏《元略墓誌》)。

語序調換之後，構詞語素之間的結構關係也隨之發生相應的改變，但是其表達的意義則是相同的，因爲典故詞的意義不在該詞的字面，而在該詞賴以産生的典故本身。這也說明典故詞同一般的複合詞在詞源結構分析和詞語意義的揭示上表現出來的差異性。

① 《漢語大詞典》釋"鳴轂"爲"效死報君"，但該義項用於具體語境，則明顯地不合適。根據墓志上下文義，可知"鳴轂"顯然不是指"效死報君"之義，而是指"壞人囂張"之義，書證與釋義不合。

2. 雙向

即石刻中出現與原典文句中的語素序相同和相逆的典故詞。共 10 個。如：

【覃葛/葛覃】語出《詩經・周南・葛覃》："葛之覃兮，施于中谷，維葉萋萋。黄鳥于飛，集于灌木，其鳴喈喈。"後用"葛覃"為女子待字閨中之典。誌用以贊女子才德之美。

質茂覃葛，聲遙集木。（北魏《宇文永妻韓氏墓誌》）

夫人攸歸遘止，能成百兩之禮；潮服常清，弗失葛覃之訓。（北魏《元恪嬪司馬顯姿墓誌》）

構詞語素"覃"和"葛"在典源中是主謂關係，即"葛覃"，但在語用環境中，人們將其語素换序，構成偏正關係的"覃葛"。

【百身/身百】語出《詩・秦風・黄鳥》："如可贖兮，人百其身。"謂一身死百次或一百人的生命。

一生可贖，百身非貴。（北齊《徐徹墓誌》）

如可贖兮，身百焉有。（北魏《李遵墓誌》）

【川逝/逝川】語出《論語・子罕》："子在川上曰：'逝者如斯夫，不捨晝夜。'"因以用"逝川"指一去不返的江河水。

一隨川逝，方從地久。（北魏《侯剛墓誌》）

逝川不留，樑木斯壞。（北魏《乞伏寶墓誌》）

【飛天/天飛】語出《易・乾》："九五，飛龍在天。"比喻王者的天下，有龍興之象。

拔德談榮，飛天伏地。（北齊《高叡修定國寺塔銘碑》）

天飛江左，光宅四方。（東魏《蕭正表墓銘》）

【禍淫/淫禍】語出《書・湯誥》："天道福善禍淫。"謂淫逸過度，則天降之以禍。

禍淫莫驗，與善無甄。（北魏《穆亮妻尉氏墓誌》）

淫禍乃加，非命斯纓。（北魏《尔朱襲墓誌》）

還有，如"桃夭/夭桃"，出《詩・周南・桃夭》；"草偃/偃草"，出《論語・顏淵》；"潛龍/龍潛"，出《易・乾》；"裁錦/錦裁"，出《左傳・襄公三十一年》；"雕龍/龍雕"，出《史記・孟子荀卿列傳》；"錐囊/囊錐"，出《史記・平原君虞卿列傳》。

有時幾種方法可以交替使用在幾個典源意義相同的典故詞上，如：

改變法和換序法同時使用的，如：

【製錦→裁錦/錦裁】語出《左傳・襄公三十一年》："子產曰：'不可……子有美錦，不使人學製焉。大官、大邑，身之所庇也，而使學者製焉，其為美錦不易多乎？'"後因以"製錦"為賢者出任縣令之典。

夫君製錦，移我風俗。（北魏《元鑽遠墓誌》）

兼其姿貌魁偉，嚚韻淹和，裁錦毗蕃，政績唯允。（北魏《韓震墓誌》）

衡均宗石，錦裁民命。（北魏《元緒墓誌》）

語素"製"換成語素"裁"，產生出"裁錦"，在石刻中，又發生語素換序，產生出"錦裁"。三者典源相同，意義相同，語法結構不同。

節縮法和改變法同時使用，如：

【攀轅臥轍→臥轍→攀轅/攀車/攀轂/】語出《後漢書・侯霸傳》："更始元年，遣使徵霸，百姓老弱相攜號哭，遮使者車，或當道而臥。皆曰：'願乞侯君復留期年。'"又《第五倫傳》："永平五年，坐法徵，老小攀車叩馬，嗁呼相隨。"又《循吏傳・孟嘗》："以病自上，被徵當還，吏民攀車請之。嘗既不得進，乃載鄉民船夜遁去。"后以"攀辕卧辙"为挽留或眷恋良吏的典故。後又節縮為"臥轍"或"攀轅"，而構詞語素"轅"又被語素"車"和"轂"代替，從而產生出"攀車"和"攀轂"。

遂使時有五袴之歌，世致攀轅之戀。（北齊《堯峻妻吐谷渾靜媚墓誌》）

行露未施，攀車已結，朝野銜哀，有感辰極。（北魏《元隱墓誌》）

攀轂斷途，拒輪塞路。（北魏《檀賓墓誌》）

靡不當九逵而臥轍，追五里而攀車。（北魏《乞伏寶墓誌》）

三　典故詞的語法結構關係

任學良認為由修辭學造詞法、語音學造詞法就不存在構詞法的問題，因為那些詞的詞義是通過修辭手段獲得的，構詞方式無意義，因此就沒有結構分析的問題。[①] 這個結論顯得有些武斷，其實運用修辭學造詞法造出的詞，並非不能分析其語法結構。由割裂、縮略等修辭手法造的詞，仍然可以分析其語法結構。如割裂式（牽羊、斬蛇、雕龍、并轡、銜璧）、縮

① 任學良：《漢語造詞法》，中國社會科學出版社 1981 年版，第 4—6 頁。

略式（獨善、出類、苦凷、眉案）等。這些運用修辭學造詞法造出的詞，其語法結構是可以分析的。

索緒爾在《普通語言學教程》中論證了語言符號的任意性，他認為語言符號的能指和所指之間沒有任何自然的聯繫，兩者的結合是不可論證的，或無理據的（unmotivated）。但他同時也指出，一個複合符號的成分互相結合的方式是有理據的（motivation），非任意性的，是"相對地可以論證的"①。這也就是説，語素的意義與其所構成的複合詞的意義之間必然存在着一定的聯繫，否則複合詞的意義也無從談起。因此，不管語素是用何種方式或手段構成複合詞，複合詞的結構都是可以分析的，只是有些結構是斷層的或跨層的。

漢魏晉南北朝石刻中的典故詞，或直接截取文獻中某一語句的一個雙音詞組，或存在某種語法關係的兩個單音節語素組合成一個新的複音詞。共有 6 種語法結構關係。

（一）並列式，共計 40 個

1. 名素+名素，有 23 個

【屏$_1$翰】語出《詩・大雅・板》："價人維藩，大師維垣。大邦維屏，大宗維翰。"選取出"屏$_1$"和"翰"，作爲構詞語素，進行重組，構成名詞性並列式複合詞，後因以"屏$_1$翰"比喻國家重臣。

今者王室多難，戎馬在郊，屏翰寄重，屬乎成嚣。（北魏《元寶月墓誌》）

【淵冰】語出《詩經・小雅・小旻》："戰戰兢兢，如臨深淵，如履薄冰。"後遂以"淵冰"比喻危險境地。

君踐其險，若涉淵冰。（東漢《西狹頌》）

【衡泌】語出《詩經・陳風・衡門》："衡門之下，可以棲遲；泌之洋洋，可以樂飢。"後用"衡泌"代指隱居之地。

惟公栖心衡泌，則繕性虚静；枕戈授律，則勳隆協賛。（南朝梁《蕭憺碑》）

其他還有，如塗炭，出《尚書・仲虺之誥》；瓜瓞，出《詩・大雅・緜》；風$_1$樹，出《韓詩外傳》卷九；關柝，出《孟子・萬章下》；螢雪，

① ［瑞士］索緒爾：《普通語言學教程》，高明凱譯，岑麒祥、葉蜚聲校注，商務印書館 1982 年版，第 181—182 頁

出《晉書・車胤傳》和《晉書・孫康傳》；苫凷，出《儀禮・既夕禮》；晨昏，出《禮記・曲禮上》；錐囊/囊錐，出《史記・平原君虞卿列傳》；鹿馬，出《史記・秦始皇本紀》；眉案，出《東觀漢記・梁鴻傳》；旌弓，出《孟子・萬章下》；棠杜，出《詩經・召南・甘棠》和《詩經・唐風・杕杜》；童冠，出《論語・先進》；文軌，出《禮記・中庸》；台鼎，出漢蔡邕《太尉汝南李公碑》；舟楫，出《詩經・衛風・竹竿》；金湯，出《漢書・蒯通傳》。

2. 動素+動素，有 12 個

【揭厲】語出《詩經・邶風・匏有苦葉》："深則揭，淺則厲。"毛傳："以衣涉水爲厲，謂由帶以上也。揭，褰衣也。""揭""厲"表示的是兩種不同情態的動作行爲，構成動詞性並列結構，表示"涉水渡河"之義。

揭厲多危，往來受害。(東魏《義橋石像碑》)

【亭毒】語出《老子》："長之育之，亭之毒之，養之覆之。"一本作"成之熟之"。高亨《正詁》："亭，當讀為成；毒，當讀為熟，皆音同通用。"後選取兩個表動作行爲的語素"亭""毒"，構成動詞性並列結構關係，兩個構詞語素均表"養育"之義。《文選・劉孝標〈辨命論〉》："生之無亭毒之心，死之豈虔劉之志。"李周翰注："亭、毒，均養也。"

覆載比兩儀，亭毒猶一子。(北齊《報德像碑》)

【頡頏】語出《詩經・邶風・燕燕》："燕燕於飛，頡之頏之。"毛傳："飛而上曰頡，飛而下曰頏。"鄭玄箋："頡頏，興戴媯將歸，出入前卻。"因以"頡頏"表示鳥飛上下貌、後引申為不相上下、相互抗衡。

窺窗止間之業，抑揚前範；還魚反金之愛，頡頏曩烈。(北齊《竇泰妻婁黑女墓誌》)

其他還有，如抱戴，出《三國志・魏志・公孫淵傳》；垂拱《書・武成》；躬親，出《詩經・小雅・節南山》；疆理，出《詩・小雅・欣南山》；顧復，出《詩經・小雅・蓼莪》；獻替，出《左傳・昭公二十年》；負戴，出漢劉向《列女傳・楚接輿妻》；耕鑿，出古詩《擊壤歌》；號$_2$慕，出《孟子・萬章上》。

3. 形素+形素，有 4 個

【婉孌】語出《詩經・齊風・甫田》："婉兮孌兮，總角丱兮。"毛傳："婉、孌，少好貌。"後來選取性狀形容詞性語素"婉""孌"，重組構成形容詞性並列結構關係的複合詞，其意義與原句沒有差別。

峨峨貞峻，婉孌德音。（東魏《崔鴻妻張玉憐墓誌》）

【敦悅】語出《左传·僖公二十七年》："赵衰曰：'郤縠可。臣亟聞其言矣，說禮樂而敦《詩》《書》。'"謂尊崇愛好。

皇大子聖德光茂，敦悅墳素。（東漢《臨辟雍碑》）

【敦仁】語出《易·繫辭上》："安土敦乎仁，故能愛。"韓康伯注："安土敦仁者，萬物之情也。物順其情，則仁功贍矣。"謂仁厚。

質文兼武，睦孝敦仁。（北周《鄭術墓誌》）

【柔嘉】語出《詩經·大雅·烝民》："仲山甫之德，柔嘉維則。"孔颖达疏："柔和而美善。"謂柔和美善。

道訓柔嘉，德容溫謐。（北魏《穆亮妻尉氏墓誌》）

4. 助語素+助語素，有1個

【居$_3$諸】語出《詩經·邶風·柏舟》："日居月諸，胡迭而微。"孔穎達疏："居、諸者，語助也。"棄日、月而取居、諸。後用以借指日月、光陰。

居諸送生，陵谷相貿。（東魏《元凝妃陸順華墓誌》）

（二）偏正式，共計104個

定中結構和狀中結構是漢語偏正式複合名詞、動詞、形容詞、謂詞性短語最常見結構類型。其詞彙化的過程，總是伴隨着對一些成分的省縮和選擇，並對選擇的成分進行重組，構成雙音複合詞。定中結構主要是：［修飾語+名素］，狀中結構主要是：［修飾語+動素］［修飾語+形素］和［修飾語+數素］。

1. 修飾語+名素，有76個

漢魏晉南北朝石刻中，名詞性中心語素可以接受多種性質的非中心語素的修飾，包括描寫性的和限定性的修飾限制語素，如名詞、動詞、形容詞、副詞語素；也包括指稱性的和量化性的語素，如方位詞、數量詞性的語素。如：

【驪淵】【驪珠】語出《莊子·列禦寇》："夫千金之珠，必在九重之淵，而在驪龍頷下。"名詞性語素"驪"，分別和中心語素"淵"和"珠"組成偏正式複合詞，表達了不同的含義。"驪淵"指藏驪珠的深淵，後用來比喻才思文辭的源泉；"驪珠"，指驪龍頷下的寶珠，後泛指寶珠。

若夫汪汪沖掾，狀驪淵而獨邃；英英瑤質，似和璧而起照。（北魏《元新成妃李氏墓誌》）

白珩或毀，驪珠不固。（東魏《元鷙妃公孫甑生墓誌》）

【積風$_1$】語出《莊子・逍遙遊》："鵬之徙於南冥也，水擊三千里，摶扶搖而上者九萬里……風之積也不厚，則其負大翼也無力，故九萬里，則風斯在下矣。"動詞性語素"積"修飾中心語"風"，構成複合詞"積風$_1$"，指彙聚在一起的旋風。

摶氣不已，積風未息，切天揮翰，臨雲矯翼。（北魏《元彧墓誌》）

【青衿】語出《詩經・鄭風・子衿》："青青子衿，悠悠我心。"選取疊音定語中的一個形容詞性語素"青"，與中心語素"衿"，構成偏正式結構關係的複音詞。

今於設象聖容，奉進儒冠，於諸徒亦青衿青領。（東魏《李仲琁修孔廟碑》）

有的典故詞原形式本來不是定中關係，但是由於截取之後，對選取的構詞成分進行重新組合時，卻採用了偏正結構型。例如：

【休容】語出《尚書・泰誓》："其心休休焉，其如有容。""休"本作"心"的謂語，截取成詞後，成爲"容"的修飾語，構成定中關係的複合詞，表示"矜誇大度的容色"之義。

萬里歸闕，除散騎侍郎，進無休容，退無慍色。（南朝宋《爨龍顔碑》）

【上池】語出《史記・扁鵲倉公列傳》："（常桑君）乃出其懷中藥與扁鵲：'飲是以上池之水三十日當知物矣。'"司馬貞《索隱》："案：舊說云上池水謂水未至地，蓋承取露及竹木上水，取之加以和藥。"後指凌空承取或取之竹木上的雨露為"上池水"，後節縮為"上池"。

空聞上池之水，終深下世之痛。（北齊《崔昂夫人盧脩娥墓誌》）

其他還有，如率土，出《詩經・小雅・北山》；行$_1$葦，出《詩・大雅・行葦》；大$_1$麓，出《書・舜典》；韋編，出《史記・孔子世家》；翹$_1$車，出《莊公・二十二年》；拱木，出《左傳僖公三十二年》；雄劍，出《太平御覽》卷三四三引《列士傳》；温樹，出南朝梁王僧孺《詹事徐府君集序》；彤管，出《詩經・邶風・靜女》；宮牆，出《論語・子張》；富年，出《文選・枚乘〈七發〉》等。

2. 修飾語+動素，有 20 個

【色養】語出《論語・爲政》："子遊問孝，子曰：'今之孝者，是謂能養。'……子夏問孝。子曰：'色難。'"何晏《集解》引包咸："色難者，謂承順父母顏色乃爲難也。"後來截取典源，改換語序，構成"色養"，"色"修飾"養"，表示動作行爲的情狀，構成狀中結構的縮略詞，指子女和顔悦色奉養父母，或子女承順父母顔色。

汴洲衛輝郡楚邱縣右鄉裏孝陽令翟普林者，躬睅色養，侍親疾而衣帶不解；終殮，葬而哀毀幾滅。（北魏《翟普林造像記》）

【孔懷】語出《詩經・小雅・常棣》："死喪指威，兄弟孔懷。"原謂甚相懷念。後世截取其後段，以"孔懷"構成偏正式複合名詞，亦指代"兄弟"。

奉先思孝，孔懷惟睦。（北魏《元寶月墓誌》）

【來$_2$蘇】語出《尚書・仲虺之誥》："攸徂之民，室室相慶曰：'徯予后，后來其蘇。'"孔傳："湯所往之民皆喜曰：'待我君來，其可蘇息。'"省略語素"其"，構成偏正式複合詞"來蘇"，謂因其來而由困苦之中獲得蘇息。

暨聖上龍飛中興，率土懷來蘇之望。（北魏《元彝墓誌》）

其他還有，如百揆，出《書・舜典》；夜漁，出《呂氏春秋・具備》；一變，出《周禮・春官・大司樂》；厚載，出《易・坤》；利見$_1$，出《易・乾》；利建，出《易・屯》；晨省，出《禮記・曲禮上》；獨坐，出《後漢書・宣秉傳》；龍蟠，出（晉）吳勃《吳錄》等。

3. 修飾語+形素，有 6 個

【孔嘉】語出《詩經・豳風・東山》："其新孔嘉，其舊如之何？"鄭玄箋："嘉，善也，其新來時甚善。"高亨注："孔，甚也。嘉，美好。"謂非常美好。

公之云令，德音孔嘉，如彼清泉，銜珠鏤沙。（北魏《楊胤墓誌》）

【孔棘】語出《詩經・小雅・采薇》："豈不日戒，玁狁孔棘。"鄭玄箋："孔，甚也。棘，急也。""棘"通"亟"，危機，急迫。謂很急迫，很緊急。

地實附畿，山巒孔棘。（北魏《寇治墓誌》）

【孔碩】語出《詩經・大雅・楚茨》："執爨踖踖，為俎孔碩。"朱熹集传："碩，大也。"為非常碩大。

隱隱寒山，悠悠泉陌，令終如始，徽音孔碩。（北魏《元誘妻薛伯徽墓誌》）

【罔極】語出《詩經・小雅・何人斯》："欲報之德，昊天罔極。"鄭玄箋："人相視無有極時，終必與女相見。"謂無窮盡。

嗚吁哀哉！深憂罔極，遠日在期。（北魏《楊暐墓誌》）

4. 修飾語+數素，有 2 個

【五五】語出《禮記・三年問》："三年之喪，二十五月而畢。"五五相乘為二十五，漢時因用"五五"以代稱三年之喪。古禮，服父母喪期爲二十五月，服滿稱斷仁。

五五斷仁，大将军辟。（東漢《樊敏碑》）

【大$_1$千】語出《大智度論・緣起論》："是時，三千大千世界主梵天王，名式棄，及色界諸天等，釋提桓因及慾界諸天等，并四天王，皆詣佛所，勸請世尊初轉法輪。""大$_1$千"即"三千大千世界"之省縮。後亦指廣闊無邊的世界。

是以神曦騰曜，鏡重昏於大千；三乘肇唱，拯沈黎於炎宅。（北魏《暉福寺碑》）

（三）支配式，共計 249 個

截取與典源相關的兩個單音節語素構成的動賓關係的複合詞在漢魏晉南北朝石刻中數量居最多。典故中的語素經過直接截取或重組後，意義的抽象、泛化、轉移，結構趨於固定，進而詞彙化。

1.［支配語素+被支配語素］→動詞，有 247 個

（1）［動素+名素］→動詞，有 227 個。

【留犢】語出《三國志・魏志・常林傳》裴松之注引三國魏魚豢《魏略》："壽春令時苗，到官時乘薄輪車，黄牸牛，布被囊。居官歲餘，牛生一犢，離任時，留其犢，謂主簿曰：'令來時，本無此犢，犢是淮南所生有也。'"《晉書・羊祜傳》："钜平侯羊篇'歷官清慎，有私牛於官舍產犢，及遷而留之'。"後截取語素"留"和"犢"合成支配式複合詞"留犢"，"犢"作"留"的賓語，表示爲官清廉，纖介不取。

折轅將返，留犢言歸。（北齊《和紹隆墓誌》）

【結縭】語出《詩經・豳風・東山》："親結其縭，九十其儀。"毛傳："縭，婦人之褘也。"截取後構成"結縭"，"縭"，謂女子佩巾，複合詞中作"結"的賓語，構成支配式複合詞，表示女子出嫁。

及結縭成禮，齊眉展敬。（北齊《李祖牧妻宋靈媛墓誌》）

其他還有，如曲肱，出《論語・述而》；維$_1$城，出《詩・大雅・板》；伐柯，出《詩・豳風・伐柯》；輔仁，出《論語・顏淵》；會友，出《論語・顏淵》；束帶，出《論語・公冶長》；過隙，出《禮記・三年問》；就列$_1$，出《論語・季氏》；起予，出《論語・八佾》；下車，出

《禮記・樂記》；奮庸，出《書・舜典》；奮武，出《書・禹貢》；漂杵，出《書・武成》；射隼，出《易・繫辭下》；擊柝，出《易・繫辭下》；斷金，出《易・繫辭上》；含章，出《易・坤》；聚米，出《後漢書・馬援傳》；轉$_1$規，出《後漢書・馬援傳》；解$_1$冠$_2$，出《後漢書・逸民傳・逢萌》；覆手，出《後漢書・皇甫規傳》；負戶，出《後漢書・光武帝紀》；投轄，出《漢書・陳遵傳》；奮髯，出《漢書・朱博傳》；拊翼，出《漢書・敘傳下》；持斧，出《漢書．王訢傳》；佩犢，出《漢書・循吏傳・龔遂》；懷橘，出《三國志・吳志・陸績傳》；倚閭/倚門，出《戰國策・齊策六》；投杼，出《戰國策・秦策二》；洗耳，出（漢）蔡邕《琴操・河間雜歌・箕山操》等。

（2）［動素+形素］→動詞，有11個。

【居$_1$貞】語出《易・頤》："居貞之吉，順以从上也。"貞，通"正"。謂遵守正道。

凝神獨秀，秉一居貞。（北魏《元懌墓誌》）

【含弘】語出《易・坤》："（彖曰）至哉坤元，萬物資生……含弘光大，品物咸亨。"孔穎達疏："包含宏厚，光著盛大，故品類之物，皆得亨通。"謂包容博厚。

秉德含弘，来蘊在物。（北齊《高肱墓誌》）

其他還有，如仰高，出《詩・小雅・車舝》；寧$_2$儉，出《論語・八佾》；送款，出南朝王僧孺《詠姬人》；遯肥，出《易・遯》；守真，出《莊子・漁父》；紆青/拖紫，出《文選・揚雄〈解嘲〉》；摧$_1$朽/摧$_1$枯，出《漢書異姓諸侯王序表》。

（3）［動素+動素］→動詞，有7個。

【啓行$_1$】語出《詩・大雅・公劉》："弓矢斯張，干戈戚揚，爰方啓行。"謂出發，啟程。

元戎啓行，□簡精帥。（西晉《郛休碑》）

其他還有，如憖遺，出《詩經・小雅・十月之交》；作配，出《尚書・呂刑》；好$_2$弄，出《左傳・僖公九年》；獻可/替否，出《左傳・昭公二十年》；設祭，出《禮記・禮器》。

（4）［動素+數素］→動詞，有1個。

【守一】語出《莊子・在宥》："我守其一以處其和，故我修身千二百歲矣，吾形未常衰。"此是道家休養之術，謂專一精神以通神。

灰心守一，形枯道要。（南朝梁《羅浮山銘》）

（5）［形素+名素］→動詞，有1個。

【悲秋】語出《楚辭・九辯》："悲哉！秋之為氣也。蕭瑟兮，草木搖落而變衰。"謂蕭瑟秋景而感到傷感。

勒石悲秋，萇哀幽桂。（北魏《元颺妻王氏墓誌》）

2. ［支配語素+被支配語素］→名詞，有2個

【俔天】語出《詩・大雅・大明》："大邦之子，俔天之妹。""俔"，即如同、好比。意謂大國有一個女兒，好比天上的仙女。後以為"俔天"代指皇后、公主。

雖俔天爲妹，生自深宮，至於萁幕製用，醴酏程品，非唯酌言往載，而率用過人。（北魏《長樂長公主元瑛墓誌》）

【函丈】語出《禮記・曲禮上》："若非飲食之客，則布席，席間函丈。"原謂講學者與聽講者做席間相距一丈。後用以對前輩學者或老師的尊稱。

進則參乘，東巡覲昇中之告；退則函丈，南面當臣□（下闕）。（東魏《高盛墓碑》）

（四）表述式，共計22個

【草偃】語出《論語・顏淵》："君子之德，風；小人之德，草。草上之風，必偃。"後來縮略成"草偃"，構詞語素"草"作動詞"偃"的行爲主體，構成主謂關係的複合詞。

肅同草偃，化若神行。（北齊《鄭子尚墓誌》）

【天保】語出《詩・小雅・天保》："天保定爾，亦孔之固。"謂上天保佑，是指安定。後引申指皇統、國祚。

赫赫皇魏，天保攸定；藹藹帝緒，本枝兼盛。（北魏《元子直墓誌》）

其他還有，如鴻漸，出《易・漸》；龍戰，出《易・坤》；乾$_1$剛，出《易・雜卦》；龍潛，出《易・乾》；鳴謙，出《易・謙》；謙光，出《易・謙》；雞鳴，出《詩經・鄭風・風雨》；黍離，出《詩經・王風・黍離》；明發，出《詩經・小雅・小宛》；支百，出《詩經・大雅・文王》；桃夭，出《詩經・周南・桃夭》；龜從$_1$，出《書・洪範》；天啟，出《左傳・閔公元年》；麦秀，出《史記・宋微子世家》；計偕，出《史記・儒林列傳序》；樹靜，出《韓詩外傳》卷九；刑$_1$清，出《易・豫》；孺慕，出《禮記・檀弓下》；身百，出《詩經・秦風・黃鳥》；川逝，出《論

語·子罕》；彭殤，出《莊子·齊物論》。

（五）補充式，共計4個

【來$_2$暮】語出《後漢書·廉範傳》："百姓爲便，乃歌之曰：'廉叔度，來何暮？不禁火，民安作，平生無襦今五袴。'"後縮略成"來暮"，其中"暮"補充"來"的結果，字面意思是來晚了，但該詞實際上是表示整個典故的意思，即贊頌有德政的賢良官吏。

始屆有來暮之歌，浹興誰嗣之詠。真曰民之父母，愛結百族者矣。（北魏《山徽墓誌》）

其他還有，如持盈，出《老子》；作合，出《詩·大雅·大明》；交泰，出《易·泰》。

（六）重疊式，共計1個

【彬彬】語出《論語·雍也》："文質彬彬，然後君子。"指文質兼備貌。墓誌指文雅貌。

彬彬我后，越而五之。（東漢《孔羡碑》）

從以上結構分析可知，漢魏晉南北朝石刻文獻中的典故詞的語法結構關係基本上反映出了中古漢語語法結構關係的全貌，即以並列式、偏正式、支配式、表述式爲主，同時也出現了中古產生的補充式和重疊式結構的複合詞。經過截取典故的原文句而構成的複合詞，其實際意義要比結構成分本身反映出來的意義內容更豐富，概念範圍更寬泛。

四　增補《漢語大詞典》未收典故詞目

"撰寫一部大型的能夠反映漢語面貌的辭書，就不能不要求收詞豐富，包括古代的和現代的，曾在漢語史上出現過和新出的大批大批的詞。"① 然考慮到辭書的自身特點、本質屬性和針對使用者的需要，其詞目、釋義、書證是經過取捨的，故《漢語大詞典》不是"漢語詞彙史大全"。無論怎樣，充分利用《大詞典》的研究成果，彌補其缺漏，對漢語詞彙史的研究是有意義的。漢魏晉南北朝碑刻典故詞中就有許多詞爲《漢語大詞典》所失載，共23個。如：

名詞：

【藐諸】與"藐孤"同義。同出《左傳·僖公九年》："公疾，召之

① 蔣禮鴻：《懷任齋文集》，上海古籍出版社1986年版，第303頁。

曰：‘以是藐諸孤，辱在大夫，其若之何？’”杜預注：“言其幼賤，與諸子縣藐。”二者均表示“幼弱孤兒”之義。在漢魏晉南北朝碑刻文獻中，二者並行使用。如：

既而良人不幸，藐諸在室，晝哭夜歌，禮無違者。（北齊《趙奉伯妻傅華墓誌》）

藐孤叫其崩窓，親賓□而垂淚。（北魏《崔敬邕墓誌》）

《漢語大詞典》只收了“藐孤”，未收“藐諸”。

【人百】與“百身”同義。同出《詩·秦風·黃鳥》：“彼蒼者天，殲我良人。如可贖兮，人百其身。”謂一身死百次或一百人的生命。

悲華光之易殞，歎人百之難追。（北魏《檀賓墓誌》）

【棠杜】語出《詩經·召南·甘棠》：“蔽芾甘棠，勿翦勿伐，召伯所茇。”《詩經·唐風·杜杕》：“有杕之杜，其葉湑湑。獨行踽踽。”用《甘棠》《杜杕》兩篇名的縮略構成“棠杜”一詞，表示人民對施行德政的賢能官吏的愛戴和懷念。

於是生致尸祝之禮，歿貽棠杜之思。（北齊《西門豹祠堂碑》）

動詞：

【藏$_1$山】與“藏舟”同義。同出《莊子·大宗師》：“夫藏舟于壑，藏山於澤，謂之固矣！然而夜半有力者負之而走，昧者不知也。”“藏$_1$山”表示“時代變遷”“人之死亡”之義。如：

海運不停，鵬圖奄駐。誰謂藏山，忽歌晞露。（北齊《封子繪墓誌》）

唐代墓誌中也大量用例。如：

長淮三秋，忽慟藏山之畔。（《閻府君墓誌並序》）

豈謂逝水湍流，藏山遽疚，倏爲物化。（《唐故梁處士墓誌銘並序》）

【託六】語出《論語·泰伯》：“可以託六尺之孤。”後世割裂出“託六”，表示“值得信賴，可以託咐”之義。如：

仁必有勇，可以託六。（東漢《孔彪墓碑》）

【婉而】語出《左傳·成公十四年》：“《春秋》之稱：微而顯，志而晦，婉而成章，盡而不汙，懲惡而勸善。”杜預注：“婉，曲也。謂曲屈其詞，有所辟諱，以示大順，而成篇章。”表示“成章”之義。如：

出入紫闈，諷稱婉而。（北魏《楊氏墓誌》）

【逝將$_2$】語出《詩·魏風·碩鼠》：“逝將去汝，適彼樂土。”郑玄笺：“逝，往也。往矣將去汝，与之訣別之辭。”“逝將”為“逝將去汝”

之節縮，表示“辭別，離開”之義。

逝将變禮教於端闈，宣風化於槐路。（北魏《元崇業墓誌》）

【埋羊】語出《太平御覽》卷四二六引《羊祜別傳》：“昔有攘羊遺叔向母，母埋之，後事發，檢羊肉，肉盡，惟舌存。”因以“埋羊”謂廉教子。

明同折軸，智若埋羊。（北魏《邢巒妻元純陁墓誌》）

【還魚】語出《三國志・吳志・孫皓傳》裴注引《吳錄》載，三國吳孟仁“爲監池司馬，自能結網，手以捕魚，作鮓寄母，母因以還之，曰：‘汝爲魚官，而以鮓寄我，非避嫌也。’”又《孟宗別傳》：“宗事母至孝，母亦能訓之以禮。宗初爲雷池監，奉魚於母，母還其所寄，遂絕不復食魚。”後用“還魚”謂母親嚴格教子以守廉潔的典故

加以教深徙里，訓重輟湌，還魚戒廉，斷絲勸學。（北齊《趙奉伯妻傅華墓誌》）

【璽追】語出《左傳襄公二十九年》：“公還，及方城。季武子取卞，使公冶問，璽書追而與之。”用“璽追”，謂收到皇帝的獎賞。

璽追嘉錫，擄北海相。（東漢《景君碑》）

【分$_1$荆】語出《續齊諧記》：“田真兄弟三人析產，堂前有紫荆樹一株，議破為三，荆忽枯死。真謂諸弟：‘樹本同株，聞將分斫，所以憔悴，是人不如木也。’因悲不自勝，兄弟相感，不复分產，樹亦復榮。”後以“分$_1$荆”喻兄弟分居。

悲言別鳥，泣對分荆。（北齊《李希宗妻崔氏墓誌》）

【聽車】【聽輪】語出劉向《列女傳》卷三《衛靈夫人》：“靈公與夫人夜坐，聞車聲轔轔，至闕而止，過闕復有聲。公問夫人曰：‘知此謂誰？’夫人曰：‘此蘧伯玉也。’公曰：‘何以知之？’夫人曰：‘妾聞禮下公門，式路馬，所以廣敬也。夫忠臣與孝子不爲昭昭變節，不爲冥冥惰行。蘧伯玉，衛之賢大夫也，仁而有智，敬於事上，此其人必不以闇昧廢禮，是以知之。’”後用以贊頌婦女賢明。

聽車察賢，望顏知事。（東魏《賈思伯夫人劉氏墓誌銘》）

【跂$_2$予】與“企予”同義。語出《詩經・衛風・河廣》：“誰謂宋遠，跂予望之。”鄭玄箋：“跂足則可望見之。”跂，與“企”同。謂踮起腳跟，佇立。

睠言無及，跂予何望，嗚呼遠矣，于嗟未央。（北魏《長孫士亮妻宋

靈妃墓誌》）

【赴火】語出《荀子·議兵》："以桀詐尧，譬之若以卵投石，以指撓沸；若赴水火，入焉焦没耳！"比喻冒險犯難。

褰帷三載，民興五袴之謠；擁鉞十周，士懷赴火之節。（北周《賀屯植墓誌》）

【指獸】語出《史記·蕭相國世家》："夫獵，追殺獸兔者，狗也；而發蹤指示獸處者，人也。""指獸發蹤"節縮為"指獸"，後用以比喻指揮謀劃。

雖無汗馬搴旗之功，實有指獸運籌之略。（東魏《高盛墓碑》）

【推輪】與"推轂"同義。同出《史記·張釋之馮唐列傳》："臣聞上古王者之遣將也，跪而推轂，曰闑以內者，寡人制之；闑以外者，將軍制之。"後因以稱任命將帥之禮。

時惟皇祖，肇迹推輪，瓊芳王潤，播祉潛神。（北齊《薛廣墓誌》）

【斷鼇】語出《淮南子·覽冥》："於是女媧錬五色石以補蒼天，斷鼇足以立四極。"這裏謂拯救國家危亡。

先王練石斷鼇，功格區宇。（北魏《元子直墓誌》）

【沙童】與"聚沙"同義。同出《妙法蓮華經·方便品》："乃至童子戲，聚沙為佛塔。"原比喻積小善為大行。後亦指年幼慕道，學佛論道。

旡言之論，拂石記年；沙童之說，彈指爲證。

【集灌】語出《詩經·周南·葛覃》："黄鳥于飛，集于灌木，其鳴喈喈。"鄭玄箋："飛集藂木，興女有嫁于君子之道。和聲之遠聞，興女有才美之稱，達於遠方。"碑文用其典，以贊美夫人。

凝質淑麗，若緑葛之延谷；徽音遠振，如黄鳥之集灌。（北魏《元願平妻王氏墓誌》）

【麦秀】語出《史記·宋微子世家》："箕子朝周，過故殷墟，感宮室毁壞，生禾黍，箕子傷之，慾哭則不可，慾泣為其近夫人，乃作《麥秀之詩》以歌詠之。其詩曰：'麥秀漸漸兮，禾黍油油。彼狡僮兮，不與我好兮！'"後常以"麥秀"比喻國破家亡。

公未知鴻鴈之慶，獨軫麦秀之悲，而北抗強豎，南隣大敵，事在不測，言思後啚。（北魏《元顥墓誌》）

形容詞：

【支百】語出《詩經・大雅・文王》:“文王孫子，本支百世。”割裂造詞，用“支百”形容子孫繁衍綿長。

永世支百，民人所彰。(東漢《潘乾墓碑》)

【彬文】與“彬彬”同義。同出《論語・雍也》:“質勝文則野，文勝質則史，文質彬彬，然後君子。”謂文質兼備貌。

彬文赳武，扶弱抑彊。(東漢《潘乾墓碑》)

漢魏晉南北朝石刻典故詞有以下幾個特點值得注意:

其一，典故詞數量之衆多。漢魏晉南北朝石刻語料中共出現了 463 個典故詞（不包括出自同一典源且意義相同的典故詞)。

其二，典故詞種類豐富。其涉及了從先秦至南北朝時期共計 68 部作品，囊括了經、史、子、集中衆多類別的典籍。

其三，語言使用的靈活性。除了有據可循的典故詞外，還新增補了《漢語大詞典》所失載的 23 個典故形式，包括名詞、動詞和形容詞，而這些形式在漢魏晉南北朝石刻語料及後世中都有用例。

石刻典故組合的大量出現，與一定的社會、文化、心理根源及語言自身發展的需求有關。主要有:

首先，社會文化的“多元化”影響。衆所周知，漢魏晉南北朝時期既是社会大動蕩的時代，又是民族大融合、思想文化多元發展的時代。同時因爲佛教文化的傳播、推廣，大一統觀念逐漸瓦解，士人們在生活、言行上追求放縱任意;在文學上刻意求新，追求語言的形式美。在此背景下，撰碑者也崇尚典麗，追逐古奥，趨新求異，避熟從雅，而典故詞的運用就是這種“自覺文風”的表現之一。

其次，文體使用上的需求。漢魏晉南北朝石刻大多是對墓主歌功頌德的禮贊文，在語言風格上講究新奇、典雅、駢儷的形式美，在句式上大量使用四六句，在需要用典故詞作爲自己真正思想的替代語時，就任意割省典故材料中的兩個關鍵語素作為典故整體意義表達的載體，割取範圍幾乎涉及詞語的各個方面。而雙音節作為基本語音段落，在語流中具有節奏勻稱和諧、整齊平穩、疏密緩急合於節度、富於韻律美的特點，則正好適應了這種需求。

再次，豐厚的文化土壤和語言選擇的心理基礎。石刻中的典故詞大多來自人們所熟悉的周秦和兩漢的經典著作，如《詩經》《周易》《尚書》《論語》《史記》《左傳》《漢書》等。其從中任抽取出來的構詞語素，幾乎不存在理解上的困難，從而爲理解典故詞的形成提供了客觀的可能性。同時，在傳播過程中，人們採取縮略、切割等構詞不同方式，對其進行改造，從而產生出大批的雙音節典故詞。

第二節 漢魏晉南北朝石刻中的縮略詞

縮略是指在整體意義不變的前提下，出於表達上的需要，截取其中的部分形式湊合成一個新形式來代表原形式在語言中使用。其特徵是其原形式的萎縮，比原形式要簡短。而由這種方法造的詞就是縮略詞。

呂叔湘指出："多數所謂略語的構成方式和一般的複合詞沒什麼兩樣。很難截然分開。一般用有無相應的完全形式（"全稱"）來作為區別略語和單詞的標準。"① 他又說："從意義方面看，簡稱代表全稱，是短語性質，可是從形式方面看，簡稱不同於全稱，更像一個詞。"② 蔣紹愚把"簡縮"作為了古漢語詞義發展的方式之一，他說："原來由一個複合詞或複合詞組表達意義，後來用其中一個詞素（一個字）來表達，時間一久，人們忘了這是一種簡縮，而把這個詞素看成詞，把這個意義直接看成詞的意義了。但這個詞原有的意義和這個新取得的意義之間是找不到直接聯繫的，必須通過簡縮前的複合詞或詞組，才能找到這個詞的原有意義和新意義之間的聯繫。"③ 胡裕樹提到"詞組的縮減和凝結"，認為是"詞組縮減構成新詞"④，承認這是一種構詞的手段。漢魏晉南北朝石刻的語料中就出現了大量這種語素組合的簡縮形式，即通常所說的縮略詞。

縮略是一種歷史久遠的語言現象，需要從浩瀚的漢語史的語料中搜集大量材料來進行研究。漢魏晉南北朝石刻中的縮略形式包括數字縮略和專名縮略。其中，專名縮略又包括人名縮略、地名縮略、國名縮略、水名縮略、典故縮略等。

---

① 呂叔湘：《現代漢語但雙音節問題初探》，商務印書館 179 年版，第 26 頁。

② 呂叔湘：《漢語語法分析問題》，《中國語文》1963 年第 1 期。

③ 蔣紹愚：《古漢語詞彙綱要》，北京大學出版社 1989 年版，第 90 頁。

④ 胡裕樹：《現代漢語》（重訂本），上海教育出版社 1995 年版，第 207 頁。

一　數字縮略

數字縮略是指用基數詞再加上其他成分來指代由幾個並列的詞語、並列的句子或更長的語言單位。其中，基數詞的大小取決於所概括的項的多少，基數詞後面的成分取自於能代表原並列各項共屬性的語素。下面我們就從數字縮略的結構形式來作分析。

（一）數素+名素，共 345 個

漢魏晉南北朝石刻中，漢語表示名物數量的基本形式是用基數詞直接限定名詞。根據其表現形式上有無聯繫，我們可以分為兩種情況：

1. 基數詞後面的成分是並列詞組共有的語素。共 160 個

【二色】指憘色、慍色。

公下學上達，信窮通於壹心；約己持操，榮悴交無二色。（北周《叱羅協墓誌》）

【三塗$_1$】佛教語。即火途、血途、刀途。

願女永離三塗，恒受妙樂。（南朝梁《□宣造像記》）

【四恩】佛教語。指父母恩、衆生恩、國王恩、三寶恩。

仰報四恩，增感增悲。（西魏《沙門璨造像銘》）

【五禮】古代的五種禮制。指吉禮、兇禮、軍禮、賓禮、嘉禮。

衣冠道缺，將令五禮愆制。（北齊《平等寺碑》）

【六道】佛教語。指天、人、阿修羅、畜生、惡鬼和地獄六道。

下及臣民，蠢動之類，永断五惡趣，常含六道形。（北魏《賈良造像記殘石》）

【七佛】釋迦牟尼以及先出世的六佛。即過去劫中的三佛：毗婆尸、尸棄、毗舍浮和現在劫中四佛：拘留孫、拘那含、迦葉和釋迦牟尼。

在於定光像寿，敬造七佛寶堪，并二菩薩賢聖諸僧弥勒，下生梵王帝釋，舍利非壹。（北齊《韓永義造像記》）

【八水】佛教語。即八功德水。又作八支德水、八味水、八定水。佛之淨土有八功德池，八功德水充滿其中。所謂八種殊勝，即：澄淨、清冷、甘美、輕軟、潤澤、安和、除飢渴、長養諸根。

置六道於十山，沐四生於八水。（北齊《唐邕刻經記》）

【九家】指戰國時法家、道家、儒家、陰陽家、名家、墨家、縱横家、雜家、農家九個學術流派。

方欲追蹤陳楚，緝綜九家之奥；遠慕梁平，砥厲三善之樂。（北魏《元煥墓誌》）

【十地/十住】翻譯意義，或譯為“十住”。佛家謂菩薩修行所經歷的十個境地。大乘菩薩十地為：歡喜地、離垢地、發光地、焰慧地、極難勝地、現前地、遠行地、不動地、善慧地、法雲地。

願元世父母，及現世眷屬，未身神騰九空，迹登十地，三有同願。（北周《高樹二十二人等造像記》）

上及十住菩薩，下逮无邊衆生，普同其福。（北魏《劉雙周造均塔記》）

其他還有，如：二帝、二史、兩獻、三禮、三省$_2$、三障、三業、三界、三墳、三或、三略、三車、三明、三春、三乘$_1$、三綱、三代、三調$_2$、三條、三方$_1$、三皇、三品、三會、三元、三古、三經、三世、三署、四輩、四方$_1$、四府、四氣、四鄰、四蕃$_2$、四番$_1$、四荒、四代、四面、四瀛、四周、四裔、四衢、四門、四天、四宇、四域、四邊、四國、四世、四冥、四諦、四奥$_2$、四王$_1$、五至、五運、五色、五經、五味、五采$_2$、五帝、五等、五美、五器、五氣、五方$_1$、五都、五門、五孝、五葉$_1$、五法、五星、五車、五山、五雲、五濁、五痔、五聲、五世、六師、六軍、六經、六條、六通、六德、六行$_1$、六禮、六體、六氣、六典、六官、六郡、六閑、六州、六時、六路、六樂$_1$、六工、七廟、七葉$_1$、七德、七族、七佛、七教、七澤、七州、八陳$_2$、八方$_1$、八荒、八面、八體、八冥、八刑、八輩、八流、八部、八采$_2$、九族、九宗、八舍、九刑、九垓、九服、九天、九品、九卿、九色、九等、九葉$_1$、九伯$_1$、九軍、九賦、十方$_1$、十洲、十力等。

2. 基數詞後面的成分是根據並列各項的性質或內容概括而來的語素。共185個

【二儀】指天地。

公資二儀之慶緒，體川岳之妙靈，風氣温雅，神衿洞遠。（北魏《赫連悦墓誌》）

【二南】指周公、邵公及管轄的地區。

宜享衛武之脩年，以成二南之隆業。（北魏《元順墓誌》）

【三鉉】代指三公。即太師、太傅、太保。

大啓千乘，軄聮三鉉。（東魏《敬顯儁碑》）

【三易】指《連山》《歸藏》《周易》。

時翻四緒，衆表三易。（東魏《封柔墓誌銘并序》）

【四部】佛教語。指“四部衆”。即比丘、比丘尼、優婆塞、優婆夷。

使四部往來，起歡慕之心。六道奔趣，識風雲之會。（東魏《義橋石像碑》）

【四毒】佛教指人的四苦：猶生、老、病、死，是人生的四大苦毒。

故能知四毒之分段，五蔭之美疾。（北齊《宋買等二十二人造像記》）

【五道】佛教謂天、人、畜生、惡鬼、地域五處輪回之所。

願過去有亡父母，值吾諸佛，面覩世尊，普及三界五道衆生，普同斯願。（南朝梁《王州子妻李兼女造像記》）

【六列$_1$】謂《古列女傳》之母仪、贤明、仁智、贞顺、节义、辨通六篇。

六列咸序，四教無虧。（北魏《鄭平城妻李暉儀墓誌》）

【六賊】佛教術語指眼、耳、鼻、舌、身、意六根。謂此六根妄逐塵境，如賊劫財，損害善性，故又稱六賊。

伏六賊於心中，拔四蚍於胷內。（北齊《義慈惠石柱頌》）

【七世】佛教語。指今世和六道：地狱、畜生、饿鬼、人、天、阿修罗道。後代指一切衆生。

齊建武二年，歲次乙亥，荊州道人釋法明奉為七世父母、師徒善友，敬造觀世音成佛像一軀。（南朝齊《釋法明造像記》）

【七聖】指堯、舜、禹、湯、文王、武王、周公。

兼六代之美美跡，苞七聖之遐蹤。（東漢《臨辟雍碑》）

【八蠻】古謂南方的八蠻國。即天竺、咳首、僬僥、跛踵、穿胸、儋耳、狗軹、旁舂。

孝武時有張騫，廣通風俗，開定畿宇，南苞八蠻，西羈六戎，北震五狄，東勒九夷，荒遠既殯，各貢所有。（東漢《張遷碑》）

【九居】佛家語。即欲界一處，色界四處、無色界四處。佛教謂衆生輪回之地，凡三界九處。

響績八表，功聞九居。（北魏《元淑墓誌》）

【九錫$_2$】指古代天子賜給諸侯、大臣的九種器物。即一曰車馬，二曰衣服，三曰樂則，四曰朱戶，五曰納陛，六曰虎賁，七曰宮矢，八曰斧鉞，九曰秬鬯。

宜奉九錫於太階，諧百味於滋鼎。（北魏《元珍墓誌》）

【十亂】十亂："十亂臣"的省稱。指周公旦、召公奭、太公望、毕公、荣公、太颠、闳夭、散宜生、南宮適、文母（一說指文王之后大姒，一說指武王之妻邑姜）。後因以"十亂"指上述十个輔佐周武王治國平亂的大臣。

八世祖丞相文獻公，德邁五臣，功齊十亂。（北魏《王誦墓誌》）

【十翼】"翼"有附翼、辅佐之义。指《上彖》《下彖》《上象》《下象》《文言》《上繫辭》《下繫辭》《說卦》《序卦》《雜卦》，故称"十翼"。

若乃十翼九變之精微，除三辯五之幽奧，非似學知，殆自天啟。（東魏《高雅墓誌》）

其他還有，如：二象、二曜、二台$_2$、二京、三餘、三光、三輔、三事、三寶、三才、三玄$_1$、三良、三惡$_1$、三官、三鼎、三靈、三雍、三曜、三毒、三王$_1$、三師、三聖、三辰、三神、三吏、三牲、三農、三精、三極、三公、三孤、三異、三府、三教、三善、三正、三德、三端、三輪、三兆、四嶽、四教、四行$_1$、四時、四靈、四維$_1$、四表、四瀆、四術、四德、四夷、四境、四外、四民、四節、四序、四禪$_2$、四履、四象、四支、四鄙、四友、四佐、四極、四凶、四封$_1$、四弘、五任、五常、五教、五狄、五精、五福、五瑞、五才、五情、五音、五行$_1$、五靈、五嚣、五戎、五宗、五品、五陰、五公、五子$_1$、五德、五賢、五丁$_2$、五校$_2$、五紀、五蠹、六籍、六義$_2$、六神、六紀、六律、六合、六虛、六戎、六教、六書、六趣、六術、六塵、六戚、六輔、六物、六事、六天、七賦、七子$_1$、七友、七耀、七曜、七緯、七辰、七術、八命、八維$_1$、八寅、八表、八宇、八龍、八元、八儁、八士、八才、八相$_2$、八能、八紘、八凱、八音、九域、九夷、九原、九有、九野、九宇、九土、九區、九棘、九列$_1$、九圍、九親、九流、九疇$_3$、九儀、九壤、九命、九曜、九工、九佐、九澤、九章、九牧、九宮、十因、十道等。

（二）數素+謂詞性素，共計 36 個

1. 數素+動素

古代漢語表示動作數量的詞產生比較晚，其主要方式是：數詞直接限定動詞。在漢魏晉南北朝石刻中，所限定的動詞表示動作涉及不同的對象或動作發生的幾種方式。共 29 個。

【三有$_1$】佛教語。謂三界之生死。一、慾有，慾界之生死；二、色有，色界之生死；三、無色有，無色界之生死。佛教認為三界之生死境界有因有果，故謂之有。

三有群生，咸同此願。（北魏《惠感造像記》）

【四生】佛教分世界衆生為四大類：一、胎生，如人畜；二、卵生，如禽鳥魚鱉；三、濕生，如某些昆蟲；四、化生，無所依託。

七世父母，三有四生，普同此福。（北魏《僧達造像記》）

【五有$_1$】古謂士有勢而尊貴，有家而富厚，有資而勇悍，有心而智惠，有貌而美好為五有。

體竝四空，五有非珍。（東魏《凝禪寺三級浮圖碑》）

【六像】指鳳的形象。一曰头像天，二曰目像日，三曰背像月，四曰翼像风，五曰足像地，六曰尾像纬。

苞六像之姿，蘊千畝之量。（東魏《鄭君殘碑》）

【七祀】周代設立的七種祭祀。指司令、中霤、国门、国行、泰厉、户、灶。

七祀無爽，六宗咸秩。（北魏《元子正墓誌》）

【八解$_1$】佛教語。“八解脱”的省縮之稱，又名“八背捨”。一、內有色想觀外色解脱；二、內無色想觀外色解脱；三、淨解脱身作證具足住；四、空無邊處解脱；五、識無邊處解脱；六、無所有處解脱；七、非想非非想處解脱；八、滅受想定身作證具住。

俱契真宗，神超八解。（東魏《道穎造像記》）

【九思】君子有九思。指視思明，聽思聰，色思溫，貌思恭，言思忠，事思敬，疑思問，忿思難，見得思義。

言必九思，行成規矩。（東魏《關勝碑》）

【十守】指神清而不可濁也，謀遠而不可慕也，操固而不可遷也，知明而不可蔽也，不貪於貨，不淫於物，不嗞於辯，不推於方，不可喜也，不可怒也。

公妙識三術，深通十守，㖿動静之［幾］，體開塞之節。（東魏《公孫略墓誌》）

其他還有，如三合、三益、三欲、三從$_1$、三祀、三達、三無、四達、四知$_1$、四分$_1$、四通、四遊、四攝、五祀、五戒、五勝、五蓋、六度、八戒、九能。

2. 數素+形素，共 7 個

形素充當謂語，具有動詞的特點，表示動作或性質相關的幾種方式、幾個方面或幾個陳述對象。如：

【二難$_1$】指“衆怒難犯，專欲難成”兩件難事。

兩岐在詠，二難皆去。(東魏《元悰墓誌》)

【三空】佛教語，謂言空、無相、無願之三解脱。三者共明空理，故稱。

蓋惟三空明澈，六度凝清。(北齊《邑義人等造像記》)

【三浄】佛教語。指不見、不聞、不疑。

七益不受，三浄不食，是真苦行，是實頭阤。(北齊《高叡修定國寺塔銘碑》)

【四大$_1$】佛教以地、水、火，風為四大。認為四者分別包含堅、濕氣、暖、動四種性能，人身即由此構成。因亦為人身的代稱。

春秋方對，四大辭軀，八九未充，一朝往矣，而子夭長。(東魏《廉富等造義井頌》)

【四空】佛教語。無色界的四處。指空无边处、识无边处、无所有处、非想非非想处。

體竝四空，五有非珍。(東魏《凝禪寺三級浮圖碑》)

【八難$_1$】佛教語。難，謂難以見佛聞法。凡有八端，故名八難。按即地獄、餓鬼、畜生、北拘廬州、長壽天、盲聾喑啞、世智辯聰、佛前佛後。

長辭八難，永與苦別。(北魏《邑義信士女等五十四人造像記》)

【八正】佛教語。即八正道。謂正見$_1$、正思維$_2$、正語、正業、正命、正精進、正念、正定。

導迷徒以曉八正，情乖獨善之非，思同物樂者耳。(東魏《李顯族造像碑》)

綜上所述，首先，從這些數字縮略組合的結構和表意作用上看，我們可以根據數詞和謂詞的關係來理解他們的意義。如“四生”“五有”“二難$_1$”和“八正”就分別是“出生的四種方式”“有五個方面的優勢”“兩件難做的事情”和“八種真確的行為”，等等。其中作謂詞的動素和形素在意義上沒有任何的改變，數詞則表示與動作性質相關的量，至於這些量的內容，字面上都沒有表示出來，只有通過還原原形式，才能顯現出來。其次，有些謂詞成分還可以不出現在並列的詞組中，謂詞是根據量的內容概括而來。如“三淨”，指不見、不聞、不疑；“五戒”，佛教指不殺生、不偷盜、不淫邪、不妄語、不飲酒；“六度”，指六種到達彼岸的方法，即佈施、持戒、忍辱、精進、精慮、智慧。

3. 同素異實和異素同實

（1）同素異實。有些數字縮略詞的語義隨語境而發生改變。也就是說同一個數字縮略可代表不同原語的內容，在不同語境中就表示不同的內容。如：

【三壽】

君既為三壽，又兼六事，幽明以察，人鬼無怨。（北齊《李希禮墓誌銘》）

空聞三壽，長謝九齡。（北齊《李希禮墓誌銘》）

前例“三壽”指“國三老”，多以致仕三公之任。後例“三壽”，指上壽、中壽、下壽。

【五典】

政教始初，慎徽五典，勤恤民殷，□心顧下。（東漢《劉熊碑》）

三墳五典，八索九丘，發原在昔，邁兹清流。（東漢《臨辟雍碑》）

前例“五典”指父義，母慈，兄友，弟恭，子孝。《尚書·舜典》：“慎徽五典。”孔傳：“徽，美也。五典，五常之教。後例“五典”指少昊、顓頊、高辛、唐、堯之書。

【五經】

蓋聞經國序民，莫急於禮，禮有五經，莫重於祭。（東漢《白石神君碑》）

及投分師又，綜意儒術，貫五經之異饌，討六藝之喉襟。（東魏《公孫略墓誌》）

前例“五經”指吉禮、凶禮、賓禮、軍禮，嘉禮。後例“五經”指《詩經》《禮》《書》《易》《春秋》。

【六藝】

孝性曾叅，志尚晏平，師心六藝，嘲論響應。（北魏《寇憑墓誌》）

前例“六藝”指古代教育學生的六種科目，即“禮、樂、射、禦、書、數”。後例“六藝”指《禮》《樂》《詩》《書》《易》《春秋》。

【九部】

天有九部，地有八柱。（東漢《三公山碑》）

"異實"根本在於同字而不同語素，即同字不同義。如"部"，前例"九部"指九州。後例"九部"指佛教的九部經書，即十二部經中除去方廣、授記、無問自說三部，即"长行、復頌、單頌、因緣、本事、本生、未曾有、譬喻、論評"。

（2）異素同實。如：

【三光】【三玄$_1$】【三曜】【三辰】【三精】均指日、月、星。

玄宫遂密，三光闭暉。（北魏《長孫瑱墓誌》）

夫幽藏沖源者，積仁備以棋碁；三玄朗教者，應兩儀而同□。（東魏《廉富等造義井頌》）

曦望晷速，三曜不停。（北齊《宋敬業等造塔頌》）

君稟五岳之粹靈，含三辰之秀氣，角立傑出，孤飛獨遠。（北齊《堯峻墓誌》）

魂門主之，及与三精。（東漢《西岳神符鎮墓石》）

【三事】【三鉉】【三府】【三吏】【三公】均指三公。即太師、太傅、太保。

四登三事，五揔納言。（北魏《穆亮墓誌》）

大啓千乘，職聯三鉉。（東魏《敬顯儁碑》）

于時三府妙選，務盡門賢。（北魏《崔猷墓誌銘》）

三吏奉帝，六條字民。（東魏《公孫略墓誌》）

喪父去官，服終禮闋，復應三公之招，辟大尉府，除西曹屬。（東漢《鮮于璜墓碑》）

【三才】【三極】【三正】【三靈】均指天、地、人。

德洽三才，道均五緯。（北魏《嵩顯寺碑》）

齊光日月，材兼三極。（東漢《受禪表》）

以君皇胄懿重，操執端謹，六事淵塞，三正明爽，必能代厥神工，爲民良主。（北魏《元廞墓誌》）

上協三靈，下清四海。（北魏《元天穆墓誌》）

【三乘$_1$】【三車】佛教語。均指小乘、中乘和大乘。超脱人的三種方法。

於間丈六，應致三乘。（北齊《邑義七十人等造像記》）

秘引三車，說辯八音。（北齊《法懃禅师塔銘》）

【三輪】【三業】佛教語。均指由身、口、意發動的三業。佛教認為造業將生種種果報。

遂令三輪停駕，法炬潛光。（北魏《薛鳳規造像碑》）

大衆哀請，三業燋裂。（東魏《李顯族造像碑》）

還有，如“四方$_1$、四維$_1$、四表、四外、四域、四邊、四面、四周、四宇、四天、四國、四履、四鄙、四極、四奧$_2$、四封”，均包含東、南、西、北四個方位；“四節、四時、四序、四遊”，均指春、夏、秋、冬四季；“四冥/溟、四海、四瀛”按方位，均指東海、南海、西海和北海；“四教、四行$_1$”，均指婦德、婦言、婦容、婦功；“五緯、五行$_1$、五靈、五氣、五星”，均指金、木、水、火、土五星；“六經、六籍、六教、六藝”，均指《詩》《書》《禮》《易》《樂》《春秋》；“六虛、六合”，均指上下四方；“六書、六體”，均指古文、奇字、篆書、左書、繆篆、鳥蟲書六種字體；“七珍、七寶”，一般均指金、銀、琉璃、硨磲、瑪瑙、真珠、玫瑰；“七耀、七曜、七緯、七辰$_1$”，均指日、月和金、木、水、火、土五星；“八寅、八荒、八表、八面、八宇、八紘”，均包含天地和上下四方。泛指極遠的地方；“九州、九域、九原、九有$_1$、九野、九宇、九土、九圍、九區、九壤”，均指九州；“九列$_1$、九棘”，均指九卿的職位；“九親、九族”，均指高祖至玄孫的九代直系親屬；“九家、九流”，均指指戰國時法家、道家、儒家、陰陽家、名家、墨家、縱橫家、雜家、農家九個學術流派；“九等、九品”，均指上上、上中、上下，中上、中中、中下，下上、下中和下下九個等級。

另外，還有些自古以來說法不一的縮略詞，共24個。

三王$_1$、三德、三后、四聖、四科、五穀、五湖、五兵、六代、六宗、六親、六姻、七政、七珍、七寶、七經、九穀、九德、九行$_1$、九賢、九賓、三后、九州、五臣。

“異素”之所以能同實，是異素之間有成親或疏的語義關係，表現為同義、近義、類義等複雜關係。

4. 縮略詞是由兩個基數詞構成的。共3個

【二八】指對八元、八凱的合稱。

德流二八，恵澹五子。（北魏《元纂墓誌》）

【三五】

自三五迭興，其奉山川，或在天子，或在諸侯。（東漢《華山廟碑》）

《易》稱一人得友，《詩》著三五在東。（東魏《元澄妃馮令華墓

誌》)

前例“三五”指三皇五帝；後例“三五”指三辰五星。

【五三】指五帝三王。

五三末兮衰在姃，秋發兮春華殆。《李翊夫人碑》

需要說明的是，數字縮略詞與數素作為修飾語的一般的複合詞相比，結構完全相同，無法作出判斷。然它們關鍵的區別是數量觀念的不同。

數素作為修飾語的複合詞表示一些相同的個體或同類的不同個體，更偏重它的數量，而忽視個體的差異。如“二祧”，是指古代帝王七廟中兩位功德而保留不遷的遠祖廟。這個詞沒有指出這二位“遠祖”的名字，而是注重它的個數“二”。而數字縮略詞總是強調數字里所包含的內容，即屬於同類的不同個體或者不同方面，所指稱的對象形成一個整體。如“三餘”，《三國志·魏書·王肅傳》裴注引《魏略》云：“遇言：‘（讀書）當以三餘。’或問三餘之意。遇言‘冬者歲之餘，夜者日之餘，陰雨者时之餘也’。”後“三餘”形成了一種整體的觀念，泛指空閒的時間。

二　專名縮略詞及其內部結構

詞彙內部從不同角度分類，造成了許多聚合。一些無所歸屬的縮略詞受語言“自組織性”影響[①]，逐漸融入詞彙這個大家庭中，參與到那些本不相類的聚合中去。正如愛切生所說：“語言有一種奇異的、天生的、自我保護功能，語言內部有一種自動使信息規則化的機制，能將破碎的模式重新得到修復，并防止它分解開去。”[②] 受詞彙系統中各種聚合關係和人類思維類推性影響，新生的縮略形式帶有了規則性和可解釋性；而只有通過這種規則性和可解釋性，作深入分析之後，才能顯現其原來的整體狀態。

（一）並列結構的專名縮略詞，共 106 個

專名並列縮略詞指它從兩個專有名詞中各選取一個按正常結構方式不發生組合關係的語素，並列綴合在一起的組合。這些組合在歷史的長河中，逐漸凝固下來，具有了整體特性的詞彙單位，從而變成了詞。在漢魏

① 徐通鏘：《基礎語言學教程》，北京大學出版社 2001 年版，第 17 頁。

② ［英］愛切生（Jean Aitchison）：《語言的變化：進步還是退化》，徐家禎譯，語文出版社 1997 年版，第 182—183 頁。

晉南北朝石刻中，專名並列縮略詞用例也不少，主要包括人名、地名、國家名、書名等專名的縮略。

1. 人名並列縮略詞，共 82 個

漢魏晉南北朝石刻人名並列縮略詞，從形式上看，大多是由兩個人名縮略而來；從結構上看，可以分為以下五種。

（1）首字優先式。共 49 個。

首字指被縮略詞的下位詞中，第一個音節對應的語素成為優先代表字。如：

【張蔡】東漢張衡和蔡邕的並稱。

壯矣，自非思埒班爾，籌等張蔡，忠公忘私，何能成其事哉。（北魏《石門銘》）

【管蔡】周武王弟管叔鮮與蔡叔度的並稱。

時離管蔡，緊賴忠貞。（北周《尉遲運墓誌》）

【班蔡】班昭和蔡文姬的並稱。二人都是古代有名的才女。

才同班蔡，望等齊姜。（東魏《堯榮妻趙胡仁墓誌》）

【許郭】東漢許卲和郭太的並稱。

門高許郭，地壓娥部。（北齊《李希宗妻崔氏墓誌》）

【邴鄭】東漢學者邴原和鄭玄的並稱。

盖淄川，風流稷下，道踰邴鄭，名超終賈。（北齊《房周陁墓誌》）

【終賈】漢終軍和賈誼的並稱。二人皆早成，後因以指年少有才的人。

盖淄川，風流稷下，道踰邴鄭，名超終賈。（北齊《房周陁墓誌》）

【陰鄧】東漢陰皇后和鄧皇后的並稱。

東京陰鄧，末議擁帚。（北齊《李希宗妻崔氏墓誌》）

【馬鄧】【許史】前者指東漢明德馬皇后和和熹鄧皇后的並稱。二人皆以賢德聞；後者指漢宣帝時外戚許伯和史高的並稱。

顯允淑人，天降休祉；門高馬鄧，恩侔許史。（東魏《元澄妃馮令華墓誌》）

【枚賈/賈枚】漢代辭賦家枚乘和賈誼的並稱。

韞牘詩書，聊与枚賈同風；馳騁弓馬，乃共管樂等桀。（東魏《叔孫固墓誌》）

褰帷入境，又追賈枚之蹤；樹恩布化，再履廉君之政。（北齊《石信

墓誌》)

【鄭賈】東漢經學家鄭興和賈逵的並稱。

推環鄭賈，識琣岱峯。(北齊《趙征興墓誌》)

【應劉】【莊老】前者指指漢末建安文人應瑒和劉楨的並稱；後者指指莊周和老聃的並稱。

應劉在於度內，莊老不異人心。(北周《封孝琰墓誌》)

【羊陸】晉都督羊祜和吳將陸抗的並稱。

喻以晉吳，綏以羊陸。(北魏《寇治墓誌》)

【方$_1$邵】西周時助宣王中興之臣方叔與召虎的並稱。

自非政同豹產，謀協方邵，無以作鎮陵輔，式遏艱虞。(東魏《李憲墓誌》)

【季孟】春秋時魯國貴族季孫氏和孟孫氏的並稱。

雖欒范之羽儀□晉，季孟之冠蓋王魯，無以尚也。(北魏《李暉儀墓誌》)

【金張】西漢時金日磾、張安世的並稱。

雖金張蟬冕之盛，楊袁軒旆之隆，方之也未足云譬，比之也詎是其儔。(北齊《叱列延慶妻尒朱元靜墓誌》)

【潘左】【應徐】前者指應瑒和徐幹的並稱。二人皆以詩文著名，為曹丕和曹植所禮遇。后泛指有才華的賓客；後者指晉文學家潘岳和左思的並稱。

信足方駕應徐，連横潘左。(北魏《元襲墓誌》)

【孔墨】儒家學派創始人孔子和墨家學派創始人墨子的並稱。亦指儒、墨二派。

君家籍孝悌，門資禮讓，實弘世載，推薄居厚，綜涉孔墨，雅尚綱維。(北齊《崔昂墓誌》)

【黃老】黃帝和老子的並稱。後世道家奉為始祖。

公少好黃老，尤精釋義。(北魏《元乂墓誌》)

【冉季】冉求和仲由的並稱。冉求，字子有，亦稱冉有。仲由，字季路，一字子路。二人皆孔子弟子，長於政事。古代認為他們是為政者的楷模。

其先帝嚳之苗裔，周文王之少子，冉季之後。(北魏《染華墓誌》)

其他還有，如班賈（指班固和賈逵）（東漢《外黃令高彪碑》）、顏閔（指顏淵和閔子騫）（東漢《武斑碑》）、曾$_1$閔（指曾參和閔子騫）（東漢《楚相孫叔敖碑》）、周邵（指周公旦與召公奭）（北魏《元暐墓誌》）、顏原（指顏淵和原憲）（東漢《衡方碑》）、嬴項（指嬴政和項羽）（東漢《北軍中侯郭仲奇碑》）、秦項（指秦始皇和項羽）（東漢《梁相韓汎碑》）、班杜（指班固和杜撫）（東漢《趙寬碑》）、巢許（指巢父和許由）（東漢《郭泰碑》）、黃邵（指謂黃霸、召信臣）（東漢《郙閣頌》）、朱龔（指朱邑、龔遂）（東漢《郙閣頌》）、召黃（指召信臣和黃霸）（東漢《山陽太守祝睦碑》）、晏臧$_1$（指晏嬰和臧文仲）（東漢《鮮于璜碑》）、文景$_1$（指漢文帝和漢景帝）（東漢《張遷碑》）、韓白（指韓信和白起）（北齊《和紹隆墓誌》）、韓彭（指韓信與彭越）（北周《尉遲運墓誌》）、申韓（指申不害和韓非）（北齊《崔昂墓誌》）、鄒枚（指鄒陽和枚乘）（北魏《楊熙僊墓誌》）、周孔（指周公和孔子）（東漢《史晨前碑》）、蕭張（指蕭何和張良）（北魏《長孫季及夫人慕容氏墓誌》）、關張（指關羽和張飛）（北周《若干雲墓誌》）、鄭王（指鄭玄與王肅）（北齊《徐之才墓誌》）、陰馬（指陰長生和馬明生）（北齊《報德像碑》）、唐虞（指唐堯和虞舜）（東漢《華山廟碑》）、儒墨（指儒家和墨家）（東魏《武定呂望表》）、管樂$_1$（指管仲和樂毅）（東魏《叔孫固墓誌》）、管隰（指管仲和隰鵬）（北齊《趙奉伯妻傅華墓誌》）等。

（2）尾字優先式。共15個。

【諸賁】古代勇士專諸和孟賁的並稱。

攻城野戰，謀若涌泉，威牟諸賁，和德面縛歸死。（東漢《曹全碑》）

【平勃】漢代陳平和周勃的並稱。兩人都是漢高祖劉邦的創業功臣。

効等劉章，勳齊平勃，扶危定傾，安全社稷。（北魏《元昭墓誌》）

【信布】韓信和英布的並稱。

廣召良平，建大謀於帷幄；遠徵信布，對勍敵於旗鼓。（北齊《徐徹墓誌》）

【良平】漢張良和陳平的並稱。二人都是劉邦的謀臣。

廣召良平，建大謀於帷幄；遠徵信布，對勍敵於旗鼓。（北齊《徐徹墓誌》）

【淵雲】漢王褒和揚雄的並稱。王褒，字子源；揚雄，字子雲。

爲中書郎王融，思狎淵雲，韻乘琳瑀，氣轢江南，聲蘭岱北，聳調孤遠，鑒賞絕倫。（北魏《李璧墓誌》）

【琳瑀】陳琳和阮瑀的並稱。二人均屬“建安七子”，是三國時期著名文人。

爲中書郎王融，思狎淵雲，韻乘琳瑀，氣轢江南，聲蘭岱北，聳調孤遠，鑒賞絕倫。（北魏《李璧墓誌》）

【旦奭】周公旦與召公奭的並稱。兩人都是周初功臣。

旦奭受害，仁人将遠。（北魏《元暐墓誌》）

其他還有，如禹稷（指夏禹和後稷）（東漢《袁博殘碑》）、參騫（指曾參和閔子騫）（東漢《富春丞張君碑》）、遊夏（指子遊和子夏）（北魏《元彥墓誌》）、產豹（指子產和西門豹）（東漢《太尉劉寬碑》）、豹產（指西門豹和子產）（東魏《李憲墓誌》）、夷齊（指伯夷和叔齊）（東漢《曹全碑》）、產齊（指子產和子奇）（東漢《酸棗令劉熊碑》）、求由（指冉求和仲由）（東漢《益州太守高頤碑》）等。

（3）首字+非首字。共7個。

【班馬】漢班固和司馬遷的並稱。二人都以文章聞名於世

窮班馬之巧，盡金□之鎊。（東魏《義橋石像碑》）

【賈馬】賈誼和司馬相如的並稱，二人皆以詩賦聞名。

論經則通並於四科，語典則幽達於賈馬。（東魏《程哲碑》）

【鄒馬】【枚揚】前者指鄒陽和司馬相如的並稱；後者指枚乘和揚雄的並稱。

秋風起榭，春水生塘，賓延鄒馬，友召枚揚。（東魏《元顯墓誌》）

【軒羲/羲軒】前者指軒轅和伏羲的並稱；後者指伏羲和軒轅的並稱。

宣武皇帝纂軒羲之風，開闢四門，採巖逸之客，召爲黃門待郎。（東魏《關勝碑》）

羲軒之流，炎昊之輩，出東震，握北斗，擊玉鼓，轉金輪，前疑後承，左賢右戚。（北齊《高叡修定國寺塔銘碑》）

【娥英】娥皇和女英的並稱。

穆穆美人，邁德娥英，齊縱姜姒，登于紫庭。（西晉《徐義墓誌》）

【炎昊】炎帝神農氏和太昊伏羲氏的並稱。

羲軒之流，炎昊之輩，出東震，握北斗，擊玉鼓，轉金輪，前疑後承，左賢右戚。（北齊《高叡修定國寺塔銘碑》）

（4）非首字+首字。共4個。

【夷愍】伯夷和閔子的並稱。古“閔”“愍”通用。伯夷以廉潔名，

閔子騫以孝聞，故以夷閔稱代孝廉。

階夷愍之貢，经常伯之僚。（東漢《衡方墓碑》）

【羲軒】伏羲氏和軒轅氏的並稱。

羲軒之流，炎昊之輩，出東震，握北斗，擊玉鼓，轉金輪，前疑後承，左賢右戚。（北齊《高叡修定國寺塔銘碑》）

【黃綺】夏黃公和綺里季的並稱。

孤竹捨微，黃綺執鞭。（東魏《邑主造石像碑》）

【班匠】古代巧匠公輸班和匠石的並稱。

班匠麗功，造天宮乙區，巍巍赫弈，媚若祇桓，堂堂昞煥，婉踰神塔。（東魏《朱永隆等七十人造像銘》）

（5）非首字+非首字。共7個。

【羲農】伏羲氏和神農氏的並稱。

順天承運，肇造區域，則虞夏之烈也；建皇極之中，恢配天之範，則羲農之略也。（東漢《臨辟雍碑》）

【堯舜】【桀紂】前者指唐堯和虞舜的並稱；後者指夏桀和商紂的並稱。

咨堯舜之耿介兮，何桀紂之猖敗。（北魏《弔比干文》）

【成康】周成王和周康王的並稱。

伯苻，以英才桀出，作卿相於成康。（東魏《程哲碑》）

【胥庭】赫胥氏和大庭氏的並稱。

仁深驪陸，道邁胥庭。（北齊《高百年墓誌》）

【喬松】【崔白】前指王子喬和赤松子的並稱；後指崔文子和白石先生的並稱。

昔喬松崔白，皆一身得道，而公房舉家俱濟，盛矣。（東漢《唐公房碑》）

2. 國家名並列縮略詞。共3個

【燕$_2$代】戰國時燕國和代國的並稱。

俄屬關隴騷然，燕代烽起。（東魏《李挺墓誌》）

【鄒魯】鄒國和魯國的並稱。

若其笪杖表容，饘溢遺典，如登邹鲁之肆，似涉游夏之门。（北魏《司周牧元诞墓志》）

【燕$_2$齊】戰國時燕國和齊國的並稱。

並海岱名家，燕齊楚彥，夙殖僊根，早解□相。（東魏《郭神通等造

像碑》)

3. 地名並列縮略詞。共 17 個

【荆揚】荊州和揚州的並稱。

荆揚未賓，豹尾翾路，星遣飛馹，徵兵秦雍，限期季秋，閱集洛陽。(北魏《高道悦墓誌》)

【箕首】箕山和首陽山的並稱。這裏代指許由和夷齊。

庶仰箕首，微妙玄通。(東漢《武斑碑》)

【關隴】關中和甘肅一帶地區的並稱。

在昔流寓，自魏之秦，提携關隴，有尊有親。(北周《元壽安妃盧蘭墓誌》)

【淄澠】淄水和澠水的並稱。這裏代指性質不同的兩種事物。

若乃季代氏族之書，人倫當世之事，猶兹達味，不舛淄澠。(東魏《李挺墓誌》)

【涇渭】涇水和渭水的並稱。

湛湛然泾渭不能渾其津，灼灼乎壂滓莫能弊其輝。(北魏《馬鳴寺根法師碑》)

【河嶽】黄河和五嶽的並稱。

帝家稟秀，祉應河嶽。(北齊《高淯墓誌》)

【嵩洛】【河濟】前者指嵩山和洛水的並稱；後者指黄河與濟水的並稱。

嵩洛播譽，河濟稱賢。(北魏《王温墓誌》)

【嵩華$_3$】嵩山和華眉山的並稱。

嵩華惟嶽，藴氣存靈。(東魏《宗欣墓誌》)

【嵩岱】嵩山和泰山的並稱。

洪流與江河並逝，峻峰共嵩岱爭聳。(北魏《王誦墓誌》)

【嶽瀆】五嶽和四瀆的並稱。

君稟靈和之純氣，含雄姿於嶽瀆。神識超暢，玄鑒洞發。(北魏《司馬悦墓誌》)

【海岱】渤海和泰山的並稱。

故海岱之間，凡諸福地，冈不傾蓋，悉展愍誠。(北齊《臨淮王像碑》)

【河洛】黄河與洛水的並稱。

尔朱榮因藉際會，窺兵河洛，始稱癈立，仍懷覬覦。（北魏《元顥墓誌》）

【江海】長江與大海的並稱。泛指四方各地。

及外司江海，内管喉脣，賢戚以兼，負荷伊屬。（北魏《元彧墓誌》）

【河海】長江與大海的並稱。泛指四方各地。

自河海不歸，桑濮間起，鏗鎗或存，雅頌誰折。（北魏《元延明墓誌》）

【岷峨】岷山和峨眉山的並稱。

万舟避風之水，導岷峨而直井絡。（南朝梁《蕭憺碑》）

【華$_3$岱】華山和泰山的並稱。

公稟靈華岱，含辰象之精；銳氣標神，受秋方之烈。（北周《若干雲墓誌》）

4. 其他並列縮略詞。共 4 個

書名：

【板蕩】《詩・大雅》中《板》和《蕩》的並稱。這兩詩篇都譏刺周厲王無道而導致國家敗壞、社會動亂。後因以代指政局混亂或社會動盪。

羿浞肆奸，王室板蕩。（北魏《楊昱墓誌》）

【墳典】《三墳》和《五典》的並稱。後泛指古代典籍。

墳典素丘，河雒運渡。（東漢《袁博殘碑》）

【丘墳】《九丘》和《三墳》的並稱。

君隨憂遊京里，專翫丘墳，垂簾一室，裁通三径。（東魏《崔混墓誌》）

星宿名：

【翼軫】翼宿和軫宿的並稱。古為楚之分野。

將南仲、邵虎之軌，飛翼軫之旌。（東漢《衡方墓碑》）

另外，也有個別單個人名、地名及其他的縮略組合。共 8 個。如：

單個人名：萊子$_2$（指老萊子）（北齊《隴東王感孝頌》）、黃石（指黃石公）（北周《獨孤藏墓誌》）、龍逢（指關龍逢）（東魏《關勝碑》）、吉甫（指尹吉甫）（東漢《尹宙墓碑》）、黃軒/帝軒（指黃帝軒轅氏）（東漢《郭休碑》、北魏《穆循墓誌》）、細侯（指郭細侯）（北魏《元悌墓誌》）。

單個地名：柏梁（指柏梁臺）（北齊《高湜墓誌》）。

單個集體名：南史（指南史氏，指專門記錄歷史實況的人。）（北魏

《元寶月墓誌》)

（二）偏正結構的專名縮略詞

偏正結構的專名縮略詞一般是由一個專名和一個普通語素構成。共計40個。在漢魏晉南北朝石刻語料中，多數是由普通語素（大多是名詞性語素）作為中心成分，專名作為修飾成分。但也有少數與之相反的。如：

1. 專名+名詞性語素。共32個

【虞賓】指堯子丹朱。“虞”指虞國。因堯子丹失位，客居于虞，虞以賓禮待之，故稱。

雖國曰虞賓，而家猶宋子。（北魏《孟元華墓誌》）

【河圖】【洛書】指儒家關於《周易》卦形來源及《尚書·洪範》“九疇”創作過程的傳說。“河”古代專指黃河；“洛”，指洛水。

河圖授義，洛書□禹。（北魏《嵩高靈廟碑》）

【代邸】指漢高祖劉邦之子劉恒封代王，所居曰“代邸”。陳平、周勃等誅諸呂，廢少帝，迎立代王，是為文帝。後因以“代邸”指入嗣帝位的藩王的舊邸。

尚冠鳳起，代邸龍飛。（北魏《楊遵智墓誌》）

【梁邸】【楚室】前者指漢梁孝王的府邸。後因以“梁邸”代指王侯的豪華宮室；後者指楚丘的宮室。

及吾王建國，班瑞東夏，弘陰教於梁邸，暢柔風於楚室。

【漢室】【周室】【晉室】【魯室】分別指漢朝、周王朝、西晉、指孔子宅室。

直道匡君，光隆漢室。（東魏《程哲碑》）

周室衰微，霸伯匡弼。（東漢《樊敏碑》）

雖二鮑之匡漢朝，兩傅之諧晉室，無以過也。（北魏《高道悅墓誌》）

早承庭訓，幼持兄筆，孝紀孔門，憂深魯室。（北齊《李希宗妻崔氏墓誌》）

【漢臣】【漢緒】前者指漢朝的臣子，亦指古代漢族政權的臣子；後者指漢代額業績。

風飇俊逸，崖岸□□，□彼漢臣，豈存關外。（北齊《司馬遵業墓誌》）

寶胄唐資，瓊基漢緒。（北齊《劉碑造像銘》）

【鴻妻】【萊婦】【軻母$_1$】分別指梁鴻之妻，老萊子之妻，孟軻之母。

三人都代指賢婦。

既稱萊婦，亦號鴻妻。復有令德，一與之齊。（北魏《鄭君妻墓誌》）

鴻妻秀立，軻母儀形；遺塵可嗣，以茚侔聲。（北齊《竇泰妻婁黑女墓誌》）

【鄭琴】【鄭音】前者指鄭國的琴師，借指精湛的技藝；後者指鄭國的音樂，所指俗樂。

鄭琴再寢，吳涕重零。（南朝宋《劉懷民墓誌》）

鄭音弗聽，鳥肉不食；停輪待期，□門成式。（東魏《元融妃盧貴蘭墓誌》）

【魯禽】指海鳥鶢鶋。即魯國飛來的海鳥，語出《莊子・至樂》。

慕魯禽之高情，追齊歠之清節。（東魏《崔混墓誌》）

【趙孤】指趙氏的孤兒。指趙武。

在庚寅，遭家多難，事切趙孤，獲全魯保。（東魏《李憲墓誌》）

其他還有，如隨珠（指隨侯所得的寶珠）（北魏《薛鳳規造像碑》）、趙璧（指趙氏璧）（北周《王鈞墓誌》）、楚甸（指楚地）（北魏《元賄墓誌》）、堯年（指堯執政之時）（北魏《元悌墓誌》）、孔門（孔子的門下）（北齊《李希宗妻崔氏墓誌》）、班門（指魯班的門下）（北魏《韓賄妻高氏墓誌銘》）、汝墳（指古汝水堤岸）（北齊《崔芬墓誌》）、炎皇（指炎帝神農氏）（東魏《崔鴻妻張玉憐墓誌》）、謝家（指謝安家）（東魏《堯荣妻趙胡仁墓誌》）、徐榻（指徐稺榻）、濠梁（指濠上）（北齊《張海翼墓誌》）、邵伯（指周召公奭）（東漢《鮮于璜墓碑》）。

還有一些偏正式專名縮略詞，其專名縮略後不能獨立，要添加一個附加成分才能構成一個新詞，稱之為縮略後附加。一些詞頭和詞尾作為附加成分常常在這類縮略詞中出現。如詞尾"老"。如：

【張老】指春秋晉國大夫張孟。

其先張老，為晉大夫，納規趙武，而反其侈。（西晉《張朗墓誌》）

【李老】指老子。

越數刃入孔公之富室，披玄奧開李老之妙門。（北魏《賈瑾墓誌》）

兩例中"老"的語素意義已經虛化，都是敬稱，多不表年歲。這種附加的成分具有構詞的功能，通過它的類化作用，使縮略後的形式得到了系統的支持，從而部分地彌補了縮略詞在縮減後表意上的不足。

2. 語素+專名。共 7 個

形素+專名。6 個。

【庶姜】指衆多的姜姓女子。

卒能牢籠衆媛，儀范庶姜。（北齊《李祖牧妻宋靈媛墓誌》）

【青羌】指服飾尚青的羌族人。

青羌內獨，白犬南侵。（北周《拓跋虎墓誌》）

【大漢】指漢朝。漢代人對本朝之稱。

大漢延期，彌歷億萬。（東漢《史晨後碑》）

【神蔡】指蔡地的大龜，對大龜的美稱。

兼下神蔡，奇章□分。（東魏《道□碑記》）

【炎漢】指漢朝。漢自稱以火德王。

故以超蹤炎漢，邁迹昌周。（北魏《元邵墓誌》）

【前漢】指西漢。

左軍英烈，飛鴻聲於前漢；酒泉忠款，扶王業於中興。（北魏《辛祥墓誌》）

名素+專名。共 1 個。

【龜蔡】指蔡地的大龜。

中府君敬奉太上老君，道行正直，不問龜蔡。（南朝齊《劉覬買地券》）

3. 專名+專名。共 1 個

【齊姜】指齊君的姜姓宗女。

才同班蔡，望等齊姜。（東魏《堯荣妻趙胡仁墓誌》）

以上是對縮略詞構成情況的分類，還有“典故縮略詞”，我們上節已進行了分析，這裏就不再贅述。

通過對漢魏晉南北朝石刻語料中縮略造詞法所形成的數字縮略詞和專名縮略詞的分析，我們總結如下。

第一，縮略詞數量多且種類豐富。漢魏晉南北朝石刻中縮略詞的數量多達 594 個，包括數字縮略詞和專名縮略詞。其中數字縮略詞 448 個，專名縮略詞 146 個。它們又各自包含着多種縮略形式，現代漢語中的大部分縮略形式在此已大體具備。

需要指出的是，漢魏晉南北朝石刻語料中出現了一些新的縮略組合，漢語大詞典并未收錄其中。如嶽瀆（指五嶽和四瀆）、箕首（指箕山和首陽山）、荆揚（指荆州和揚州）、崔白（指崔文子和白石先生）、夷慜（指伯夷和閔子）、求由（指冉求和仲由）、產齊（指子產和子奇）等。

這些組合的意義已不只是兩個語素意義的簡單相加，而是凝固成了一個整體的意義。如“崔白”，指崔文子和白石先生，兩人均是古代傳說中的仙人；又如“夷憨”，指伯夷和閔子，二人均以孝聞，後因以代指孝廉。

第二，由於代表形式選取時結構上的無理據性和非表意原則，縮略時帶有了一定的隨意性。正是這一特點，俞理明認為“從這個意義上說，縮略也是一種語言符號的再符號化”①。

代表形式選取的無理據性是指人們在對縮略形式的選取時常常不顧及它的內部結構，具有任意性，這種任意性導致了代表形式的無理據性；代表形式選取的非表意原則是指縮略在整體化的前提下，形式發生的變化。也就是說，不論這個形式如何減損，並不影響意義的完整性。這主要反映在斷層、跨層結構上，如“則百”“友於”“婉而”“託六”等，這些形式的選取都既不顧及它的內部結構，也與文句意義相去甚遠，我們只有通過查找典源才能獲得其真正的內涵。正如潘文國、葉步青、韓洋所指出的：“造詞法關心的不是成詞後的結構分析，而是造詞時的手段。”② 表現如下：

其一，有一些縮略詞在縮略後可以單獨使用，但是，在使用中出現了同形相混或異形雷同（同名異實和異名同實）。這種情況，並沒有在縮略形式上加某些區別性成分，只在具體使用的語境中加以還原和區分。前者如“六藝”既可以指古代教育學生的六種科目，即“禮、樂、射、禦、書、數”；也可以指儒家的“六經”，即《禮》《樂》《詩》《書》《易》《春秋》。後者如“四教、四行$_1$”，在漢魏晉南北朝石刻語料中均指婦德、婦言、婦容、婦功；“五緯、五行$_1$、五靈、五氣、五星”，均指金、木、水、火、土五行。

其二，縮略調序。由於漢字的表意作用和常用結構的類比影響，一些縮略形式爲了在字面上與漢語詞語常用結構協調，可能發生順序上的調整。典故縮略詞，如“獻可替否”說成“獻可”，表示進獻可行者，廢去不可行者。其意義大致沒變。但是，“獻可”是動賓結構，用作謂語後不便帶後繼成分，所以調整順序作“獻替”後，變成了動詞的並列結構，

① 俞理明：《漢語縮略研究——縮略：語言符號的再符號化》，巴蜀書社 2005 年版，第 95 頁。

② 潘文國、葉步青、韓洋：《漢語構詞法的歷史研究》，《華東師範大學學報》1993 年第 5 期。

既可以作主語，後面可以加賓語補語等成分。如：

正色危言，獻替無殆。（北魏《元乂墓誌》）

鳴玉在佩，豊貂加首，葳規湝閔，獻替左右。（北齊《徐之才墓誌》）

獻替羣扆，造次以之。（北魏《崔鴻墓誌銘》）

把“攀龍附鳳”說成是“攀附”，表示援引而上，攀拉附著。與“獻替”屬於同類的變化。同理，把“寢苫枕塊”說成“苫凷”（塊同凷），把“金城湯池”說成“金湯”也是如出一轍，只不過截取的語素性類發生了變化。

其三，同一縮略詞可以同素異序。專名縮略詞，如“枚乘”和“賈誼”既可縮略為“枚賈”，也可縮略為“賈枚”；“西門豹”和“子產”同樣也可縮為“豹產”和“產豹”，“召信臣”和“黃霸”同樣可以有“召黃”和“黃邵”（邵通召），“軒轅”和“伏羲”同樣可以有“軒羲”和“羲軒”兩種縮略形式。典故縮略詞，如“錐處囊中”可以縮略為“錐囊”，也可縮略為“囊錐”；“潛龍勿用”同樣可以有“潛龍”和“龍潛”；“桃之夭夭”也同樣可以有“桃夭”和“夭桃”兩種縮略形式，等等。

其四，縮略從原形式中任意地選用代表形式來組合成縮略詞，保留原詞句的哪一部分帶有隨意性。如“旦奭”和“周邵”，都指周公旦和召公奭的並稱。前者兩個語素都保留了人名，而省略了姓氏；後者則恰相反，即兩個語素省略了人名，而保留了姓氏（召通邵）。又如“嬴項”和“秦項”，都是秦始皇嬴政和項羽的並稱，前者兩個語素都選取了姓氏組合成詞，後者前一個語素換為朝代名，同後面一個語素姓氏組合成詞。同樣，“參騫”和“曾閔”，都是孔子的學生曾參和閔子騫；“唐虞”和“堯舜”都是唐堯和虞舜的並稱；“冉季”和“求由”都是冉求和仲由，仲由字季路。

結　語

一種有生命力的語言，總是處在不斷的運動變化中的。在漢語中，大多數情況下，一個漢字記錄了一個語素。然而，漢字作為一種形音義的語言符號單位，用來記錄語言的情況是複雜的。一個看起來有意義的字可能只是代表一個音節（連綿詞），也可能表示一個跟字所表示的意義沒有關係的意義（假借字）。雖然漢字對辨認區別語素有一定的作用，但對語言成分的解讀也必須對語素和字的複雜關係要有足夠的認識和把握，故本書以選定的漢魏晉南北朝石刻語料出發，從六個方面把握了對語素和字的複雜關係，即語素和異體字、假借字、同形異素字、連綿詞、疊音單純詞和音譯詞的關係。要想掃清“字”對語素識別的障礙，就必須能夠認識和把握它們之間的這些種複雜關係。

漢語單音詞的語素化（複音化），是語言發展的必然趨勢。具體來說，除了有語言自身平衡調節的需要外，即對漢語書面語和口語之間的差異的調節外，另一個更重要的原因是，漢語表義明確的要求推動了詞彙雙音化的發展趨勢。從結構層級系統看，語素作為漢語詞彙中最底層的語言符號，其意義具有多義性、模糊性和複雜性的特點。由於語素的多義性，單個語素的意義很不明確，進而引發語素義的模糊性，這就需要在組合的軸線上通過與其他語素的組合來確定或顯露其特定意義，雙音節化有利於表義的精確化。語素義的複雜性包含了語素義的聚合關係和組合關係，泛指與特指的關係等，這些都為漢語複合詞提供了豐富多樣及數量無限的構詞可能性。而漢語語素的特點在漢魏晉南北朝石刻中已經形成，語素的多義性或多義語素在石刻語料中大量湧現，所形成的複音詞已達 23328 個。

漢語詞彙雙音化的傾向，除了受語素義特點影響之外，節律協調的需要也是雙音詞產生的重要原因。同時，詞彙雙音節化的傾向也可能導致韻律詞的出現，雙音節的縮略詞和佛經譯詞就是很好的證明。

詞彙對社會生活的反應最為敏銳。新詞新義的產生是一種經常性的必然性的活動。從對漢魏晉南北朝石刻的語料分析我們看到，不論是語法學造詞實現詞彙的複音化，還是修辭學造詞生成的複合詞，這兩種複音化的途徑和方式造出了數量相當的新詞。同時，複音詞的內部也有着自己的運動規律和演變蹤跡。張志毅、張慶雲指出漢語構詞的根本原則，一是選擇原則，一是序列原則①。不論是語素的語義選擇還是語素的換位或替換，無論是在共時平面還是歷時的發展中都產生了不少新詞新義。

但是我們也覺察到，在漢語詞彙實現歷時的更迭中，雖然於詞語形式上有了新變化，生成的是新詞，但就意義來講，有的並未增加新質。也就是說，新詞的生成并不就一定是新義的誕生，這說明新詞的產生並不僅僅是爲了表達新義的需要。究其原因，語素作為語言世界中的最小意義單位，其本身就是高度濃縮的自成體系的語義結合體，包含了豐富的意義（義位），有些意義（義位）在具體的語用環境影響下就會不斷地顯現出來，從而變換不同的意義形式；同時，從歷時的角度看，漢語語素在發展中不斷增生的新義，擴大了同義聚合的詞彙庫，從而為同義連用和同義替換而產生的新詞形式打下了基礎。

值得一提的是，在對語素研究的過程中，運用範疇論、結構論和認知語言學等理論來作為本文的理論基礎，從而指導本書構建理論框架。

① 張志毅、張慶雲：《詞彙語義學》，商務印書館 2005 年版，第 14—16 頁。

参考文献

一　材料

毛遠明：《漢魏六朝碑刻校注》（10 冊），綫裝書局 2008 年版。

北京圖書館金石組：《北京圖書館藏中國歷代石刻拓本彙編》，中州古籍出版社 1989 年版。

高文：《漢碑集釋》（修訂本），河南大學出版社 1997 年版。

洪适：《隸釋・隸續》，中華書局 1985 年影印版。

洛陽文物局編：《洛陽出土北魏墓誌選編》，科學出版社 2001 年版。

羅新等：《新出土魏晉南北朝墓誌疏證》，中華書局 2008 年版。

趙萬里：《漢魏南北朝墓誌集釋》（上、下），見《石刻史料新編》第三輯，臺灣新文豐出版公司印行 1986 年版。

趙超：《漢魏南北朝墓誌彙編》，天津古籍出版社 1992 年版。

王壯弘、馬成名：《六朝墓誌檢要》（修訂本），上海書店出版社 2008 年版。

二　工具書

丁福保編：《佛學大辭典》，文物出版社 1984 年版。

張金玉主編：《古今漢語虚詞大詞典》，遼寧人民出版社 1996 年版。

韓崢嶸：《古漢語虚詞手册》，吉林人民出版社 1984 年版。

汉语大词典编撰委員會：《漢語大詞典》，上海辭書出版社 1986 年版。

漢語大字典編撰委員會：《漢語大字典》，四川辭書出版社、湖北辭書出版社 1986 年版。

王懸庭、黄立業、萬竞君等:《漢語典故詞典》,江蘇古籍出版社 1985 年版。

許慎撰、段玉裁注:《说文解字注》,上海古籍出版社 2010 年版。

三 專著

[英] 愛切生 (Jean Aitchison):《語言的變化: 進步還是退化》,徐家禎譯,語文出版社 1997 年版。

[美] 布龍菲爾德:《語言論》,袁家驊、趙世開、甘世福譯,商務印書館 1980 年版。

北京大學中文系現代漢語教研室:《現代漢語》,商務印書館 1993 年版。

曹伯韓:《中國文字的演變》,三聯書店 1952 年版。

程湘青:《漢語史專書複音詞研究》,商務印書館 2003 年版。

程湘青:《魏晉南北朝漢語研究》,山東教育出版社 1988 年版。

董秀芳:《詞彙化: 漢語雙音節詞的衍生和發展》,商務印書館 2011 年版。

符淮青:《詞義的分析和描寫》,語文出版社 1996 年版。

符淮青:《現代漢語詞彙》,北京大學出版社 2004 年版。

高更生著:《漢語語法專題研究》,山東教育出版社 1990 年版。

胡裕樹主編:《現代漢語》(重訂本),上海教育出版社 1995 年版。

胡敕瑞:《〈論衡〉與東漢佛典詞語比較研究》,巴蜀書社 2001 年版。

慧琳:《一切經音義》,上海古籍出版社 1986 年版。

霍凱特:《現代語言學教程》,索振羽、葉蜚聲譯,北京大學出版社 2002 年版。

賈彦德:《漢語語義學》,北京大學出版社 1999 年版。

蔣禮鴻:《懷任齋文集》,上海古籍出版社 1986 年版。

蔣禮鴻:《敦煌變文字義通釋·序目》(第四次增訂本),上海古籍出版社 1988 年版。

蔣紹愚:《古漢語詞彙綱要》,北京大學出版社 1989 年版。

鳩摩羅什譯:《法華經》,《大正新修大藏經》(第 9 冊),新文豐出版公司 1983 年版。

李波：《〈史記〉字頻研究》，商務印書館 2006 年版。

劉志生：《〈東漢碑刻〉複音詞研究》，巴蜀書社 2007 年版。

劉叔新：《漢語描寫詞彙學》，商務印書館 1990 年版。

劉世儒：《魏晉南北朝量詞研究》，中華書局 1965 年。

呂叔湘：《漢語語法分析問題》，商務印書館 1979 年版。

呂叔湘：《現代漢語但雙音節問題初探》，商務印書館 1979 年版。

呂叔湘：《語文常談》，三聯書店 1998 年版。

呂叔湘：《中國文法要略・例言》（上卷），《呂叔湘全集》，遼寧教育出版社 2002 年版。

陆志伟：《北京话单音词汇》，科学出版社 1956 年版。

陸志偉等：《漢語的構詞法》（修訂本），科學出版社 1964 年版。

毛遠明：《〈左傳〉詞彙研究》，西南師範大學出版社 1999 年版。

潘允中：《漢語詞彙史概要》，上海古籍出版社 1989 年版。

裘錫圭：《文字學概要》，商務印書館 1990 年版。

任學良：《漢語造詞法》，中國社會科學出版社 1981 年版。

蘇新春：《漢語詞義學》，廣東教育出版社 1997 年版。

孫銀新：《現代漢語詞素研究》，中國文史出版社 2003 年版。

［瑞士］索緒爾：《普通語言學教程》，高明凱譯，岑麒祥、葉蜚聲校注，商務印書館 1982 年版。

唐蘭：《中國文字學》，上海古籍出版社 1979 年版。

唐鈺明：《著名中年語言學家自選集・唐鈺明卷》，安徽教育出版社 2002 年版。

湯廷池：《國語詞彙學導論：詞彙結構與構詞規律》，載《漢語詞法句法論集》，台灣學生書局 1988 年版。

王念孫：《廣雅疏證》，中華書局 1983 年版。

王國維：《王國維全集・書信》，中華書局 1984 年版。

王紹峰：《初唐佛典詞彙研究》，安徽教育出版社 2004 年版。

王力：《漢語語法史綱要》，《王力文集》卷三，山東教育出版社 1989 年版。

王力：《漢語史稿》，中華書局 2004 年版。

伍宗文：《先秦漢語複音詞研究》，巴蜀書社 2001 年版。

徐通鏘：《基礎語言學教程》，北京大學出版社 2001 年版。

許德楠:《實用詞彙學》,北京燕山出版社 1990 年版。

楊錫彭:《漢語語素論》,南京大學出版社 2003 年版。

俞理明:《漢語縮略研究——縮略:語言符號的再符號化》,巴蜀書社 2005 年版。

曾曉渝:《論説連綿詞》,《紀年馬漢麟先生論文集》,南開大學出版社 1998 年版。

张斌:《汉语语法学》,上海教育出版社 1998 年版。

張志公主編:《現代漢語》(中冊)(修訂本),人民教育出版社 1982 年版。

張志毅、張慶雲:《詞彙語義學》,商務印書館 2005 年版。

張喬:《模糊語義學》,中國社會科學出版社 1998 年版。

張永言:《詞彙學簡論》,華中工學院出版社 1982 年版。

張世祿:《張世祿語言學論文集》,學林出版社 1984 年版。

趙元任:《漢語口語語法》,呂叔湘譯,商務印書館 1979 年版。

趙克勤:《古漢語詞彙學》,商務印書館 1994 年版。

周一良:《魏晉南北朝史雜記》,中華書局 1985 年版。

周薦:《複合詞詞素間的意義結構關係》,《語言研究論叢》第 6 輯,天津教育出版社 1991 年版。

周薦:《漢語詞彙結構論》,上海辭書出版社 2004 年版。

朱德熙:《語法講義》,商務印書館 2009 年版。

竺法護譯:《正法華經》,《大正新修大藏經》(第 9 冊),新文豐出版公司 1983 年版。

四 論文

[美] 布龍菲爾德:《語言科學的一套基本原理》,趙世開譯,《語言學資料》1961 年第 5—6 期。

安美娜、毛遠明:《現代漢語高頻語素的統計及形成原因分析》,《西華大學學報》2010 年第 2 期。

陳望道:《文法革新問題答客問》,載《學術雜誌》第二輯,1940 年。

董為光:《"語素替換確定法"獻疑》,《語言研究》第 1 期。

郭錫良:《1985 年的古漢語研究》,《中國語文天地》1986 年第 3 期。

郭錫良:《漢語語法研究芻議》,《語文導報》1985 年第 9 期。

方一新：《從中古詞彙特點看漢語史的分期》，《漢語史學報》2004年第4輯。

馮勝利：《漢語雙音化的歷史來源》，《現代中國語研究》2000年第1期。

符淮青：《詞義與構成詞的語素義的關係》，《辭書研究》1981年第1期。

符淮青：《構成成分分析和詞的釋義》，《辭書研究》1988年第1期。

李樹輝：《突厥語詞 Qaʁan、Tɛgin、Qïtaj 的歷史演變》，《西北民族大學學報》（哲社版）2006年第1期。

呂叔湘：《漢語語法分析問題》，《中國語文》1963年第1期。

馬真：《先秦複音詞初探》，《北京大學學報》（哲社版）1980年第5期，1981年第1期。

潘文國、葉步青、韓洋：《漢語構詞法的歷史研究》，《華東師範大學學報》1993年第5期。

彭小琴：《〈六度集經〉語素研究》，博士學位論文，四川大學，2006年。

饒勤：《從語法結構看複合詞中的一種新的構詞方式——連動式》，《漢語學習》1993年第6期。

蘇寶榮：《漢語語義研究的基本單位應分為語素和詞兩個層級》，《河北學刊》1999年第6期。

唐鈺明：《定量分析方法與古文字資料的詞彙語法研究》，《海南師範學院學報》1991年第4期。

向熹：《〈詩經〉里的複音詞》，《語言學論叢》1980年第6期。

徐通鏘：《編碼機制的調整和漢語詞彙系統的發展》，《語言研究》2001年第1期。

尹斌庸：《漢語語素的定量研究》，《中國語文》1984年第5期。

喻遂生、郭力：《〈說文解字〉的複音詞》，《西南師範大學學報》1987年第1期。

苑春法、黃呂寧：《基於語素數據庫的漢語語素與構詞研究》，《語言文字研究》1998年第3期。

文煉：《劃分與切分》，《中國語文》第4期。

文煉：《與分類有關的幾個問題》，《漢語學習》1993年第3期。

張志公：《談漢語的語素》，《語言教學與研究》1981年第4期。

張博：《組合同化：詞義衍生的一種途徑》，《中國語文》1999年第2期。

周一農：《漢語語法學史的語素學考察》，《語文研究》1994年第3期。

周薦：《複合詞構成的語素選擇》，《中國語言學報》1995年第7期。

朱慶之：《試論佛典翻譯對中古漢語詞彙發展的若干影響》，《中國語文》1992年第4期。

祖生利：《〈景德傳燈錄〉中的聯合式複音詞》，《古漢語研究》2002年第3期。

後　記

本書是在博士論文的基礎上修改完成的。書即將出版，但我的心情並沒有太多的快樂和輕鬆。這不僅因為書中的諸多不足，還因我心所懷有的感激之情。我要向所有關心和幫助我的人表示衷心的感謝。

我要感謝我的家人。這十多年，我之所以能夠潛心研究自己的專業知識，是因為家人的包容、鼓勵和支持。寸草之心，難報萬一，他們用愛支撐我一步步前行，才有本書的問世。

我要感謝我的碩士生導師祁和暉先生和徐希平先生。他們是我學術上的引路人。二位導師對學生的關愛和對學術的嚴謹精深對我的影響至深致遠。

我還要感謝我的博士生導師毛遠明教授。先生不但把我領入了漢語言文字學的大門，而且對我的學習提出了許多寶貴的意見。尤其對於碑刻這種出土文獻，我有太多的盲點，是先生的精心點撥與鼓勵，使我能夠堅持下來，順利完成博士論文。先生一絲不苟的作風，嚴謹求實的態度，踏踏實實的精神，成為我以後學習和工作的榜樣。

感謝西南大學的喻遂生先生、張顯成先生、翟時雨先生對我的教誨和啓發；感謝何山老師、李發老師、鄧飛老師、鄧章應老師、陳榮傑老師、郭麗華老師、楊亦花老師、董憲臣老師、王遠傑老師對我的關心和幫助。老師們的嚴謹務實的為學之道與謙遜正直的為人原則，對我以後的人生發展也將影響至深；感謝真誠的同窗姊妹兄弟的無私幫助，馬瑞博士、李豐娟博士、白俊奎博士、吳繼剛博士、呂蒙博士、毛志剛博士、黃敏博士，感謝內江師範學院的感謝高佳博士、陳景元博士，他們都給了我許多的無私幫助。

感謝單位領導鄧國君教授、劉雲生教授和翁禮明教授一直以來對我的支持和關照，使我能在自由、寬鬆、創新、互助的學術氛圍中潛心寫作。

本論題有幸得到教育部人文社科基金青年項目的立項資助，對此，我自然銘感在心。最後還要感謝為本書出版付出辛勤勞動的責任編輯宮京蕾、楊林、李曉麗女士和田文、李寡寡老師。

本書肯定還存在諸多的不足，恭請各位讀者和專家學者斧正。

劉秀梅

2018 年 9 月 19 日